Einsiedler, Breuer, Hollstegge, Janusch

Organisation der Personalentwicklung

Strategisch ausrichten
Zielgenau planen
Effektiv steuern

Zweite, überarbeitete Auflage

Luchterhand

umzusetzen. Dieses Können bedarf einer gewissen Wissensbasis, diese reicht alleine jedoch nicht aus. Ebenso ist anzumerken, dass Können ohne das entsprechende Wissen und somit der Fähigkeit zur Reflektion des »warum« dem Wandel und der Weiterentwicklung im Wege steht.

Ein so verstandenes Personalentwicklungsniveau, das durch Wissen und Können definiert ist, entsteht nicht nur durch Investitionen in Bildung und Aus- und Weiterbildung, es entsteht auch durch Investitionen in Forschung, Entwicklung und praktische Umsetzung. Die Organisation der Personalentwicklung muss beide Aspekte, den der Entwicklung des Wissens und den der Entwicklung des Könnens, umfassen.

Dieses Buch geht auch in 2. Auflage der Fragestellung nach, wie diese Pesonalentwicklungsleistungen in Wirtschaft und Verwaltung nicht nur effizient, sondern auch effektiv organisiert werden können. Es definiert hierbei Personalentwicklung als Management-Aufgabe, die nur partiell an eine Fachabteilung delegiert werden kann.

Es richtet sich somit an all jene, die sich mit Personalentwicklung befassen oder befassen sollten; somit an das General Management, an das Human Resource Management und an Verantwortliche und Spezialisten im Personalentwicklungsbereich. Es wendet sich aber auch an alle, die mit der Ausbildung des Management-Nachwuchses befasst sind. Die Perspektive der Personalentwicklung als Management-Aufgabe macht auch deutlich, dass es sich nicht auf die Zielgruppe der Aus- und Weiterbildner und Personalentwickler eingrenzen lassen möchte. Dazu hat das Thema Personalentwicklung eine viel zu große strategische Relevanz.

Der Dank der Autoren gilt dem Verlag für die positive Begleitung dieses Buches und die tatkräftige Unterstützung; insbesondere Frau Jutta Karrasch, die es verstanden hat vier Autoren in unterschiedlichstem Arbeitsumfeld, und teilweise auch noch über Ländergrenzen hinweg, unter einen Hut zu bringen.

Die Autoren sind für jede Anregung und Kritik dankbar. Speziell hierzu ist auch eine »Autorenkontaktseite« im Internet unter www.organisation-der-personalentwicklung.de eingerichtet.

Mai 2003   Herbert E. Einsiedler

Vorwort zur 1. Auflage

Instrumente der Personalentwicklung sind an vielen Stellen beschrieben. Personalentwicklungsabteilungen verstehen sich vor unterschiedlichem Hintergrund als Trainingslieferanten, professionelle Weiterbildner, Entwickler von Mitarbeitern und Teams, als Organisationsentwickler oder als Garanten einer »Lernenden Organisation«.

Personalentwicklung als das, was der Personalentwickler tut, ist meist bekannt. Wie aber Personalentwicklung so organisieren, dass sie sowohl effizient als auch effektiv das erreicht, was die jeweiligen Auftraggeber sich von ihr versprechen?

Wie jede andere Funktion muss Personalentwicklung organisiert werden. Diese Organisation der Personalentwicklung reicht von der Sicherstellung der Verbindung zwischen Unternehmensstrategie und Personalentwicklungsstrategie zu solch profanen, aber nicht minder wichtigen Fragestellungen wie die der Seminarlogistik, der Abstimmung der Trainingsinhalte und der Steuerung interner und externer Trainer und Berater.

Dieses Buch will die ORGANISATION der Personalentwicklung beschreiben. Es will weniger auf Personalentwicklungsinstrumente eingehen, als auf die Art und Weise, wie die Leistungserbringung der Personalentwicklung zu organisieren ist. Ganz ohne Bezug zu den Instrumenten und Philosophien der Personalentwicklung »PE« ist dies nicht zu schaffen.

Ziel ist es jedoch, den Personalentwicklern aller Verantwortungsebenen ein Organisations-Konzept zur Erleichterung der eigenen Arbeit an die Hand zu geben.

Juli 1999   Herbert Einsiedler

Der Countdown läuft. Mein Arbeitsvertrag ist schon seit einiger Zeit unter Dach und Fach, und in einer Woche geht's los. Ich bin richtig im Erwartungsfieber. Aber – vielleicht sollte ich erstmal kurz erklären, wer ich überhaupt bin. Also: Ich bin Moritz Tun, 37 Jahre alt, verheiratet, 1 Kind. Und gestern hatte ich meinen letzten Arbeitstag in meiner alten Firma. Ein bisschen wehmütig war ich schon – denn man knüpft ja doch so mit der Zeit seine Kontakte und Beziehungen. Meine Kollegen haben doch tatsächlich zum Abschied ein selbst kreiertes Gedicht vorgetragen! Das war wirklich eine tolle Überraschung. Schade finde ich, dass ich nun einige meiner Kollegen und gerade auch Hannes etwas seltener sehe. Hannes leitet in meiner alten Firma den Bereich Human Resources – so richtig heißt er eigentlich Dr. Hannes Dilli. Mit ihm hat es immer viel Spaß gemacht, zusammen in Projekten zu arbeiten und zudem war es richtig produktiv. Ich muss wirklich sagen, er hat's nicht nur menschlich, sondern auch fachlich auf der Pfanne. Auf ihn komme ich übrigens gleich noch mal zurück.

Als ich gestern dann das letzte Mal aus der großen Schwingtür der Hauptverwaltung nach draußen trat, war damit dieses Kapitel entgültig abgeschlossen. Und jetzt geht es mit Riesenschritten meinem neuen Job-Kapitel entgegen. Was ich ab nächster Woche mache? Was, habe ich das immer noch nicht erzählt? Ich übernehme die Leitung der Abteilung Personalentwicklung der Trenta GmbH. Ist das nicht eine tolle Herausforderung?

Hannes hat mir hierzu übrigens ein tolles Angebot gemacht. Ich soll mich bei ihm jederzeit melden, wenn für mich irgendwo Probleme oder fachliche Fragen auftauchen – er ist in diesem Thema ja wirklich ein alter Hase. Ein kurzer Hilferuf per E-Mail oder Telefon und er meldet sich so schnell wir möglich. Ist das nicht riesig?! Einen besseren Coach könnte ich mir gar nicht vorstellen. Das gibt mir schon einen schönen Rückhalt. Denn ich leite nun zum ersten Mal eine Personalentwicklungsabteilung und dabei werden für mich sicherlich noch einige Fragen auftauchen und auch Unbekanntes.

Inhalt

Kapitel 5

Kapitel 6

Kapitel 7

Kapitel 8

Kapitel 9

Nutzung der CD-Rom:

Um die CD zu nutzen ist keine weitere Installation notwendig, Datenträger ins Laufwerk einlegen und CD startet automatisch. Sollte an Ihrem Gerät die Autorun-Funktion deaktiviert sein, gehen Sie wie folgt vor:
- Drücken Sie in der Task-Leiste auf START.
- Wählen Sie AUSFÜHREN.
- Wählen Sie hier Ihr CD-Rom-Laufwerk aus und öffnen Sie die Datei »START.EXE« mit Doppelklick.

Inhalt:

Formulare, Checklisten und Leitfäden:
- Checkliste PE-System
- Distanzierungserklärung
- Einschätzung Personalentwicklungsaktivitäten
- Einwilligungserklärung in eine psychologische Eignungsuntersuchung
- Geschäftsordnung einer Personalentwicklung
- Info-Schreiben Trainermappe
- Programmankündigung
- Projektkostenrechnung (Beispiel)
- Projektvertrag
- Rahmenvereinbarung für Unterrichts- und Entwicklungsmaßen
- Seminar-Feedbackbogen
- Seminar-Rückmeldebogen
- Unterrichtsvertrag
- Veranstaltungsnachbereitung
- Checkliste PE-System (Mindmap)

Marktübersichten:

- E-Learning-Produkte und -Dienstleistungen im Vergleich
- Internet-Portale für das Personalwesen
- Jobbörsen im Internet
- Anbieter von Moderatorenkoffern
- Software zur Erstellung von Arbeitszeugnissen
- Software für die Bewerberverwaltung im Unternehmen
- Software zur Personaleinsatzplanung
- Testverfahren zum Einsatz in der Personalauswahl
- Marktübersicht zum Thema »Trainerausbildungen«

Aktuelle Links, Fachbücher und Demosoftware zum Thema

Die technische Realisierung dieser CD-Rom erfolgte mit freundlicher Unterstützung der Klute-Thiemann Informationstechnologie GmbH & Co. KG, Dortmund.

1 Organisation der Personalentwicklung

Bis zum Start in meiner neuen Firma will ich mich unbedingt noch tiefer mit meinem zukünftigen Aufgabenfeld auseinander setzen. Deshalb habe ich heute Vormittag für mich mal die zentralen Fragen hierzu gesammelt. Lange kreisten meine Gedanken dabei um den Punkt, wann Personalentwicklungs-Arbeit eigentlich *erfolgreich* ist. Oder besser gesagt, *was* sie genau *erfolgreich* macht. Erfolgreich für *wen*? Na, ich denke in erster Linie für das Unternehmen und die Mitarbeiter. Oder? Und daraus ergab sich gleich die nächste Frage. Denn wie kann/sollte dann die Personalentwicklung sinnvoll im Unternehmensprozess eingebettet sein? Diese Punkte würde ich zu gerne noch mal vorher mit Hannes diskutieren. Wir hatten eh schon lose einen Termin für Freitag abgemacht – vielleicht klappt es ja. – Moment, da ist eben ein E-Mail gekommen. Mal schauen, von wem das ist . . .

eMail SCHREIBEN

Absender:	Dr. Hannes Dilli
Empfänger:	Moritz Tun

Datum:

Betreff: Meeting am Freitag

Schreiben

Hallo Moritz,

der Freitag geht übrigens klar. Wie wär's um 19.30 Uhr bei mir?
Durch Zufall bin ich heute auf Unterlagen zum Thema ›Strategische Personalentwicklung‹ gestoßen. Die lege ich Dir gleich auf's Fax – sozusagen als kleiner appetizer
für Freitag.

mfG

Sofort absenden   Später absenden   Speichern unter   Drucken...

Abbrechen   Hilfe

1. Auftrag der Personalentwicklung

Was ist nun »Personalentwicklung«? Personalentwicklung kann auf höchst unterschiedliche Art und Weise definiert werden. Sie kann zum einen verstanden werden als betriebliches Bildungswesen, dessen Aufgabe es ist, individuell die Kenntnisse, Fähigkeiten und Fertigkeiten der Mitarbeiter zu verbessern. Sie kann verstanden werden als Ansatz zur Verbesserung der Zusammenarbeit in den Arbeitsgruppen und Teams. Sie kann verstanden werden als eine Form der Organisationsentwicklung, also dem langfristigen Bemühen, »die Problemlösungs- und Erneuerungsprozesse in einer Organisation zu verbessern, vor allem durch eine wirksamere und auf die Zusammenarbeit gegründete Steuerung der Organisationskultur« (French, Bell, 1977) bis hin zum Stichwort der »Lernenden Organisation« (Senge, 1996).

Hier wollen wir Personalentwicklung verstehen als das Bündel aller Maßnahmen, das – im Rahmen der Unternehmensstrategie – die Anforderungen des Unternehmens an die Mitarbeiter, Mitarbeitergruppen und Organisationseinheiten und deren Fähigkeiten, Fertigkeiten und Motivation in Übereinstimmung bringt, und zwar mittel- und langfristig.

Diese Sichtweise von Personalentwicklung umfasst eine Reihe von Komponenten. Diese müssen aufeinander abgestimmt werden, um zum Erfolg zu führen.

Zum einen geht diese Definition von einem Bündel von Maßnahmen aus. Personalentwicklung ist demnach keine singuläre Veranstaltung, die nur die Durchführung von Seminaren, Workshops, Projekten oder ähnlichen Aktivitäten beinhaltet. Als Personalentwicklung sollen hier nur Vorgehensweisen verstanden werden, die aus mehreren – also einem Bündel von – Maßnahmen bestehen. Dies geschieht aus der Überzeugung, dass eine Schwalbe eben keinen Sommer macht, ein Seminar keine Entwicklung von Mitarbeitern, ein Workshop keinen Organistionsentwicklungsprozess und ein Projekt zu keiner »Lernenden Organisation« führt. Alle diese Aktivitäten haben sicherlich etwas mit der Entwicklung von Mitarbeitern, Teams und vielleicht gar Organisationseinheiten zu tun. Sie sind jedoch für sich alleine noch nicht ausreichend, um von Personalentwicklung zu sprechen.

Personalentwicklung als Bündel von Maßnahmen umfasst mehr. Sie umfasst eine systemische Sichtweise von Organisationen; sie umfasst die Sichtweise, dass Interventionen in Organisationen abgestimmt, unter ganzheitlicher Betrachtung und mit einem Maßnahmen-Mix erfolgen müssen.

Personalentwicklung bedarf eines engen Bezugs zur Unternehmensstrategie. Die hier vertretene Auffassung grenzt sich deutlich von allen »Beratungsansätzen« der Personalentwicklung ab. Personalentwicklung ist Management-Aufgabe. Personalentwicklung sicherzustellen, ist Aufgabe des Managements einer Organisation, sei es ein privatwirtschaftliches Unternehmen, eine öffentliche Einrichtung oder

– und man kann dies gerne auch hierauf ausdehnen – eines Teils der Gesellschaft oder der Gesellschaft als Ganzes.

Um eines klar auszudücken: Personalentwickung ist nicht nur das, was eine Personalentwicklungsabteilung macht. Wie Personalentwickung organisiert ist, wer in der Organisation welche Rolle hierbei übernimmt, an welchen Stellen aufbauorganisatorische Grenzen zu managen sind und wo Übergänge zu Externen zu beachten sind, hat nichts mit der Definition und dem Grundverständnis von Personalentwicklung zu tun. Die Verkürzung des Verständnisses von Personalentwicklung auf einen »Beratungsansatz« grenzt wesentliche Teile der Personalentwicklung aus. Sie verkürzt auf das, was ein interner oder externer professioneller Personalentwickler tut. Sie bezieht nicht mit ein, dass das Management einer Organisation auch Personalentwicklung macht – und nicht nur Kunde einer »Personalentwicklung« ist.

Die Verbindung zwischen Unternehmensstrategie und Personalentwicklungsstrategie verlangt vom Management, Personalentwicklung als Management-Aufgabe zu begreifen, sich darüber klar zu werden, was die Strategie des Unternehmens mit den Fähigkeiten, Fertigkeiten, der Motivation und den Einstellungen der Mitarbeiter zu tun hat, und einer klaren Management-Entscheidung, wo die Personalentwicklung des Unternehmens hingehen soll.

Personalentwicklung ist hierbei *ein* wichtiger *Teil eines Human Resource Managements*, Abb. 1 (entnommen aus Beardwell, I./Holden, L., 1997, S. 19; nach Hendry and Pettigrew, 1990) zeigt das Zusammenspiel zwischen »business strategy« und »employment systems«. Das Umfeld der Organisation (Outer context), auf das die Business Strategy einwirkt, wirkt seinerseits wieder auf die Organisation (Inner context) mit den Elementen »HRM-context« und »Business Strategy content«. Letztere beeinflussen ihrerseits die Human-Resource-Management-Inhalte.

Personalentwicklung als Teil eines Human-Resource-Managements *hat* somit etwas *mit den Anforderungen an das Unternehmen* zu tun. Anforderungen des Unternehmens an die Mitarbeiter entstehen nicht aus sich heraus, sondern sind in einer Marktwirtschaft das Resultat von Wünschen und Anforderungen der Kunden und der Entscheidung des Unternehmens, welche Wünsche und Anforderungen mit Gütern und Dienstleistungen entsprochen werden soll. Ohne enge Verzahnung von Marketing-, Unternehmens- und Personalentwicklungsstrategie kann die Wettbewerbsfähigkeit eines Unternehmens nicht aufrechterhalten werden. Personalentwicklung ist somit ein unverzichtbares Element jedes wettbewerbswirtschaftlichen Handelns. Verstehen sich öffentliche Unternehmen und Organisationen eben diesem Gedanken verpflichtet, so gilt das Gesagte auch für diese. Der Zwang bei öffentlichen Organisationen geht jedoch auch von den Entscheidern über deren Budgets, deren Existenz und deren Auftrag aus. Auch hier gibt es Kunden. Manchmal sind es diese, die die offensichtlichen Leistungen der Organisation erhalten (z. B. Bescheide einer Behörde), manchmal sind es aber auch diejenigen, die andere »Leistungen«

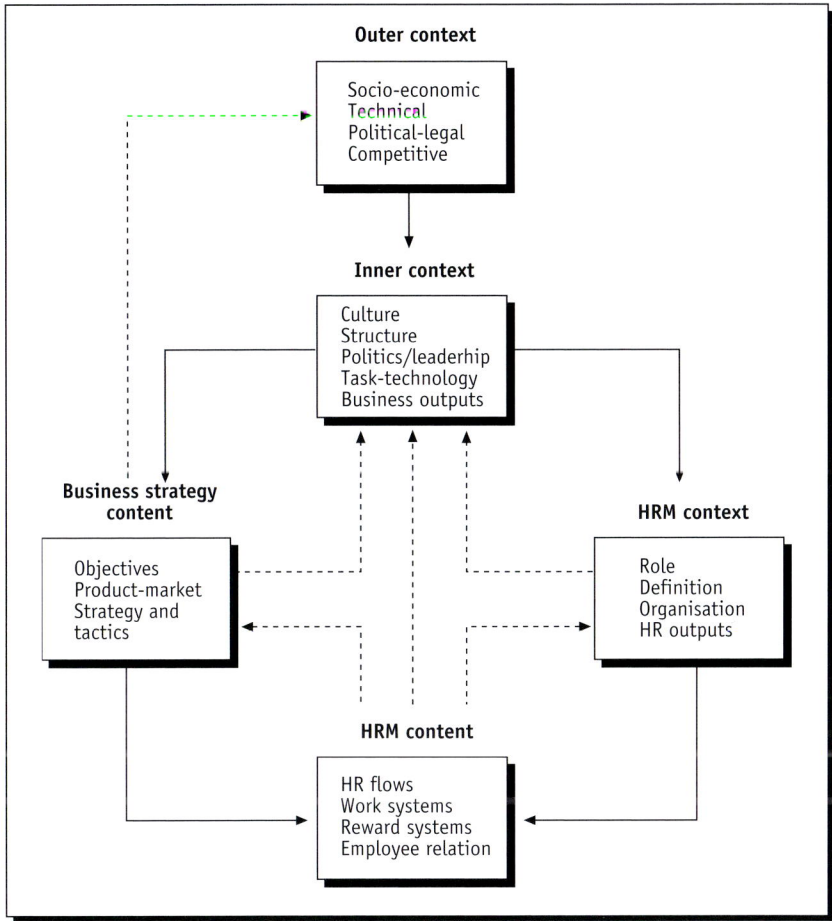

Abb. 1: »Model of Strategic Change and Human Resource Management«

erwarten, z. B. die Imageverbesserung vor bevorstehenden Wahlen. Jeder Verantwortliche in der Personalentwicklung ist gut beraten, sorgfältig zu prüfen, wer seine eigentlichen Kunden sind und was diese von ihm – und damit letztlich von der Organisation und ihren Mitgliedern – erwarten.

Personalentwicklung wendet sich an Menschen. An Menschen jedoch nicht nur als Individuen, sondern ebenso an Gruppen von Menschen, an Teams, an Organisationseinheiten und/oder an ganze Organisationen. Es kommt darauf an, wer als Ziel der Personalentwicklung anzusehen ist. Alle Varianten sind hier möglich. Letztlich ist es jedoch die Organisation, die Empfänger der Leistung der Personalentwicklung ist. Der »Empfänger der Leistung« in einer Organisation, die auch etwas mit »organischem« zu tun hat, ist nicht der Kunde. Um dies mit einem Beispiel zu verdeutlichen: Der menschliche Körper als Organismus ist eine Organisation von Organen, Zellen, Nerven etc. Er besteht aus unterschiedlichen, rollendifferenzierten Teilen. Die Fragestellung, wer »Kunde« der Leber ist, ist reichlich unsinnig und wird daher auch nicht gestellt. »Kunde« würde ja bedeuten, dass es ein anderes Element des Organismus gibt, der genau definiert, was es von der Leber will oder nicht will. Ein solches Element kann auch nicht das (bewusste) Gehirn sein, da dies die Leber nicht »willentlich« steuert.

Wer ist Kunde der Personalentwicklung? Im hier verstandenen Sinne ist diese Frage ebenso unsinnig. *Personalentwicklung ist eine Funktion einer Organisation.* Das »Bündel von Maßnahmen« findet so oder so statt, gesteuert oder ungesteuert, sinnvoll oder weniger sinnvoll, professionell oder amateurhaft. In jeder Organisation, in der Menschen arbeiten, gibt es eine irgendwie geartete »Personalentwicklung«.

Wer ist Kunde der Personalentwicklungsabteilung? Hier kann man diese Frage berechtigt stellen. Eben diejenigen, die die Managementaufgabe Personalentwicklung explizit oder implizit mitausführen. Die Kunden-Lieferanten-Beziehung ist ein Ergebnis der Aufbauorganisation, nicht der Funktionalität Personalentwicklung.

Personalentwicklung will Fähigkeiten, Fertigkeiten und Motivation in Übereinstimmung bringen; in Übereinstimmung mit den Notwendigkeiten der Organisation. Sie hat die Aufgabe, ein »FIT« herzustellen; eine Entsprechung zwischen den Anforderungen der Organisation an ihre Mitglieder; letztlich mit den Anforderungen an die Organisation (durch ihre Kunden), die diese erfüllen muss, um überlebensfähig zu bleiben.

An dieser Stelle ist oft die Aussage des sich beschleunigenden Wandels in Wirtschaft und Gesellschaft und den hieraus resultierenden Anforderungen an die Mitarbeiter angebracht. Mag sein, dass dies von manchen so aufgefasst wird. Es bedarf aber sicherlich einer gewissen Arroganz zu behaupten, dass in der Vergangenheit kein Wandel stattgefunden hat. Es wäre auch ein Trugschluss, dass Personalentwicklung in der Vergangenheit nicht stattgefunden hat.

Das Ausbildungswesen der mittelalterlichen Zünfte war ein ausgeklügeltes System, um dem jungen Anwärter für die Aufnahme in die Zunft das beizubringen, was zur Ausübung eines Handwerks erforderlich war. Dieses Ausbildungswesen enthielt Fachwissen ebenso wie soziale Inhalte. Die Aufnahme in die Familie des Meisters war eine nicht zu unterschätzende soziale Entwicklungsmaßnahme. Die Wanderschaft des jungen Gesellen stellte die Vorbereitung auf Veränderungen dar. Sie stellte sicher, dass Wissen, Kenntnisse und Erfahrungen breit gestreut wurden. Sie stellte eine gewisse Achtung vor anderen Vorgehensweisen und Erfahrungen her. Sogar das Verständnis gegenüber Fremden und Ausländern wurde gefördert.

Im Mittelalter waren die Reisen beschwerlich und zeitaufwendig, und das »Ausland« begann oft schon wenige Meilen vom Heimatort entfernt.

Kam der Geselle von seiner Wanderschaft, der Walz, zurück, war er reicher an Wissen und Erfahrung und konnte nun bis zu seinem Lebensende seinem Handwerk nachgehen. Er entwickelte eigene Lehrlinge weiter, half aber durch die Aufnahme von Wandergesellen der Weiterentwicklung seiner Zunft ebenso wie seiner eigenen Entwicklung. (In Kapitel 1.3. wird dieses Beispiel noch vertieft, vgl. hierzu z. B. Jahn u. a., 1997, S. 739 ff.) Ein für diese Zeiten nahezu perfektes Personalentwicklungssystem.

Es bedurfte keiner großen Job-Rotations-Programme, keiner ausgeklügelten Ausbildungsprogramme am grünen Tisch und keiner Personalentwickler, die vordachten, was erfahrene Gesellen und Meister zu lernen hatten. Der große Unterschied zu heute liegt jedoch ganz woanders.

Früher war eine derartige Lehrzeit eine Ausbildung für das ganze Leben. Die Notwendigkeiten, völlig neues Basiswissen, neue Grundfähigkeiten und -fertigkeiten zu erwerben, waren in einer Lebensspanne nicht gegeben. Die Anforderungen der Veränderungen im jeweiligen Beruf konnte ein Einzelner auf der Basis seiner Grundausbildung bewältigen.

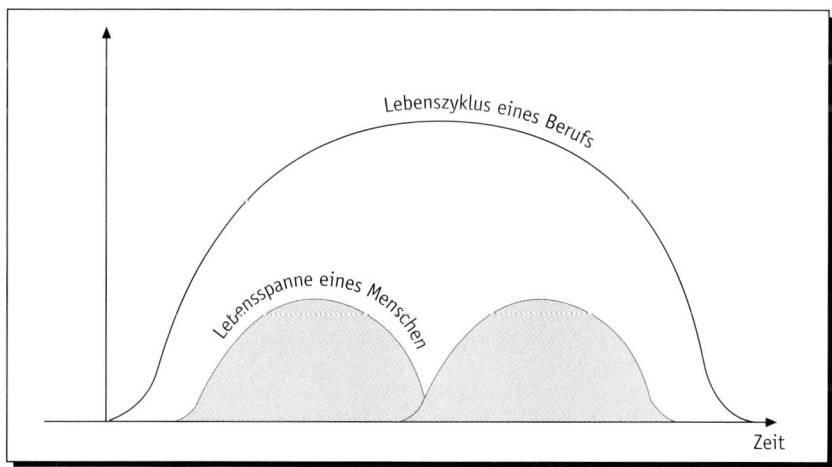

Abb. 2: Lebenszyklen von Berufen und Menschen in der Vergangenheit.

Heute hat sich hier Wesentliches geändert. Nicht die Notwendigkeit zum lebenslangen Lernen ist neu. Diese gab es schon im Mittelalter. Neu ist, dass der einmal erlernte Beruf nicht für ein ganzes Leben ausreicht.

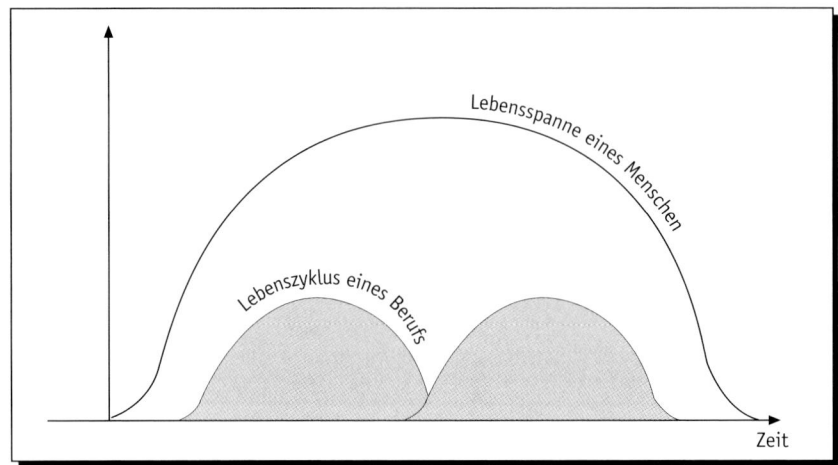

Abb. 3: Lebenszyklen von Berufen und Menschen in der Zukunft

Die »Lebensdauer« eines Berufs bis in die jüngste Vergangenheit war länger als die »Lebensdauer« des Berufsinhabers. Zwar gab es Änderungen. Die Basis blieb aber gleich.

Jetzt ist die »Lebensdauer« des Berufsinhabers länger als die des Berufs. Nicht mehr das evolutionäre Weiterlernen im einmal erlernten Beruf reicht aus, sondern es besteht der Zwang, etwas völlig Neues zu lernen. Einmal gemachte Erfahrungen sind zwar wertvoll – aber eben nur unter den Randbedingungen, die für diese gelten. Ein neuer Beruf schafft neue Randbedingungen. Diese neuen Randbedingungen entwerten nicht nur einmal gemachte Erfahrungen, sie machen diese geradezu gefährlich.

Was ist denn Erfahrung? Erfahrung ist die Fähigkeit, ohne genauere Untersuchung, ohne Aufschnüren der »Black Box«, Entscheidungen treffen zu können, Aufgaben zu erledigen, Verrichtungen vorzunehmen.
Und wenn jetzt die alte »Black Box« zu falschen Resultaten führt?

Jeder, der vom Rechtsverkehr zum Linksverkehr gewechselt ist, kennt dieses Problem. Die Erfahrungen des Rechtsverkehrs im »Linksverkehr-Umfeld« angewandt, sind für Autofahrer wie Fußgänger gleichermaßen riskant. Der Autofahrer fährt nicht unbedingt auf der falschen Seite – dies ist schnell zu lernen, diese Umstellung ist relativ unproblematisch. Aber wie rechts abbiegen? Da ist doch Gegenverkehr? Und wie ist das mit dem Fahrradweg? Einordnen im schnell fließenden Verkehr?

Und der Fußgänger? Auf welche Seite schaut er zuerst bevor er die Straße überquert? Macht es der »Rechtsverkehrler« nach seiner Erfahrung, dann sinkt seine Überlebenswahrscheinlichkeit drastisch. Und mag er noch so langjährige Erfahrungen als Verkehrsteilnehmer haben: Der Schüler oder die Schülerin mit weitaus weniger Verkehrserfahrung, aber einer »Linksverkehr-Sozialisation« ist ihm zuerst einmal haushoch überlegen.

Wer vom Rechts- zum Linksverkehr wechselt, weiß um die Entwertung seiner Erfahrung. Er versucht zu lernen, ist zuerst vorsichtig, schaut als Fußgänger zur Sicherheit in beide Richtungen etc. Kommt er nach einem Auslandsaufenthalt zurück in seine »Rechtsverkehrswelt« tritt er wieder in eine kritische Phase. Seine neuen Erfahrungen sind jetzt falsch. Und hier wird es viel gefährlicher, weil er ja weiß, wie Rechtsverkehr geht – meint er!

Wer seinen Beruf wechselt – von einer Basisqualifikation zur anderen – macht den Schritt vom Rechts- zum Linksverkehr. Es bedarf neuer Basisqualifikationen. Die Erfahrungen sind entwertet, mitunter sogar gefährlich, da die Erfahrungen zu falschen Schlüssen führen. Die Schülerin oder der Schüler, der Azubi oder die Studentin in der neuen Basisqualifikation sind auch hier überlegen – auch dem 40jährigen mit 20jähriger Berufserfahrung. In vielen neuen Berufen hört man die Klagen, dass diese nur noch von jungen Mitarbeiterinnen und Mitarbeitern ausgeübt werden können.

Und was ist mit den Mitarbeiterinnen und Mitarbeitern, die in der Mitte ihres Lebens stehen, das Leben ihres ursprünglichen Berufs sich aber dem Ende zuneigt. Ein Ausweg ist die Frühpensionierung; ein anderer der Versuch, mit Weiterqualifikation auf der Basis des ursprünglichen Berufs voranzukommen – mit mäßigen Ergebnissen.

Auf dem Hintergrund des eben Ausgeführten wird klar: Ist die Lebensspanne eines Berufs kürzer als die des Berufsinhabers, sind diese aneinander anzupassen! Der Weg der Personalentwicklung hier kann nur lauten: Der Berufsinhaber muss einen neuen Beruf lernen. Neu bedeutet wirklich neu. Er wechselt vom Rechts- zum Linksverkehr. Er benötigt neue Basisqualifikationen, eventuell sogar im Sozialverhalten. Er muss sich von Erfahrungen verabschieden, die dysfunktional sein können. Und er braucht ein soziales Umfeld, das ihm den Schritt vom hochqualifizierten Spezialisten zum Azubi ermöglicht, ohne an seinem Selbstwert und seinem Status Schaden zu nehmen.

Warum nur mit 20 Jahren als Azubi oder Trainee – in der Zukunft wird es vielleicht üblich sein, einen Beruf von 20 bis 40 Jahren auszuüben, dann von 40 bis 43 eine neue Basisqualifikation zu erlangen und dann nochmals von 43 bis 63 eine neue Karriere zu beginnen. Das Lösen von der Vorstellung eines Berufs, der für das ganze Leben ausreichend ist, schafft jedoch auch Chancen. Höhere Flexibilität, ja der Zwang zum Wandel und zum Anpacken von Neuem gibt z. B. der Vereinbarkeit von Familie und Beruf neue Möglichkeiten. So wird die Integration nach der Familienpause in die Arbeitswelt auf einer neuen Basis möglich. (vgl. auch Winnes, 1999) Die hier gewonnenen sozialen Erfahrungen – und der soziale Wandel hat eine andere Dynamik als der technologische – sind ein wichtiges Kapital. »Im technischen Bereich mag Jungsein von Vorteil sein; im sozialen Bereich überwiegen die Fähigkeiten der Älteren!« (Lehr, Ursula, 1997, S. 73). Heute konzentriert sich die Personalentwicklung überwiegend auf die 25- bis 35-Jährigen; zukünftig wird der Gruppe der 40- bis 55-Jährigen wachsende Bedeutung zukommen (vgl. Uepping, Heinz, 1997, S. 170).

Um dies zu schaffen, bedarf es jedoch entprechender Personalentwicklungssysteme. Diese sind nötiger denn je. Sie sind zum einen Aufgabe der Unternehmen, zum anderen aber eine gesellschaftliche Aufgabe.

Dieses Buch beschäftigt sich im Weiteren mit der Aufgabenstellung »Personalentwicklung« der Organisation, hier meist verstanden als Unternehmen. Der Hinweis auf die gesamtgesellschaftliche Konsequenz dieser Entwicklung, bis hin zu den Systemen der sozialen Sicherung, sei an dieser Stelle erlaubt.

2. Strategische Personalentwicklung

Personalentwicklung (PE) ist eine wichtige Aufgabenstellung der Unternehmensführung. Mitunter wird auch behauptet, es sei die Wichtigste. Die Diskussion dieser Frage ist letztlich müßig: Es gibt viele Elemente im System Organisation (zum Systemdenken vgl. z. B. Senge,1996; Malik, 1992), die für dessen Funktionieren wichtig sind. Welches ist nun das Wichtigste? Immer dasjenige, das fehlt oder nicht richtig funktioniert – denn es bestimmt über Sein oder Nichtsein, Erfolg oder Misserfolg.

Betrachtet man Personalentwicklung als eine Funktionalität (hierzu später Näheres) der Organisation, wird die Frage wichtig, wie kommt die Personalentwicklung zu ihrem Auftrag? Woher ist dieser abzuleiten? Wie komme ich als Auftraggeber der PE zu meinem Auftrag?

An dieser Stelle sei ein Ausflug in den Themenbereich des Strategischen Managements (vgl. Kirsch, 1991; Oetinger u. a., 2001; Müller-Stewens/Lechner, 2001) gestattet. Jedes Unternehmen hat so etwas wie eine »Strategie« – auch wenn diese nicht explizit dokumentiert und aufbereitet ist. Ist diese »Strategie« nicht explizit dokumentiert, so kann sie doch annäherungsweise rekonstruiert (vgl. Trux u. a., 1991, S. 721 f.) werden. Dieses Strategische Management ist Vorgabe einer Strategischen Personalentwicklung. Man kann auch sagen: Strategische Personalentwicklung ist integrativer Teil eines Strategischen Managements – nämlich der Teil, der sich mit den Human Resourcen der Organisation befasst.

»Strategisch« ist ein viel geschundener Begriff. Ganze Bibliotheken kann man mit Literatur füllen, die sich im Titel mit dem Beiwerk »strategisch« schmückt. Manch-

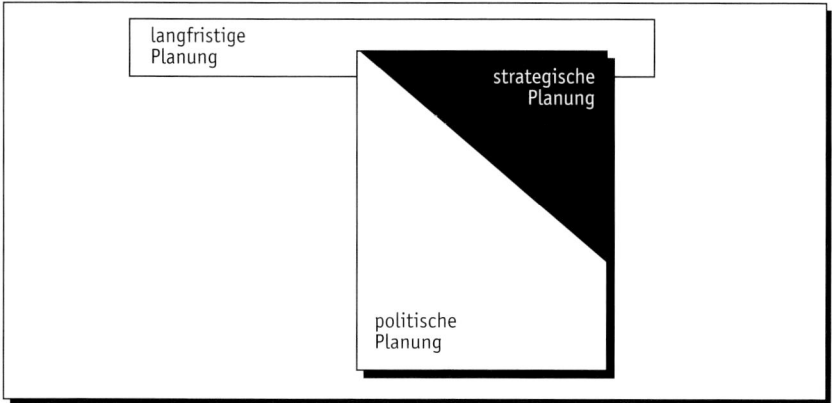

Abb. 4: Zusammenhang von strategischer, langfristiger und politischer Planung
(aus: Kirsch, 1991, S. 9, vgl. auch Einsiedler, 1996)

mal hat man den Eindruck, dass »strategisch« als Synonym für besonders gut und/
oder besonders wichtig gebraucht wird.

Hier soll der Begriff der Strategie im Verständnis von Kirsch (1991, S. 9 ff.) verwandt
werden, der diesen für die Strategische Planung konkretisiert hat: »Strategische
Planung ist die konzeptionelle Planung der Unternehmenspolitik. Mit dem Terminus ›konzeptionell‹ wird auf die Ebene der Betrachtungsweise verwiesen. Diese gibt
an, ob über die inhaltliche Plankategorie lediglich globale oder vergleichsweise
detaillierte Aussagen gemacht werden. Strategische Pläne enthalten Aussagen über
vergleichsweise global formulierte Ziele des Unternehmens, über Strategien und
über Policies bzw. Grundsätze, aber auch Globalaussagen über die einzusetzenden
Ressourcen.

Strategische Planung ist meist langfristiger Natur. Dabei ist es zweckmäßig zwischen Bezugszeit, der Geltungsdauer, dem Planungshorizont und der Anpassungs-
bzw. Innovationszeit zu unterscheiden. Ein strategischer Plan kann im Hinblick auf
die Bezugszeit (...) durchaus kurzfristig sein, was nicht ausschließt, dass er im
Hinblick auf den Planungshorizont (zeitliche Reichweite der Erwartungsbildung)
langfristig ist.

Strategische Planung ist auch immer politische Planung, d. h. im Rahmen des Pla-
nungsprozesses werden unter anderem auch politische Entscheidungen getroffen.
Dies gilt nicht nur für die Entscheidung über die endgültige Verabschiedung eines
Plans, sondern auch im Bezug auf eine ganze Reihe von Zwischenentscheidungen.
Politische Entscheidungen sind – im Gegensatz zu den administrativen und den
operativen programmatischen Entscheidungen – dadurch gekennzeichnet, dass
die Beteiligten nicht oder nur im begrenzten Maße von offiziellen, d. h. durch andere Entscheidungen bereits verbindlich gesetzten Wertprämissen ausgehen.

Müller-Stewens und Lechner (2001, S. 20) führen hierzu aus, »dass ein Strategisches Management . . . eine spezifische Denkweise verkörpert, sich mit der Entwicklung von Unternehmen auseinander zu setzen. Sie basiert auf der Vorstellung der geplanten Evolution, beschäftigt sich in diesem Kontext mit Theorien und theoriegeprägten Praktiken, öffnet sich dadurch der Rationalisierung, vollzieht sich in Form eines kollektiven Lernprozesses, und greift all die Themen auf, die es hinsichtlich der Entwicklung von Unternehmen als wichtig erachtet.«

Mintzberg (1999) nennt fünf »P's of Strategy« (Plan, Ploy, Pattern, Position und Perspective) als Verwendungsarten des Begriffs »Strategie«:

Unter »Plan« ist hierbei eine Weg-Ziel-Beschreibung zu verstehen; unter »Ploy« den nächsten »Spielzug« gegenüber den Konkurrenten; »Pattern« beschreibt Strategie als Muster der Entscheidungen und Handlungen des Unternehmens; »Position« bezieht sich auf die Position eines Unternehmens in seiner Umwelt und »Perspective« als die Art und Weise der Wahrnehmung der Umwelt(en) durch die Unternehmung.

Malik (1994) hat in Anlehnung an Gälweiler ein integrales Steuerungssystem der Unternehmung entwickelt, das die Abgrenzung zwischen operativer und strategischer Führung verdeutlicht.

Dieses macht deutlich, dass sich strategische Elemente immer auf Potenzialgrößen richten, zu deren Realisierung operative Aktivitäten erforderlich sind (vgl. Gälweiler, 1987).

Bleibt festzuhalten: *Strategien sind meist langfristiger, immer grundsätzlicher und »politischer«, d. h. nicht eindeutig geregelter Art und beziehen sich auf Potenziale.*

Das bedeutet, dass die strategischen Elemente die Grundlagen für den operativen Erfolg regeln.

Was heißt dies nun für die Strategische Personalentwicklung?

Der in diesem Buch vertretene Personalentwicklungsbegriff (vgl. oben) geht von einem Ansatz aus, der die Human-Resource-Elemente einer Organisation, verstanden als System, im Gleichklang hält mit den sonstigen strategischen Elementen.

Zwischen der strategischen Personalentwicklung und den anderen strategischen Elementen bestehen Wechselwirkungen. Das heißt, nicht nur die Unternehmensstrategie gibt die Vorgaben für die Strategische Personalentwicklung. Es kann auch der Fall eintreten, dass die Strategische Personalentwicklung Vorgaben (Restriktionen, aber auch Chancen und Potenziale) für die Unternehmensstrategie gibt. »Strategien ohne explizite Berücksichtigung der Mitarbeiter zu entwickeln, reduziert die Chance, dass sie überhaupt umgesetzt werden können und trägt damit zur »Realitätsferne« strategischer Planung bei.« (Müller-Stewens/Lechner, 2001, S. 329 mit Hinweis auf ein »strategisches Personalmanagement«). Dieser Aspekt wird häufig

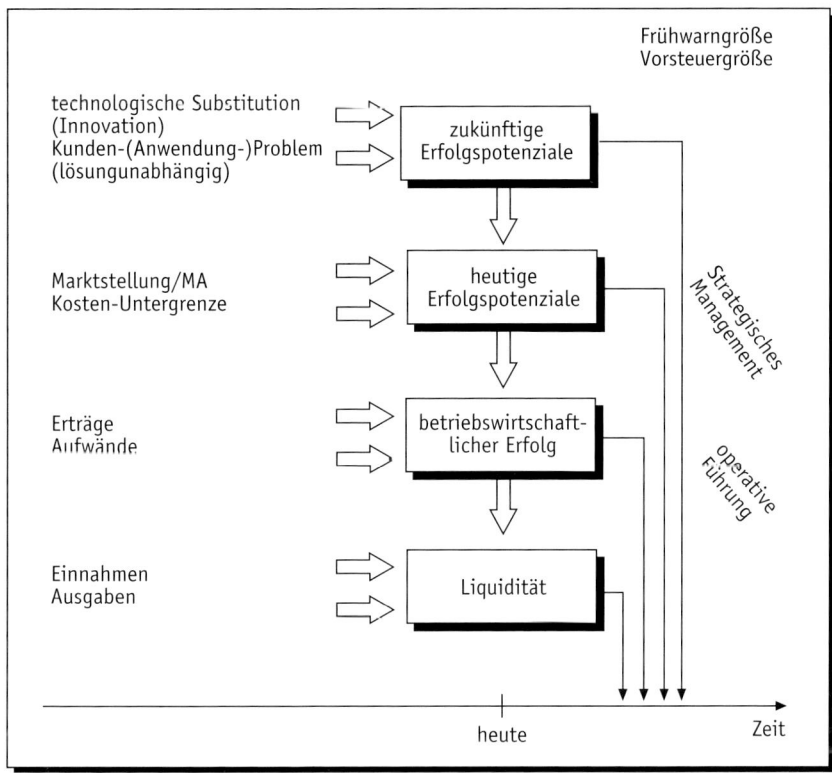

Abb. 5: Strategie-Modell des Management-Zentrums St. Gallen (vgl.: Malik, F. 1994)

unterschätzt. Er steht auch im Gegensatz zur inneren Wertigkeit von strategischen Managern und Personalentwicklern im Unternehmen. Wie kann ein Personalentwickler Vorgaben für die Unternehmensstrategie machen? Löst man sich von der Wertigkeit von Funktionen und versteht Personalentwicklung als Aufgabe (= Funktionalität), so wird der Blick frei auf die Chancen und Restriktionen, die vorhandene Mitarbeiter für bestimmte Optionen von Unternehmensstrategien darstellen. Gut entwickelte Strategien scheitern oft, weil die Mitarbeiter zur Umsetzung dieser Strategien nicht wollen – oder gar nicht vorhanden sind. Der Strategischen Personalentwicklung kommt in diesem Zusammenhang eine wachsende Bedeutung zu (vgl. auch Einsiedler, 2003).

Die Fragestellung der Strategischen Personalentwicklung kann in zwei Teile zerlegt werden:

1) Was kann die Organisation mit ihren Mitgliedern leisten? Welche Werthaltungen und Motivationen bilden Chancen und Restriktionen? Können andere Mitarbeiter, welche die Chancen verbessern oder Restriktionen überwinden helfen, für

die Organisation gewonnen werden? Oder benötigt eine bestimmte Strategie neue Organisationen mit neuen Mitgliedern?

2) Wie muss sich die Organisation mit ihren Mitgliedern verändern, um die Ziele des strategischen Managements zu erreichen?

Punkt 2 wird üblicherweise unter Personalentwicklung verstanden, Punkt 1 stellt aber einen wichtigen und nicht zu übersehenden Aspekt einer Personalentwicklungs-Strategie dar. Die Beachtung des ersten Punktes macht viele Aktivitäten des zweiten überflüssig – insbesondere diejenigen, die aus Gründen von Punkt-1-Restriktionen zum Scheitern verurteilt sind.

Weiterbildner und manche Organisationsentwickler sprechen dann von »Widerständen«, die überwunden werden müssen. An dieser Stelle ist sicherlich die Frage erlaubt, ob eine bestehende Organisation mit ihrer bestehenden Historie (vgl. Trux, 1991, S. 721: »Dabei ist ... zu berücksichtigen, dass strategische Grundhaltungen und Führungsformen in enger Beziehung zu der Geschichte des jeweiligen Unternehmens stehen. Um die Gegenwart zu verstehen, muss man zumindest wissen, welche herausragenden Ereignisse und Erfahrungen sie geprägt haben.«) nicht als solche behandelt werden kann, sondern ohne Berücksichtigung dieser Rahmenbedingungen Strategien durchgesetzt werden sollen – meist mit einem negativen Ausgang.

Was ist nun eine Strategische Personalentwicklung?

Die Strategische Personalentwicklung definiert die Rahmenbedingungen, die Ziele und die Prioritäten für die Entwicklung der Human-Ressourcen (HR) einer Organisation. Sie geht aus von den strategischen Vorhaben und definiert die Erfordernisse auf der HR–Seite, um diese umzusetzen. Sie definiert hierbei die HR-Potenziale, die zur Umsetzung der strategischen Vorhaben erforderlich sind resp. im Verlauf dieser Umsetzung entwickelt werden müssen. Für jedes strategische Vorhaben sind strategische Personalentwicklungs-Pläne zu entwickeln. Diese sind in einem strategischen Personalentwicklungs-Gesamtplan zu konsolidieren.

Strategische Personalentwicklung hat auch zur Aufgabe, strategisch bedeutsame Fähigkeiten innerhalb der Organisation – quasi als »genetische Potenziale« – zu entwickeln, auch wenn zum Teilpunkt dieser Entwicklung der Nutzenzusammenhang noch nicht klar ist. Wenn »Time to Market« einen wesentlichen Erfolgsfaktor darstellt, ist eine Voraussetzung, dass Menschen oder Teams in der Organisation vorhanden sind, die Innovationen schnell marktreif machen können. Die Entwicklung dieser Fähigkeiten benötigt Zeit – meist mehr Zeit als die Beschaffung anderer Ressourcen. Wer Mitarbeiter mit den entsprechenden Fähigkeiten innerhalb der Organisation hat, kann diese relativ schnell als Nucleus für das Vorantreiben von Innovation nutzen. Hier legt die Strategische Personalentwicklung mit das Potenzial für zukünftigen Unternehmenserfolg. Wie strategische Pläne in strategische Personalentwicklungspläne umgesetzt werden, ist im Kapitel Bildungscontrolling näher beschrieben.

Wichtig ist an dieser Stelle festzuhalten, dass der Input für eine Strategische Personalentwicklung aus der Strategischen Unternehmensplanung abzuleiten ist und diese die Basis jeden Handelns der Personalentwicklung darstellt.

Aus der strategischen Personalentwicklungs-Planung, also den Zielen, den Prioritäten und den Rahmenbedingungen für die PE, ist dann eine Programm-, Projekt- und Aktivitätenplanung abzuleiten, deren Umsetzung in die operative Verantwortung der jeweils für PE zuständigen Manager übergeht, unabhängig davon, wo diese innerhalb der Organisation angesiedelt sind.

3. Prinzipien der Organisation der Personalentwicklung

3.1 Organisationsprinzipien: Funktionalität versus Funktion

Ist Personalentwicklung eine eigene Funktion? Gehört sie zur Personalabteilung? Sind die Business-Funktionen Kunden der Personalentwicklung? Bestimmt letztlich der Kunde, was geschieht? Wer hat das Budget?

Diese und ähnliche Fragen sind typisch, sobald man sich mit der Funktion Personalentwicklung beschäftigt.

Die *Funktion* Personalentwicklung sei hier als *organisatorische Einheit* verstanden, deren Aufgabe oder Rolle es ist, die Personalentwicklung zu betreiben. Diese kann grundsätzlich an unterschiedlichsten Stellen der Organisation angesiedelt sein. Sie kann einheitlich zusammengefasst oder getrennt in unterschiedliche Organisationseinheiten auftreten. Sie kann sich als »hoheitliche« Aufgabe verstehen oder als Service-Einheit. Sie hat das Problem, Kontrakte mit Auftraggebern zu schließen; sie beschäftigt sich mit dem Transfer ihrer Arbeit in die tägliche Praxis.

Alle diese Fragestellungen entstehen nur aus einem einzigen Grund: der Trennung zwischen Funktionalität und Funktion.

Unter der *Funktionalität* sei im Folgenden die *Aufgabenstellung* Personalentwicklung verstanden. Diese Aufgabenstellung umfasst demnach alle Aktivitäten, die – im Rahmen der Unternehmensstrategie – die Anforderungen des Unternehmens an die Mitarbeiter, Mitarbeitergruppen und Organisationseinheiten und deren Fähigkeiten, Fertigkeiten und Motivation in Übereinstimmung bringt, und zwar mittel- und langfristig.

Die Funktionalität Personalentwicklung beschreibt eine Management-Aufgabe (vgl. z. B. auch Malik, 2000, S. 247). Sie ist Teil der Aufgabe der Unternehmensführung, wenn nicht gar deren vornehmste. Die Funktionalität Personalentwicklung ist mehr als die Aufgabenstellung von Personalentwicklungs-, Bildungs-, Aus- & Fortbildungs- oder Personalabteilungen. Sie ist mehr als der Human-Resource-Ansatz beschreibt. Sie ist eine Aufgabenstellung, die die ganze Unternehmung erfasst.

Für die Funktionalität Personalentwicklung ist an erster Stelle das Top-Management verantwortlich. Es hat die Verantwortung für die gesamte Unternehmung. Es ist dafür verantwortlich, dass das Ergebnis der Personalentwicklungs-Bemühungen eintritt. Es hat die Aufgabe, das Überleben und den Erfolg der Unternehmung – oder einer anderen Organisation – zu sichern. Personalentwicklung in diesem grundsätzlichen Verständnis ist weder delegierbar noch kann es outgesourced werden. Personalentwicklungs-Abteilungen, externe Berater u. ä. können Aktivitäten der Personalentwicklung »zuliefern«, sie können den operativen Teil der Personalentwicklung steuern, Sie können Impulse und Inputs für eine Strategische Personalentwicklung liefern.

Sie können jedoch nicht die Aufgabe *der* Personalentwicklung übernehmen. Hier ist in jedem Falle die Unternehmensleitung gefordert. Sie können die einzelnen funktionalen Führungkräfte bei ihrer Personalentwicklungsaufgabe unterstützen. Sie können jedoch nicht an deren Stelle Personalentwicklung betreiben.

Die Verantwortlichen der jeweiligen Personalentwicklungseinheiten können ihre funktionalen Organisationseinheiten als Service-Lieferanten verstehen, sie können diese aber auch als Einheit mit der Verantwortung (für große Teile) der Personalentwicklungs-Funktionalität in einer Unternehmung führen.

Die jeweilige funktionale Organisationsform entbindet aber die Organisation insgesamt nicht von der Notwendigkeit der *Funktionalität* Personalentwicklung.

Die Funktionalität Personalentwicklung stellt sicher, dass die in einer Organisation handelnden Personen, Personengruppen und Organisationseinheiten ihre Leistungen erbringen können. Die Funktionalität Personalentwicklung ist dafür verantwortlich, welche Personen mit welchen Fähigkeiten und Fertigkeiten in einer Organisation arbeiten, wie diese Zusammenarbeit und das Zusammenspiel der Organisationseinheiten klappt.

Die Funktionalität Personalentwicklung ist integraler Bestandteil jeder Organisation, unabhängig davon, von wem diese Aufgabe erfüllt wird. Personalentwicklung findet in jeder Organisation statt; ob geplant oder ungeplant. Lernen von Menschen in Organisationen, Lernen von Organisationseinheiten und Lernen von Organisationen lässt sich nicht verhindern. Personalentwicklung kann jedoch geplant, effizient und effektiv geschehen, oder ungeplant, zufällig, auf inadäquatem Niveau und für die Ziele und Aufgaben einer Organisation völlig unangepasst. Doch: Personalentwicklung findet immer statt.

Um auf des Beispiel aus Kapitel 1, Pkt. 1 zurückzukommen: Personalentwicklung ist keine Erfindung unseres Jahrhunderts. Schon die alten Zunftordnungen beinhalteten ausgeklügelte Personalentwicklungssysteme.

> *Wollte in Zeiten der Zunftordnungen ein junger Mann (junge Frauen waren eher unüblich) ein Handwerk erlernen, musste er zuerst in die Lehre gehen. Diese Lehre fand meist nicht nur in der Arbeitsumwelt des zukünftigen Berufs statt, sondern in der Lebensumwelt. Der junge Mann wurde Teil der Familie seines Meisters, er lernte sein Handwerk, und er lernte eine andere Familie und deren Gepflogenheiten kennen. Er lernte auch von der Arbeitsweise anderer Gesellen, fest angestellten und solchen, die auf Zeit vorbeikamen, Gesellen auf Wanderschaft. War der junge Mann dann mit seiner Lehre fertig, folgte eine weitere Phase der Ausbildung, die Walz oder Wanderjahre. Hier sahen die Zunftordnungen ausdrücklich Zeiten außerhalb der Organisation vor, in der die Lehre gemacht wurde. Diese Regel führte nicht nur zu einem Zugewinn an Wissen und Erfahrungen für den jungen Wandergesellen, sondern auch für die Zunft insgesamt. Die Wandergesellen brachten ihre Kenntnisse und Erfahrungen mit, teilten sie mit anderen, und lernten andere Verfahren und Vorgehensweisen dazu. Die Meister hatten die Chance, Neues zu erfahren, an neuen Entwicklungen teilzuhaben, ihre Kenntnisse und ihr Wissen auf neueren Stand zu bringen. Ein System, das für alle Beteiligten von Vorteil war.*

Hierbei sei an eines erinnert. Dieses Personalentwicklungssystem der Zunftordnungen funktionierte nicht in einem Konkurrenzmarkt. Zur damaligen Zeit waren die Märkte überwiegend Verkäufermärkte, die durch Zugangsbeschränkungen segmentiert und voneinander abgeschottet waren. Der Wissensvorsprung eines Meisters gegenüber einem in einiger Entfernung brachte ihm weniger ökonomischen Vorteil, als vielmehr eine bessere Versorgung für seine Kunden.

Das damalige Personalentwicklungssystem enthielt bereits eine Vielzahl von Elementen moderner PE-Systeme. Es beinhaltete eine ganzheitliche Basisausbildung, eine Job-Rotation über die Organisationsgrenzen hinaus. Es beinhaltete »Lernpartnerschaften« und gegenseitige Befruchtung durch Erfahrungslernen und Erfahrungsaustausch. Es betrachtete den Menschen ganzheitlich, nicht zerlegt in Arbeitswelt und Privatleben. Es öffnete – für damalige Verkehrsverhältnisse revolutionär – die Perspektiven für Neues, im Beruf oder in der Lebensgestaltung.

Sicherlich hatte es eine Reihe von Nachteilen in den starren Zunftordnungen. Sein sozialer Gehalt, seine Humanität kann sicherlich auch in Zweifel gezogen werden.

Es beinhaltete aber ein Personalentwicklungssystem, das ganz auf die PE-Funktionalität ausgerichet war, aber keine PE-Funktionen kannte.

Die Notwendigkeit von PE-Funktionen ist ein Kind der industriellen Revolution; sie ist ein Kind der Arbeitsteilung und der Spezialisierung. Diese kann bis zum Beratungsansatz der Personalentwicklung auf die Spitze getrieben werden. Der Beratungsansatz der PE besagt nichts anderes, als die totale Trennung von Funktionalität und Funktion. Er trennt die Verantwortung für die Funktionalität, also die Managementverantwortung Personalentwicklung von der externen Funktion Per sonalentwicklung, die outgesourced von einem Berater durchgeführt wird. Übernehmen interne Personalentwickler dann diesen Ansatz als »interne Berater«, verspielen sie die Chance der teilweisen Deckungsgleichheit von Funktionalität und Funktion und stellen die extreme tailoristische Arbeitsteilung wieder her.

In anderen Funktionen kämen Unternehmen selten auf diese Idee. Ein Beratungsansatz »Vertrieb« ist wenig denkbar, da Vertrieb Aufgabe des Unternehmens ist und nicht outgesourced werden kann. Auch Unternehmen, die sich Absatzmittlern bedienen, haben Vertriebseinheiten, die eben diese Absatzmittler betreuen und an diese verkaufen.

Für Personalentwicklung gilt letztlich das Gleiche. Personalentwicklung als Funktionalität ist vom Unternehmen zu erfüllen. Sie ist nicht outsourcebar, sie ist nicht abtrennbar vom Unternehmensgeschehen. Sie ist vielmehr in dieses einzubeziehen und braucht einen klaren Bezug zur Unternehmensstrategie. Mehr noch: Sie ist Teil der Unternehmensstrategie. Manche Theorien und praktische Ansätze strategischer Unternehmensführung verkennen den Zusammenhang zwischen Fähigkeiten und Fertigkeiten, Motivation und Kultur von Organisationen und den strategischen Möglichkeiten, die diese Organisationen haben. Strategien einer Organisation können nur dann erfolgreich sein, wenn diese Organisation auch die Fähigkeiten und Fertigkeiten, Motivation und Kultur besitzt, die für diese Strategie erforderlich sind.

Strategien »auf der grünen Wiese« funktionieren (vielleicht) mit Organisationen »auf der grünen Wiese«; sie funktionieren jedoch meist nicht mit real existierenden Organisationen, die dann Strategien umsetzen sollen, die nicht zu ihnen passen, für deren Umsetzung sie keine, nur zu geringe oder falsche Voraussetzungen mitbringen. Strategien, die auf den Entwicklungsstand der sie tragenden Organisationen keine Rücksicht nehmen, scheitern oft; man ist geneigt zu sagen: fast immer.

Die Entwicklungsmöglichkeiten von Organisationen und der in ihnen handelnden Menschen sind begrenzt. Die Integrationsfähigkeit von neuen Mitarbeitern, die neue Fähigkeiten und Fertigkeiten, Motivationen und Verhaltensweisen mitbringen, hängt ab von der Integrationsfähigkeit der bestehenden Organisation. In einem Veränderungsprozess, der durch neue Mitarbeiter ausgelöst wurde, die sich in die bestehende Organisation integrieren sollen, entsprechende »FITs« zwischen Organisation und Strategie herzustellen, ist nur in begrenztem Umfang möglich; nämlich in dem Umfang, wie die bestehende Organisation zur Integration bereit ist.

Diese Integrationsfrage beschreibt einen weiteren Aspekt der Funktionalität Personalentwicklung: Dieser umfasst die Fähigkeit, Strategien auf deren Umsetzbarkeit mit bestehenden Organisationen zu prüfen und nötigenfalls auch die Unmöglichkeit festzustellen, mit bestehenden Organisationen bestimmte Strategien überhaupt anzugehen. Dies muss nicht bedeuten, dass die jeweiligen Strategien falsch sind; sie lassen sich nur nicht mit der bestehenden Organisation umsetzen.

3.2 Strukturmodell der lebensfähigen Unternehmung

Den Unterschied zwischen Funktion, also Organisationseinheit, und Funktionalität, also zu erfüllende Funktion, lässt sich an einem Strukturmodell der lebensfähigen Unternehmung (Malik, F., 1993a; vgl. auch Beer, S., 1990 und 1993) verdeutlichen.

»Jede Unternehmung besteht in der Regel aus Teilen. Während man in der klassischen Organisationslehre noch davon ausging, dass praktisch beliebige Tätigkeiten als Teile der Unternehmung definiert werden können, steht hier (im Strukturmodell der lebensfähigen Unternehmung; Erg. d. Verf.) die Überlegung im Zentrum, dass nur ganz bestimmte Elemente wirklich als Teile des Ganzen angesehen werden können« (Malik, a. a. O., S. 3).

Dieser Ansatz untersucht somit die Teile einer Organisation, sagen wir zur Verdeutlichung einfach Abteilungen, Hauptabteilungen, Bereich etc., ob diese in ihrer Aufteilung Bestand haben können. Dieser Bestand ist davon abhängig, ob die Struktur mit dem eigentlichen Funktionieren einer Organisation, und nicht (nur) mit Über- oder Unterordnungsverhältnissen, zu tun hat. »Es sind gewissermaßen ›hinter‹ den Organigrammen liegende Strukturen, die die Verhaltensmöglichkeiten der Unternehmungen bestimmen. Ich bezeichne sie als Tiefenstrukturen, im Gegensatz zu den in den Organigrammen sichtbar werdenden Oberflächenstrukturen« (Malik, a. a. O., S. 4).

Beer (vgl. a. a. O., 1990 und 1993) baut auf dieser Überlegung der Tiefenstrukturen ein umfangreiches Organisationsmodell auf, das an dieser Stelle nicht in seinem gesamten Umfang dargestellt werden kann. Hier interessieren nur die für die Organisation der Personalentwicklung wichtigen Elemente.

Das Modell geht davon aus, dass jede organisatorische Einheit eine eigene Funktion hat, dass diese aber auch für sich selbst lebensfähig sein muss. Diese Funktionseinheit kann als System 1 bezeichnet werden. Dieses enthält

- die leistungserbringende Operation,
- das Management dieser Operation,
- die Beziehungen zur Umwelt.

Eine Organisationseinheit bildet quasi eine Art Zelle, die Leistungen erbringt, eine eigene Steuerung hat und Input/Output-Verhältnisse zur Umwelt unterhält.

Zwischen diesen organisatorischen Einheiten – wie in der Biologie zwischen Zellen – bestehen vielfältige Verbindungen. Gehören organisatorische Einheiten einer Organisation an, kann man hierbei auch von starken Interdependenzen sprechen, die einer Koordination bedürfen.

Den hierfür erforderlichen koordinierenden Mechanismus kann man als ›System 2‹ bezeichnen. (Hierbei wird noch keine Aussage darüber gemacht, auf welche Art und Weise die Koordination erfolgt!). Das Management-System 2 hat die Aufgabe (oder Funktionalität), die Koordination zwischen den organisatorischen Einheiten zu übernehmen.

»In den meisten Unternehmungen ist die Natur dieses koordinierenden Systems nur sehr schlecht verstanden und deshalb sind diese Systeme meistens auch nur sehr schlecht ausgestaltet« (Malik, a. a. O., S. 11).

Daher ist es sinnvoll, dieses System 2 noch näher zu beleuchten.

»Die Fluglotsen auf einem großen Flughafen sind Teil eines derartigen Koordinationssystems. Die einzelnen ankommenden und startenden Flugzeuge sind die Einsersysteme, deren Start und Landemanöver genauestens koordiniert werden müssen, will man Katastrophen vermeiden. Bedeutsam ist nun, dass die Fluglotsen keineswegs formale Vorgesetzte der Piloten sind. Dennoch wird jeder Pilot sich strikt nach den Weisungen der Fluglotsen richten« (a. a. O., S. 11).

Ein Ganzes will mehr als die Summe aller Teile sein. Daher ist die Aufgabe, die Optimierung, die Synergie und die Allokation der Ressourcen zwischen den Organisationseinheiten zu steuern, für dieses ›Ganze‹ von großer Bedeutung. »Es braucht also eine Funktion, die in der Lage ist, in Kenntnis des Ganzen und im Lichte der Interessen des Ganzen, insbesondere im Lichte seiner inneren Kohärenz, gewisse steuernde und regulierende Funktionen vorzunehmen.« Diese Funktion wird als System 3 bezeichnet. Es ist in der Regel das Operative Corporate Management.

Das wichtigste Instrument, das diesem System 3 zur Verfügung steht, ist die Verfügung über die Ressourcen des Gesamtsystems. Ressourcen sind hierbei nicht nur Geld. Ressourcen anderer Art sind etwa die Zeit, die der operativen Einheit gewidmet wird, die Intelligenz, die dieser Einheit zur Verfügung steht und die Aufmerksamkeit, die man ihr zukommen lässt.

Somit haben wir drei Systeme oder Unter-Systeme, die man im Unternehmen auch als Bereichsleitungen, operative Gesamtleitung und Koordinierungsstellen (z. B. Controlling) bezeichnen kann.

Neben dem Informationskanal über das System 2, über den das System 3 Informationen erhält, ist ein zusätzlicher, direkter Informationskanal des Systems 3 zum System 1 erforderlich.

Funktioniert jetzt die Organisation als lebensfähiges System? Noch nicht. Es funktioniert zwar operativ, solange keine Änderungen erforderlich sind. Was das Ge-

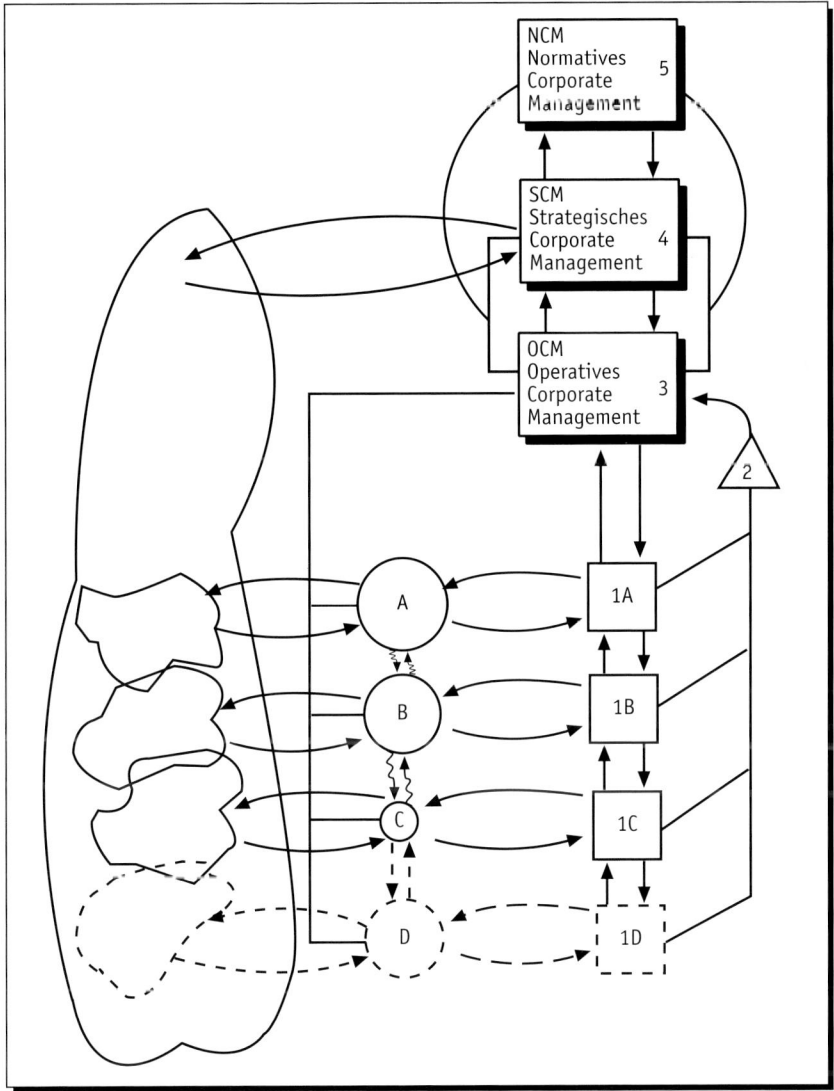

Abb. 6: Strukturmodell einer lebensfähigen Organisation (aus: Malik, 1993a, S. 22)

samtsystem aber noch benötigt, ist eine Einheit, die sich über die zukünftigen Erfordernisse, die strategischen Richtungen und Ziele, Gedanken macht. Sonst schaffen wir organisatorisch ein Schiff, das zwar fährt, aber nicht weiß, wohin.

Dieses strategische Management kann man als System 4 bezeichnen. »Praktisch gesehen haben wir es hier mit allem zu tun, was in der Regel als strategisches Management bezeichnet wird. In dieser Systemkomponente finden wir jene Stäbe oder

Stabsmitarbeiter, die sich mit langfristigen Überlegungen beschäftigen, mit den Produkten und Leistungen der Zukunft, mit möglichen technologischen Substitutionen, mit neuen Wertvorstellungen, Ansprüchen, geänderten Kundenbedürfnissen usw.« (Malik, a. a. O., S. 20). Zu diesem System gehören aber auch die Außenkontakte, die Pflege des Kontakt- und Einflussnetzwerkes etc.

Verwerfungen entstehen in der Regel in der Zusammenarbeit zwischen den Systemen 3 und 4. Während die Mitarbeiter des Systems 3 auf das hier und jetzt, auf die Gegenwart und auf die Tagesarbeit fokussiert sind, konzentrieren sich die Mitarbeiter des Systems 4 auf die Zukunft. Im System 3 sind die kurzfristig, pragmatisch orientierten Linienmanager, im System 4 die auf die Zukunft gerichteten Vorausdenker. Beide Systeme leben jeweils mental in einer anderen Welt.

Die »Aufgabe, die Funktion von System 3 und System 4 sinnvoll und intensiv zu gestalten, ist die zentrale Aufgabe des eigentlichen Top-Managements, von System 5.« (Malik, a. a. O., S. 21) Diese Aufgabenstellung kann man als Normatives Management bezeichnen.

3.3 Organisatorisches Modell einer Personalentwicklung

Was hat dieses – zugegebenermaßen recht theoretisch klingende – Modell mit der Organisation einer Personalentwicklung zu tun? Nun – es ist recht praktisch, um sich über die Organisation, organisatorische Verwerfungen und häufig verbreitete Missverständnisse klar zu werden.

Die Organisation einer Personalentwicklung muss man hierbei auf zwei Ebenen beschreiben:

- die Organisation der *Funktionalität* Personalentwicklung

und

- die der *Funktion* Personalentwicklung.

Beide Aspekte sind höchst unterschiedlich anzugehen und auszugestalten. Während die Organisation der Funktionalität Personalentwicklung die Fragestellung »wie macht die Gesamtorganisation Personalentwicklung« beantwortet, befasst sich die Fragestellung unter dem Focus der Funktion damit, wie die operative Einheit Personalentwicklung zu organisieren ist.

Organisation der Funktionalität Personalentwicklung

Nach der hier vertretenen Definition von Personalentwicklung umfasst diese die Aufgabenstellung, die Fähigkeiten, Fertigkeiten, die Motivation der Mitarbeiter,

Mitarbeitergruppen und Organisationseinheiten an die Erfordernisse der Organisation anzupassen – und zwar mittel und langfristig.

Personalentwicklung ist demnach eine auf die Zukunft gerichtete, vorausschauende; sprich: strategische Aufgabenstellung. Somit ist die Aufgabenstellung im System 4 der Gesamtorganisation anzusiedeln, und zwar unter Berücksichtigung der normativen Vorgaben (System 5). Die Funktionalität Personalentwicklung gibt die Ziele vor, wie die zukünftigen Anforderungen sind.

Ganz losgelöst von den operativen Einheiten (System 3) kann sie nicht agieren, da diese zum einen über die Ressourcen »Mitarbeiter« und deren Zeit verfügen, zum anderen diese Mangelsituationenen erkennen können, die ebenfalls mit Mitteln der Personalentwicklung anzugehen sind. Die Entscheidung über die PE-Strategien können jedoch nicht im System 3 getroffen werden – aus einem einfachem Grund.

Das System 3 ist gegenwartsorientiert. Es stellt den Mangel **jetzt** dar. Es verlangt nach Maßnahmen auf dem Status Quo. Personalentwicklungsmaßnahmen bedürfen einer Ressource: Der Zeit. Die wirken mit einem time-lag, also mit Verzögerung. Die Entscheidung muss somit im Rahmen der Funktionalität, die für die Zukunft verantwortlich ist, also dem System 4, getroffen werden, um eine vergangenheitsorientierte Personalentwicklung zu vermeiden.

Hierbei sei noch einmal betont. Die Aufteilung in die Systeme 1 bis 5 folgt nicht dem Organigramm, sondern den Funktionalitäten.

Es versteht sich von selbst, dass ein operativer Linienmanager tunlichst auch in Aktivitäten des Systems 4 einbezogen sein wird, wie er andererseits auch System 1-Aufgaben zu erledigen hat.

(Die Systeme 1 (A bis D in Abb. 6) und das System 2 der Gesamtorganisation sind deren Funktionseinheiten und Koordinationseinheiten.)

Die Analyse des Organisationsdesigns anhand der Funktionalitäten hilft aber zu verstehen und verständlich zu machen, welche Aufgaben zu erfüllen sind und wer hierfür haupt- und wer mitverantwortlich ist.

Die Vorgabe der Strategischen Personalentwicklung kommt somit aus dem System 4 – in diesem Falle zusammengesetzt aus Entscheidern aus Stäben, Linie und Personalentwicklungs-Funktion.

Es ist jedoch von Bedeutung, dass die Aufgabe der Funktionalität Personalentwicklung den hier handelnden Personen deutlich ist und sie diese Verantwortung voll übernehmen. Die Funktionalität Personalentwicklung ist somit keine Aufgabenstellung, die man an eine separate Funktion, vielleicht noch als »Coordinationsfunktion« System 2 ausgestaltet, delegieren kann. Das kann aus den hier leicht ersichtlichen Gründen nicht funktionieren. Sie muss vielmehr in die Organisation des Gesamtsystems mit eingebunden sein.

Funktion Personalentwicklung

Anderes gilt für die Funktion Personalentwicklung, also die funktionale Einheit Personalentwicklung.

Diese Abteilung umfasst für sich, um als lebensfähiges System zu existieren, alle genannten Systeme 1 bis 5.

Sie umfasst operative Einheiten der Leistungserbringung (System 1). Hierher gehören die Trainer, Moderatoren, Berater wie auch der Bereich der Koordination und operativen Unterstützung. Hier entstehen die Leistungen der PE, die sie für ihre Kunden erstellt.

Wer sind nun diese Kunden? Das hier vorgestellte Modell macht dies deutlich: die Funktionalität Personalentwicklung stellt den Kunden der Funktion Personalentwicklung dar. Also die Verantwortlichen innerhalb der Gesamt-Organisation, die für die Personalentwicklung und deren Wirkungen zuständig sind, sind die Kunden.

Der Kundenbegriff wird hier häufig falsch verstanden – mitunter mit den Nutzern und Teilnehmern verwechselt. Nicht um hier gegen Teilnehmerorientierung und Teilnehmerzentrierung zu argumentieren – wer Kunde einer Funktion PE ist, bedarf einer klaren und eindeutigen Überlegung.

Dies lässt sich an einem einfachen Beispiel verdeutlichen (simple Beispiele eignen sich häufig, wichtige Zusammenhänge bildhaft verständlich zu machen).

> *Stellen wir uns den Besitzer einer Imbissbude im Englischen Garten in München vor. Er verkauft unter anderem Eis. Am Sonntagvormittag ist der Papa mit dem Sohn im Englischen Garten unterwegs – Richtung Biergarten. Die Imbissbude kommt in Sichtweite. Was macht der Sohn:* »Papa, ich will ein Eis.« *Wer Kinder kennt, weiß, dass sie dies mit hohem Nachdruck und entsprechender Lautstärke und Ausdauer artikulieren können. Was macht der Papa. Er geht zur Imbissbude und kauft dem Buben ein Eis – zur Befriedigung eines ganz bestimmten Bedürfnisses – er will in Ruhe und möglichst zielstrebig in den Biergarten kommen. Die Eisqualität muss den Buben befriedigen, d. h., das Quengeln muss aufhören. Der Papa zahlt, alle sind zufrieden: Der Bub hat sein Eis, der Papa seinen Biergarten und der Eisverkäufer seinen Umsatz.*
>
> *Der nächste Sonntag mit leicht unterschiedlichen Vorzeichen. Dem Buben war es über Nacht schlecht – er hat sich übergeben. Aber – um in den Biergarten zu kommen, muss Papa den Buben mitnehmen. Jetzt kommt die Eisbude in Sicht – der Bub läuft voraus zum Verkäufer und fragt nach einem Eis. Der Eisverkäufer – aus Erfahrung des letzten Sonntages, gibt ihm eins. Der Bub schleckt – die Kleidung sieht nach der anschließenden Rückgabe des Eises an die Natur nicht mehr sonntäglich aus. Jetzt kommt Papa! Der Eisverkäufer:* »Das macht 2 Euro« *Unser Papa:* »Passen Sie mal auf. Erstens habe ich kein Eis bestellt, zweitens – wie kommen Sie dazu, meinem Buben einfach ein Eis zu geben, und drittens – Ihr Geld können Sie abschreiben.«

Diese kleine Geschichte macht auf einprägsame Weise deutlich, wer Kunde ist: der Papa. Der Kunde bestimmt, was geliefert wird und der zahlt auch. Der Bub ist der Nutzer, nicht der Kunde. Es kommt auch auf seine Zufriedenheit an. Wäre im Beispiel das Eis schlecht, würde der Bub weiterquengeln und der Papa (= Kunde) wäre auch nicht zufrieden.

Für die PE: Der Kunde ist die Funktionalität, der Nutzer ist der Teilnehmer.

Um das zu steuern, braucht eine Funktion PE auch die anderen Systeme, da wir von der Ausgangsvoraussetzung ausgehen, dass es sich hierbei um ein lebensfähiges, also voll funktionsfähiges System handeln muss.

Was ist nun das System 3. Es ist das Management-System der Personalentwicklung. Hier sind neben den operativen PE-Linienführungskräften (soweit vorhanden) die Mitarbeiter mit Managementaufgaben zur operativen Steuerung angesiedelt, wie Projektleiter, Course- und Curriculum-Manager. Dieses System managt die operative Leistungserbringung.

Das System 2, also Elemente wie das Controlling einer PE-Funktion, wie Management-Systeme, gemeinsame Werte und alle Elemente der Coordination, sind in jeder PE-Funktion feststellbar, wenn auch nicht immer explizit organisatorisch als Stelle benannt. Diese Unbestimmtheit des Systems 2 führt mitunter zu dem in manchen Personalentwicklungs-Abteilungen vorfindbaren Koordinationsmängeln. Auch eine Funktion Personalentwicklung hat ein System 4, also ein strategisches Management. Dieses System 4 ist aber das strategische Management dieser Funktion PE, nicht das der Gesamtorganisation! Dieser Unterschied ist überaus bedeutsam. Dieses strategische System managt den Kontakt zur Funktionalität Personalentwicklung, der Funktionsträger ist eventuell sogar – zusammen mit anderen – mit dieser Funktionalität betraut. Dieses System 4 ist aber nicht die Funktionalität PE – kann sie auch gar nicht sein.

Da die Funktionalität PE dem Gesamtsystem zuzuordnen ist, kann sie auch nur auf dieser Ebene erfolgreich wirken. Eine Delegation der Aufgabe des Systems 4 des Gesamtsystems an das System 4 der Funktion Personalentwicklung bringt die Verantwortung an die falsche Stelle – dieser kann man dort nicht gerecht werden. Dieser Systembruch führt dazu, dass Personalentwicklung an eine Untereinheit delegiert wird, nicht mehr Teil des Gesamtsystems ist und daher entweder zur Wirkungslosigkeit verdammt ist oder den permanenten Störenfried darstellt. Das System 5 kennt natürlich eine PE-Funktion auch. Hierher gehören Definitionen wie Trainerethik, Normen und Werte, die die Funktion vertritt etc. Dieses System 5 arbeitet natürlich immer im Rahmen der Handlungsspielräume, die das System 5 des Gesamtsystems zulässt, und ist somit nicht autonom.

Welche Art von System ist nunmehr die Funktion Personalentwicklung?

Die Personalentwicklung als Funktion umfasst zwei Systembereiche:
Zum einen die operative Leistungserbringung – also System 1; zum anderen hat sie
(meist) eine Koordinationsfunktion, also System 2. Die Mitwirkung von handelnden
Personen in den Systemen 4 (und 5) macht sie aber noch nicht zum Teil dieser
Systeme. Als Funktion verbleibt sie auf den genannten Systemebenen.

Somit haben wir Personalentwicklung nunmehr sortiert in eine

– Funktionalität

und eine

– Funktion.

Die Funktionalität ist die Aufgabenerfüllung für die Gesamtorganisation; die Funktion die »Spezial-Organisation« zur Leistungserbringung und Koordination mit In-
put- und Zuarbeitungs-Aufgaben insbesondere für System 4, dem strategischen
Management.

3.4 Personalentwicklung versus Training

Aus dem o. a. Modell wird auch die Abgrenzung zwischen Trainingsabteilungen,
Bildungsabteilungen und Personalentwicklungs-Funktionen deutlich.

Eine Trainingsabteilung reduziert sich auf die Aufgabenstellung eines System 1. Sie
trainiert. Das ist ihre Aufgabe. Sie erhält ihre Aufträge vom Auftraggeber, also der
Funktionalität Personalentwicklung, ist aber nicht Teil dieser. Eine Trainingsabteilung kann auch problemlos outgesourced werden, denn sie umfasst nur die Leistungserbringung. Sie benötigt auch Elemente wie Auftragsklärung, Contracting mit
dem Auftraggeber u. ä. Sie befindet sich letztlich außerhalb des Gesamt-Systems,
wird bestenfalls als Berater tätig, ohne Verantwortung innerhalb und für das System
zu übernehmen.

Eine derartige Trainingsabteilung kann problemlos Auftragnehmer einer Funktion
Personalentwicklung sein, wenn sich diese externer oder intern gebündelter Ressourcen bedient.

Eine derartige Trainingsabteilung kann aber nicht die Funktionen einer Personalentwicklungs-Funktion übernehmen, da sie nur das »doing« und nicht den Gesamtprozess fokussiert.

Eine (klassische) Bildungsabteilung geht über die Aufgabenstellung einer Trainingsabteilung hinaus. Üblicherweise übernimmt sie nicht nur das »doing«, also
Training, Coaching, Organisationsentwicklungs-Prozesse, sondern wirkt bei der Definition personenzentrierter Bildungsmaßnahmen mit. Die klassische Bildungsabteilung arbeitet aber i. d. R. mit dem Fokus auf die Person, deren Fähigkeiten und

Fertigkeiten und vernachlässigt Elemente wie Team, Organisation oder Organisation von Wissen in Unternehmen.

Die Aufgabe der Personalentwicklung geht umfassend darüber hinaus, da sie nicht die einzelne Person, sondern die Human Resources einer Organisation fokussiert.

Die o. a. Abgrenzung bezieht sich hierbei auf die inhaltliche Positionierung, nicht auf die unternehmensindividuelle Namensgebung. Die drei eben skizzierten unterschiedlichen Standpunkte werden in der Realität bunt gemischt mit den drei genannten oder auch anderen Bezeichnungen versehen. Dieser Wildwuchs der Bezeichnungen macht auch eine Orientierung am jeweils verwandten Namen schwer. Besonders verwirrend wird es, wenn auch noch die Bezeichnung Organisationsentwicklung (im sozialwissenschaftlichen Verständnis, vgl. Gebert, 1974) miteinbezogen wird. In der hier vertretenen Definition ist Organisationsentwicklung eine Teilaufgabe der Personalentwicklung und in dieser enthalten.

Nachdem Personalentwicklung eine umfassende, strategisch bedeutsame Aufgabenstellung einer Organisation darstellt, sollte diese keinesfalls auf Training reduziert werden. Der »Trainer« ist mit der Leistungserbringung – dies kann Training im klassischen Sinne sein, aber auch Coaching oder die Mitarbeit in einem Organisationsentwicklungs-Projekt – betraut. Er versteht – soweit er Profi ist – dieses Handwerk und ist Spezialist auf diesem Gebiet. Es gibt aber leider recht wenige Trainer, die die Aufgabenstellung einer Personalentwicklung verstehen. Trainer und Personalentwickler sind letztlich zwei unterschiedliche Berufsbilder. Ein guter Personalentwickler muss nicht die Trainings-Skills eines Profi-Trainers haben; ein guter Trainer nicht die Personalentwicklungs-Skills. Aber: Personalentwicklung ist viel zu wichtig, als dass man sie Trainern oder Bildungsspezialisten überlassen darf. Hier ist der Personalentwickler mit einer gesamtorganisatorischen und strategischen Orientierung gefordert.

3.5 Bedeutung eines Grenzstellen-Managements

Die Funktion und die Funktionalität Personalentwicklung fallen in allen Organisationen auseinander. Dies entspricht der Logik der unterschiedlichen Aufgabenstellung.

Dieses Auseinanderfallen generiert Verwerfungen und Abstimmungsaufwand. Man kann dies auch als »Grenzstellen-Management« zwischen Gesamt-Organisation und Personalentwicklungs-Organisation beschreiben. (System 4 der PE-Funktion)

In dieses »Grenzstellen-Management« fallen alle Aktivitäten, Vorgehensweisen und Prozesse, die der Synchronisation zwischen PE-Funktion und PE-Funktionalität dienen. Hier sind angesiedelt die Rollen- und Auftragsklärung, das Contracting, die Budgetierung etc.

Ein klares Verständnis des Unterschieds zwischen Funktion und Funktionalität erleichtert insbesondere die Rollenklärung der Beteiligten. Letztlich sind die Rollen innerhalb der Systeme 1 bis 5 real existierenden Organisationseinheiten und handelnden Personen zuzuordnen. Diese existieren als Funktionen, nicht als Funktionalitäten. Diesen Funktionen sind nunmehr klar und verbindlich die Verantwortungen in den Funktionalitäten zuzuordnen.

Das bedeutet Klärung der Verantwortung der Linien-Manager innerhalb der Funktionalität Personalentwicklung, deren Zusammenspiel mit den Spezialisten und Führungskräften im Strategischen Management, die Verbindung zu den Mitarbeitern und die Verantwortung des Top-Managements und deren vielfältige Verbindungen zur Funktion PE. Es ist auch die Rolle der Management-Verantwortlichen, innerhalb der PE in anderen Systemen, so etwa im System 4 (Strategisches Management), oder als Führungskräfte einer operativen Einheit System 1 mit deren Verbindungen zu anderen Systemen zu klären.

Das hier vorgestellte organisatorische Modell bildet die Basis für die in diesem Buch diskutierten Vorschläge zur Organisation einer Personalentwicklung. Im Folgenden wird hierunter die Organisation einer Funktion Personalentwicklung verstanden, wenngleich auch immer die Zusammenhänge zur zugehörigen Funktionalität betrachtet werden.

3.6 Modell einer Funktion Personalentwicklung

Das Basis-Modell lässt zur Gestaltung der Funktion PE eine Vielzahl von Freiheitsgraden. Im Folgenden soll eine Personalentwicklung, die unter Arbeitsteilung agiert und externe wie interne Ressourcen nutzt, die Grundlage bilden.

Hierbei wird davon ausgegangen, dass folgende organisatorische Elemente vorhanden sind:
- Die Leitungseinheit der Funktion PE
  Diese besteht aus den Verantwortlichkeiten der Systeme 4 und 5, aber auch 3. Sie enthält das strategische und das operative Management der Funktion, sie ist die Grenzstelle zur Funktionalität PE und wirkt in dieser mit.
- Eine oder mehrere Leitungseinheiten des Systems 3, also des operativen Managements. Hier sind angesiedelt das Programm- und Projekt-Management mit den Spezialformen Curriculum- und Coursemanagement.
  Hier liegt aber auch das operative Management der Supporteinheiten und die Führung der internen und externe Trainer und Berater.
  Diese Einheit hat auch die Aufgabe der »Beratersteuerung«, also der Sicherstellung, dass die Funktionalität PE die Leistungen erhält, die sie braucht – und zwar koordiniert und abgestimmt.

- Eine oder mehrere Leistungseinheiten System 1, d. h. die Lieferung und Leistung von PE-Maßnahmen sowie deren operative Unterstützung.
- Eine Stelle System 2 – mitunter angesiedelt bei der PE-Skretärin, verantwortlich für Berichtswesen, Informationsaustausch, Coordination etc.
  Im System 2 sind aber auch alle Coordinations-Funktionen bis hin zu Lernpartnerschaften zwischen Trainern, Supervisionen etc. angesiedelt.

Wie kann nun eine derartige PE-Funktion in Begriffen eines Organigramms aussehen:

Es wird in diesem Grundmodell davon ausgegangen, dass A, B, C und D mit internen Mitarbeitern besetzt ist, während E sowohl interne als auch externe umfasst. (Eine externe Projektleitung stünde unter der Beratersteuerung von C und läge im Organigramm in E).

Die handelnden Personen sind hierbei nicht auf ein Kästchen beschränkt. Mitarbeiter in C können durchaus auch als Trainer, Coaches und interne Berater in E mitwirken, auch der oder die Funktionsträger in A können durchaus Funktionen in C oder E übernehmen. Auch Mitarbeiter in der Sekretariatsfunktion B (System 2) können, soweit sie die entsprechenden Skills besitzen, in anderen Funktionen mit tätig sein.

Somit kann eine handelnde Person innerhalb einer Funktion PE mehrere Rollen in diesem Organigramm inne haben. Zur Verdeutlichung soll aber im Folgenden von den Rollen ausgegangen werden.

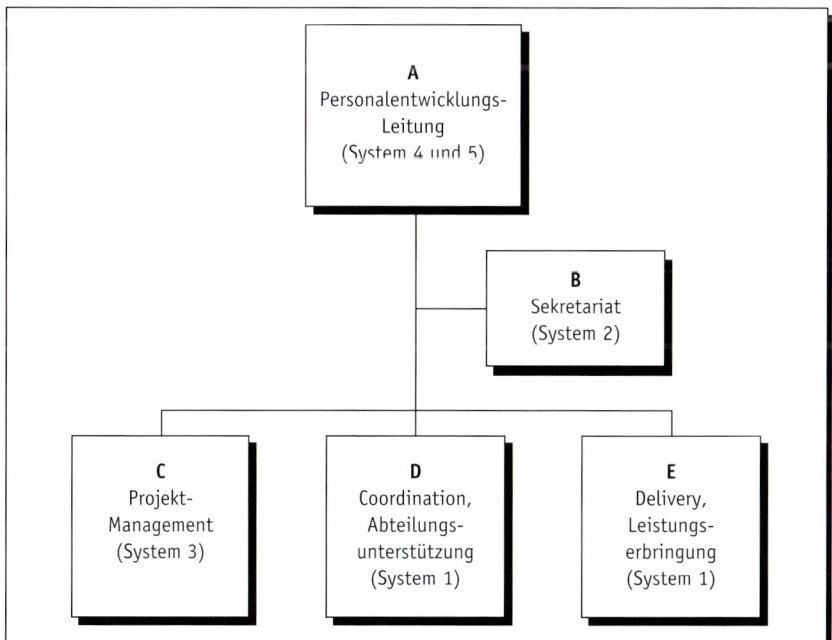

Abb. 7: Beispielhaftes Organigramm einer Personalentwicklungs-Funktion

4. Phasenschema der Personalentwicklung

Personalentwicklung in Organisationen muss für diese Organisationen designed werden – und nicht umgekehrt. Es kommt nicht darauf an, was derzeit in der PE-Szene der letzte Schrei ist. Es kommt darauf an, dass die Vorgehensweise der PE zur jeweiligen Organisation passt.

Wenn PE ein FIT zwischen Anforderungen der Organisation und den Menschen in der Organisation – den Human Resources – herstellt, dann hat die Vorgehensweise, die zu diesem FIT führt, sich den jeweiligen Bedingungen der Organisation anzupassen.

Was sind nun die bedeutenden Bedingungen einer Organisation, die zur Auswahl der Vorgehensweise der PE maßgeblich sind?

Organisationen sind nicht nur ein zusammengewürfelter Haufen von Menschen – eventuell mit unterschiedlichen Rollen. Organisationen bilden einen eigenen Organismus mit eigener Geschichte, Erfahrungen, Mythen, Vorstellungen und »Beliefes« (d. h. »Glaubenssätze« der Organisationskultur). Organisationen entwickeln so etwas wie eine eigene Kultur (vgl. Matenaar, 1983). Diese beruht auf der Geschichte und der Entwicklung dieser Organisation. Sie wird geprägt von den handelnden Personen, insbesondere den Gründern der Organisation und dem, was über diese überliefert wird. Sie wird geprägt von dem Umfeld und der Branche, in der eine Organisation tätig ist (vgl. Einsiedler, 1993), und sie wird geprägt von den Lernerfahrungen der Organisation und ihrer Mitglieder.

Ja, auch eine Organisation hat eine Lernerfahrung. Diese Lernerfahrung ist gespeichert in den Interaktionen der Organisationsmitglieder. Sie wird weitergegeben durch die Sozialisation von neuen Mitgliedern der Organisation, in Regeln und Riten, in Vorstellungen »wie man es macht«. Die Organisation belohnt Verhalten entsprechend dieser Regeln – und bestraft abweichendes Verhalten. Sie prägt die Organisationsmitglieder, in dem sie Erfolg oder Misserfolg vom Befolgen dieser Regeln abhängig macht. Diese Regeln sind nicht zu verwechseln mit aufgeschriebenen Organisationshandbüchern oder gar schriftlichen Unternehmensgrundsätzen. Papier ist geduldig. Papier, das Organisationen produzieren, zeigt nur, wie Organisationen gesehen werden wollen. Es zeigt nicht, wie Organisationen sind.

Mitunter sind die Ergebnisse derartiger Lernerfahrungen den einzelnen Organisationsmitgliedern gar nicht bewusst. Erst im Zusammenspiel der Organisationsmitglieder – oder gar über die Grenzen der Organisation zu Kunden und Lieferanten, Banken und Kapitaleignern und öffentlichen Stellen werden diese Lernerfahrungen akut. Trotzdem sind diese Lernerfahrungen für den Erfolg oder Misserfolg von PE von höchster Bedeutung. Es ist nur soviel PE möglich, wie diese Lernerfahrungen, die in der »Organisationskultur« gespeichert sind, zulassen. Bei einer zu raschen

Gangart, die diese Restriktionen nicht beachtet, reagiert eine Organisationskultur wie ein Automatik-Sicherheitsgurt. Zieht man an ihm zu fest, dann springt die automatische Bremse an und es geht gar nichts mehr. Wie beim Sicherheitsgurt heißt dann die Devise: zuerst einmal zurück – und dann langsam neu ansetzen. Auch dieser Vorgang schafft neues Lernen der Organisation. Ein einmal gescheiterter Weg – aus welchem Grund auch immer – gilt erst einmal als gescheitert und kann nicht einfach sanktionsfrei nochmals beschritten werden. Es bedarf erst einmal einer längeren, mühsamen neuen Lernerfahrung, um den zweiten Versuch unternehmen zu können. Zuviel Ungeduld ist kontraproduktiv.

Die Lernerfahrung von Organisationen ist geprägt von Vorgehensweisen, die für die Organisation erfolgreich waren. Erfolglose Strategien werden nicht kopiert. Sie werden zukünftig vermieden. Lernerfahrungen werden in den unterschiedlichen Phasen der Unternehmensentwicklung gemacht – und dann im Lernen der Organisation verfestigt. Quasi als »Erfahrung« der Organisation spult diese immer wieder die gleichen Erfolgsrezepte ab – auch wenn sich die Welt um die Organisation herum bereits geändert hat. Das Scheitern eines dazumal erfolgreichen Unternehmens ist auf diesen Effekt zurückzuführen.

Oft versucht man diesen Effekt mit dem (von Peter und Hull formulierten) »Peters Principle« zu erklären.

Führungskräfte und andere wichtige Personen in der Organisation werden so weit befördert, bis sie die Grenzen ihrer Kompetenz erreicht haben. Dann bleiben sie stehen – zum Schaden der Organisation. Permanentes Lernen, Job-Rotation etc. werden als Gegenmittel angesehen.

Aber muss das so gewesen sein? Es bietet sich ein viel einfacheres Erklärungsmuster an. Die Entscheider in einer Organisation lernen in einer bestimmten Phase Vorgehensweisen, die zum Erfolg führen. Sie werden weiterbefördert, weil sie Vorgehens- und Verhaltensweisen zeigen, die zum Erfolg führen und/oder denen die Organisation Erfolg zuschreibt. Diese Zuschreibung erfolgt aufgrund der Lernerfahrung der Organisation. Zwischen dieser Lernerfahrung und dem Erreichen der entsprechenden Position vergeht Zeit – meist Jahre. In dieser Zeit dreht sich die Welt weiter, die Umfeldbedingungen ändern sich, neue Erfolgsstrategien müssten entwickelt werden. Es werden jedoch die erfolgreichen, kompetenten Personen mit großer Erfahrung befördert. Erfahrung ist die verfestigte und routinisierte erfolgreiche Vorgehensweise der Vergangenheit. Und jetzt sitzen gute und hochqualifizierte Manager an den Schalthebeln – hoch qualifiziert für das Geschäft, wie es vor 10 oder 20 Jahren hätte betrieben werden müssen. Und sie werden bestätigt durch die Glaubenssätze der Organisation, die das für gut und richtig hält, was die Organisation als gut und richtig erfahren hat. Das Drama nimmt hier seinen Lauf. Die Jobs oder Berufe, die jetzt erfolgreich ausgeführt werden, sind die der letzten Jahre und Jahrzehnte – nicht die der Zukunft. Sie werden mit den Maßstäben der Vergangenheit bewertet und verfestigen sich so.

Was ist für die PE aus diesem Muster abzuleiten? Ein einfaches Ankämpfen kommt dem Kampf gegen Windmühlenflügel gleich. Die richtige Vorgehensweise kann nur sein, der Organisation die Lernerfahrung zu geben, die sie für die Zukunft braucht. Diese muss der Organisation gegeben werden, nicht nur einzelnen Mitgliedern der Organisation. Die Kenntnisse, Erfahrungen, Fähigkeiten und Fertigkeiten einzelner Mitglieder helfen der Organisation wenig, wenn sie diese nicht als gut und richtig erkennt – sondern ablehnt und mitunter als falsch und negativ sanktioniert.

Der Zugang zu den Lernerfahrungen der Organisation geht andererseits nur über Menschen – und zwar über diejenigen, die großen Einfluss auf die Organisation und deren Glaubenssätze haben.

Ein kurzer Blick zurück zum oben Gesagten: Die Organisation lernt in ihrem konkreten Umfeld. Sie wird das lernen, was in diesem konkreten Umfeld zum Erfolg führt, und wird das ablehnen, was kontraproduktiv ist.

Die Auswahl der angemessenen PE-Strategie muss an diesem Punkt ansetzen: Was ist im konkreten Umfeld der Organisation erfolgreich? Was war erfolgreich? Was wird erfolgreich sein? Aber Achtung: Für den letzten Punkt fehlt der Organisation jegliche Lernerfahrung. Hier »bürstet die PE gegen den Strich« der Organisation. Sie hat auch nur abstrakte, um nicht zu sagen theoretische Überlegungen auf ihrer Seite. Sie kann auf andere Branchen verweisen, mit dem bekannten Effekt: Bei uns ist alles anders.

Eine gescheiterte Diskussion in dieser Richtung hat einen überaus kontraproduktiven Effekt. Die Organisation lernt, dass sie diese Überlegungen abgelehnt hat, dass eventuell die Organisationsmitglieder, die diese »Irrlehre« vertreten haben, negativ sanktioniert wurden, und immunisiert sich für die Zukunft gegen derartige Überlegungen.

Es kommt also sehr darauf an, welche Vergangenheit und welche Gegenwart eine Organisation hat, um eine Strategie aufzubauen, wie man sie auf die Zukunft vorbereiten kann.

Die Vorgehensweise der PE kann hierbei in 4 unterschiedliche Phasen eingeteilt werden (vgl. Einsiedler, 1995).

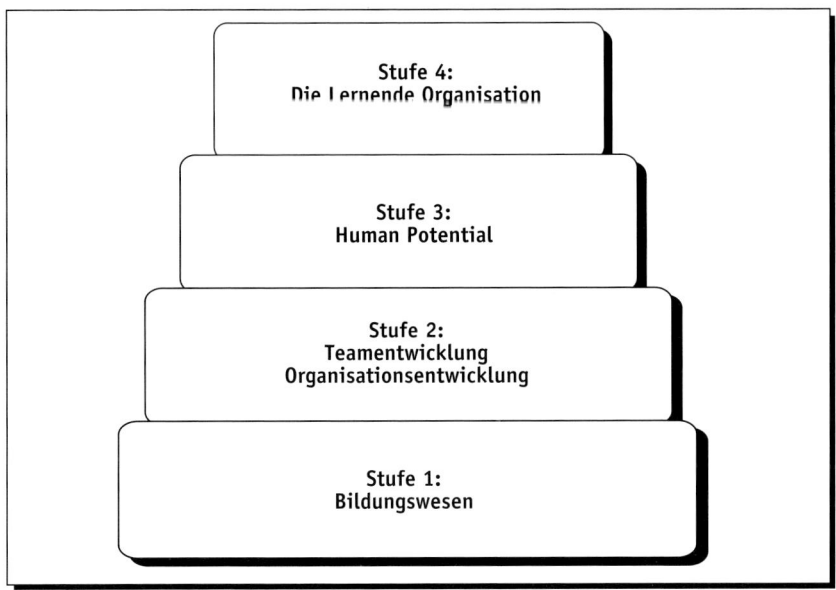

Abb. 8: Die vier Stufen einer Strategischen Personalentwicklung

Diese 4 Phasen bauen aufeinander auf. Die jeweils folgende Phase erfordert das Durchlaufen der davorliegenden. Der einfache »Sprung« in Phase 4 – selbst wenn die Umwelt das eigentlich erforderlich macht – überfordert die Organisation. Die Entwicklung einer PE ist wie das Bauen eines Hauses. Es bleibt schwierig, als erstes das Dach zu errichten und dann den Keller ausheben zu wollen.

Phase 1 einer Personalentwicklung stellt das klassische Bildungswesen dar (vgl. z. B. Wirth, 1994.) Seine Maßnahmen richten sich an die Mitarbeiter, vorwiegend an Führungskräfte. Sie geht von der Hypothese aus, dass Wissen und Kenntnisse, Fähigkeiten und Fertigkeiten, die einzelne Mitarbeiter besitzen, in der Organisation optimal wirken und dann zu höherer Produktivität, Qualität und Wirtschaftlichkeit führen. Sie konzentriert sich auf das »Können« der Mitarbeiter.

Eines sei hier betont: Können ist bereits weitaus mehr als nur »Wissen«. Ein »Bildungswesen« vermittelt – wie der Name sagt – »Bildung«. »Bildung ist nicht auf Lernen, Belehren und Wissen zu reduzieren, sondern ist ein aktiver, komplexer und unabschließbarer Prozess, in dessen glücklichem Verlauf eine selbstständige und selbsttätige, problemlösungsfähige und lebenstüchtige Persönlichkeit entstehen kann. ... Bildung ist etwas anderes und ist mehr als Wissen.« (Goeudevert, 2002, S. 15).

So manche Diskussion über so genanntes »Wissensmanagement« verwechselt Erkenntnis und Wissen mit der Abrufbarkeit von Daten und Informationen. »... erst wenn ich sie mit meinen Erfahrungen, meinen Kenntnissen, meinem Leben sinnvoll in einen Zusammenhang knüpfen, sie also mit Bedeutung belegen und verstehen kann ...« (a. a. O., S. 27) nähere ich mich dem Übergang vom Wissen zum Können und somit zur »Bildung«. »... die überall und jederzeit zugängliche Informationsflut führt zwangsläufig zu einer Vergleichgültigung, da alles, was beispielsweise das Internet auswirft, gleich gültig ist.« (a. a. O., S. 28)

Dies ist insbesondere bei E-Learning-Projekten zu berücksichtigen, da reines Zurverfügungsstellen von Wissen weder zu Bildung noch zum Können führt (vgl. Einsiedler, 2001). Empirische Untersuchungsergbnisse zeigen, dass für das wirtschaftliche Ergebnis von Wissensmanagement-Projekten gerade die »Güte der Wissensabsorption« (vgl. Burmann,Christoph, 2002, S. 338) von entscheidender Bedeutung ist.

Die Motivation der Mitarbeiter, also deren »Wollen« nach Abb. 9 wird häufig im klassischen Bildungswesen zu gering eingeschätzt. Das Training von Vorgesetzten in Motivation und Führung reicht hier nicht aus. Die Elemente »soziales Dürfen« und »situative Ermöglichung« werden hierbei häufig völlig übersehen. Soll das vom klassischen Bildungswesen Vermittelte von den Teilnehmern an den Maßnahmen auch übernommen und anschließend in Verhalten und Leistung umgesetzt werden, so ist (vgl. Rosenstiel, 1999, S. 72) die Passung mit der Organisationskultur mit ins Kalkül zu ziehen. Entscheidend ist aber auch, ob die Organisation die »situative Ermöglichung« gibt, das umzusetzen, was das Bildungswesen vermitteln will oder vermittelt hat. Hier sei nur als Beispiel der DV-Kurs erwähnt, der nicht umgesetzt werden kann, da entweder Hardware oder Software am Arbeitsplatz (noch nicht) verfügbar

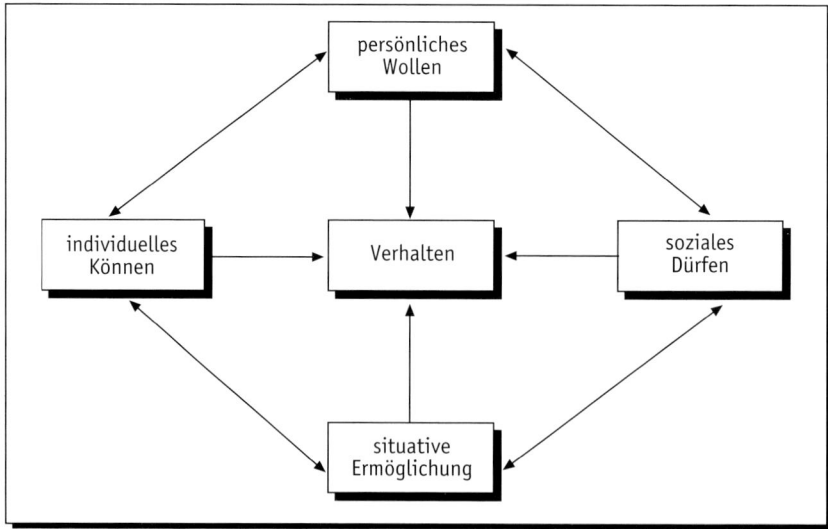

Abb. 9: Bedingungen des Verhaltens (aus: v. Rosenstiel, L, 1999, S. 72)

sind. Auch der Moderations-Kurs auf Grundlage der Meta-Plan-Technik mit anschließend nicht verfügbarer Ausrüstung zählt zu den hierfür passenden Beispielen.

Dennoch ist die Phase 1 als erster Schritt unbedingt erforderlich. Erst die Erkenntnis, dass hier noch mehr erforderlich ist, eröffnet die Chance zur nächsten Phase.

Phase 1: Bildungswesen

Die Phase 1 umfasst Maßnahmen wie Einzelseminare, Seminarkalender mit einem
»Bauchladen« von Angeboten, aus dem sich jeder etwas aussuchen darf; sie umfasst
aber auch bereits einzelne, klar ausgearbeitete Ausbildungs-Curriculas, Praktikas,
Job-Rotation u. ä. Das Charakteristische dieser Phase 1 ist es, dass der Mitarbeiter,
das Individuum, als Zielobjekt der Personalentwicklung gesehen und verstanden
wird. Die Maßnahmen sind teilnehmerzentriert. Die Bedürfnisse und Anforderungen der Seminar- oder Workshopteilnehmer stehen im Mittelpunkt des Interesses.
Teilnehmerzufriedenheit ist oberstes Ziel.

Nur: Eine Veränderung der Fähigkeiten und Fertigkeiten, der Motivation und der
Kultur der Organisation wird durch diese Vorgehensweisen nicht erreicht. Mitarbeiter
sind kurz- und mittelfristig zufrieden. Sie lernen Dinge, die sie dann in ihrer Freizeit
und in der Familie gut anwenden können. Die Frustration, »in unserem Laden geht das
ja gar nicht«, folgt nach einiger Zeit. Die PE gerät in eine Krise, es wird die Frage nach
der Kosteneffizienz dieser Maßnahmen gestellt, mit der Anforderung, ein Bildungscontrolling für einzelne Seminare aufzuziehen – und irgendwann scheitern all diese
Bemühungen, soweit es nicht gelingt, die PE in die Phase 2 zu transformieren.

Phase 2: Team- und Organisationsentwicklung

Die Phase 1 ist der Einstieg in die PE, nicht deren Endstufe. Sie stellt eine wichtige
Erfahrung mit individuellem Lernen dar. Sie schafft Bewusstsein, dass man etwas
anders machen kann. Sie zeigt aber auch das Limit individueller Entwicklung auf.

In der Phase 2 steht nicht mehr der Mitarbeiter, der einzelne Mensch, das Individuum
im Mittelpunkt der Bemühungen. Ziel ist die Verbesserung der Zusammenarbeit, das
Potenzial des Arbeitsteams oder der Organisationseinheit. Es ist die Phase der Teamentwicklung, der Klärung der unterschiedlichen Rollen in der Organisation, der Festlegung der Spielregeln der Zusammenarbeit. Es werden gemeinsam Veränderungsstrategien entwickelt – und auch durchgeführt. Fähigkeiten und Fertigkeiten, Motivation
und Kultur werden hier ebenfalls entwickelt. Aber nicht mehr individuell für jeden
Einzelnen, sondern als »shared skills«, also gemeinsame Fähigkeiten und Fertigkeiten,
gemeinsame Motivationen, gemeinsame Kultur und gemeinsame Überzeugungen.

Nicht jeder muss in dieser Phase alles können. Er sollte jedoch kennen, welchen
Beitrag ein anderes Organisationsmitglied, eine andere Organisationseinheit leisten
kann, wie er diese erhält und es sollte sich der Respekt vor der Leistung anderer
KollegInnen und Organisationseinheiten entwickeln.

Wie managen wir unsere Fähigkeiten und unser Können? Diese Frage sollte am Ende dieser Phase klar sein.

Instrumente in dieser Phase sind Teamentwicklungsworkshops und Organisationsentwicklungsprojekte, es sind Mitarbeiterbefragungen mit Anschlussmaßnahmen, Vorgesetztenbeurteilungen, »systemische« Assessmentcenter, Auswahl und Entwicklung nicht nur anhand von Anforderungsprofilen, sondern auch am Leistungsbeitrag für das Team, themenbezogene Planspiele und Projektarbeiten, die Unterstützung der Bildung von Netzwerken und Lernpartnerschaften, die Entwicklung der Fähigkeiten im Team zu lernen u. v. a. m.

Aber auch diese Phase 2 hat ihr Limit. Sie erreicht es dann, wenn zwar viele hoch motivierte und gut entwickelte Teams arbeiten – aber leider aneinander vorbei. Diese Teams haben zwar gemeinsame Fähigkeiten und Fertigkeiten, gemeinsame (Team-)Ziele, sie leisten erstklassige Arbeit. Aber die Arbeitsergebnisse sind nicht aufeinander abgestimmt. Die Entwicklungen der Teams und Organisationseinheiten laufen nicht synchron, die Wachstumsprozesse laufen aus dem Ruder.
Kurz: Der Prozess stimmt nicht!

Kann er auch nach den Aktivitäten der Phase 2 (noch) nicht. In ihr stand ja das Team und die Organisationseinheit im Mittelpunkt. In ihr werden partizipative Verfahren der Beteiligten angewandt. Und diese Verfahren führen zu einem Optimum für Team und Organisationseinheit. Diese Phase ist jedoch zwingende Voraussetzung für die folgende Phase:

Phase 3: Entwicklung des »Human-Potentials« (vgl. Staehle, 1989)

In der Phase 3 steht die Entwicklung der Zusammenarbeit über die Funktionsgrenzen hinweg im Mittelpunkt der Bemühungen. Prozessdenken und dessen Voraussetzungen sind das Ziel der Entwicklung. Nicht mehr (nur) die Zusammenarbeit im Team und in der Organisationseinheit ist durch Lernen und Entwicklung zu optimieren, sondern die entlang der »Prozesskette« der Leistungserbringung. Welche »shared skills« brauchen wir entlang dieser Kette? Welche Unterschiede sind erforderlich? Wie unterschiedlich müssen wir sein, um erfolgreich zu sein? Welche Andersartigkeit ist nicht nur zu tolerieren, sondern sogar zu fordern? Wie muss ich mich verhalten, welche Verantwortung muss ich übernehmen, wie muss ich kommunizieren, um mit anderen zusammenzuarbeiten? Welche Denkwelten sind hier erforderlich, um gemeinsam zu einem Ergebnis zu kommen?

Menschen denken je nach Profession und Aufgabe, nach Herkunft und Lernerfahrung in unterschiedlichen Kontexten (vgl. Kirsch, 1978). Die Zusammenarbeit entlang der Prozessketten bedarf eines Pluralismus von Kontexten, Fähigkeiten und Fertigkeiten. Sie bedarf eines »Meta-Wissens« über andersartige Notwendigkeiten. Sie bedarf eines »Meta-Wissens«, unter welchen Rahmenbedingungen Verhalten erfolgreich oder weniger erfolgreich ist. Letztlich ist der Sprung von Phase 2 in Phase 3 der Sprung vom klassischen, monokausalen Denken zum vernetzten Denken; der Sprung vom Spezialisten, der seine Arbeit gut macht, zum Prozess-Generalisten, der seine Arbeit im Zusammenspiel mit anderen gut macht. Er macht zwar seine Arbeit immer noch gut, ist aber in der Lage, Nebenwirkungen und Zusammenhänge zu erkennen und zu berücksichtigen und damit auf ein Optimum im Prozess, eventuell sogar bei einem Sub-Optimum seiner Leistungserbringung zu kommen.

Diese Phase 3 bedarf allein schon aus einem Grunde der Phasen 1 und 2: Die Organisation muss in dieser Phase gelernt haben, derartige Verhaltensweisen zuzulassen. Die Phase 3 ist immer dann zum Scheitern verurteilt, wenn zwar Prozessdenken verlangt wird, Mitarbeiter und Führungskräfte jedoch an ihrem eigenen Optimum gemessen werden.

Die »Reife« für die Phase 3 ist leicht an der Diskussion über erfolgsorientierte Vergütungssysteme zu diagnostizieren. Solange in einer Organisation die Zuordnung zu individuellem Einfluss und individueller Leistung verlangt wird, und das Messen an Ergebnissen, die nur partiell von jedem Einzelnen beeinflusst werden können, als problematisch angesehen wird, solange ist eine Organisation noch nicht reif für die Phase 3.

Der Sport macht diese Denkweise »Vor-Phase-3« in ihrer Dysfunktionalität deutlich. Eine Fußballmannschaft erhält Prämien für das Ergebnis eines Spiels, für einen Tabellenplatz, für eine Meisterschaft – oder manchmal auch für den Klassenerhalt. Der Spieler erhält jedoch keine Prämie je nach Anzahl der geschlagenen Flanken, der Torschüsse oder der abgewehrten Angriffe. Dies wäre auch widersinnig. Würde ein Spieler nach diesen Indikatoren optimieren, wäre kein Fußballspiel zu gewinnen.

Manche Unternehmen versuchen jedoch immer noch, mit solchen Systemen am Markt zu gewinnen. Sie sollten sich schleunigst auf den Weg in die Phase 3 machen.

Die Phase 3 besitzt immer noch ein Limit: Die Organisationsgrenzen. Diese werden in der PE-Phase 4 aufgelöst.

Phase 4: Inter-organisationale Personalentwicklung

Auf den heutigen Märkten werden Leistungen häufig nicht vom einzelnen Unternehmen alleine, sondern im Zusammenspiel zwischen Zulieferern und Abnehmern, zwischen Partnern und Leistungsempfängern erbracht. Gerade in der Investitionsgüterindustrie ist der Endnutzer des Produkts nicht der Endnutzer der Leistung. Die Prozessoptimierung über die Organisationsgrenzen hinaus sind in JIT, in der Prozessoptimierung, im TQM und in den ISO-Normen 9000 ff. beschrieben. Die Anwendung dieser Verfahren bedürfen entsprechender organisationsübergreifender Personalentwicklungsbemühungen. Sie müssen Verständnis über die Grenzen der Organisationen hinweg fördern, sie müssen zu gemeinsamen Skills der Organisationen führen. Hier genügt es nicht, dass einzelne Mitarbeiter oder Mitarbeitergrup pen derartige Fähigkeiten und Fertigkeiten besitzen; die beteiligten Organisationen müssen diese entwickeln. Der Sprung von Phase 3 auf Phase 4 entspricht dem der Phase 1 auf Phase 2, jedoch auf der Ebene der Organisationen.

Ist es nun für jedes Unternehmen, für jede Organisation erforderlich, alle 4 Phasen zu durchlaufen?

Diese Frage ist nur nach einer entsprechenden Umweltanalyse zu beantworten. Die Notwendigkeit der Personalentwicklung nach den einzelnen Phasen hängt eng zusammen mit den Anforderungen an die Organisation, sie hängt ab vom »Turbulenzgrad« (vgl. Ansoff, 1979) der Umwelt der Unternehmung und den Erfolgsfaktoren, die maßgebend sind.

Befindet sich eine Organisation in einem stabilen Umfeld, in dem wenige Veränderungen anstehen, in der Produkte und Produktionsverfahren eine hohe Reife erreicht haben und wenig zu optimieren ist, ist sicherlich eine PE in Phase 1 ausreichend. Das Wissen der Mitglieder der Organisation, ist auf den aktuellen Stand zu bringen. Da sich hier nicht viel ändert, brauchen die Teams und Organisationseinheiten keine neuen Verhaltensweisen zu entwickeln. Die »neuen« Mitarbeiter werden integriert, Variationen der bestehenden Basistechnologie individuell mitverfolgt und gegebenenfalls kleinere Anpassungsmaßnahmen abgesprochen.

Mehr Aktivitäten im PE-Bereich kosten nur Geld, bringen aber keinen Ertrag für das Unternehmen und sind für Mitarbeiter auch schwer einsehbar, da der Anstrengung weiterer PE-Aktivitäten kein Erfolg gegenübersteht.

Ändert sich aber die Welt, genügt die Phase 1 nicht mehr. Jetzt kommt es darauf an, sich auf Veränderungen einzustellen. Solange diese im »normalen« Bereich bleiben, keine Sprünge beinhalten und das Konkurrenzverhalten einigermaßen vorhersehbar ist, ist auch Phase 2 ausreichend. Die Zusammenarbeit wird optimiert, die Produktivität steigt, Kosten können gesenkt, Leistungen und Qualität verbessert werden. Alleine mit Phase 1-Aktivitäten sind diese Ziele nicht erreichbar, mit Team- und/oder Organisationsentwicklungsbemühungen sind derartige, sprungfreie Veränderungsprozesse aber beherrschbar.

Doch wehe, wenn die »Diskontinuität« (vgl. Kirsch, u. a., 1978) kommt. Eine Diskontinuität zeichnet sich dadurch aus, dass Zusammenhänge, die längerfristig oder gar schon immer gültig waren, plötzlich so nicht mehr stimmen. Erfolgsstrategien, die auf Erfahrung aufbauen, führen in die Irre, weil Erfahrung ja feste Zusammenhänge »erfahren« hat und diese als gegeben ansieht. Die isolierte Optimierung von Teams und Organisationseinheiten hilft nicht mehr weiter, weil ein »Lernen« der ganzen Organisation so nicht stattfinden kann. Unterschiedliche »Lernergebnisse« verschiedener Teams und Organisationseinheiten führen zu unterschiedlichen Ergebnissen. Werden diese nicht abgeglichen, läuft eine Organisation auseinander,

Spannungen treten auf, Konflikte eskalieren – ein Szenario, das am Beginn des Untergangs so mancher erfolgreichen Organisation stand und steht.

Hier helfen nur noch Maßnahmen der Phase 3. Nur wenn eine Entwicklung der gesamten Organisation eingeleitet wird, wenn grundsätzliche »believes« in Frage gestellt werden und Erfahrungen auf den Prüfstand kommen, wenn Bewertungsstandards verändert werden, dann sind derartige Brüche zu managen.

Mitunter steht am Ende der Phase 3 die Erkenntnis, dass eine bestimmte Organisation gar nicht mehr in der Lage ist, allen Anforderungen dieser Brüche gerecht zu werden. Die Gründung neuer, andersartiger Organisationen für bestimmte Aufgabenstellungen oder die Partnersuche sind dann der Ausweg aus dieser Misere, die die PE-Phase 4 erforderlich macht.

Zum Durchlaufen der Phasen ist Zeit erforderlich – diese wird nicht in Tagen oder Monaten, sondern in Jahren bemessen. Eine Phase kann jedoch erst gestartet werden, wenn die Umfeldbedingungen diese auch erforderlich machen. »Manöver-Übungen« in »höheren« Phasen sind schwer vermittelbar, ihr Scheitern führt zur Immunisierung und damit zu einer Ablehnung derartiger Maßnahmen – auch dann, wenn sie von Änderungen im Umfeld erforderlich gemacht werden. Die proaktive Übung von Veränderungen quasi »auf Halde« kann nur als Alternativ-Planung und Vorbereitung auf »niederer Ebene« erfolgen. Die Notwendigkeiten einer Phase 3 sind mit Maßnahmen der Phase 2 zu vermitteln, man kann sie den Mitarbeitern und Teams bekannt machen. Die Akzeptanz, dann auch in diese Phase voll einzutreten, hängt vom Vorliegen der entsprechenden Voraussetzungen ab.

Neben der Bestimmung der PE-Phase, in der sich die jeweilige Unternehmung befindet, ist eine klare Anlayse der Erfordernisse der Personalentwicklung erforderlich.

Personalentwicklung – wohin?

Wohin sollen die Human Resources des Unternehmens entwickelt werden? Was ist hierfür die Ausgangslage?

Auch diese Ausgangslage ist unternehmensspezifisch und kann anhand einer »Fähigkeitenbilanz des Unternehmens« ermittelt werden.

Wichtig ist hierbei: Es handelt sich um eine Fähigkeiten-Bilanz der Unternehmung. Die Fähigkeiten und Fertigkeiten der einzelnen Mitarbeiter und Führungskräfte stellen hier den Rahmen dar. Die Fähigkeiten und Fertigkeiten der Unternehmung sind jedoch diejenigen, die durch die Unternehmung auch gezeigt werden können. Somit sind diese sowohl bei (einzelnen oder mehreren) Mitarbeitern erforderlich. Dies ist aber noch lange nicht hinreichend. Auch die Umfeldbedingungen, das »Dürfen« in der Organisation, die Fähigkeit, die entsprechenden Mitarbeiter zu identifizieren und zusammenzubringen sind ebenfalls erforderlich, um von Fähigkeiten einer Unternehmung zu sprechen.

5. Die Fähigkeiten-Bilanz

Wo sind nun die inhaltlichen Schwerpunkte einer PE-Strategie zu identifizieren? Als Analyse-Instrument bietet sich hier eine klare, unvoreingenommene und selbstkritische »Fähigkeiten-Bilanz« an.

Jede Organistion hat Stärken und Schwächen. Es ist nicht nur eine Frage der Akzeptanz einer derartigen Vorgehensweise, sich auch über die Stärken einer Organisation im Klaren zu sein. Stärken und Schwächen stehen meist nicht nebeneinander, sondern bedingen sich oft.

Die gleiche Vorgehensweise, die gleiche handlungsleitende Überzeugung einer Organisation kann Stärke und Schwäche zugleich sein. Die Fähigkeit, rasch kreative Lösungen für den Kunden zu entwickeln, ist oft gepaart mit schwacher formaler Ordnung, ungenauem Kostenmanagement und unterentwickelter Planung. Baut man nun diese vermeintlichen Schwächen ab, stellt man mitunter verwundert fest, dass die Stärke, rasch kreative Lösungen zu entwickeln, auf der Strecke bleibt. War man sich über diese Stärke nicht im Klaren, so wird man vom Verlust der Kreativität überrascht. Hat man sich den Zusammenhang klar gemacht, ist die Entscheidung bewusst, welche Schwächen man für welche Stärken in Kauf nimmt (siehe Abb. 12).

Schwächen auflisten ist eine Übung, die in den meisten Unternehmen bis zur Perfektion beherrscht wird. Hier gibt es auch viele Berater, die auf diese Art der Analyse spezialisiert sind.

In der Fähigkeiten-Bilanz sollte gerade deshalb zuerst die Frage beantwortet werden: Was kann die Organisation besser als die Konkurrenz? Diese Fähigkeiten gilt es zu pflegen und zu bewahren; insbesondere, wenn sie bei der zweiten Stärken-Frage ebenfalls auftauchen: Was kann die Organisation, was der Markt nachfragt?

Selbstverständlich hat dann die Untersuchung der Schwächen zu folgen:
– Was kann die Organisation schlechter als die Konkurrenz?
und
– Was will der Markt, kann die Organisation aber nicht?

Human Assets	
Stärken	**Schwächen**
Was kann die Organisation *besser* als die Konkurrenz?	Was kann die Organisation *schlechter* als die Konkurrenz?
Was kann die Organisation, was der Markt nachfragt?	Was will der Markt, kann die Organisation aber nicht?

Abb. 10: Fähigkeiten-Bilanz

Die in der Fähigkeiten-Bilanz ermittelten Fähigkeiten stellen (überwiegend) nicht individuelle Fähigkeiten, sondern »Organisationale Fähigkeiten« (vgl. Müller-Stewens/Lechner, 2001, S. 157 f) dar. Darunter sind komplexe Interaktions-, Koordinations- und Problemlösungsmuster zu verstehen, die mit spezifischen Gruppen und deren Wissens- und Könnensbasis verbunden sind und in einem langwierigen Entwicklungsprozess aufgebaut wurden, bis sie sich als organisationale Routinen verfestigten. »Durch ihre komplexe Zusammensetzung und die Verankerung in der jeweiligen Organisation sind solche Ressourcen und Fähigkeiten weder von einem Unternehmen auf das andere transferierbar noch käuflich zu erwerben« (Müller-Stewens/Lechner, 2001, S. 165).

Will man nun feststellen, ob es sich bei den in der Fähigkeiten-Bilanz ermittelten Fähigkeiten um strategische Kernfähigkeiten handelt, bietet sich die Prüfung anhand der in Abb. 11 dargestellten »Eskalationstreppe zur Prüfung von Fähigkeiten« an:

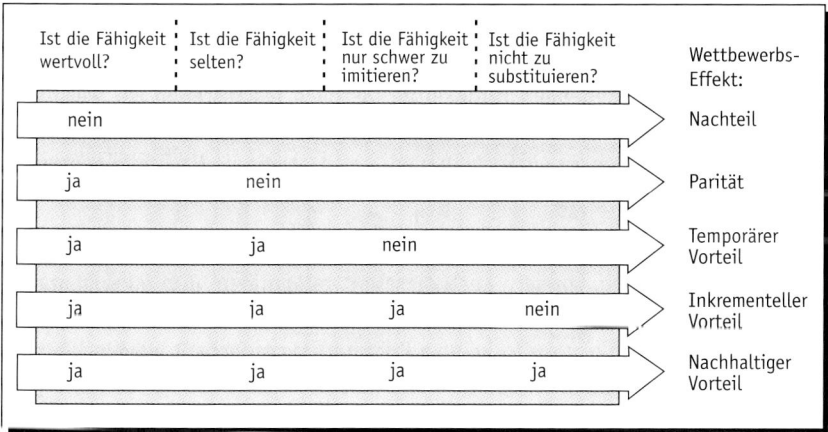

Abb. 11: Eskalationstreppe zur Prüfung von Fähigkeiten (nach: Müller-Stewens/Lechner, 2001).

Zuerst ist zu prüfen, ob eine Fähigkeit die Effizienz und/oder Effektivität des Unternehmens erhöht und damit zu einer verbesserten Leistung am Markt führt, die von diesem auch honoriert wird. Es stellt sich somit die Frage nach dem »Wert« dieser Fähigkeit, oder – um im Bild zu bleiben – ob diese »wertvoll« ist. Da jede Fähigkeit zu ihrer Schaffung und Erhaltung Ressourcen benötigt, stellt eine nicht wertvolle Fähigkeit einen strategischen Wettbewerbsnachteil dar. Ist die Fähigkeit »wertvoll«, folgt die Prüfung in der nächsten Stufe.

Die Projekte sind dann in einzelne Maßnahmen, wie etwa Workshops, Seminare, Kurse, Coachings etc. zu unterteilen.

Die einzelnen Maßnahmen wirken nunmehr mit ihren Resultaten wieder auf die für die Organisation relevanten Märkte – der Kreis ist geschlossen.

Innerhalb dieses Kreises finden eine Fülle von Aktivitäten zum Management dieses PE-Modells, zur Auftragsabstimmung, Bedarfsermittlung, der Qualitätsicherung und der Steuerung operativer Prozesse statt (vgl. Kapitel 3, Pkt. 1 und Kapitel 2).

Der Kreis dieser »marktorientierten Personalentwicklung« ist umgeben und begleitet von einem Personalentwicklungscontrolling (vgl. Kapitel 7).

Diese Elemente werden auch in diesem Zusammenhang in diesem Buch diskutiert und dargestellt.

Anhand dieses Modells einer marktorientierten Personalentwicklung lässt sich auch der Unterschied und der Stellenwert der »Funktionalität« und der »Funktion« Personalentwicklung verdeutlichen.

Die »Funktionalität« Personalentwicklung umfasst den gesamten Kreis inklusive der im Inneren genannten Management-Funktionen und dem Personalentwicklungscontrolling (siehe Abb. 13).

Die Abgrenzung zur »Funktion« Personalentwicklung, also der Organisationseinheit, die innerhalb der Organisation für Personalentwicklung zuständig ist, ist je nach Erfordernis der jeweiligen Organisation anpassbar.

Die Frage »Was macht die Linie? Was macht die Personalabteilung? Was macht die Personalentwicklung?« ist eine Frage der Aufbauorganisation eines Unternehmens. Dieses Buch geht (überwiegend) implizit von der Annahme aus, dass die Funktion Personalentwicklung nach Vorliegen einer Personalentwicklungs-Strategie beginnt, d. h., an dieser Stelle erfolgt die »Übergabe« zur Organisationseinheit »Personalentwicklung«, hier findet die Auftragserteilung und die Bedarfsermittlung statt.

Es sind jedoch durchaus auch andere »Schnittstellen« denkbar. Rein auftragsorientierte »Weiterbildungsabteilungen« erhalten anhand von Programmen, die in der Linie oder in einer Personalabteilung geplant und verantwortet werden, ihre Aufträge als Projekte, die diese dann abarbeiten.

Auch ist ein mehrstufiger Prozess, also die Erstellung der Personalentwicklungs-Strategie in einer »Human Resource«-Funktion denkbar, die dann die einzelnen Projekte an einen »Unterlieferanten«, also eine Weiterbildungsfunktion, die intern oder extern angesiedelt sein kann, weitergibt.

An jeder Übergabe-Stelle des Kreises der »marktorientierten Personalentwicklung« findet eine Auftragserteilung und eine Bedarfsermittlung statt. An dieser Stelle sollte auch – um die Funktionsfähigkeit sicherzustellen – ein entsprechender Feedback-Prozess installiert werden.

Das individuelle Design einer »Funktion« Personalentwicklung besitzt eine Vielzahl von Freiheitsgraden. Das Design muss jedoch, um eine marktorientierte Personalentwicklung sicherzustellen, alle Elemente der »Funktionalität« Personalentwicklung klaren Verantwortlichkeiten zuordnen.

Ist niemand für die Personalentwicklungs-Strategie zuständig, fehlt der Organisation das Bindeglied zwischen Unternehmensstrategie und Programmen. Es entsteht ein Wildwuchs an PE-Programmen, die partiell sicherlich die Unternehmensstrategie unterstützen, die jedoch mit hoher Wahrscheinlichkeit Lücken lassen und Überlappungen produzieren. Durch eine Bereichs-Strategie-orientierte Personalentwicklung, die durch eine fehlende »Klammer« einer Gesamt-Personalentwicklungs-Strategie entstehen kann, verliert die Organisation ihre Flexibilität und Anpassungsfähigkeit. Eine derart partialisierte PE-Vorgehensweise stabilisiert die Bereichs-Fürstentümer, produziert unterschiedliche Vorgehensweisen und Verhaltensweisen, ja Bereichs-Kulturen, vermindert die Kooperationsfähigkeit (wir machen das anders) und verhindert, dass organisatorische Änderungen auf einer gemeinsamen Basis der Mitarbeiter durchgeführt werden können. Viele organisationale Change-Prozesse sind schon an derart unterschiedlichen Bereichskulturen gescheitert. Und diese Bereichskulturen wurden durch das Fehlen einer organisationsweiten Personalentwicklungs-Strategie gefördert und zementiert.

Das oben Gesagte bedeutet nicht, alles und jeden über einen Kamm zu scheren. Unterschiede in unterschiedlichen Bereichen sind nötig, erforderlich und oft wünschenswert. Diese Unterschiede müssen aber bewusst geplant und gesteuert werden und können nicht das Ergebnis unabgestimmter Bereichsentscheidungen sein.

Häufig ist auch beobachtbar, dass nicht nur eine einheitliche, abgestimmte Personalentwicklungs-Strategie, sondern auch die hieraus abzuleitenden Personalentwicklungs-Programme fehlen. »Von der Unternehmensstrategie direkt zum Projekt« heißt dann die Devise.

Auch hier fehlt dann das Bindeglied, die Abstimmung der Maßnahmen auf die Erfordernisse der Organisation. Die Projekte werden dann zwar effizient durchgeführt, die Effektivität für die Organisation lässt aber mangels Abstimmung zu wünschen übrig.

In dem Mangel der beiden Elemente »Personalentwicklungs-Strategie« und »Programme« liegt häufig der Schlüssel zur Unzufriedenheit mit Weiterbildungsfunktionen und dem Rechtfertigungsdruck, dem diese Funktionen unterliegen. Es wurden hohe Summen in Personalentwicklung und Weiterbildung investiert, die Unternehmensleitung kann jedoch keinen (hinreichenden) Nutzen feststellen.

Oft wird dann die Frage gestellt: Brauchen wir Personalentwicklung überhaupt? Können wir uns nicht das Geld sparen?

Der Schuldige ist dann oft rasch identifiziert: Die Trainings- oder Personalentwicklungsfunktion, die nicht effektiv arbeitet.

Ursache ist jedoch häufig ein Design-Fehler der Organisation, der durch das Modell einer marktorientierten Personalentwicklung sichtbar gemacht wird:

Es fehlen die Verantwortlichen für die Personalentwicklungs-Strategie und/oder die Personalentwicklungs-Programme. Linienverantwortliche »bestellen« Schulungen und Workshops, weil sie diese für sinnvoll erachten, Weiterbildungsverantwortliche sind dankbar für Aufträge – und die Effektivität der Personalentwicklung bleibt auf der Strecke.

Ein Fehlen eines Elements des Modells einer marktorientierten Personalentwicklung überlässt die Effektivität der PE-Maßnahmen dem Zufall. Dies mag gut gehen – muss aber nicht.

Wie oben ausgeführt: Dieses Buch spricht sich nicht dafür aus, dass das gesamte »Modell einer marktorientierten Personalentwicklung« von einer Personalentwicklungs-Funktion abgedeckt werden muss, dies erscheint nicht einmal sinnvoll.

Die Unternehmens-Strategie ist nicht Aufgabe der PE – und die Verantwortlichkeit für eine Personalentwicklungs-Strategie ist letztlich von der Unternehmensleitung nicht an eine PE-Funktion delegierbar.

Es ist aber wichtig und für den Erfolg unabdingbar, dass die Verantwortlichkeiten für diese Schritte klar definiert und kommuniziert sind. Der »Einkauf« von Personalentwicklungsleistungen stellt Investitionen in den Faktor Arbeit, in die Menschen im Unternehmen, dar. Diese sind genauso verantwortlich zu managen wie andere Investitionsentscheidungen.

Ebenso, wie die Funktionalität »Informationsmanagement« gelernt hat, dass ein Wildwuchs von DV-Systemen und DV-Anwendungen nicht zu einem den Unternehmenserfolg sichernden Ergebnis führt, muss die Funktionalität »Personalentwicklung« lernen, dass »Personalentwicklung« einen Management-Prozess darstellt, der klar strukturiert und auf die strategischen Unternehmensziele orientiert gesteuert werden muss.

Wer auch immer für die einzelnen Elemente dieses Prozesses verantwortlich ist: er muss der Verantwortung durch ein klares und eindeutiges Management dieser Prozess-Elemente gerecht werden.

Strategische Personalentwicklung
und Unternehmensplanung

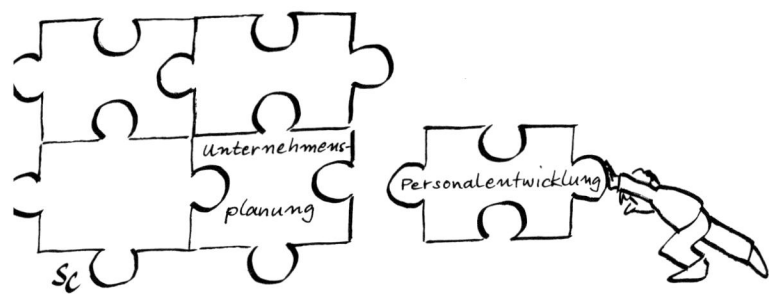

Nach dem Gespräch mit Hannes letzten Freitag geht mir das Zusammenspiel der Felder Unternehmensplanung und Personalentwicklung nicht mehr aus dem Kopf. Inwieweit beeinflusst nun das eine das andere und umgekehrt? Bzw. inwieweit sollten diese beiden Bereiche aufeinander abgestimmt werden? Fragen über Fragen. Und irgendwie ist dieses Thema für mich ganz schön abstrakt und wenig griffig. Deshalb bin ich auch auf der Suche nach anschaulichen Beispielen hierzu. Und gestern Abend hatte ich dann die Idee! Eigentlich habe ich das Ganze nur auf eine andere Ebene transformiert und dann zeigte sich für mich ganz klar das Zusammenspiel.

Also, ich hatte mir das folgendermaßen überlegt: Nehmen wir mal an, das ›Unternehmen‹ steht in meinem Beispiel für das Gebilde Familie und die ›PE‹ für die Summe aller Maßnahmen im Erziehungsprozess der Kinder. Wenn ich nun in meiner Familie (= Unternehmen) den Wert ›Zuverlässigkeit‹ für wichtig halte und ihn leben will (= eines der Unternehmensziele), dann ist es doch logisch, dass ich daran auch das Erziehungskonzept meiner Kinder ausrichte (= PE-Strategie). Wenn ich also vor dem Hintergrund des Zieles ›Zuverlässigkeit‹ meinem Kind sage: »So schlimm ist das nicht wenn wir später kommen, die anderen warten schon auf uns« oder »Wir haben zwar versprochen, für das Schulfest Kekse zu backen, aber Dir wird schon eine Ausrede einfallen«, werden wir dieses Ziel langfristig durch unser tatsächliches Handeln torpedieren.

Nichts anderes ist es im Unternehmen. Hier brauche ich genauso die Ansprüche, Ziele und Voraussetzungen von der Unternehmensseite. Denn diese beeinflussen meine PE-Strategie, und die ist wiederum richtungweisend für die einzelnen PE-Aktivitäten. Passen also einzelne PE-Maßnahmen nicht zum strategischen Konzept, wird hierdurch – wie in meinem Familienbeispiel – das Gesamtziel nicht entsprechend unterstützt und gefördert.

Hmm – langsam sehe ich eine klare Struktur! Ich glaube, da ist eben eine E-Mail gekommen. Vielleicht hat Hannes für mich ja noch weitere interessante Informationen aufgetrieben.

EMail schreiben

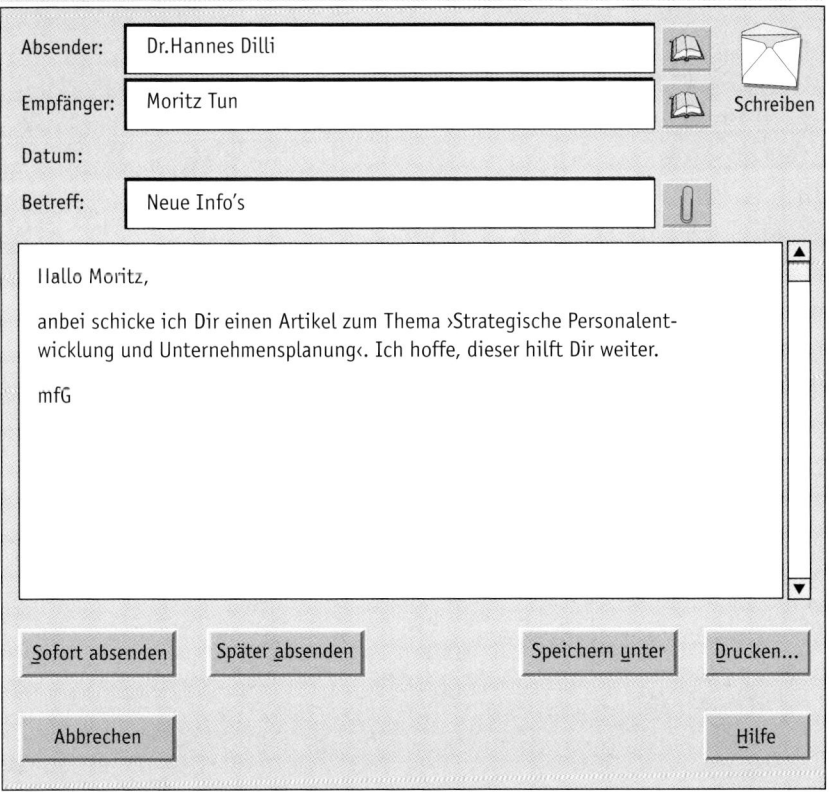

| Absender: | Dr. Hannes Dilli |
| Empfänger: | Moritz Tun |

Datum:

Betreff: Neue Info's

Hallo Moritz,

anbei schicke ich Dir einen Artikel zum Thema ›Strategische Personalentwicklung und Unternehmensplanung‹. Ich hoffe, dieser hilft Dir weiter.

mfG

Sofort absenden   Später absenden   Speichern unter   Drucken...

Abbrechen   Hilfe

1. Verbindung Unternehmensplanung und Personalentwicklung (PE)

Ausqanqpunkt jeder strategischen Unternehmensplanung ist die Vorstellung, wohin ein Unternehmen will. Eine derartige Vorstellung wird gewonnen auf der Basis einer klaren Analyse der eigenen Position. Wo stehen wir? Was ist unser relevanter Markt? Welches sind unsere relevanten Kunden? Was sind auf unserem Markt mit unseren Kunden die entscheidenden Wettbewerbsvorteile? Wo stehen wir hier in Relation zu unserer Konkurrenz? Was sind unsere Stärken, was sind unsere Schwächen? (Vgl. z. B. Kirsch, W. (Hrsg.), 1991; Malik, F., 1994)

Welche Analyse-Fragen sind nun im Bereich der Human Resources zu stellen?

Hier muss man sich über folgende Fragen klar werden:
- Welche Mitarbeiter haben wir?
- Welche Mitarbeiter könnten zusätzlich gewonnen werden?
- Welche Stärken haben diese Mitarbeiter?
- Wo sind Defizite vorhanden?
- Sind die Stärken unserer Mitarbeiter strategisch relevant, d. h. haben sie Auswirkungen auf den Erfolg unserer strategischen Vorhaben?
- Sind die Defizite unserer Mitarbeiter strategisch relevant, d. h. verhindern diese eventuell den Erfolg unserer strategischen Vorhaben?
- Wie ist unser Mitarbeiterpotenzial in Relation zum Mitarbeiterpotenzial unserer Konkurrenz?
- Wie ist unser Image in Relation zum Image unserer Konkurrenz, d. h. können wir oder kann unsere Konkurrenz besser erforderliche Mitarbeiter gewinnen?
- Wie ist die Defizitlage im Vergleich zur Konkurrenz: Haben wir oder die Konkurrenz mehr Mitarbeiter mit Defiziten?

Alle diese Schlüsselfragen führen zur im vorherigen Kapitel (vgl. 1.5) beschriebenen Fähigkeitenbilanz und stellen den Input der Personalentwicklung zur Erarbeitung einer Unternehmensvision dar.

2. Modell eines Strategischen Managements

Ein Strategisches Management wird hier am St. Gallener Modell dargestellt.

Um die Verbindung der Strategischen Personalentwicklungsplanung zur Strategischen Unternehmensplanung klar zu machen, ist eine kurze Beschäftigung mit letzterer erforderlich (vgl. u. a.: Gälweiler, 1987; Porter, 1990; Kirsch u. a., 1991; Einsiedler, 1996; Servatius, 1991; Malik, 1993).

Am deutlichsten wird der Begriff und die Definition der Strategischen Unternehmensplanung am »klassischen Modell« von Gälweiler (a. a. O., 1987, S. 34).

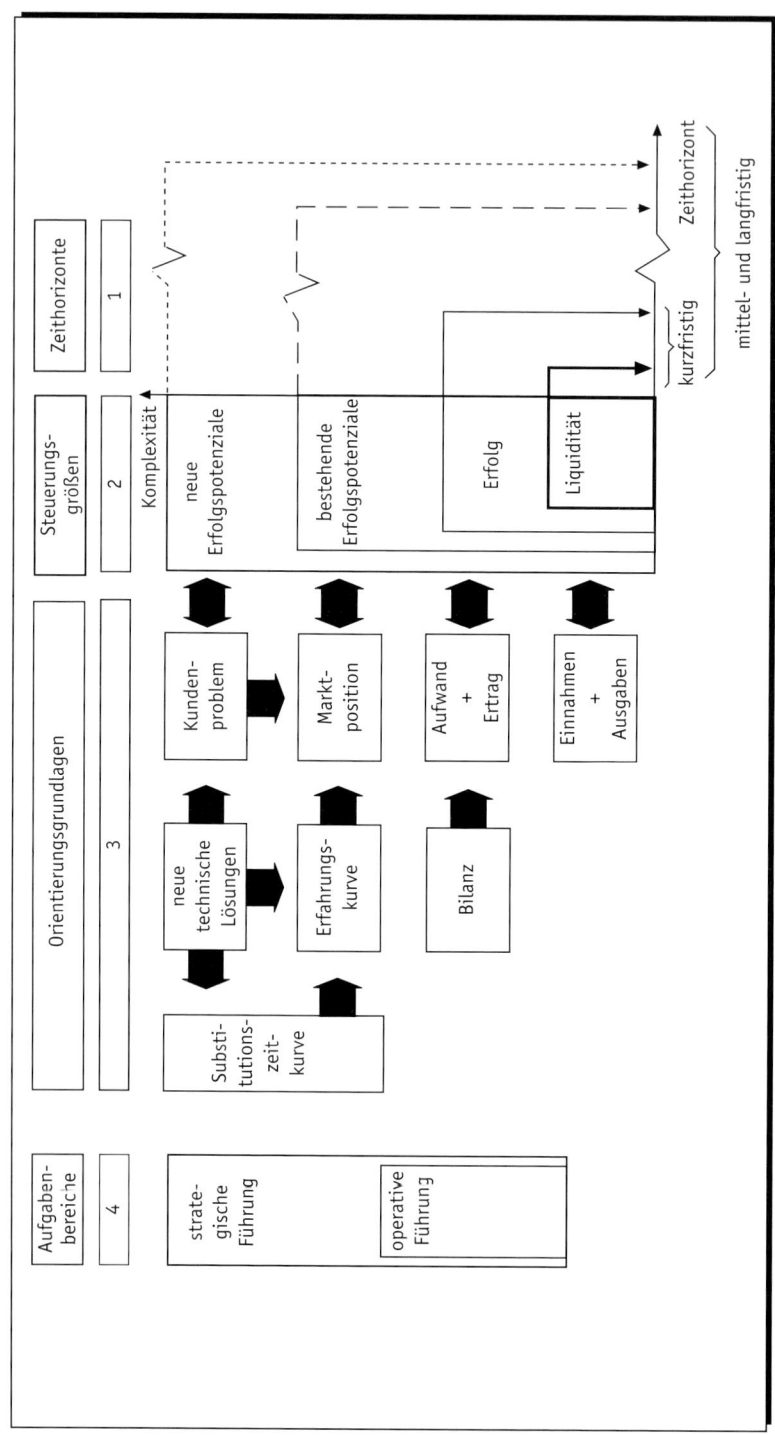

Abb. 14: Aufgabenbereiche der Unternehmensführung mit ihren Steuerungsgrößen und der zunehmenden Komplexität der jeweiligen Orientierungsgrundlagen

Ganz grob kann man sagen, die operative Ebene umfasst die Zielvariablen »Liquidität« und »Erfolg«, die strategische Ebene die »bestehenden Erfolgspotenziale« und »neue Erfolgspotenziale«.

Die operative Betrachtung umfasst somit alle Planungsinstrumente, die sich mit Zahlungsströmen und dem betriebswirtschaftlichen Erfolg bis hin zu Bilanz und Gewinn- und Verlustrechnung beschäftigen. Diese bestehen historisch seit langem, sind gut entwickelt und stellen in der Regel das Grundgerüst einer Planung dar.

Personalentwickler kommen mit diesen Teilen des Planungssystems – soweit sie nicht Mitarbeiter in Planungstools sind und die Vorgehensweise entwickeln – in Form der Kostenstellenplanung, der Kostenkontrolle etc. in Berührung. Dieser Teil des Rechnungswesens und der Planung eines Unternehmens sind wichtig. Mit diesen Teilen sind die Aktivitäten der Personalentwicklung zu verbinden und durch ein entsprechendes Controlling-System zu steuern. Dies ist aber nicht die Ebene der Verbindung zwischen strategischen Personalentwicklungs- und Unternehmensplänen. Auf den Zusammenhang zwischen operativen Plänen und Personalentwicklung wird im Kapitel »Bildungscontrolling« näher eingegangen.

Spricht man von Strategischer Personalentwicklungsplanung, so hat diese – wie auch die Strategische Unternehmensplanung – mit Potenzialen zu tun. »Strategisches Handeln im engeren Sinne beschränkt sich zunächst auf eine Gewinnung von Erkenntnissen über mögliche Erfolgspotenziale und eine konzeptionelle Gesamtsicht zum Zwecke der Entwicklung« (Kirsch, a. a. O., S. 18).

Die Personalentwicklung stellt somit an die Strategische Unternehmensplanung die Frage: »Welche Potenziale sind zukünftig erforderlich?« Wohin will die Unternehmung auf den Märkten? Mit welchen Stärken will sie im Wettbewerb bestehen? Welche Schwächen behindern die Marktposition und sind daher zu vermeiden? Welche Kundenprobleme will die Unternehmung lösen? Für die Personalentwicklung ist hieraus abzuleiten: Welche Potenziale sind daher bei Mitarbeitern, Mitarbeitergruppen und Organisationseinheiten zu entwickeln, um diesen Anforderungen gerecht zu werden?

Die Abb. 15 stellt diesen Zusammenhang zwischen Strategischem Management, Organisationsentwicklung und Personalentwicklung dar.

Jede Organisation erbringt eine Leistung für den Kunden, die man als »Output« bezeichnen kann. Um diesen »Output« zu erbringen, benötigt diese Organisation Ressourcen verschiedenster Art, die man als »Input« in diese Organisation beschreiben kann. Dazwischen findet eine Transmission des Inputs in den Output dar.

Der »Input« ist hierbei höchst unterschiedlicher Art: von Materialien, Informationen bis hin zu finanziellen Mitteln, Goodwill, Stellung im Markt, Beziehungen zum Unternehmensumfeld u. v. a. m.

Personalentwicklungziele werden häufig als Ziele für die Entwicklung von Personen – Führungskräften oder Mitarbeitern – verstanden. Spätestens seit Senge (1996) sein Buch »Die fünfte Disziplin« veröffentlicht hat, ist die Schwäche jedes personalistischen Ansatzes deutlich. Es kommt nicht so sehr darauf an, welche Entwicklungsziele für einzelne Personen angestrebt werden – es kommt darauf an, welche Ziele für die jeweiligen Organisationen angestrebt werden.

Strategische Personalentwicklung wird hier wichtiger, wenn nicht gar wichtigster Aspekt eines strategischen Managements. Die klassische, entscheidungsorientierte Betriebswirtschaftslehre sieht ihr Ziel im Treffen richtiger Entscheidungen (vgl. als klassische Grundlage: Heinen, 1975). Aber wie werden diese Entscheidungen umgesetzt. Personalentwicklung hat die Aufgabe, die Fähigkeiten, Fertigkeiten und Motivationen – im angelsächsischen Sprachraum kurz als »Skills« bezeichnet – mit diesen Entscheidungen und Strategien in Einklang zu bringen. Und hierbei kommt es nicht nur auf die Skills der Mitglieder der Organisation an. Es kommt darauf an, welche Skills von den Mitarbeitern gezeigt werden. Nicht nur das »Können« ist relevant. Neben den expliziten Wissensinhalten einer Organisation sind auch weniger kommunizierbare Wissensinhalte, so genanntes »Tacit Knowledge« (vgl. Rüdiger/Vanini, 1998) von Bedeutung. Hierbei handelt es sich um Wissenselemente oder Know-how, das in der Organisation vorhanden ist, aber nicht artikuliert wird oder – da nicht entsprechend bewusst – nicht artikuliert werden kann. Daneben ist auch das »Wollen«, also die Motivation der Mitarbeiter und Mitarbeitergruppen, wichtig (vgl. Abb. 9, S. 36).

Häufig übersehen wird der Aspekt des (sozialen) »Dürfens«, also der tatsächlichen und sozialen Zulässigkeit von Verhalten. Dieses Dürfen ist auch oft in der Kultur einer Organisation verankert. Vermitteln von individuellen Skills, die innerhalb der Kultur einer Organisation nicht gezeigt werden dürfen, führt zu keiner Verhaltensänderung – allenfalls zu Frustration der Mitglieder der Organisation, die es dann besser wissen, aber sich nicht trauen, ihr neues Wissen umzusetzen. Diagnostisch kann ein derartiger Zustand durch allgemeine Frustration, mitunter auch als »Verzweiflung« der Organisationsmitglieder gekennzeichnet sein.

Strategische Personalentwicklung hat die Aufgabe, die Umsetzungsmöglichkeiten der Organisation zu verbessern.

Hierbei sind drei Ebenen von Fähigkeiten zu unterscheiden:
- Fähigkeiten der Organisation
- Lern-Fähigkeiten der Organisation
- Integrationsfähigkeiten der Organisation

Die erste Ebene umfasst die Skills, die eine Organisation hat (eine Organisation hat andere Skills als die Summe ihrer Mitglieder). Diese Ebene wird üblicherweise durch Maßnahmen der Personalentwicklung angesprochen. Hier sind Fähigkeiten wie die

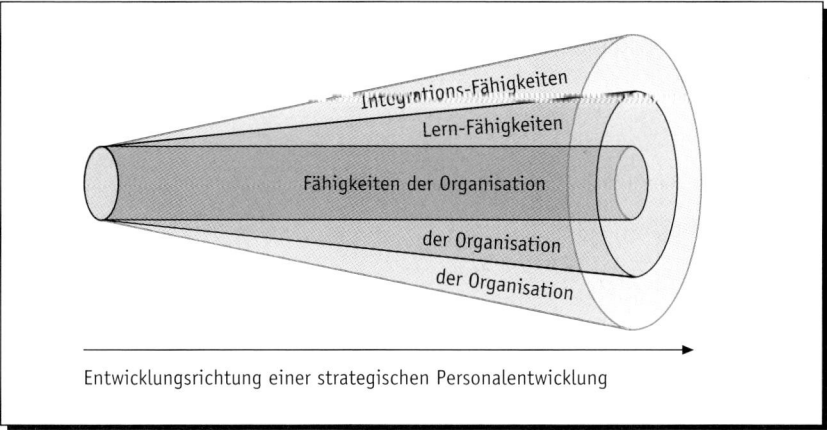

Abb. 17: 3 Ebenen der Fähigkeiten einer Organisation

Nutzung von DV-Software ebenso anzusiedeln wie Verhaltensweisen oder Führungs-stile. Diese Ebene manifestiert sich im Hier und Jetzt der Organisation, hat ihre Quellen in der Vergangenheit und prägt die Organisation in der Zukunft.

Die zweite Ebene spricht die Veränderungsfähigkeit einer Organisation an. Welche Skills hat die Organisation, um Neues aufzunehmen und dann auch umzusetzen. Wie schafft eine Organisation Wissen, Fähigkeiten und Fertigkeiten. Wie geht sie mit Innovation um. Diese Fähigkeit einer Organisation ist existenziell für die Über-lebensfähigkeit in der Zukunft.

Skills nur auf Ebene 1 führen im Zeitverlauf zum Tode einer Organisation. Dies liegt daran, dass sich das Umfeld der Organisation, die Absatzmärkte, die Beschaffungs-märkte, die Mitarbeiter und das sonstige Umfeld ändern und die Organisation sich nicht mehr anpassen kann. Diese »Dino-Saurier-Organisationen« sterben irgend-wann ab, wenn sie nicht die Lern-Fähigkeit besitzen, sich an Neues anzupassen.

Diese Lern-Fähigkeit ist im Übrigen konzeptunabhängig von Führungs- und Orga-nisationskonzepten, Modeerscheinungen und partizipativen Modellen. Sie hängt einzig und allein von der Fähigkeit ab, zu lernen und Neues auch umzusetzen. Organisationen, die sich einem Modetrend – und mag er noch noch so trendy sein – verschrieben haben, besitzen keine Lernfähigkeit, sondern eben nur diese ein-dimensionale Fähigkeit. Bedeutsam ist, dass Lern-Fähigkeit auch die Flexibilität des Lern-Stils umfasst.

(Natürlich steigt mit der Größe der Partizipationsneigung des Führungsstils einer Organisation die Chance für Lernfähigkeit (vgl. Einsiedler, 1986); wird aber Partizi-pation zum Dogma oder zum reinen Ritual, wird diese Chance zur Lernfähigkeit wieder vertan).

Die dritte Ebene wird im internationalen, globalen Wettbewerb für die Zukunft die entscheidende Rolle für Erfolg und Misserfolg, Überleben oder Sterben von Organisationen darstellen. Es ist die Fähigkeit zur Intergration anderer Elemente, Organisationen, Organisationsteile. Es ist die Fähigkeit, sich auf Kunden und Lieferanten, andere Mitarbeitergruppen aus anderen Kulturen, anderen Vorgehensweisen einzustellen und vorhandene Strukturen zu integrieren.

Dies ist mehr als Lern-Fähigkeit. Dies umfasst auch die Fähigkeit der Übersetzung, Vermittlung und Schaffung von »Interfaces« (Übersetzungsstellen) zwischen unterschiedlichen Kulturen – sowohl nationalen, regionalen als auch organisatorischen.

4. Die operative Umsetzung der Personalentwicklungsplanung

Alle strategischen Überlegungen müssen in ihrer operativen Umsetzung münden, sollen diese in die Realität umgesetzt werden.

Ein Instrument stellt die »Balanced Scorecard« (BSC) (vgl. Kaplan/Norton, 1997; Friedag/Schmidt, 1999; Grötzinger/Uepping (Hrsg.), 2001) dar. »Die Balanced Scorecard ist ein Instrument aus der Tradition des strategischen Managements bzw. der strategischen Unternehmensführung. Gleichzeitig folgt sie der Philosophie der wertorientierten Unternehmensführung . . .« (Wickel-Kirsch, 2001, S. 43). »Die Philosophie der BSC umfasst jedoch über die rein wertorientierte, finanzielle Sichtweise hinausgehende Perspektiven. Zwar steht der finanzielle Aspekt im Vordergrund, aus dem sich Maßnahmen und Handlungen ableiten lassen. Aber die Balanced Scorecard bezieht auch qualitative Sichtweisen mit ein, die zur Verwirklichung strategischer Ziele wichtig sind.« (a. a. O.)

Die BSC wird in diesem Buch im Kapitel Bildungscontrolling noch ausführlicher dargestellt.

Die operative Umsetzung schließt aber auch die Einbindung der jeweiligen Mitarbeitergruppen und Mitarbeiter mit ein.

Wesentliche »Einflussfaktoren auf die Personalentwicklung werden auf der einen Seite durch die Unternehmensstrategie . . . und auf der anderen Seite durch das Mitarbeitergespräch . . . transportiert« (siehe Abb. 18, Krämer/Lübke/Ringling, 2001, S. 166)

Für Mitarbeitergruppen (und Organisationseinheiten) erfolgt deren Einbindung z. B. über Mitarbeiterbefragungen (vgl. Borg/Ingwer, 2000), auch bieten Assessmentcenter (vgl. Bäcker/Etzel (Hrsg.), 2002) wertvolle Hinweise, welche Skills (Fähigkeiten und Fertigkeiten) vorhanden sind.

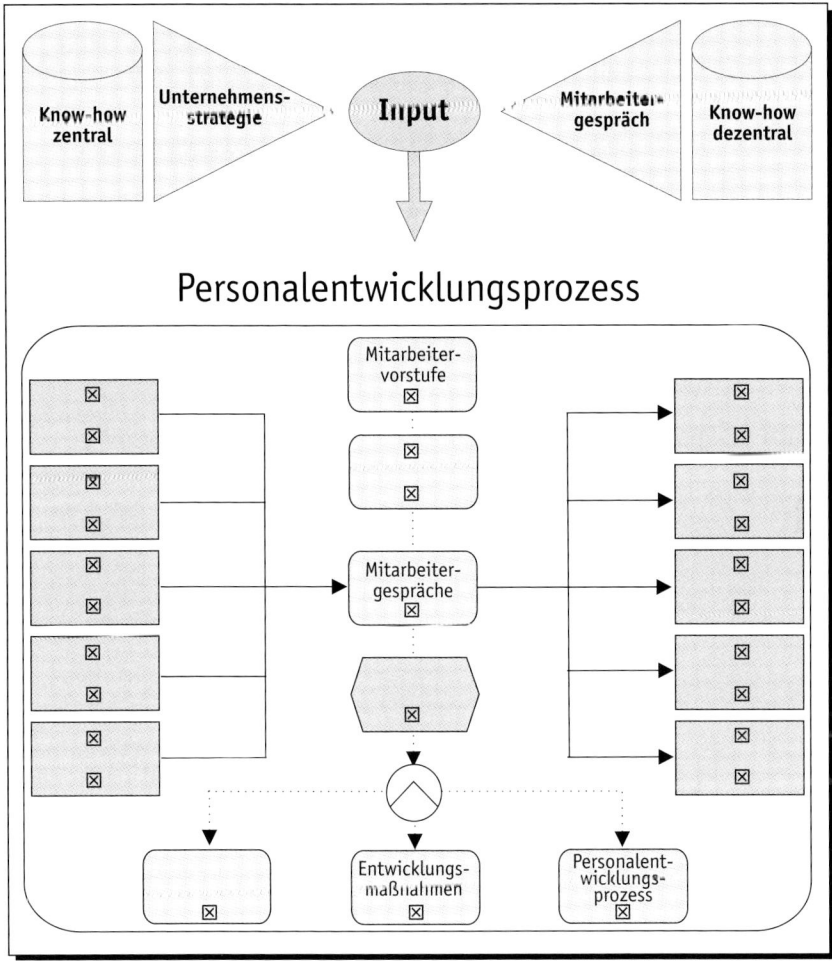

Abb. 18: Unternehmensstrategie und Mitarbeitergespräche als Input (aus: Krämer/Lübke/Ringling, 2001, S. 166)

Die Ergebnisse dieser Erhebungen lassen sich mit den strategischen Überlegungen zu einem ganzheitlichen Skillmanagement zusammenführen (vgl. Abb. 19: Skillmanagement).

Die »Unternehmensstrategie« und die »tatsächliche Arbeitssituation« stellen hierbei den Input für das Skillmanagement dar.

Ausgehend von diesem Skillmanagement erfolgt dann die Planung und Steuerung der individuellen Personalentwicklung (vgl. Abb. 20).

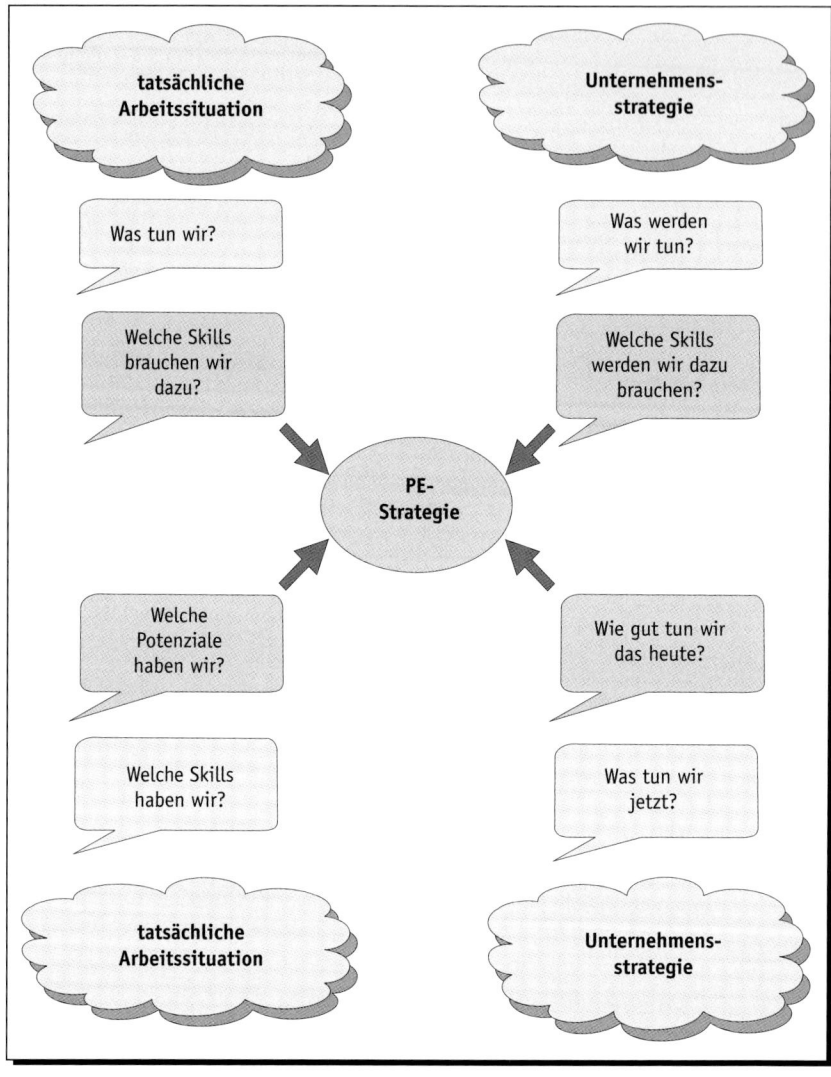

Abb. 19: Skillmanagement (aus: Krämer/Lübke/Ringling: 2001, S. 171)

Die beispielhaft angeführte Darstellung der Abb. 20 betrachtet die individuelle Ebene und geht von einem vollständig aufgebauten Skillmanagement aus. Hierbei werden sowohl Balanced Score Card (BSC) als auch das »Skill-Management« laufend von Veränderungen auf der strategischen Ebene beeinflusst und an neue strategische Richtungen angepasst. Die Abbildung konzentriert sich auf die operative Ebene und deren einzelne Prozessschritte.

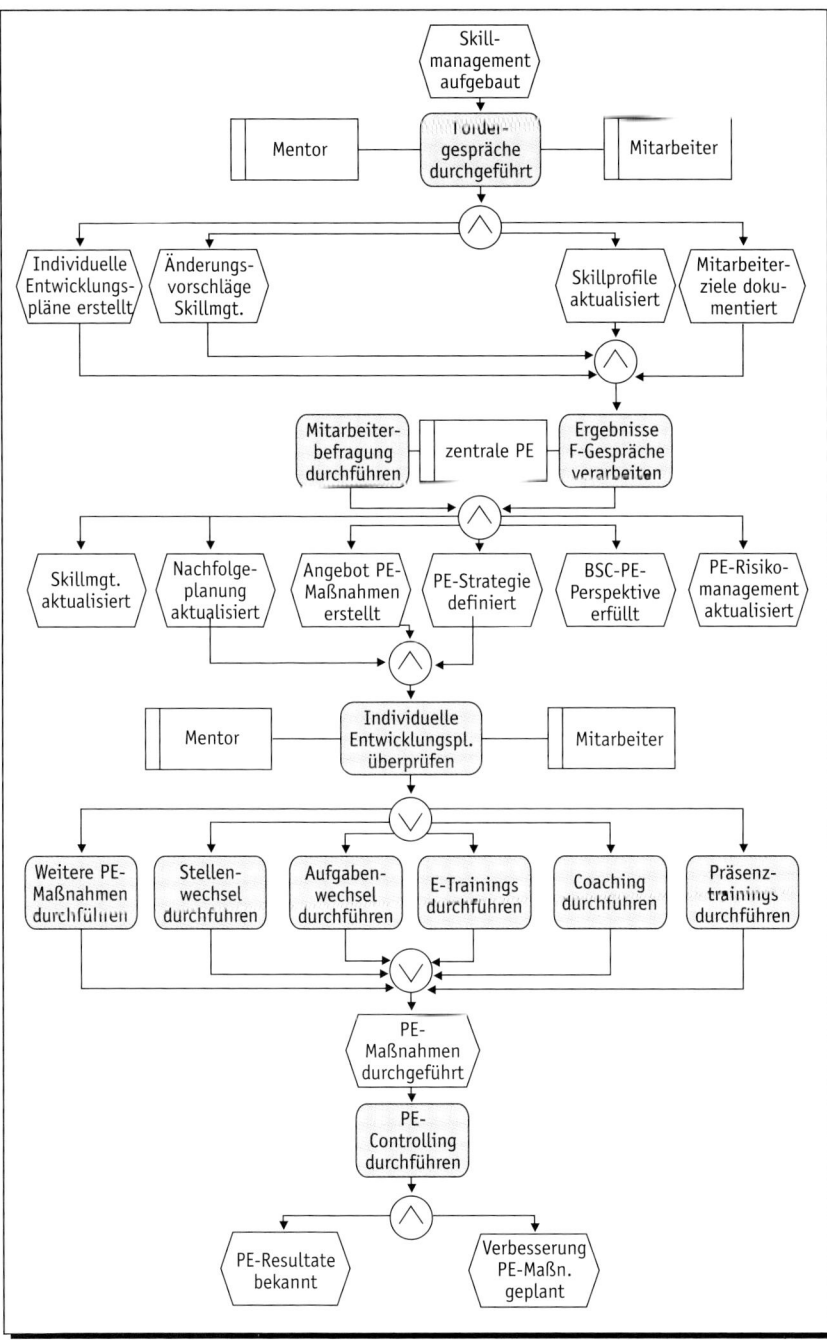

Abb. 20: Prozess einer individuellen Personalentwicklung (aus Krämer/Lübke/Ringling, 2001, S. 177)

In diesem Beispiel ist das »Fördergespräch« das zentrale Element, von dem die weiteren Prozess-Elemente ausgehen. Die Ergebnisse aller Fördergespräche, eventuell ergänzt um die einer Mitarbeiterbefragung, dienen zum Aufbau der Personalentwicklungsstrategie und -Planung im Rahmen der strategischen Vorgaben. Hieraus leiten sich dann die individuellen Entwicklungspläne ab.

5. Risikomanagement

Hierbei ist besonders auf den Punkt des Risikomanagements im Rahmen der Personalentwicklung hinzuweisen. Das KonTraG (Gesetz zur Kontrolle und Transparenz im Unternehmensbereich) zwingt Unternehmen zu einem umfangreichen Risikomanagement und dessen Offenlegung. Dieses Risiko-Management ist auch Teil der Wirtschaftsprüfung. Auch das künftige Kredit-Rating nach »Basel II« wird hier neue Anforderungen an das Personalentwicklungsmanagement, seiner Professionalität und seiner Dokumentation stellen.

Latente Risiken im Human Resource Bereich liegen u. a. vor:

Sozialer Bereich:
– Bevölkerungswachstum
– Bevölkerungsstruktur
– Arbeitslosenzahl
– Humankapital
– etc.

Management und Führung:
– Verantwortlichkeiten
– Vision
– Führungsstil
– Unternehmenskultur
– Entscheidungsvorbereitung
– Kontroll-Bewusstsein
– Eigene wirtschaftliche Interessen der Mitarbeiter und des Managements
– Branchenerfahrung
– Konflikte mit Sozialpartnern
– etc.

Personal:
– Beurteilung und Vergütung
– Arbeitsumgebung
– Sicherheit
– Altersstruktur
– Auslastung

- Arbeitsproduktivität
- Krankenstand
- Fehlzeiten
  Fluktuation
- etc.

Personalentwicklung:
- Skill-Strukturen
- Fähigkeiten und Fertigkeiten
- Nachwuchsförderung
- Verfügbarkeit am Arbeitsmarkt
- Investitionen in Humankapital
- Interne Employability
- Externe Employability
- etc.

Über den engeren Personalentwicklungs-Bereich hinaus kommt der Funktionalität »Personalentwicklung« für alle Bereiche eines Human Resource-Risiko-Managements besondere Verantwortung zu.

6. Ziele und Organisationskriterien für eine Personal-entwicklungsabteilung

Aus dem oben Gesagten lassen sich folgende Punkte ableiten:

a) Personalentwicklung ist ein strategisches Instrument und dient u. a. der strategischen Positionierung einer Unternehmung im Markt.

b) Personalentwicklung bezieht sich auf die strategischen Vorhaben und Absichten einer Unternehmung und ist zwingende Voraussetzung für deren erfolgreiche Umsetzung.

c) Personalentwicklung bedarf eines stringenten, planerischen Bezugs zur strategischen Stoßrichtung des Unternehmens – sie ist nicht isoliertes Bildungswesen oder Sozialveranstaltung.

d) Personalentwicklung hat den Zweck, strategische Vorhaben eines Unternehmens auf deren Machbarkeit im Human-Bereich zu prüfen und liefert somit einen wichtigen Input für das strategische Management.

e) Menschen setzen Strategien um; deren Fähigkeiten, Fertigkeiten, Motivationen und Potenziale entscheiden über Erfolg oder Misserfolg.

f) Personalentwicklung hat, neben den »Skills« der Organisation, die Lern- wie auch die Integrationsfähigkeit der Organisation zu fördern (soweit strategisch erforderlich).

Planung und Gestaltung
der Personalentwicklungsprozesse

Die Zeit verfliegt. Jetzt, in meiner neuen Rolle als PE-Leiter, schaue ich mehr und mehr durch eine andere Brille. Welche inhaltlichen Abstimmungen mit wem zu treffen sind, wo welche Verantwortungsbereiche liegen, welche Rolle die Personalentwicklung dabei spielt und, und, und. Meine Güte – da gibt es noch eine ganze Menge zu klären und organisieren.

Langsam juckt es mich auch in den Fingern. Was es hier alles zu tun gibt! Erst gestern hörte ich im Gespräch mit dem Controlling-Chef, dass das Rechnungswesen reorganisiert werden soll und sie wären froh über jede Unterstützung durch die Personalentwicklung. Frau Klüver, Leiterin Marketing, berichtete mir in unserem Meeting ausführlich von zwei Horrormitarbeitern, die anscheinend die ganze Abteilung in Schach halten. Schnellstmöglich brauche sie eine Teamentwicklung. Und gleich im nächsten Termin erzählte mir der Einkaufschef, dass seine Mitarbeiter in der letzten Zeit immer schlechtere Ergebnisse erzielten. Um dem entgegenzuwirken, müsste ganz schnell ein Kommunikationstraining oder Verhandlungstraining her. Bedarf über Bedarf – eine wahre Fundgrube! Manchmal komme ich bei dieser Fülle an Anfragen und Aufträgen richtig ins Grübeln. Ich frage mich, ob man diesen Bedarf nicht irgendwie systematischer erfassen und angehen sollte. Denn wenn da irgendetwas aneinander vorbeiläuft oder gar falsch verstanden wird – lieber nicht dran denken.

Gestern saß ich dann noch mit meinem Chef – Dr. Fritz – zusammen. Bis spät in die Nacht diskutierten wir so spannende Themen wie: Bedarfsanalyse, Auftragsklärung, PE-Strategien und -Programme, profilgesteuerte Maßnahmen, Einsatz von Curricula etc.! Je mehr ich mich mit allem befasse, um so mehr Fragen und blinde Flecken tauchen bei mir auf. Ich habe richtig Lust mit Hannes bei einem Glas Rotwein diese PE-Tiefen zu beleuchten. Wie wäre es mit Freitag?!

Absender:	Dr. Hannes Dilli
Empfänger:	Moritz Tun

Schreiben

Datum:

Betreff: Planung und Gestaltung der PE-Prozesse – Neue Infos!

Lieber Moritz,

Freitag 20.00 Uhr passt sehr gut! Übrigens – vor einiger Zeit hatten wir doch mal eine Diskussion zum Thema Funktionalität/ Funktion der Personalentwicklung – erinnerst Du Dich noch? Nach langem Hin und Her kamen wir doch zu dem Ergebnis, dass sich die ›Funktionalität‹ auf die Personalentwicklung als Unternehmensfunktion bezieht – die ›Funktion‹ der PE dagegen auf das, was ein Personalentwickler tut.

Genau hierzu ist mir noch ein wichtiger Punkt eingefallen: Die Funktionalität der PE ist ab einer bestimmten Unternehmensgröße i. d. R. nicht mehr in einer Hand. Und das könnte auch gerade für Dich in Deiner neuen Firma spannende Folgen haben. Deshalb ist es wichtig, dass Du für Deine PE-Abteilung die Schnittstelle klärst, wo die Funktionalität für PE liegt und wo die Funktion PE beginnt. Das Modell der marktorientierten PE hatte ich Dir ja neulich zugemailt. Das kannst Du prima für diese Klärung verwenden. Die jeweilige Schnittstelle hat übrigens auch Auswirkungen auf die Bedarfsermittlung und Auftragsgestaltung.

Hierzu und zu Deinen anderen Themenfeldern habe ich noch verschiedene Inputs ausfindig gemacht. Für Dich interessant? Ich freue mich schon auf unsere heiße Diskussionsrunde. Dir einen schönen Abend!

mfG

Sofort absenden   Später absenden   Speichern unter   Drucken...

Abbrechen   Hilfe

1. Bedarfsermittlung und Auftragsgestaltung

Bevor die Personalentwicklung operativ tätig wird, muss sie als erstes ihre grundsätzlichen Ansatzpunkte und Handlungsfelder ausloten. Hierbei ergeben sich zentrale Fragen wie: Wo stehen wir überhaupt als PE in unserer Funktion? Welchen Teil bearbeiten wir im ›Modell einer marktorientierten Personalentwicklung‹ (s. Abb. 21)? Welche Aufgabenfelder haben wir – welche andere – zu erledigen?

Die Klärung dieser Aspekte ermöglicht eine klare Abgrenzung der jeweiligen Handlungsfelder, Verantwortlichkeiten und Kompetenzen. Zudem kann der Ansatzpunkt sowie der Rahmen für die Bedarfsermittlung und Auftragsklärung bestimmt werden.

Die Bedarfsermittlung und Auftragsgestaltung kann im ›Modell einer marktorientierten Personalentwicklung‹ an ganz unterschiedlichen Stellen ansetzen (s. Kapitel 1, Pkt. 6).

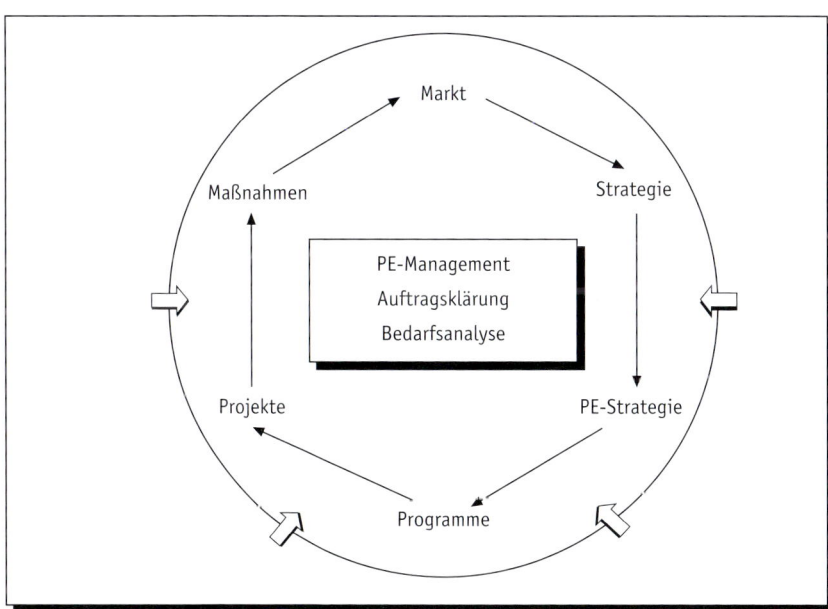

Abb. 21: Ansatzpunkte für die Bedarfsermittlung und Auftragsgestaltung im Modell einer marktorientierten Personalentwicklung

Sie kann z. B. an der Schnittstelle PE-Strategie/Programme liegen oder am Übergang Programme/Projekte bzw. Projekte/Maßnahmen vorgenommen werden. Je nachdem wo die Bedarfsermittlung und Auftragsgestaltung nun platziert ist, hat dies unmittelbare Auswirkungen auf ihre Bedeutung und Ausgestaltung. Zudem ermöglicht sie einen Rückschluss auf die Funktion der PE und ihren Stellenwert im Unternehmen: So zeigt sich beispielsweise, ob die PE ausschließlich als Kurs-

und Trainingslieferant gesehen wird, ob und in welchem Ausmaß sie reaktiv oder auch aktiv handeln kann/soll bzw. welche Einflussmöglichkeiten sie bei der Gestaltung des PE-Instrumenariums hat.

Die Klärung des Ansatzpunktes für die PE-Arbeit lässt in der Praxis nicht selten Defizite bzw. Klärungsbedarfe erkennen. Sei es, dass z. B. keine definierte Unternehmens- und/oder Personalentwicklungsstrategie vorliegt oder eine Klärung vorgelagerter Ansatzpunkte, z. B. der PE-Programme, gänzlich fehlt. Es ist nicht leicht, solche Punkte an die Auftraggeber oder die dafür Verantwortlichen in angemessener, aber produktiver Form rückzumelden, zumal solche Aktivitäten schnell die politische Ordnung irritieren können. Schranken des Systems einerseits, aber auch die Angst vor der eigenen Courage andererseits, bergen die Gefahr, dass die PE zwar den Namen *Personalentwicklung* im Unternehmen tragen soll, aber sie de facto gar keine ist.

Die grundsätzlichen Wege, die die Personalentwicklung beschreiten kann, sind in den letzten Jahren auch durch die Schlagworte ›Performance Management‹ oder ›Performance Improvement‹ ins Rampenlicht gerückt. In der Welt des Theaters ist Performance schon lange ein gängiger Begriff. Hier wird eine gute Performance durch ein gelungenes Zusammenspiel der Architektur des Bühnenbilds, der dargestellten Motive und Stimmungen durch die Schauspieler und der Perfektion der Technik erreicht. Jede Einheit ist dabei von strategischer Bedeutung. Doch erst ihr Zusammenspiel führt beim Zuschauer zu einem unterhaltsamen Abend und bringt ihm somit einen Nutzen.

Übertragen auf den Kontext Personalentwicklung ist unter Performance die Auswahl und das Zusammenspiel all jener Faktoren gemeint, die der Zielgruppe und dem Kunden einen klaren Nutzen bringt (vgl. Lorenz/Oppitz, 2001). Ein klarer Nutzen kann aber nur dann entstehen, wenn eine ganzheitliche Betrachtung der Situation erfolgt. Hierfür ist eine klare Formulierung der Mission und Vision des Unternehmens Voraussetzung. Diese lenken gedankliche Scheinwerfer in die Zukunft, um die unternehmerischen Pfade für die Strategie und Einzelplanungen auszuleuchten. Ohne ihre Formulierung können die strategischen Handlungsfelder – und damit auch die Handlungsfelder der Personalentwicklung – nicht sinnvoll abgeleitet werden. Ein zielführendes wertorientiertes Management ist so nicht möglich. Das ›Modell der Marktorientierten Personalentwicklung‹ verdeutlicht gerade diese Notwendigkeit der Strategieformulierung unter Performance Gesichtspunkten.

Wir setzen im Folgenden mit der Bedarfsermittlung und Auftragsklärung an der Schnittstelle zwischen PE-Strategie und Programm an. Dieser Punkt trennt gleichzeitig zwischen Funktionalität und Funktion der Personalentwicklung. Bis zur PE-Strategie zeigt sich Personalentwicklung als Unternehmensfunktion (= Funktionalität). Ab dem Programm-Management geht es um die Funktion der PE, also darum, was ein Personalentwickler tut (= Funktion).

1.1 Die Bedeutung der Bedarfs- und Auftragsorientierung für die Personalentwicklung

Sobald die Personalentwicklung aus ihrer Funktion heraus tätig wird – z. B. Programme plant, Maßnahmen entwickelt und aufeinander abstimmt – muss sie vorab verschiedene Aspekte untersuchen:

– Woraus ergibt sich der genaue Handlungsbedarf?
– Welcher Personenkreis ist Auslöser und Initiator der PE-Aktivitäten?
– Welche Fragestellung bzw. welches Problem gilt es bei den einzelnen Aktivitäten anzugehen?
– Wie gestaltet sich die genaue Zielsetzung des Handelns?
– In welcher Rolle und Funktion kann die PE Ihren maximalen Beitrag leisten?
– ...

Damit diese einzelnen Fragen in der Organisation

a. zum richtigen Zeitpunkt,
b. mit den richtigen Partnern und
c. zielführend

geklärt werden, ist es sinnvoll, diese systematisch in jeden PE-Prozess zu integrieren.

Aktuelle Praxiserfordernisse verstärken häufig die Notwendigkeit dieser gründlichen Erfassung und Klärung: Denn in den seltensten Fällen ist der Bedarf und damit die PE-Aktivitäten über das Jahr gleichverteilt – ganz egal, von welcher Seite er letztendlich angestoßen worden ist. Manchmal ballen sich zeitlich gerade solche Programme oder Maßnahmen, die sehr komplexe Problemstellungen aufweisen, kombiniert mit einem hohen Dringlichkeitsgrad für die einzelnen Fachbereiche.

Um so wichtiger ist es, auch in diesen Situationen den Qualitäts- und Professionalitätsanspruch der PE-Arbeit zu sichern. Wie könnte dieser aussehen? Einerseits ist es erforderlich, eine effektive Auswahl und Steuerung von PE-Maßnahmen zu erreichen (= die richtigen Dinge tun), andererseits, diese mit einer möglichst hohen Effizienz und Wirksamkeit für die Organisation umzusetzen (= die Dinge richtig tun).

Daraus ergibt sich für den Personalentwickler die Frage, welche Aspekte unter diesem Qualitäts- und Professionalitätsverständnis in der PE-Arbeit zu untersuchen sind. Genau dieser Fragestellung gehen wir in diesem Kapitel nach und beleuchten dabei die folgenden Punkte:

– Systematische Erfassung und Klärung des PE-Bedarfs.
– Aufgabe und Zielsetzung der Auftragsgestaltung als Grundlage jeden PE-Entwicklungsprozesses.
– Auftrags- und Rollenklärung.
– Kontraktierung.

1.2 Systematische Erfassung und Klärung des Personalentwicklungsbedarfs

Grundlage für die Konzeptionierung und Ausgestaltung von Personalentwicklungsaktivitäten ist die systematische Erfassung und Klärung des PE-Bedarfs.

Bedarf ist ganz allgemein eine Lücke oder Abweichung zwischen Ist und Soll. Der Personalentwicklungsbedarf ergibt sich häufig aus dem Vergleich der Qualifikationsanforderungen des Unternehmens mit dem eingebrachten Qualifizierungspotenzial der Mitarbeiter. Aus dieser Gegenüberstellung können potenzielle oder bereits bestehende Defizite sichtbar werden, die dann Auslöser für den Bedarf spezieller Personalentwicklungsmaßnahmen sind.

Wie wichtig eine systematische Erfassung des Bedarfs im Hinblick auf die Qualifizierung von Führungskräften ist, zeigt auch die Tatsache, dass Managementfehler der größte Produktivitätsdieb im Unternehmen sind. Zur Quantifizierung der Produktivität gibt es zahlreiche Studien. Eine, und zwar von der führenden Produktivitätsberatungsgesellschaft Czipin & Proudfoot in Europa, sei hier als Beispiel genannt (vgl. Minor, 2002). Basis der Studie sind 1 500 Einzelstudien und 2 700 Interviews in neun Ländern. Das Resultat: Im deutschen Mittelstand werden rund 40 Prozent der Arbeitszeit unproduktiv verwendet. Das entspricht mehr als 80 Arbeitstagen, in denen die Unternehmen ihre Leistungsfähigkeit nicht nutzen.

Auf der Liste der Produktivitätsbremser stehen Managementfehler an erster Stelle. Rund 38 Arbeitstage werden wegen mangelnder Planung und Steuerung verschenkt, 17 Tage wegen schlechter Führung und Kontrolle und weitere 10 Tage durch unzureichende Kommunikation. Ob diese Zahlen auf die Kommastelle ernst genommen werden müssen, ist sicherlich strittig. Eine grobe Orientierung geben sie allemal und unterstreichen die Notwendigkeit einer systematischen Professionalisierung von Führungskräften und Mitarbeitern.

Um Transparenz über die unternehmensspezifische Bedarfssituation zu erhalten, ist ein ausführlicher Informationsbeschaffungsprozess notwendig. Ein möglichst vollständiges Bedarfs-Bild des Unternehmens erhält die Personalentwicklung dann, wenn die Durchführung dieses Prozesses mit Blick auf die drei W's erfolgt:

Unter Berücksichtigung **welcher Anforderungen**
erhebe ich **wie**
in Zusammenarbeit mit **wem**
den Personalentwicklungsbedarf.

Anforderungen an den Informationsbeschaffungsprozess

Um die Bedarfssituation eines Unternehmens möglichst umfassend entdecken und darstellen zu können, ist der notwendige Informationsbeschaffungsprozess aus unterschiedlichen Richtungen und Blickwinkeln anzugehen.

Gegenwartsorientierung – Strategieorientierung

Der erste wichtige Punkt im Informationsbeschaffungsprozess ist die zeitliche Ausrichtung der Bedarfserfassung. Der Bedarf kann sich grundsätzlich aus aktuellen und/oder zukünftigen Anforderungen ergeben.

Der aktuelle Bedarf (= Ist) ergibt sich häufig aus situativen Defizitmeldungen, d. h. dort, wo es brennt und schnelles Handeln notwendig ist. Das Handlungsfeld einer Personalentwicklung, die sich ausschließlich an dieser Gegenwartsperspektive orientiert, wäre damit re-aktiv.

Um die strategischen Unternehmensentwicklungen wirkungsvoll unterstützen zu können, sollte nicht nur der Ist-Qualifikationsstand der Mitarbeiter gepflegt und erhalten, sondern gerade auch zukunftweisend weiterentwickelt werden. Die Ableitung dieses zukünftigen Bedarfs kann u. a. aus Prognosen, Erwartungen oder geplanten Veränderungen erfolgen. Unter Berücksichtigung dieser Strategieorientierung bewegt sich die PE in einem aktiv zu gestaltenden Handlungsfeld.

Wenn beispielsweise geplant ist, eine Fertigungsstraße in der Produktion durch den Einsatz einer neuen Fertigungstechnologie umzustellen und hierfür spezifische Facharbeiter-Qualifikationen notwendig werden, kann dieser Bedarf durch rechtzeitigen Vorlauf gedeckt und können die Mitarbeiter auf die neuen Anforderungen vorbereitet werden.

Neben der Auswertung situativer Defizitmeldungen sollte deshalb im Informationsbeschaffungsprozess überprüft werden, inwieweit die ermittelten Bedarfe gerade auch der Forderung nach Strategieorientierung gerecht werden.

Interessenorientierung

Unternehmenspolitik und -kultur, Wirtschaftlichkeits- und Renditeüberlegungen, Produktivitäts- und Kostenziele, . . . – das Unternehmensgeschehen wird von vielen Faktoren geprägt. Das, was tatsächlich gelebt wird, ist Resultat eines Zusammenspiels der unterschiedlichsten Interessengruppen und Machtstrukturen im Unternehmen und der aufgegriffenen Veränderungsimpulse. Die Bedarfsermittlung sollte sich deshalb an den verschiedenen Interessengruppen und ihren spezifischen Anforderungen orientieren, um daraus ein vollständiges Gesamtbild zu erhalten. Die Berücksichtigung nur einer Interessenposition könnte ein falsches Abbild vermitteln und ggf. Unmut bei denen entfachen, die nicht in den Informationsbeschaffungsprozess miteinbezogen worden sind. Wer kennt nicht die Sensibilitäten im unternehmenspolitischen Zusammenspiel.

Generell kann man zwischen organisationsorientierten und mitarbeiterorientierten Zielvorstellungen und Sichtweisen unterscheiden. Ein wichtiger Bestandteil des Informationsbeschaffungsprozesses ist deshalb eine Organisationsanalyse. Sie verschafft Transparenz über die organisationsrelevanten Ziele, Planungen und

Rahmenbedingungen, die für die personale Entwicklung wichtig sind oder in Zukunft wichtig werden könnten. Für Mitarbeiter, die beispielsweise als Führungskraft in einer neu geplanten Hierarchieebene eingesetzt werden sollen, können so im Vorfeld die aufgabenspezifischen Erfordernisse und individuellen Leistungsvoraussetzungen definiert und der sich daraus ergebende PE-Bedarf entwickelt werden.

Nach Beleuchtung der Anforderungen der Organisation, sind die mitarbeiterorientierten Zielvorstellungen nicht zu vernachlässigen. Denn die Entfaltung des Entwicklungspotenzials der Mitarbeiter ist auch von ihrer Entwicklungsbereitschaft abhängig. Zudem können die Mitarbeiter den Anforderungskatalog, dem sie in ihrem Tätigkeitsfeld gewachsen sein müssen, aus einer anderen Perspektive heraus bewerten und auf vorliegende Stärken und Schwächen hinweisen.

Inwieweit bei der Bedarfsermittlung die Mitarbeiter miteinbezogen werden, hängt von der Bedeutung und Bewertung ab, die das Unternehmen den Entwicklungspotenzialen und -wünschen der Mitarbeiter beimisst. Sofern diese mit den organisationspolitischen Anforderungen kompatibel sind, ist sicherlich ein für alle Interessengruppen befriedigendes Ergebnis gegeben. Wenn keine Übereinstimmung vorliegt, muss letztendlich die Unternehmensleitung bzw. die Führungskraft über den Stellenwert des ermittelten Einzelbedarfs und seine Umsetzungsnotwendigkeit entscheiden.

Perspektivenwechsel
Zudem sollte im Informationsbeschaffungsprozess überprüft werden, ob der ermittelte Bedarf den unterschiedlichen Anforderungen und Perspektiven aus Organisationssicht gerecht wird.

Zum einen ist da die personale Perspektive. Hier steht die Person, der Mitarbeiter selber, im Mittelpunkt. Der Focus ist auf die Analyse des individuellen Bildungsbedarfs gerichtet und ist damit rollen- oder themenbezogen.

Zum anderen sind es die interpersonalen Aspekte: Diese sind auf das Zusammenspiel von Gruppen in der Organisation gerichtet, da der Mitarbeiter in der Organisation ja nicht beziehungslos agiert, sondern immer in Strukturen oder Teams eingebunden ist. Bei der Ermittlung des aktuellen und zukünftigen Personalentwicklungs-Bedarfs sollten deshalb beide Blickwinkel berücksichtigt werden. So setzen die später zu entwickelnden Maßnahmen nicht nur bei der Person als solcher, sondern auch im Zusammenspiel der Individuen und den dabei entwickelten Normen und Handlungsmustern an.

Analyse der spezifischen Branchenerfordernisse
Einfluss auf die inhaltliche Ausgestaltung und Notwendigkeit des PE-Bedarfs haben auch die spezifischen Erfordernisse der einzelnen Wirtschaftssektoren, an denen

sich ein Unternehmen ausrichtet. Hierbei determinieren die Eigenschaften der zu erbringenden unternehmensspezifischen Leistungen die Anforderungen an den betrieblichen Qualifizierungsprozess.

Für die Berücksichtigung dieser Bedarfsanforderungen lassen sich Unternehmen als erste grobe Unterscheidung zwei Bereichen zuordnen: dem produzierenden Bereich oder dem Dienstleistungsbereich.

Das produktspezifische Merkmal im Dienstleistungsbereich ist die Immaterialität des Gutes – ganz im Gegensatz zum Sachgut der produzierenden Industrie. Die Unterschiede der produktspezifischen Merkmale, und damit auch des Leistungserbringungsprozesses, haben einen großen Einfluss auf den Qualifizierungsbedarf der Mitarbeiter.

Ein Kennzeichen der produzierenden Industrie ist z. B. ein höherer Bedarf an technisch und handwerklich spezialisierten Fachkräften, die über eine ausgeprägte Geschicklichkeit und körperliche Belastbarkeit verfügen.

Im Dienstleistungsbereich ist der Bedarf von anderen Faktoren abhängig. Die Dienstleistung basiert vorwiegend auf einer gedanklichen, weniger einer körperlichen Leistung. Neben entsprechenden Berufsqualifikationen stehen hier Anforderungen an die soziale und persönliche Kompetenz der Mitarbeiter stärker im Vordergrund. Da der Kunde hier die Qualität direkt am Kontakt mit den Mitarbeitern des Unternehmens festmachen kann, hat in diesen Branchen das Thema ›Serviceorientierung‹ bzw. ›Kommunikation im Kundenkontakt‹ einen ganz anderen Stellenwert.

Methoden der Bedarfserfassung

Leider liegt der Bedarf nicht einfach vor, sondern er muss *wahrgenommen*, *entdeckt* und genau *formuliert* werden.

Sind z. B. bestimmte Meldesysteme in der Organisation installiert, lässt sich der Bedarf hier direkt erkennen. Ansonsten ist die Bedarfserfassung ein Akt des Suchens und Findens bisher übersehener bzw. aktuell oder in Zukunft notwendiger Handlungsfelder. In der Praxis läuft dieser Erfassungsprozess oft zufallsbedingt oder konzeptionslos ab.

Sattelberger (vgl. Neuberger, 1994, S. 159) hat hierzu eine schöne, ironische Typologie aufgestellt:

Bedarfs-ermittlungsmethode:	Dahinter stehendes Rollenverständnis des Bildungsverantwortlichen:	oder auch...:
›Was möchten Sie, wir liefern!‹	Bildungswesen als »Christkind«	Abfrage und Befriedigung subjektiver Wünsche und Bedürfnisse
›Wir bieten an, greifen Sie zu!‹	Bildungswesen als Verkäufer mit ›Bauchladensortiment‹	Angebot einer Seminarpalette durch Zahl der Platz-buchungen für die einzelnen Maßnahmen
Heute gibt es was zu essen (z. B. Kommunikations-training) auch wenn Sie eigentlich was zu trinken (z. B. Teamentwicklung) brauchen	Bildungswesen als zentralistischer Planwirtschaftler	Von Experten festgelegtes zeitliches und inhaltliches Mengengerüst
Kamillentee (z. B. Gesprächs-Training) hilft bei jeder Krankheit	Bildungswesen als »Wunderheiler«	Standardisiertes Einheits-programm, das noch keinem geholfen, aber auch keinem geschadet hat

Abb. 22: ›Typologie Bedarfserfassung – wie sollte es nicht sein‹

Welche Vorgehensweisen und Methoden gibt es nun für eine systematische Bedarfs-erfassung? Hier lassen sich für das Handlungsfeld der Personalentwicklung vier Bereiche unterscheiden:

1. *Die PE leitet aus der PE-Strategie den notwendigen Bedarf ab*
2. *Die PE analysiert aus dem vorliegenden Daten- und Zahlenmaterial den möglichen Bedarf :*
   - Analyse personalwirtschaftlicher Daten als informative Grundbasis, z. B.
     - Personalstand und Stellenbewertungspläne,
     - Nachfolgeplanung,
     - Laufbahnplanung,
     - Personalstrukturplanung.
   - Berücksichtigung von Seminarvormerkungen und -anmeldungen.
   - Schätzungen und Extrapolationen der Vorjahreszahlen von Veranstaltungen mit Standardinhalten, z. B. Präsentationstechnik, Kommunikationstraining, sofern für diese Bausteine eine kontinuierliche Nachfrage besteht.
   - Auswertung der Strategiekonzepte des Unternehmens.
   - Auswertung von Marktforschungsergebnissen, z. B. im Hinblick auf Kunden-zufriedenheit, Serviceorientierung.

3. *Die PE sucht bzw. ermittelt selber aktiv Informationen über den möglichen Bedarf:*
   – Persönliche Gespräche und Befragungen von Mitarbeitern der unterschiedlichsten Führungsebenen, Experten und Betroffenen. Diese Gespräche können z. B. standardisiert oder individuell ablaufen.
   – Abfragen des Entwicklungsbedarfs von Mitarbeitern im so genannten ›Förderpool‹.
   – Beobachtung von Arbeitsabläufen und der betrieblichen Praxis. Diese Beobachtungen können bewusst und gesteuert oder zufällig vorgenommen werden – z. B. im Rahmen einer projektbezogenen Zusammenarbeit mit Mitarbeitern oder Führungskräften anderer Fachbereiche.

4. *Die PE erhält Informationen über möglichen Bedarf:*
   – Situative Defizitmeldungen:
     • Im Anschluss an Mitarbeitergespräche, – beurteilungen, Zielvereinbarungen etc. wird Qualifikationsbedarf gemeldet.
     • Durch Veränderungen von Arbeitsinhalt und -umfeld ausgelöste Unter- und Falschqualifikationen werden an die PE gespiegelt.
   – Rücksendung ausgefüllter standardisierter Fragebögen, Checklisten etc., die turnusmäßig mittels eines fest implementierten Meldesystems an die PE geleitet werden.

Welche dieser möglichen Vorgehensweisen ein- und umgesetzt werden, ist abhängig von ihrer Effektivität sowie von den Möglichkeiten und Erfahrungen im eigenen unternehmensspezifischen Kontext.

Die Initiierung des Bedarfs kann grundsätzlich von zwei Seiten erfolgen: Die PE kann durch eine Anfrage oder direkte Anforderung aus der Organisation Kenntnis von dem Bedarf erhalten. Auslöser für diese Auftragsvergabe ist dann z. B. der Vorstand oder ein Fachbereich.

Gleichzeitig kann die Personalentwicklung auch selbst aktiv auf mögliche Handlungsfelder hinweisen und den Bedarf in der Organisation anregen. Initiator für eine daraus entstehende Auftragsvergabe ist dann die PE.

Informationsträger und Ansprechpartner im Bedarfsermittlungsprozess

Nach Auswahl der Ermittlungsmethoden bleibt noch zu klären, auf welcher organisatorischen Ebene der Informationsbeschaffungsprozess ansetzen soll und welche Personen wichtige Informationsträger sind. Je nachdem, in welcher Phase der Bedarfsermittlungsprozess angesiedelt ist, sind auch andere Informationsträger hinzuzuziehen. Wenn die Bedarfsermittlung – wie in unserem Fall – an der Schnittstelle zwischen PE-Strategie und Programm liegt, kommen als Informationsträger z. B. die Unternehmensleitung und weitere Führungskräfte in Frage.

In der Personalentwicklung laufen in diesem Prozess alle Informationswege zusammen und sie koordiniert die angeregten Entwicklungsaktivitäten der unterschiedlichsten Träger:
- der einzelnen Fachbereiche oder Abteilungen,
- der Unternehmensleitung,
- der Führungskräfte,
- der Personalverantwortlichen,
- der PE-Spezialisten,
- des Betriebsrates
- der einzelnen Mitarbeiter etc.

Die Art und Weise der Zusammenarbeit mit den betrieblichen Informationsträgern beeinflusst nicht unerheblich die Informationsbereitschaft und Offenheit in diesem Prozess. Nicht selten wird ein Bedarf an die PE nur unvollständig oder gar nicht rückgemeldet. Oder Führungskräfte schicken ihre Mitarbeiter auf externe Weiterbildungen bzw. werden selbst aktiv, ohne die PE davon zu unterrichten. Unabgestimmte Einzelmaßnahmen sollten in der Organisation zu einer Ausnahme gehören. Erst die zentrale Koordination des gesamten PE-Bedarfs und der daraus resultierenden Maßnahmen garantiert eine arbeitsplatz- und unternehmensspezifische Anwendbarkeit und ist damit ausschlaggebend für Ihre Wirksamkeit in der Organisation.

Bedarfserfassung – ein Fazit

Aufgrund der branchen- und zielgruppenspezifischen Besonderheiten unterscheiden sich die ermittelten Anforderungskataloge von Unternehmen zu Unternehmen. Auch die zeitliche Dimensionierung und die Orientierung an unterschiedlichen Interessengruppen prägen die unternehmensspezifische Schwerpunktsetzung.

Generell ergibt sich ein umfassenderes Abbild des Bedarfs, wenn die Anforderungen des Systems und die Anregungen der Mitarbeiter als Teil des Systems miteinander gekoppelt sind. So ist neben der systematischen und strategischen Bedarfsplanung auch Raum für die Berücksichtigung individueller Belange und Anregungen von Mitarbeitern und Führungskräften gegeben.

Die Deckung aller ermittelten Bedarfssituationen kann jedoch durch organisatorische Rahmenbedingungen oder kulturbedingte Sichtweisen eingeschränkt werden. Dann muss ein Kompromiss zwischen Qualitäts- und Professionalitätsanspruch der Personalentwicklungsarbeit und den unternehmensspezifischen Ressourcen und Spielregeln gefunden werden.

1.3 Auftragsgestaltung – Auftragsklärung, Rollenklärung und Kontraktierung

Wieso schließt sich nun an die vorgenommene genaue Bedarfsermittlung überhaupt ein Abschnitt der Auftragsgestaltung an – bzw. ist sogar dringend erforderlich? Schließlich ist mittels der geschilderten Verfahren der Bedarf erhoben und transparent und es geht nur noch darum, ihn in aller Vollständigkeit zu erfüllen! Diese Schlussfolgerung lässt sich in der Praxis jedoch nicht ziehen.

Erstens muss jeder ermittelte Bedarf in der Organisation noch lange nicht einen tatsächlichen Auftrag zur Folge haben oder sich mit diesem gänzlich decken. Der Auftrag für die Realisierung des jeweiligen Bedarfs kann z. B. an unternehmenspolitischen Vorgaben, zeitlichen Erfordernissen, Budgetrestriktionen oder vorgenommenen Priorisierungen scheitern. Die PE kann auf Grundlage ihrer Bedarfsanalyse vielfältige Ansatzpunkte aufzeigen. Der ermittelte Bedarf erhält jedoch keine Chance auf Umsetzung, wenn bei den Unternehmensverantwortlichen hierfür kein Interesse besteht bzw. keine Bereitschaft zum Handeln geweckt wird. Die Bedarfsanalyse ist damit ein Zwischenprodukt aus der Funktion PE. Die Verantwortlichen im Gesamtprozess – und damit die Verantwortlichen für die Funktionalität PE – müssen hieraus nun die Entscheidungen über die Umsetzung treffen.

Zweitens können an die Personalentwicklung auch Aufträge herangetragen werden, die nicht aus dem ermittelten Bedarf resultieren.

Form, Inhalt und Ausmaß einer angestrebten Bedarfsdeckung lassen sich also nicht einfach aus der Bedarfsanalyse ableiten, sondern müssen in einem eigenständigen Klärungsprozess, der Auftragsgestaltung, ermittelt und zwischen PE und Auftraggeber vereinbart werden. Ziel dieser Auftragsgestaltung ist es, eine möglichst klare Verständigung mit dem Auftraggeber darüber zu erlangen,

a. welches Problem
b. für welche Zielgruppe
c. unter welchen Rahmenbedingungen
d. aus welchem Rollenverständnis der PE heraus
e. mit welchen Maßnahmen und Methoden im Rahmen des Auftrags anzugehen ist.

Die Auftragsgestaltung lässt sich dabei in drei wichtige Bausteine untergliedern:
1. Auftragsklärung,
2. Rollenklärung und
3. Kontraktierung.

Die Auftrags- und Rollenklärung steht dabei für den Prozess als solchen – hinführend zur Kontraktierung, dem eigentlichen Ziel der Auftragsgestaltung.

Auftragsklärung
Ziel der Auftragsklärung

Ziel der Auftragsklärung ist es, ein bestehendes Problem in seinem Lösungsprozess so wirkungsvoll angehen zu können, dass Mitarbeiter und Organisation eine positive Veränderung und damit einen spürbaren Nutzen erfahren.

Um PE-Aktivitäten ableiten zu können, die eben diesem Ziel gerecht werden, müssen mit dem Auftraggeber genaue Informationen über die vorliegende Situation, sein Problemverständnis und seine Vorstellungen erhoben und Wirklichkeitsbilder ausgetauscht werden. Auf dieser Grundlage kann dann die Erarbeitung von Handlungsfeldern starten, die einen sinnvollen Ansatz darstellen, bzw. den richtigen Nerv treffen.

Diesen Prozess kann man gut mit einer ganz alltäglichen Situation vergleichen. Wenn man sich krank fühlt oder an sich bestimmte Krankheitssymptome entdeckt, geht man zum Arzt. Dieser diagnostiziert zuerst aus den vorliegenden Symptomen die dafür ursächliche Krankheit, um dann eine Behandlungsstrategie auszuwählen, die auch Wirkung und Heilung ermöglicht. Denn was bringt ein Kopfschmerzmittel, wenn die Ursache für diese Schmerzen eine akute Verspannung der Nackenmuskulatur ist? Oder was nützt ein verordnetes Aknepräparat, wenn die Hautveränderungen auf einer Lebensmittelallergie beruhen?

Um eine wirkungsvolle Änderung des Zustands erreichen zu können, muss im ersten Schritt aus den vorliegenden Symptomen ein Rückschluss auf die Ursachen gezogen werden.

»Die Streitereien in meinem Team werden in letzter Zeit immer stärker«, konstatiert der Leiter Kundendienst. »Und dabei ist es wirklich an der Zeit, dass wir mehr zusammenwachsen. Am besten gehen wir alle mal auf ein Outdoortraining, um zu lernen, worauf es im Team ankommt.« Wie reagiere ich als Personalentwickler auf derartige Kundenanfragen? Grundsätzlich gibt es zwei Wege. Je nachdem, welchen Weg ich in der Personalentwicklung einschlage, positioniere ich mich entweder als klassischen Trainingsanbieter oder Performance Consultant (vgl. Robinson/Robinson, 1996). Als klassischer Trainingsanbieter stimme ich der Diagnose des Auftraggebers zu und organisiere ein Outdoortraining, in der Hoffnung, dass die Konflikte im Team sich danach reduzieren. So wird viel in eine Maßnahme investiert, die aber die bestehenden Probleme möglicherweise gar nicht berührt. Worin unterscheidet sich nun der andere Weg? Der Blickwinkel des Performance Consultants in der Auftragsklärung ist ein anderer. Um eine Änderung der Situation – hier der Konflikte im Team – zu erreichen, geht er im ersten Schritt den Symptomen und ihren Wechselwirkungen auf den Grund. Erst wenn der Auslöser für die Konflikte gefunden ist, kann die zielführende ›Behandlungsstrategie‹, sprich PE-Maßnahmen, entwickelt werden.

Wenn z. B. ein Auftraggeber feststellt, dass die Motivation seiner Mitarbeiter im Verkauf gesunken ist, so könnte eine PE-Maßnahme sicherlich ein Motivationsseminar sein. Die Ursachen für die gesunkene Motivation können jedoch auch ganz anders begründet sein. Sie können an einem ungünstigen Vergütungssystem, der bestehenden Führungskultur oder aber an fachlichen Defiziten und Schwächen im Verkauf liegen. Je nachdem, welches Problem als *das Problem* herausgearbeitet wird, und welcher Akzent von der Unternehmensseite dabei bewusst gesetzt werden soll, ist dies richtungweisend für die zukünftigen Handlungsfelder.

Ziel des Auftragsklärungsprozesses ist damit die Problemanalyse und -definition. Dazu müssen auch die Probleme untersucht und angesprochen werden, die bisher von der Unternehmensseite bzw. vom Auftraggeber nicht gesehen worden sind oder bewusst nicht gesehen werden sollten.

Diesem Erfordernis kommt die PE jedoch nicht nach, wenn sie aus falsch verstandenem Kundenverständnis den an sie gerichteten Auftrag unreflektiert annimmt und sofort das ausführt, was der Auftraggeber für richtig hält. Gerade in der Phase der Auftragsklärung hat die Personalentwicklung die Aufgabe, vorliegende Probleme zu hinterfragen, dem Auftraggeber Problemsichten zu spiegeln und die eigene professionelle Sichtweise einzubringen. So trägt sie dazu bei, nachgefragte PE-Maßnahmen, die am eigentlichen Bedarf vorbeigehen, zu minimieren. Ein Beispiel: Wer an einem mehrtägigen Verhandlungs- und Entscheidungstraining teilnimmt, an seinem Arbeitsplatz jedoch auch zukünftig nicht die Chance bekommt, selbst Entscheidungen treffen zu dürfen und in seiner Eigenverantwortung gefordert wird, kann im Nachgang zu einem solchen Seminar möglicherweise sehr enttäuscht reagieren und auf Dauer resignieren. Diese Maßnahme entsprach nicht dem tatsächlichen Bedarf. Der Mitarbeiter möchte aber das, was er vermittelt bekommt, auch innerhalb seiner beruflichen Tätigkeit nutzen und so seinen eigenen Beitrag zum unternehmerischen Erfolg leisten. Auch der Nutzen für die gesamte Organisation muss erkennbar sein. Ist das nicht der Fall, kann dies im Unternehmen als frustrierend erlebt werden. Ein erstrebenswerter Zustand für die Organisation?

Durch eine präzise Auftragsklärung fördert die PE die Wirksamkeit der Problemlösungsmaßnahmen für die Organisation und leistet einen professionellen Beitrag zur Sicherstellung bzw. Erhöhung des Unternehmenserfolgs.

Rahmenbedingungen im Auftragsklärungsprozess

Worauf ist im Auftragsklärungsprozess zu achten, um Informationen über die bestehende Situation zu erhalten und auch selbst wahrnehmen zu können?

Der Aufbau einer funktionierenden Beziehung zum Auftraggeber ist hierfür von entscheidender Bedeutung.

Dieses Steuerungsdreieck zeigt die drei Perspektiven auf, anhand derer die jeweilige Situation hinterfragt und sinnvoll aufeinander bezogene Entscheidungen abgeleitet werden können.

① Definition des Kunden-Systems

Im Verlauf des Auftragsklärungsgesprächs ist die Frage zu beantworten, welches Kunden-System in Anbetracht der gewählten Problemdefinition angemessen ist. Unter dem Begriff »Kunde« sind in dem Steuerungsdreieck die Person oder die Personen zu verstehen, die den maximalen Einfluss auf die Problembewältigung haben. Wenn z. B. in einem Projektteam Konflikte auftauchen, da bestimmte Rollen unklar verteilt sind, ist das primäre Kundensystem und damit der primäre Ansatzpunkt die Führungskraft selber. Denn sie kann die Rollen und Verantwortlichkeiten im Team klären und hat den größten Einfluss auf eine zu realisierende Problemlösung. Wird dagegen das Team als primärer Kunde definiert – nach dem Motto: das Team hat doch Konflikte, nicht die Führungskraft – geht die Problembewältigung von einem Ansatzpunkt aus, der lange nicht so zielführend und wirkungsvoll ist.

Falls sich im Verlauf des Auftragsklärungsgesprächs ein anderes, als das zuerst geschilderte Problem herauskristallisieren sollte, ist erneut zu untersuchen, ob das bereits bestimmte Kunden-System – unter dann anderem Kontext – noch das Richtige ist.

② Definition des Problems

Ziel ist hier, eine gemeinsame Verständigung zwischen Auftraggeber und PE zu erhalten. Man muss sich jedoch bewusst machen, dass die Entscheidung für eine gewählte Problemdefinition vom jeweiligen Focus abhängig ist. Deutlich wird dies an der Geschichte mit dem Elefanten, der von fünf Leuten mit verbundenen Augen betastet wurde:

Der Erste befühlte sein Bein und rief: »Oh, eine antike Säule!«. Der Zweite befühlte den Schwanz und rief: »Ich habe einen langen buschigen Pinsel!«. Der Dritte, der auf dem Rücken saß, spürte einen harten, warmen Fels. Der Vierte, der den Rüssel streichelte, erkannte darin eine dicken, großen Wurm. Und der Fünfte, der das Ohr befühlte, rief: »Ein großes festes Stück Pergament!«. Alle Fünf definierten das, was sie fühlten, anders, denn jeder betrachtete den Elefanten aus einer anderen Perspektive.

Genauso nimmt nun jede Seite im Auftragsklärungsprozess das Problem aus ihrem spezifischen Betrachtungswinkel wahr. Wenn diese Sichtweisen nicht übereinstimmen, definiert jeder für sich auch die Problemsituation anders. Um eine Verständigung über das weitere Zusammenspiel erreichen zu können, sollten Auftraggeber und PE einen gemeinsamen Focus auswählen und sich darauf einigen. Ein gemeinsames Verständnis über die Situation muss jedoch nicht unbedingt die ›Wahrheit‹ abbilden. Es sollte vorerst lediglich angestrebt werden, dass eine von

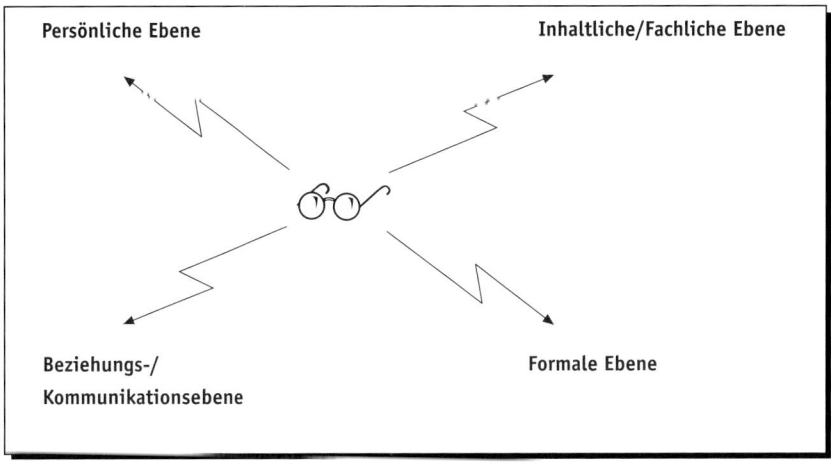

Abb. 24: Betrachtungsebenen

beiden Seiten geteilte Problembeschreibung besteht. Eine solche Problembetrachtung kann unter den in Abb. 24 dargestellten vier Aspekten erfolgen:

Der Focus kann auf die *inhaltliche/fachliche Ebene* gerichtet sein. Hier stehen dann z. B. fachliche Defizite und Know-how-Lücken im Vordergrund. Wenn der Focus auf der *persönlichen Ebene* liegt, ist das Verhalten einer bestimmten Person zentrales Kriterium. Unter dem Focus *Beziehungs-/Kommunikationsebene* werden Interaktionsmuster und Verhaltensweisen zwischen Personen betrachtet. Liegt dagegen der Focus auf der *formalen Ebene* stehen Schnittstellenproblematiken im Unternehmen, Aufbau-/Ablauforganisation, Hierarchie- und Rollendefinitionen im Mittelpunkt.

Wenn z. B. in der Produktion eines Unternehmens ein hoher Krankenstand vorliegt, kann je nach Betrachtungsebene eine andere Problemdefinition entstehen. Aus dem inhaltlichen/fachlichen Blickwinkel heraus kann der Krankenstand auf fachlichen Defiziten im Umgang mit den Maschinen beruhen, so dass z. B. Sicherheits- oder Fachtrainings als Ergänzungsbedarf angeraten sind. Unter formaler Betrachtung kann als Problem der durch Schwankungen im Prozessablauf entstehende Arbeitsdruck gesehen werden, so dass Maßnahmen zur Veränderung der Arbeitsbedingungen und -abläufe sinnvoll wären. Wird bei Betrachtung der persönlichen Ebene das demotivierende und cholerische Verhalten eines Meisters als das Problem gesehen, kann hier ein Persönlichkeits-Coaching angemessen sein.

Wird ein anderer Focus gewählt, ändert sich also die Problemdefinition und damit die angeratene Maßnahme oder Intervention. Diese Problemermittlung und -benennung gestaltet sich in der Praxis nicht immer einfach. Um so wichtiger ist es für die PE, gerade in der Anfangsphase der Auftragsklärung das Gespräch offen zu führen.

Es sollte jedoch nicht nur Offenheit darüber bestehen, was die PE kann, sondern generell dafür, was das Unternehmen braucht. Wenn die Funktion PE nur das Handlungsfeld ›abc‹ beherrscht, sich keine Blöße geben und auch keinem Vergleich durch Zugriff auf externe Berater stellen will, könnte sie mit dieser Brille auch nur den Bedarf für ›abc‹ sehen wollen. Nach dem Motto: Ein Hammer macht aus jedem Problem einen Nagel – denn nur das kennt er, kann er und nur so kann er ihn verarbeiten. Offenheit in der Wahl der Focussierung gilt für beide Seiten also gleichermaßen.

③ **Bestimmung des professionellen Handelns**

Nachdem zwischen PE und Auftraggeber eine gemeinsame Verständigung über das zu lösende Problem erzielt wurde, muss nun ein Handlungsansatz entwickelt werden, der paßgenau auf dieses Problem und den Kunden zugeschnitten ist.

Die situative Auswahl und Anwendung von Interventionen, Handlungsfeldern und Methoden, aber auch die Definition der professionellen Rolle und Funktion, aus der heraus zu agieren ist, stehen hierbei im Vordergrund. Bei festgestellten Defiziten im fachlichen Bereich ist z. B. der Fachberater zu einem bestimmten Thema als professionell Handelnder gefragt. Liegt das Problem dagegen im Verhalten einer Führungskraft, ist z. B. Handlungsbedarf für einen Persönlichkeits-Coach gegeben.

Bei der Auswahl der Handlungsstrategien ist der Frage nachzugehen, inwieweit diese das beschriebene Problem lösen können. Deshalb ist der Ansatz und die Passung von Maßnahmen auf das jeweilige Problemfeld zu untersuchen und zu klären, auf welcher Ebene diese greifen sollen. Denn genauso wie es personalen und interpersonalen Bedarf gibt (siehe Kapitel 3, Pkt. 1.2, Perspektivenwechsel), wird auch zwischen personen- und systemqualifizierenden Maßnahmen unterschieden. Je nach Anknüpfungspunkt ist es für die Entwicklung von Maßnahmen ausschlaggebend, ob bei dem Mitarbeiter, also der Person als solcher angesetzt werden sollte oder das System mit seinen Interaktionen und Beziehungsgeflechten im Mittelpunkt steht.

Wenn ein Auftraggeber in seinem Team z. B. akute Kommunikationsprobleme und Machtspielchen wahrnimmt, kann sicherlich jeder Mitarbeiter auf ein Kommunikations- oder Konfliktmanagementseminar – also eine personenqualifizierende Maßnahme – geschickt werden. Ob sich das wahrgenommene Problem dadurch tatsächlich löst, steht auf einem anderen Blatt. Vielleicht wäre in diesem Beispiel eine systemqualifizierende Maßnahme z. B. eine Teamentwicklungs-Intervention wesentlich zielführender.

Genau diese Passung – von definiertem Problem und zielführender Maßnahme – ist hier herauszuarbeiten.

Im Bestimmungsprozess dieser drei Perspektiven – Kunden-System, Problem und professionellem Handeln – gibt es keine klar abgestufte Reihenfolge. Da diese Punkte in starken Wechselwirkungen zueinander stehen, muss ihre Definition simultan vorgenommen werden. Das heißt, bei Veränderung einer Perspektive müssen umgehend die anderen auf ihre weitere Sinnhaftigkeit und Beständigkeit untersucht und ggf. umformuliert werden.

Rollenklärung

Die Festlegung, welche Rolle(n) der Personalentwickler innerhalb eines Auftrags wahrnimmt, ist maßgebend für sein weiteres Handeln und für die an ihn gestellten professionellen Anforderungen. Gleichermaßen prägt die Rolle auch die Einstellungen und Erwartungen, die der Auftraggeber in den Personalentwickler setzt und beeinflusst den Kompetenzrahmen und Handlungsspielraum für die Rollenausübung.

Wer gibt jetzt wem welche Rolle? Oder wer nimmt sich welche Rolle? Die eine Seite im Rollenklärungsprozess ist die Auslotung der Spielräume bei der Rollenvergabe und Rolleneinnahme. Die andere ist die Auswahl und Festlegung der Rolle aus qualitativer Sicht. Also: Wie kann die *richtige* Rolle für den Auftrag erkannt werden? Und wer kann diese Rolle professionell erfüllen?

Bei der Rollenklärung geht es damit um die Funktion und nicht um die Funktionalität der Personalentwicklung (siehe Kapitel 1, Pkt. 3.1). Erst wenn aus der Funktion der Personalentwicklung heraus auch die jeweilige einzunehmende Rolle geklärt ist, ist die PE handlungsfähig und kann die weiteren Schritte im Prozess entwickeln.

Rollenklärung der PE im Rahmen der Auftragsklärung

Das Zusammenspiel der direkt und indirekt Beteiligten bestimmt das Ergebnis der Auftrags- und Rollenklärung. Abb. 25 zeigt die drei Hauptbeteiligten hierbei auf. Zum einen handelt es sich um die Vertreter der Funktion Personalentwicklung. Zum anderen um diejenigen, die ein Anliegen an die PE herantragen, z. B. Verantwortliche einer Linienabteilung. Sie übernehmen damit die Rolle des Auftraggebers und meistens auch die Verantwortung für die Funktionalität Personalentwicklung. Eine weitere Gruppe kann von diesen Beteiligten noch unterschieden werden: Die angedachte oder später geklärte Zielgruppe, falls sich diese vom Auftraggeber – wie in der Praxis häufig üblich – unterscheidet.

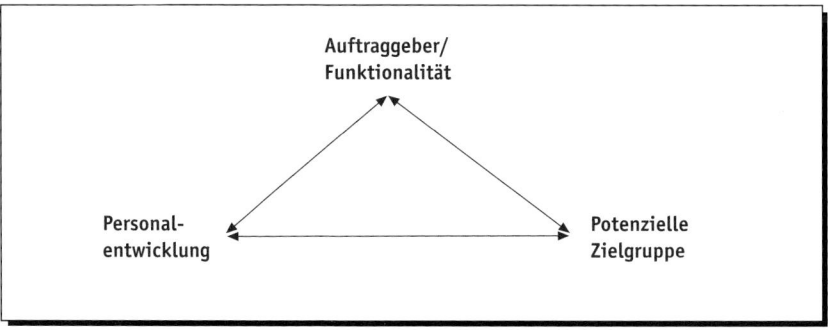

Abb. 25: Interaktionsdreieck in der Auftrags- und Rollenklärung

In diesem Interaktionsdreieck hat jeder Beteiligte bestimmte Zielsetzungen und Erwartungen an die anderen. Hieraus resultiert ein gegenseitiges Fragengeflecht:

Für die Personalentwicklung stellen sich in Bezug auf die potenzielle Zielgruppe z. B. die Fragen: Wer ist meine Zielgruppe? Welche offenen und verdeckten Erwartungen und Anforderungen haben diese an die PE? Welche davon kann/will/soll die PE in welcher Rolle erfüllen? Vom Auftraggeber ist in Erfahrung zu bringen, was dieser von der Personalentwicklung – ggf. in welcher Rolle – erwartet, und was der Auftraggeber bei der Zielgruppe erreichen will. Interessant ist dabei auch, welche Beziehung oder welches Rollenverständnis zwischen Auftraggeber und der angedachten Zielgruppe besteht.

Das Auftraggebersystem sollte der potenziellen Zielgruppe in jedem Prozess seine Erwartungen und Ziele zu Beginn darlegen und sich dazu committen. Denn dies ist nicht die Aufgabe der Personalentwicklung – egal welche Rolle sie inne hat.

Erster zentraler Punkt der Rollenklärung ist die Auslotung der Spielräume bei der Rollenvergabe und -einnahme. Denn die an den Personalentwickler gerichteten Rollenerwartungen müssen noch lange nicht mit seinen eigenen Vorstellungen übereinstimmen und schnell steht er mitten im Spannungsfeld verschiedener Rollen und ihrer Konsequenzen.

Welche Rollenmöglichkeiten bestehen nun in der Organisation? Der Personalentwickler kann beispielsweise in der Rolle des Prozessberaters, Fachberaters oder Reflektors bestimmte Prozesse begleiten. Oder als Trainer, Weiterbildner, Moderator, Teamentwickler oder Coach tätig werden. Neben diesen offiziellen Rollen können auch inoffizielle Rollen bzw. verdeckte Zusatzfunktionen bestehen. So können an die Personalentwicklung bestimmte Aufträge herangetragen werden, mit denen indirekt z. B. die Rollen des Motivators, Schiedsrichters, Blitzableiters, Erfüllungsgehilfen verbunden sind. Hier stellt sich dann die Frage, inwieweit der Personalentwickler eine Rolle nur einnehmen soll, weil der Auftraggeber selber seiner eigentlichen Aufgabe und Funktion nicht nachkommt oder der Situation nicht gewachsen ist. Wenn ein Auftraggeber z. B. zeitlich sehr drängt, kann dies ein Hinweis darauf sein, dass die PE Feuerwehr spielen soll. Die Personalentwicklung sollte dann folgende Fragen für sich klären: Passen die jeweiligen Rollen zu unserem Beratungs- und Professionsverständnis? Inwieweit sollen und wollen wir Dinge übernehmen, die eigentlich ein anderer z. B. im Rahmen seiner Führungsfunktion anzugehen hätte? In welcher Form werden wir für bestimmte Situationen instrumentalisiert?

Eine wichtige Frage ist sicherlich, in welchem Ausmaß die Rolle von seiten der Personalentwicklung mitbestimmt werden kann bzw. ob sie überhaupt einen Einfluss auf die Rollenwahl hat. Soweit bei den Auftraggebern bereits ganz klare Vorstellungen über den Auftrag vorliegen, ist oft nur noch ein sehr geringer Einfluss auf die Rollengestaltung gegeben. Denn nun gilt es, mehr oder weniger ausführend tätig zu werden. Sofern die Personalentwicklung aufgrund ihrer Situationsanalyse und -einschätzung neue Gedankenwege und ein anderes Bewusstsein im Auftragsklärungsprozess in Gang setzen kann, können sich daraus andere Gestaltungsmöglichkeiten bzw. eine andere Offenheit für die Rollenklärung ergeben.

Generell ist bei einer Rollenvergabe zu hinterfragen, ob die Auftraggeber auch die Macht und Kompetenz haben, dem Personalentwickler eine bestimmte Rolle zuweisen zu können, sowie ihn mit entsprechenden zeitlichen, personellen und finanziellen Ressourcen, Handlungs- und Entscheidungsspielräumen für den Auftrag auszustatten. Denn ohne derartige Rahmenbedingungen kann der PE'ler – mag er noch so kompetent sein – an ganz banalen Praxisgegebenheiten scheitern. Leitet z. B. der Personalentwickler im Rahmen eines Auftrags ein Projektteam, hat jedoch keine Ressourcenzusage und direkte Steuerungskompetenz für die Teammitglieder erhalten, so könnten sich diese den Teamsitzungen und der Zusammenarbeit jederzeit entziehen, ohne dass der Projektleiter dem entgegenwirken oder dies verhindern kann.

Die Rolle, die der Personalentwickler nun angenommen hat, hat großen Einfluss auf seinen zu wählenden Focus und seine Wahrnehmung. Ist er z. B. als Coach einer Einzelperson tätig, so steht für ihn das Verhalten dieser einen Person im Vordergrund. Handelt er dagegen aus der Rolle des Teamentwicklers, so wäre er – bei Beibehaltung des Focus als Coach – von der Summe der Einzeleindrücke aller Teammitglieder erschlagen und könnte Verhaltenswahrnehmungen der Gruppendynamik nur schwerlich realisieren. Hier muss also ein anderer Blickwinkel gewählt werden, um aufnehmen zu können, welche Rollen die Gruppenmitglieder einnehmen, wer mit wem redet, wie sich das Beziehungsgeflecht im Team gestaltet, etc.

Der zweite zentrale Punkt der Rollenklärung ist die Überprüfung, ob der Personalentwickler die einzelnen Rollen auch erfüllen bzw. diesen gerecht werden kann. Die einzunehmende Rolle ist deshalb mit dem eigenen Professionsverständnis abzugleichen. Die eigenen Kompetenzen – in fachlicher, methodischer oder sozialer Hinsicht – sind kritisch zu hinterfragen. Für den Personalentwickler kann sich hier der eigene Entwicklungsbedarf zeigen. Er muss für sich klären, welche Kompetenzen er für die Zukunft entwickeln will, um seine Rollenvielfalt zu verbreitern. Sofern notwendige Kompetenzen oder aber personelle Ressourcen für die Rollenausübung in der Personalentwicklung fehlen, sollte entsprechende Professionalität von außen zugekauft werden.

Leitfaden der Rollenklärung

Die bisher aufgezeigten Fragen und zu klärenden Inhalte lassen sich für die Rollenklärung in einem Leitfaden zusammenfassen. Voraussetzung ist eine vorausgegangene Problemdefinition des Auftrags. Darauf aufbauend kann der Personalentwickler dann die folgenden, in Abb. 26 aufgeführten Punkte untersuchen und festlegen:

1. Wer ist mein Auftraggeber? Welche Rolle nimmt der Auftraggeber in der Organisation bzw. in Bezug zu mir ein?

2. Wer ist die potenzielle Zielgruppe? Welche Rolle hat die Zielgruppe in diesem Prozess?

3. Welche direkte/indirekte Rolle denkt mir der Auftraggeber an? Will ich diese Rolle tatsächlich annehmen?

4. Was biete ich für eine Rolle an – was biete ich nicht an? Welche Rolle halte ich im Rahmen des Auftrags für sinnvoll? Habe ich für diese Rolle auch die Kompetenz?

5. Welche Emotionen und Polarisierungen könnte die einzunehmende Rolle bei den unterschiedlichen Beteiligten auslösen?

6. Welchen Blickwinkel erfordert die einzunehmende Rolle?

7. Welche Einzelmaßnahmen schlage ich vor und welche Rollen werden dafür benötigt? Hat die Personalentwicklung dafür die Kompetenzen und Ressourcen?

8. Was sind die Erfolgs-/Abbruchkriterien der Rolle?

Abb. 26: Leitfaden zur Rollenklärung

Der Leitfaden ist nicht als fester Fragenkatalog zu verstehen, der genau in dieser Reihenfolge abzuarbeiten ist. Einzelne Fragen klären sich automatisch im Laufe des Auftragsklärungsprozesses oder stehen bereits als nicht veränderbare Fakten fest. Andere müssen je nach Erfordernis noch weit ausführlicher behandelt werden. Dieser Leitfaden ist deshalb als gedankliche Stütze zu verstehen, auf dessen Grundlage während oder auch zum Abschluss der Klärungsgespräche ein inhaltlicher Check erfolgen kann.

Kontraktierung

Voraussetzung für den Startschuss zum aktiven Handeln der PE ist der erhaltene Auftrag, die Genehmigung oder vielleicht auch die stillschweigende, jederzeit widerrufliche Tolerierung der Aktivitäten durch die Unternehmensleitung oder anderer Auftraggeber (vgl. Neuberger, 1994, Seite 261).

In welcher Form dieses Committment in der Praxis auch geleistet wird, entscheidend ist eine gemeinsame Klärung und Absprache von Spielregeln und Rahmenbedingungen. Unter dem Begriff Kontraktierung ist damit eine Vereinbarung zwischen Auftraggeber und PE über das Ziel des Auftrags, die zur Erreichung dieses Zieles abgestimmten Maßnahmen sowie die Arbeitsbedingungen und Arbeitsweisen zu verstehen.

Zielsetzung der Kontraktierung

Ziel der Kontraktierung ist es, ein gegenseitiges Committment aller am Kontrakt Beteiligten zu den vereinbarten Inhalten zu erhalten. Aufgrund der Dokumentation der einzelnen Punkte besteht für alle Seiten eine verbindliche Absprache über das anzugehende Problem, das Auftragsziel und die Verantwortlichkeiten der am Auftrag Beteiligten. Der Auftraggeber und die Personalentwicklung kennen damit alle vereinbarten Inhalte und wissen, was sie zu tun bzw. wofür sie einzustehen haben. Mögliche, im weiteren Prozess aufkommende Unstimmigkeiten – nach dem Motto: »...aber so wollten wir das doch gar nicht ...das ist viel zu umfangreich und zu teuer...« – können bereits im Vorfeld abgefangen werden.

Die gemeinsame Absprache der inhaltlichen Schritte und Rahmenbedingungen kann zudem die Komplexität von Aufträgen reduzieren und die Transparenz und Klarheit des weiteren Handelns für alle Akteure erhöhen.

Welche Inhalte sind in einem Kontrakt nun zu berücksichtigen und wie sind diese festzuhalten, damit gleichzeitig eine Verbindlichkeit für alle Seiten geschaffen wird?

Formelle Klärung

Ein Kontrakt kann mündlich oder auch schriftlich geschlossen werden. Eine schriftliche Darlegung hat den Vorteil der exakten Datendokumenation und schafft einen sicheren Handlungs- und Verantwortungsrahmen für Auftraggeber und Personalentwicklung. Die PE kann z. B. die vom Auftraggeber zur Verfügung gestellten Ressourcen genau einplanen, der Auftraggeber sich auf die von der PE zugesagten Zeitfenster für die Maßnahmen verlassen, ohne dass es hinterher unüberprüfbar heißt: »Nein, das haben wir so nicht zugesagt!«.

Wenn die einzelnen Punkte in einem Gespräch vereinbart worden sind, ohne sie schriftlich niederzulegen, bietet es sich an, im Rahmen eines Gesprächsprotokolls diese schriftliche Verbindlichkeit noch herzustellen. Ein solches Papier sollte an die am Kontraktgespräch beteiligten Personen gehen. Wichtig ist, dass von allen eine kurze Rückmeldung/Bestätigung zu den Inhalten des Protokolls erfolgt.

Unabhängig von der Form des Kontraktes ist abzustimmen, welche Personen in der Organisation über den Kontrakt als solchen bzw. über einzelne Inhalte hieraus zu informieren sind.

Inhaltliche Klärung

Im Kontrakt sind klare Entscheidungen und Vereinbarungen über den Start, die Ausgangssituation, weitere Schritte und wichtige Rahmenbedingungen zu treffen (vgl. Baumgartner, u. a., 1995, S. 92). Einen Überblick über die wichtigsten, zwischen Auftraggeber und Personalentwicklung im Kontrakt festzuhaltenden Inhalte gibt der folgende Katalog:

1. Zielsetzung:
Was ist das Ziel des Auftrags? Woran erkennt man, dass das Ziel erreicht ist?

2. Beschreibung der Ausgangssituation/Problemsituation

3. Vorgehen/geplante Schritte:
Welche Maßnahmen sollen angegangen werden? Welche Reihenfolge ist dabei geplant? Welches ist die potenzielle Zielgruppe?

4. Beteiligung/Unterstützung:
Wer wird wie in dem Prozess mitbeteiligt? Hier sollten vielfältige Rollen und Funktionsträger in der Organisation beleuchtet werden. Die Mitarbeiter können z. B. als Informationsgeber oder Entscheider in der Maßnahmenkonzeption, als Ausführende in der Umsetzungsphase bzw. als Projektmitglied einbezogen werden oder als jemand, der regelmäßig über den aktuellen Stand informiert werden sollte. Eine wichtige Bedeutung kann gerade auch der Einbeziehung des Top-Managements zukommen. Was braucht das Management in diesem Fall, um den Prozess sinnvoll unterstützen zu können und was kann es selbst dazu tun? Hierzu gehören beispielsweise geregelte Informationsstrukturen, Zwischenberichte, klare Entscheidungsstrukturen, definierte Ansprechpartner, Klarheit über die einzunehmenden Rollen.

5. Zeit-/Intensitätsplanung:
– Aufstellung eines Zeitplanes für die Entwicklung, Implementierung und Durchführung aller Maßnahmen.
– Terminvereinbarungen von z. B. kick-off-Veranstaltungen.
Die Zeitplanungen zeigen an, wie schnell eine Lösung erwartet wird oder erforderlich ist. Bei der Zeitplanung sind die Anforderungen von Seiten des Auftraggebers mit dem geschätzten Zeitaufwand der Personalentwicklung abzugleichen.

6. Ressourcen/Rahmenbedingungen:
Hier sind Vereinbarungen über:
– Finanzielle Rahmenbedingungen/Budgetrestriktionen.
– Personelle Kapazitäten, Freistellung für z. B. Projektleitung und Projektmitarbeiter.
– Führungs-/Entscheidungskompetenzen, Stellvertretungen.
– Orte, Zeiten und Personenkreise für die Maßnahmendurchführung zu treffen.

7. Verantwortlichkeiten:
Wer ist in welcher Rolle wofür verantwortlich? Die Verantwortung für sämtliche Aktionen aus dem Auftrag muss nicht in einer Hand liegen, sondern kann sich auf mehrere Personen verteilen. So kann z. B. ein Verantwortlicher für den Prozess und damit für das Vorgehen und die Umsetzung benannt werden, ein inhaltlich/fachlich Verantwortlicher sowie ein Verantwortlicher für die Zielerreichung existieren.

8. Erfolgsmessung:
In welcher Form kann und soll eine Erfolgsmessung durchgeführt werden? Woran erkennt man den Erfolg?

Vom jeweiligen Auftrag und der Ausgangssituation in der Organisation hängt es ab, welche inhaltlichen Punkte in einem Kontrakt zu klären und dokumentieren sind. Entsprechend den Erfordernissen sind die hier aufgezeigten Kontraktinhalte auszuwählen bzw. zu erweitern.

2. Programm-Management

2.1 Programme – Zielsetzung und Nutzen für die Personalentwicklungsarbeit

Sobald die Personalentwicklungs-Bedarfe in der Organisation erhoben und geklärt, sowie die Aufträge hierzu geschlossen sind, kann die Feinplanung und Konzeption der Maßnahmen starten. Damit diese Maßnahmen zielführend geplant und umgesetzt werden können, ist es sinnvoll, diese im Rahmen von Programmen zu strukturieren und zu steuern.

Ein solches Programm fasst unter einem thematischen Dach alle Projekte und Maßnahmen zusammen, die ein strategisches Personalentwicklungsziel unterstützen.

›Führungsqualität der ersten Führungsebene steigern‹ – so könnte z. B. ein Programm lauten und folgende Personalentwicklungsmaßnahmen beinhalten: Einen Potenzialcheck, ein Führungscurriculum mit vier Bausteinen, Einzelcoachings, Supervisionsrunden und ein Mentorenprojekt. Die zugeordneten Maßnahmen führen dabei Schritt für Schritt zur Erreichung des Programmzieles.

Welchen Nutzen bringt die Definition von Programmen nun für die Arbeit in der Personalentwicklung und welche Auswirkungen hat dies auf die Organisation und auf die Entwicklung des Personals im Sinne der Organisation?

Systematisierung und Steuerung der Personalentwicklungsaktivitäten

Die Formulierung von PE-Programmen ist gerade für die Unternehmen eine wichtige Voraussetzung, die weg wollen von situativen Einzelmaßnahmen und Standardseminaren. Erst die systematische Definition von Programmen in Anlehnung an die Unternehmensstrategie ermöglicht eine strategische Personalentwicklung, curriculare Maßnahmen und ein modulares Design der PE-Aktivitäten. Das Programm bildet dabei den Rahmen für die Bündelung einzelner Maßnahmen. Komplexe Aktivitäten können so besser geordnet und gesteuert werden. Gleichzeitig ist ein thematischer Überblick aller Handlungsfelder gewährleistet. Diese Systematisierung ist umso wichtiger, wenn einzelne Maßnahmen unterschiedliche Bereiche der Organisation betreffen oder bereichsübergreifend ablaufen. Abb. 27 zeigt einen beispielhaften Ausschnitt einer Programmübersicht.

Programmübersicht 2003		
Programm	**Maßnahmen/Projekte**	**Projektleiter/ Administration**
I. Reduzierung der Fehlzeiten	1. Rückkehrgesprächssystem	Mü/Sa
	2. Seminar ›Unfallverhütung‹	Mü/Sa
	3. CBT Sicherheitstraining	Mü/Sa
	4. ...	...
II. Führungsqualität der ersten Führungsebene steigern	1. Potenzialcheck	Kb/Hau
	2. Führungscurriculum	Kb/Hau
	Baustein 1:...	
	Baustein 2:...	
	Baustein 3:...	
	Baustein 4:...	
	3. Coaching-Programm	Kb/Hau
	4. Supervisionsrunden	Kb/Hau
	5. Mentorenprogramm	Len/Hau

Abb. 27: Ausschnitt einer Programmübersicht

Auch die Aufteilung der Zuständigkeiten der Personalentwickler nach Programmen bringt Vorteile. Durch die häufigere Zusammenarbeit des PE-Mitarbeiters mit dem gleichen Promotor bzw. Sponsor des Programms wird mit der Zeit eine intensivere Beziehung geknüpft. So können die Qualitäten und sicherlich auch Eigenarten des Gegenübers besser eingeschätzt und diesen in der Zusammenarbeit begegnet werden. Wenn der PE-Mitarbeiter dagegen in vielen Programmen eine Teilrolle inne hätte, könnte oftmals nur ein loser Kontakt zu den Führungskräften entstehen, da i. d. R. das Personen- und Aufgabenspektrum zu vielfältig ist.

Durch die programmbezogene Arbeit erlangt der Personalentwickler im Laufe des gesamten Prozesses einen intensiven Einblick in den spezifischen Zielbereich, z. B. dem Einkauf oder dem Vertrieb. Er wächst in die Arbeitspraxis und die spezifischen Anforderungen der Zielgruppe stärker hinein. Dies hat einen entscheidenden Einfluss auf seine Akzeptanz in der entsprechenden Organisationseinheit.

Durch die Verdichtung der Handlungsfelder und Maßnahmen zu Programmen, werden die PE-Aktivitäten in ihrem Zusammenspiel weiter optimiert. Alle Einzelmaßnahmen müssen dabei das definierte Programmziel unterstützen. Auf Basis der Programmbeschreibung ist es hierfür sinnvoll, ein Pflichtenheft mit den grundlegenden Rahmendaten zu erstellen. Wichtige Inhalte hierin sind:
- Erläuterungen über die Zielgruppe oder die Zielebene,
- inhaltliche Durchführungsrestriktionen,
- zeitliche/organisatorische Vorgaben.

Das Pflichtenheft bildet damit die einheitliche Grundlage für die konsistente Entwicklung der Personalentwicklungs-Maßnahmen innerhalb eines Programms.

Abstimmung der Wirkungsweisen

Wenn der Personalentwicklung ein Auftrag mit einer bestimmten Zielsetzung vorliegt, kann es sein, dass eine Maßnahme alleine nicht ausreicht, die angestrebte Veränderung in der Organisation zu erreichen. Durch die Abstimmung und Zusammenfassung verschiedener Maßnahmen unter ein thematisches Programm wird bewusst berücksichtigt, inwieweit ihre Wirkungen aufeinander aufbauen und sich gegenseitig unterstützen. Oftmals löst erst die spezifische Kombination einzelner PE-Aktivitäten eine Wirkung aus. Der Einsatz einer Einzelmaßnahme alleine würde dagegen noch keinen spürbaren Effekt zeigen. Die Folge: Die Wirkung verpufft. Deshalb ist bei der Zusammenstellung eines Maßnahmen-Portfolios zu untersuchen, inwieweit die ›kritische Masse‹ erreicht ist, um die angestrebten Wirkungen in der Organisation auszulösen.

Gerade in akuten Fällen, wenn eine schnelle Veränderung angestrebt ist, kann durch die Auswahl und den Einsatz eines aufeinander abgestimmten Maßnahmenportfolios der Wirkungsgrad zeitlich und intensitätsmäßig entscheidend beeinflusst werden.

Nutzenmaximierung ist bei der Arbeit mit Programmen also der eine Punkt – der andere ist die Risikominimierung. Denn wenn sämtliche Maßnahmen der Personalentwicklung unabgestimmt und nach Themen-/Zielvorstellungen ungeordnet nebeneinander herlaufen würden, könnte dies auch negative Wirkungsmechanismen auslösen. Drei mögliche Ausprägungen des Zusammenspiels der Maßnahmen lassen sich unterscheiden:

- Einzelne Maßnahmen können sich – mögen sie jede für sich gesehen noch so gut sein – in ihren Wirkungen teilweise behindern, so dass die in der Organisation angestrebte Veränderung in dem Ausmaß nicht erreicht wird.
- Die Wirkungen einzelner Maßnahmen kompensieren sich, heben sich also voll auf und es kommt zu einem Nullsummenspiel.
- Das Zusammenspiel der Maßnahmen verschlechtert den aktuellen Zustand und/oder löst an anderen Stellen in der Organisation unbeabsichtigte, nachteilige Konsequenzen aus.

Wenn z. B. im Rahmen des Programms ›Steigerung der Mitarbeiterzufriedenheit‹ eine Veranstaltung mit der Zielsetzung geplant ist, die bestehende Angst der Mitarbeiter um ihren Arbeitsplatz zu reduzieren, so ist abzuchecken, ob diese Zielsetzung nicht zu Maßnahmen aus anderen Programmen im Widerspruch steht. So kann das weitere Programm ›Reduzierung der Fehlzeiten‹ beispielsweise Maßnahmen beinhalten, die bei den Mitarbeitern wiederum die Angst vor einem Arbeitsplatzverlust bei Vorliegen einer erhöhten Krankenquote steigert. Genau diese Widersprüche gilt es zu vermeiden. Dieses Beispiel muss jedoch nicht per se eine gegensätzliche Wirkung auslösen. Dies ist dann der Fall, wenn gewährleistet ist, dass Maßnahmen des Fehlzeiten-Programms die ›richtigen Personen‹, hier die Blaumacher, gezielt treffen. Das könnte sich dann sogar positiv auf die Mitarbeiterzufriedenheit auswirken.

Bei der Bestimmung und Auswahl der Maßnahmen für ein Programm ist deshalb zu untersuchen, inwieweit bestimmte Wirkungen zu anderen PE-Programmen, Projektaktivitäten und Zielsetzungen konträr laufen. So kann rechtzeitig aufgedeckt werden, ob bzw. welches Irritationspotenzial von der spezifischen Kombination in Bezug auf die Stimmigkeit der Maßnahmen ausgeht.

Transparenz der Personalentwicklungsaktivitäten im Unternehmen

Für alle Abteilungen eines Unternehmens ist es zur Sicherung der Akzeptanz wichtig, dass ihre Arbeit und damit ihr Handeln und Tun auch von außen – d. h. von anderen Stellen und Funktionen in der Organisation – verstanden und ein Nutzen im Hinblick auf die Unternehmensstrategien gesehen wird.

Durch die Formulierung einzelner Personalentwicklungs-Programme lassen sich die PE-Aktivitäten für die Organisation griffiger kommunizieren und die Mitarbeiter erhalten einen komprimierten Überblick. Die Inhalte von z. B. 37 Einzelmaßnahmen kann man sich nur schwer merken – durch eine Systematisierung und Zuordnung auf 6 Programme ist das schon wesentlich leichter. Deutlich wird auch der Bezug zu den PE-Zielen bzw. den Unternehmenszielen, da diese letztendlich die Basis für die Ableitung der Programme darstellen.

Die Bündelung der Maßnahmen schafft damit eine höhere Transparenz und Nachvollziehbarkeit der PE-Aktivitäten in der Organisation. Diese Strukturierung kann auch als Ausgangsbasis für eine klare Aufteilung der inhaltlichen Zuständigkeiten in der Personalentwicklung genutzt werden. Die Mitglieder in der Organisation können sich dann – je nach ihrem thematischen Anliegen – direkt an den richtigen Ansprechpartner in der Personalentwicklung wenden.

2.2 Management der Personalentwicklungsprogramme

Die Clusterung der einzelnen PE-Maßnahmen zu Programmen erfordert ein systematisches Programm-Management.

Dies setzt als erstes eine präzise Ableitung und Formulierung der einzelnen Programme voraus. Konzepte und Pläne müssen erarbeitet, Ressourcen geplant und zur Verfügung gestellt werden. Auch der Informationsfluss zwischen den Beteiligten ist zu regeln und sicherzustellen. Einzelmaßnahmen sind abzustimmen und in das Programmportfolio einzufügen. Eine weitere Aufgabe des Programm-Managers ist die Pflege und Kontrolle der Progamme.

Zur Umsetzung und Durchführung des Programmportfolios sind die Rollen in der Organisation festzulegen. Also: Wer ist Auftraggeber, wer die Zielgruppe, wer ist PE-Verantwortlicher, wer Projektleiter, wer ist fachlicher Berater, wer Trainer ...? Wichtig für den Programm-Manager ist es, einen Sponsor zu haben, der als Repräsentant des Topmanagements dafür sorgt, dass der Programm-Manager politischen Rückhalt, Ressourcen sowie Zugang zu wichtigen Personen und Informationen erhält. Der Sponsor gibt damit den Organisationsmitgliedern das sichtbare Zeichen, dass das Programm wichtig ist und es vom Top-Management ernstgenommen und unterstützt wird. Die Rolle des Sponsors kann nicht an den Programm-Manager delegiert werden. Denn der Programm-Manager hat in diesem Prozess die Verantwortung für die Durchführung und nicht für die politischen Entscheidungen.

Für die einzelnen Bausteine des Programms ist es sinnvoll, jeweils einen Projektmanager – auch Course-Manager (siehe Kapitel 4) genannt – zu bestimmen. Der Projekt-Manager ist für die Konzeption und Durchführung des definierten Programmelements in Abstimmung mit dem Programm-Manager verantwortlich.

Ableitung der Programme

Die Programme werden aus der Personalentwicklungsstrategie abgeleitet. Diese ergibt sich wiederum aus der Unternehmensstrategie. Einzelne Ziele des Unternehmens können dabei auch direkt in die PE-Strategie einfließen, z. B. ›Erhöhung der Flexibilität in der Organisation‹ oder ›Steigerung der Führungsqualität‹. Unter diesem strategischen Blickwinkel orientiert sich die PE bei der Formulierung der Programme also an den zukünftigen Zielen und Aufgabenstellungen der Mitarbeiter, der Teams sowie der Organisation und baut darauf ihr PE-Gesamtkonzept auf. Das Progamm beinhaltet damit die Summe aller Elemente, die zur Erreichung eines angestrebten PE-Zieles erforderlich sind. Abb. 28 gibt einen Überblick über die Ableitung von Programmen und ihre Einordnung in die Personalentwicklungsarbeit.

Im nächsten Schritt sind für jedes Programm die entsprechenden zielführenden Projekte abzuleiten, die die geplanten strategischen PE-Ziele systematisch unterstützen. Wichtig ist jetzt die Festlegung der Schrittfolge, in der die einzelnen Programm-Elemente anzugehen sind. Im Rahmen eines Programms können auch Projekte verschiedener Auftraggeber parallel laufen. Entscheidend hierbei ist, dass sie inhaltlich das gleiche strategische Ziel unterstützen und deshalb unter einem Programm zusammengefasst werden können.

Anschließend sind die Projekte ggf. in einzelne Maßnahmen zu unterteilen: wie Workshops, Seminare, Coachings, etc.

Wodurch lassen sich Programm-Management und Projektmanagement überhaupt voneinander abgrenzen? Im Projektmanagement wird das Projektziel zu Beginn

Programm II: ›Reduzierung der Fehlzeiten‹
  Projekte:
  – Implementierung eines Rückkehrgesprächssystems,
  – Arbeitsplatzprogramme z. B. Job-Rotation,
  – Schulungen zur Unfallverhütung,
  – CBT Sicherheitstraining für z. B. Gabelstaplerfahrer,
  – Vortragsreihe zur Gesundheitsvorsorge.

Pflege der Programme

Die Pflege der Programme nimmt einen wichtigen Stellenwert im Programm-Management ein. Denn hier sind strategische Entwicklungstendenzen und aktuelle Rahmenbedingungen in der Organisation abzuchecken, und das PE-Konzept an mögliche dynamische Einflussfaktoren anzupassen.

Ein solcher Abgleich ist nur möglich, wenn das Programm und der Fortschritt während des gesamten Prozesses über alle Phasen genau dokumentiert wird. Das heißt von der Definitions-Phase, Konzept-Phase über die Implementierungs-Phase bis hin zur Durchführungs- und Review-Phase. Die Dokumentation gewährleistet einen Überblick über den jeweiligen Status der Programme und ihre aktuellen Ergebnisse in der Organisation. Auf dieser Grundlage kann die Personalentwicklung nun den Programmstand abgleichen und notwendige Änderungen im Prozess vornehmen.

Da es im Programm-Management kein definiertes Ende gibt, sollten Erfolgskriterien und Meilensteine formuliert werden, anhand derer der aktuelle Stand und die bis dahin erreichten Resultate in der Organisation gemessen werden können. Für das Programm ›Reduzierung der Fehlzeiten‹ könnte z. B. vierteljährlich ein fester Ergebnis-Check festgelegt werden, an dem die Höhe der aktuellen Fehlzeitenquote mit dem Ausgangswert sowie letztem Checkwert verglichen wird. Anhand dieses Vergleichswertes kann dann untersucht werden:

a. ob in der Organisation noch weiterer Veränderungsbedarf besteht oder die erreichte Quote ausreicht;
b. welche Maßnahmen in dem Portfolio eventuell auslaufen können, weil kein Veränderungsbedarf mehr vorliegt und einzelne definierte Teilziele des Programms oder das Programm als solches, bereits erreicht ist;
c. ob die Veränderung von ihrer Wirkung her nachhaltig genug ist oder
d. ob zu erwarten ist, dass – bezogen auf dieses Beispiel – die Höhe des Krankenstandes bei Einstellung der Maßnahmen wieder zunimmt;
e. ob am ursprünglichen Ziel weiterhin festgehalten wird oder es sich aufgrund aktueller Rahmenbedingungen geändert hat.

Hieran zeigt sich wieder das für das Programm-Management typische iterative Vorgehen.

Als ein sinnvoller Zeitpunkt für die Überprüfung des bestehenden Programms erweist sich der Jahresanfang. Denn zu diesem Termin wird in der Regel auch die Personalentwicklungsstrategie einem Check unterzogen, so dass mögliche Änderungen auf ihre Stimmigkeit sofort überprüft und in das Gesamtkonzept eingefügt werden können.

Die inhaltliche Überprüfung jedes einzelnen Programms ist ein wichtiger Punkt bei der Programmpflege. Ein anderer bezieht sich auf die Passung und Stimmigkeit, sowie auf die sinnvoll umsetzbare Anzahl der Programme selber. So sind z. B. die sich aus der jeweils aktuellen Bedarfserhebung neu ergebenden Aufträge mit den bestehenden Programmen abzustimmen und ihnen entsprechend zuzuordnen. Sollten Personalentwicklungs-Aktivitäten in der Organisation notwendig werden, die sich nicht bereits definierten Programmen thematisch zuordnen lassen, so ist hierfür ein neues Programm zu formulieren und hinzuzufügen. Die Planung und Umsetzung dieses neuen Programms sollte jedoch nicht ungeachtet der noch zur Verfügung stehenden zeitlichen, finanziellen und personellen Ressourcen erfolgen. Eine Auflistung aller Programme nach Wichtigkeit und Dringlichkeit kann in einem solchen Fall sehr hilfreich sein. Anhand dieser erstellten Priorisierung können bei Ressourcenengpässen bereits bestehende Programme oder einzelne Maßnahmen in ihrer aktiven Umsetzung für einen begrenzten Zeitraum zurückgefahren oder ausgesetzt werden.

Wieviele Programme kann die Personalentwicklung in der Organisation nun gleichzeitig managen und aktiv unterstützen? Eine solche Grenze kann bei ca. 5–6 Programmen gezogen werden. Dieser Wert ergibt sich zum einen durch die begrenzt zur Verfügung stehenden Ressourcen – z. B. Arbeitskapazität, Zeit, Finanzen. Zum anderen darf neben dem Aufwand für die Programme auch das alltägliche Geschehen nicht zu kurz kommen. Zudem sollte das Maß an Veränderungstätigkeit in der Organisation nicht überschätzt und die Betroffenen dadurch überfordert werden.

3. Profilanalyse und -steuerung

Jede Tätigkeit stellt an den Positionsinhaber spezifische Anforderungen. Diese ergeben sich aus den Arbeitsbedingungen und Arbeitsaufgaben. Anforderungsschwerpunkt für einen Facharbeiter in der Montage sind z. B. motorische Fertigkeiten und Konzentrationsfähigkeit. Für die Ausübung einer Tätigkeit im Sekretariat oder als Abteilungsunterstützung stehen dagegen organisatorische Fähigkeiten, Flexibilität und das Beherrschen der DV-Systeme im Vordergrund. Die erforderlichen Kompetenzen lassen sich nicht verallgemeinern und auf andere Tätigkeitsfelder übertragen, sondern sind ganz spezifisch für die jeweilige Position.

So muss ein erfolgreicher Vertriebsmitarbeiter als neu designierter Leiter einer Vertriebseinheit anderen, für ihn neuen Anforderungen gerecht werden als bisher, wie z. B. Führungsfertigkeiten oder Motivationsfähigkeit. Das heißt, mit jeder Tätigkeitsfeldänderung erlangen wieder andere Anforderungen an Bedeutung und der Positionsinhaber beginnt in dem neuen Feld mit einem in der Regel geringeren Erfahrungs- und Entwicklungsstand, als er ihn in seiner vorangegangenen Position bereits erlangt hatte. Ein guter Verkäufer muss also noch lange kein guter Verkaufsleiter, ein Facharbeiter in der Montage noch lange kein erfolgreicher Meister sein. Sie können es aber werden – ganz in Abhängigkeit von den entwickelbaren relevanten Potenzialen und Kompetenzen, die an sie gestellt sind. Der Grad der Übereinstimmung von Arbeitsplatzanforderungen mit den Leistungsvoraussetzungen der Person kann damit die Erfolgswahrscheinlichkeit für eine Berufstätigkeit erheblich mitbestimmen.

Die personellen Leistungsvoraussetzungen und spezifischen Eignungsmerkmale, die für die Aufgabenbewältigung erforderlich sind, sind in der Profilanalyse zu definieren und für eine erfolgreiche Umsetzung im Unternehmen zu steuern.

3.1 Nutzen und Funktion der Profilanalyse und -steuerung

Sowohl die Auswahl und Beurteilung als auch die Entwicklung von Mitarbeitern sollte sich an einem Anforderungsprofil orientieren. Dies beschreibt möglichst präzise die Leistungen, die eine Person erbringen soll, um eine Tätigkeit erfolgreich auszuüben und damit zum Erfolg der Organisation beizutragen (vgl. Jeserich, 1986, S. 53).

Nur wenn der Positionsinhaber weiß, welche Anforderungen an ihn gestellt sind, hat er auch die Chance, sie angehen und erfüllen zu können. Es ist genau wie im Sport: Wenn dem Leichtathleten als Vorgabe nur gesagt wird »Spring!«, ist es für ihn schwer, Höchstleistung zu erbringen, denn er weiß nicht, ob er hoch oder weit springen soll. Erst bei der präzisierten Anforderung »Spring hoch!« kann er alles geben, um dem Ziel gerecht zu werden.

Arbeits- und Anforderungsanalysen liefern hilfreiche Informationen für die unterschiedlichsten Anwendungsbereiche und Maßnahmen in der Organisation wie z. B. der:
- Arbeitsplatzgestaltung,
- internen/externen Personalauswahl und -einsatz,
- Information der Stellenbewerber,
- Aus- und Weiterbildung und Bildungsberatung,
- Arbeitsbewertung und Leistungsbeurteilungsverfahren sowie
- Personalentwicklungs-Planungen.

Fragestellungen wie »Welche Qualifizierungsinhalte erfordert die Position in Zukunft?«, »Welche Anforderungen ergeben sich an den Stellenbewerber?« oder »In welchen Bereichen können Arbeitstätigkeiten besser gestaltet werden?« können auf Grundlage des erhobenen Profils für das Unternehmen ganz spezifisch und zielführend angegangen werden. Damit geben Anforderungsprofile sowohl für die allgemeine Ausrichtung der Personalentwicklungsaktivitäten als auch für die Konzeptionierung von Einzelmaßnahmen eine grundlegende Orientierung. Sobald ein Anforderungsprofil den aktuellen/potenziellen Positionsinhabern und ihrem hierarchischen Umfeld bekannt ist, kann eine Unterscheidung bzw. Einschätzung und Bewertung von geeigneten oder weniger geeigneten Mitarbeitern vorgenommen werden. In dem Profil können dafür besonders wichtige Verhaltens- und Tätigkeitsanforderungen durch Ergänzungen, Weglassen sowie genauen Ausdifferenzierungen hervorgehoben und deutlich gemacht werden.

Für Auswahlverfahren – z. B. Assessment Center – können anhand eines Profils die Module ganz gezielt zu einzelnen Verhaltensbereichen entwickelt werden, die für die zukünftige Arbeit und die Anforderungen maßgebend sind. So wird auch den AC-Teilnehmern transparent, worauf es in der angestrebten Position ankommt und wo die Anforderungsschwerpunkte liegen. Damit können auf nicht notwendige diagnostische Verfahren zur Personalauswahl oder auf unspezifische Trainingskonzepte im Bereich der Personalentwicklung verzichtet werden.

Für aktuelle Soll/Ist-Vergleiche liefert das Profil dem Management interessante Informationen über den aktuellen Stand der Position, über derzeitige Stärken und Schwächen sowie über den Personalplanungsbedarf.

Gerade die Transparenz und unternehmensweite Information zu einzelnen Anforderungsprofilen führt zu einem weiteren Nutzen: Die Personalverantwortlichen und Führungskräfte selber kennen so die an ihre Mitarbeiter gestellten Anforderungen und können diese auf den einzelnen Arbeitsplatz übertragen. Die Mitarbeiter wiederum können für die Planung ihres persönlichen Karriereweges die noch bestehenden Schwächen ausloten, diese angehen sowie bestehende Stärken weiter ausbauen.

Bei der Arbeit mit Profilen muss aber nicht ausschließlich *eine* Person oder *eine* spezifische Position im Mittelpunkt stehen. Genauso können Team- oder Gruppenprofile erstellt werden. Ein Beispiel: In der Gruppenarbeit hat das fest definierte Arbeitsteam eine bestimmte Leistung – die Endmontage eines Elektroherdes – zu erbringen, für die aber nicht jeder der zehn Teammitglieder sämtliche Fähigkeiten haben muss. Zur Abdeckung der spezifischen Anforderungen sollten vier Personen dieses Teams eine hohe Geschicklichkeit und Schnelligkeit beim Fügen von Metallteilen besitzen, drei über differenzierte elektrotechnische Kenntnisse und zwei über spezifische organisatorische Fähigkeiten verfügen sowie einer den Bereich der Qualitätssicherung und -prüfung abdecken. Diese Zusammenstellung und Passung der unterschiedlichen Fähigkeiten bestimmt das Gruppenprofil und damit den Gruppenerfolg.

3.2 Anforderungen an die Profilanalyse und -steuerung

Um den Nutzen, den die Arbeit mit Profilen der Organisation bringt, möglichst umfassend ausschöpfen zu können, sollten die folgenden Anforderungen im Vorfeld berücksichtigt und mit den Beteiligten und dem Management geklärt werden.

Organisations- und Funktionsbezogenheit

Um dem Unterschied zwischen verschiedenen Branchen, Funktionen und Führungsebenen gerecht zu werden, ist es wichtig, das Anforderungsprofil
– unternehmensspezifisch sowie
– positions- und zielgruppenspezifisch
zu bestimmen.

Für jedes aktuell zu erstellende Profil sind die Anforderungen neu zu erheben und die Bewertungsmethodik entsprechend zu modifizieren. Das erfolgreiche Qualifizierungskonzept von Unternehmen A, welches auf dem Anforderungsprofil ihrer ›A-Meister‹ aufbaut, muss deshalb noch lange nicht für das Unternehmen B sinnvoll sein. Denn die einzelnen Profile können unterschiedliche organisationsbezogene Erfordernisse beinhalten. Deshalb ist bei der Übernahme von Konzepten, die in anderen Unternehmen / Branchen sehr erfolgreich sind, die zugrunde liegende Ausgangssituation mit der organisationseigenen Profil-Passung abzugleichen.

Abbildung der Kernkompetenzen

Selbst im normalen Sprachgebrauch bezieht sich der Ausspruch »Der hat aber Profil!« auf einen Menschen mit einer besonderen und markanten Art bzw. Eigenschaft, durch die er sich von anderen abhebt und unterscheidet. Auf dieses Besondere ist auch bei der Profilanalyse und -steuerung das Augenmerk zu richten. Das Profil beinhaltet deshalb nur die wesentlichen Kernkompetenzen, die für die Tätigkeit von Bedeutung sind und die geforderte Leistungsqualität widerspiegeln. Anhand dieser überschaubaren und die Besonderheit sehr präzise abbildenden Anforderungen können sich PE-Planungen, Auswahlverfahren etc. gleich auf die wesentlichen Punkte konzentrieren. Das spart Zeit und Ressourcen. Eine Aufzählung auch der weniger wichtigen oder unbedeutenden Anforderungen – nach dem Motto ›nice to have‹ – verwässern dagegen das Profil und erschweren die Abgrenzung zu anderen.

Unternehmensweite Gültigkeit

Eine wichtige Voraussetzung für den Einsatz von einzelnen Anforderungsprofilen ist das Commitment der jeweils zuständigen Ressortleitung. Durch die offizielle

Bestätigung des ermittelten Profils unterstreicht das Management die Wichtigkeit und Gültigkeit für die Umsetzung in allen Unternehmensbereichen und Standorten. So bauen die Personalentwicklungs-Maßnahmen auf einem einheitlichen Fundament auf.

Durch die unternehmensweite Gültigkeit und Kenntnis des Anforderungsprofils für Nachwuchsführungskräfte kann z. B. die Vorselektion für eine AC-Teilnahme gezielt vorgenommen werden. Potenziellen AC-Teilnehmern bleiben so frustrierende Erlebnisse erspart. Auch der Aufwand für unnötige AC-Veranstaltungen wird reduziert, wenn von vornherein abzusehen ist, dass der Qualifikationsstand des Teilnehmers dem Anforderungsprofil nicht Stand halten kann.

Inhaltliche Klarheit der verwendeten Begriffe

Je mehr Menschen mit den ermittelten Profilen im Arbeitsalltag in Berührung kommen, um so wichtiger ist es, diese klar zu strukturieren und verständlich zu formulieren. Denn häufig verstehen verschiedene Personen unter ein und demselben Begriff voneinander abweichende Inhalte. So z. B. bei den Begriffen ›Führen‹ und ›Coachen‹, die im Unternehmensalltag schon bald inflationär verwendet werden. Geschieht das aber auch unter einem einheitlichen inhaltlichen Verständnis? Welche Merkmale stehen z. B. für die wichtige Anforderung ›Führungsantrieb‹ im Profil eines ›Leiters Kundendienst‹? Hierfür können folgende Beschreibungen gewählt werden: »Jemand der Führungsantrieb hat, ...
– engagiert sich bei seinen Ausführungen,
– ist integrativ und teamfähig,
– zeigt Freude an der Arbeit,
– unterstützt seine Mitarbeiter...«

Wenn Anforderungen durch operationalisierte Merkmale, d. h. in Form von beobachtbarem Verhalten definiert werden, können die sich zeigenden Leistungen noch exakter zugeordnet und gemessen werden (vgl. Jeserich, 1986, S. 59).

Der Existenz unterschiedlicher Bewertungen und Interpretationen kann so vorgebeugt werden und es entwickelt sich eine einheitlichere Kommunikations- und Handlungsgrundlage. Da in vielen Organisationen bereits Systeme zur Potenzial- und Leistungsbeurteilung bestehen, sollten, soweit möglich, vergleichbare Begriffe und Begriffsinhalte verwendet werden.

Zeitliche Gültigkeit und Pflege des Anforderungsprofils

Das Profil ist nicht nur als statische Momentaufnahme in der Organisation zu sehen, sondern gerade auch als wichtiges Instrument für zukünftige Personalentwicklungs-Planungen. Deshalb sind in das Profil die Qualifikationsanforderungen mit aufzunehmen, die sich aus den absehbaren Entwicklungen und Strategien des Unternehmens für die nächsten Jahre ableiten lassen.

Unternehmensziele

↓

**Definition des Einsatzgebietes/der Einsatzebene
und der Verantwortlichkeiten**

↓

Definition des Aufgabengebietes und der Einzelaufgaben

↓

Definition der hierfür erforderlichen Qualifikationen und Wissensgebiete

↓

Erstellung eines Profilkataloges

Abb. 32: Entwicklungsschritte und deren Abfolge bei der Profilanalyse

Da die Rahmenbedingungen und Anforderungen in Unternehmen einem ständigen Wandel unterliegen, müssen die bestehenden Anforderungsprofile daraufhin überprüft werden, ob sie weiterhin die geforderten Leistungsqualitäten abbilden. Für die Pflege der Profile sind deshalb in bestimmten Abständen die aktuellen organisationsbezogenen Erfordernisse mit den ursprünglichen Daten abzugleichen.

3.3 Profilanalyse und -erstellung

In der Profilanalyse werden die organisations-, positions- und zielgruppenspezifischen Aufgaben und Anforderungen ermittelt, die erforderlich sind, um die jeweiligen Tätigkeits- und Aufgabenfelder erfolgreich zu bewältigen.

Die Unternehmensziele und -strategien haben dabei großen Einfluss auf die Qualifikationserfordernisse der Mitarbeiter und Führungskräfte. So ergeben sich beispielsweise aus dem Unternehmensziel ›Steigerung der Kundenzufriedenheit‹ spezifische Anforderungen für unterschiedliche Tätigkeitsfelder und Positionen in der Organisation. Die ›Kommunikationsfähigkeit‹ und ›Sensibilität‹ der Mitarbeiter in der Telefonzentrale müssen hierfür z. B. erweitert werden. Für den Vertrieb erhalten die Anforderungen ›Flexibilität und Kreativität‹ einen veränderten Stellenwert und die Mitarbeiter und Führungskräfte im Kundendienst müssen verstärkt ›situationsangemessenes Denken und Handeln‹ zeigen.

Die Analyse und Ableitung des Profils läuft in fünf Schritten ab. Abb. 32 zeigt die einzelnen Bausteine und deren Abfolge hierbei auf.

Für die Ausrichtung an den geschäftlichen Vorgaben ist es wichtig, dass die aktuellen und zukünftigen Unternehmenserfordernisse in das Profil miteinfließen. Deshalb werden bei der Profilanalyse im ersten Schritt die Unternehmensziele auf ihre aktuellen Anforderungen an die Human Ressources untersucht.

Im zweiten Schritt sind die Verantwortlichkeiten der Zielgruppe, für die das Profil ermittelt wird, und das genaue Einsatzgebiet zu klären. Dann können das Aufgaben- und Arbeitsgebiet analysiert und die Teilaufgaben beschrieben werden. Die in Frage stehenden Arbeitsplätze werden hierfür mit Hilfe von Verfahren zur Arbeitsplatzanalyse untersucht. Diese Arbeitsplatzanalyse lässt sich vereinfacht in drei Ebenen unterteilen, die für eine Arbeitsplatzbeschreibung von Bedeutung sind. In die

1. Eigenschaftsebene,
2. Aufgabenebene und die
3. Verhaltensebene.

Bei der Eigenschaftsebene erfolgt eine Beschreibung des Arbeitsplatzes anhand der persönlichen Eigenschaften des Positionsinhabers, die für die Aufgabenausführung erforderlich sind. Schwerpunkt der Aufgabenebene ist die Beschreibung der Funktionen und Arbeitsinhalte. Das für die Position entscheidende aktuelle Verhaltensrepertoire bildet eine, auf das Verhalten bezogene, Arbeitsplatzbeschreibung ab (vgl. Schuler, 1993, S. 238 ff.).

Aus der Arbeitsplatzanalyse werden im vierten Schritt die Anforderungen, d. h. die erforderlichen Wissensgebiete und Qualifikationen abgeleitet und anschließend in Form einer Profilübersicht zusammengestellt. Dieser Soll-Katalog an notwendigen Fähigkeiten ist losgelöst von realen Personen und bestehenden Qualifikationen. Er ist deshalb als strategische Vorgabe zu sehen, an dem sich die Auswahl neuer Mitarbeiter zukünftig orientiert bzw. an dem in späteren Schritten die vorhandenen Qualifikationen der Mitarbeiter und Führungskräfte anzugleichen sind.

Erhebungsmethoden

Für die Analyse der arbeitsplatzspezifischen Anforderungen gibt es verschiedene Erhebungsmethoden.

Befragung/Interviewverfahren

Eine Analyseform ist die Befragung. Die Befragungen können mündlich (z. B. im Einzelgespräch oder in moderierten Gruppendiskussionen) oder schriftlich (z. B. anhand von Fragebögen und Checklisten), strukturiert oder offen, regelmäßig oder situativ durchgeführt werden. Unterscheiden lassen sich von der Zielgruppe her
- Befragungen der Stelleninhaber,

- Expertenbefragungen: Hier werden Führungskräfte höherer Ebenen befragt, die mit den Anforderungen der Zielposition und Zielebene vertraut sind. Die Experten geben an, in welchem Ausmaß die Qualifikationen ausgeprägt sein müssen und welche Gewichtung sie haben.
- Befragung von Vertretern der Unternehmensleitung.

Sofern das Profil für ein Assessment-Center erarbeitet wird, ist es sinnvoll, die späteren Anwender und Beobachter in die Befragung miteinzubeziehen.

Beobachtung

Wichtige Informationen für die Arbeitsplatzanalyse können durch die Beobachtung realer Arbeitsausführungen oder der Simulation einer Tätigkeit gewonnen werden. Je nach zu untersuchender Tätigkeit kann sich die Dauer der Beobachtung auf einige Arbeitsstunden bzw. wesentliche Arbeitsereignisse konzentrieren oder ein ganzer Arbeitstag oder eine Arbeitswoche im Blickfeld stehen. Durch das Dabeisein vor Ort können Störungen im Arbeitsumfeld, Mängel, besondere Schwierigkeiten und Anforderungen bei der Tätigkeitsausführung aufgedeckt werden.

Arbeitsanalytische Vorgehensweisen

Die arbeitsanalytischen Vorgehensweisen kombinieren Beobachtung, Untersuchungen und Befragung. Als Informationsquelle können

- Stellen-/Funktionsbeschreibungen,
- Leistungsbeurteilungen,
- Zielvereinbarungen,
- Unternehmensziele und -strategien sowie
- Leitbilder

herangezogen werden.

Aus den hieraus gewonnenen Daten, kombiniert mit Zusatzinformationen der Tätigkeitsbeobachtungen vor Ort, werden die Positionsanforderungen zusammengestellt.

Bei dem Verfahren zur Beschreibung kritischer Ereignisse (Critical Incident Technique/CIT) sammeln Stelleninhaber und Vorgesetzte typische Ereignisse der Zielposition, die für eine effiziente oder ineffiziente Bewältigung der Aufgaben stehen. Hieraus werden dann die entsprechenden notwendigen Verhaltensweisen abgeleitet. Dieses Verfahren beinhaltet einen angenehmen Zusatznutzen. Durch die Beschreibung typischer Praxisfälle und -ereignisse erhält man ausgezeichnetes Material für die Gestaltung von Rollenspielen oder Fallstudien für Personalentwicklungsmaßnahmen.

Welche Erhebungsmethode ist nun die Sinnvollste? Ein solches Fazit lässt sich nur schwer ziehen. Denn um der Qualität des Profils, seiner Organisationsbezogenheit und Akzeptanz innerhalb des Unternehmens gerecht zu werden, ist häufig eine

Kombination der verschiedenen Verfahren sinnvoll. So könnte zur Erhebung der zentralen Aufgabenfelder und Anforderungen der Position ›Leiter Kundendienst‹ beispielsweise eine Experten- und Zielgruppenbefragung, die Beobachtung eines Arbeitstages vor Ort und abschließend Rückkoppelungsgespräche mit den Vorgesetzten durchgeführt werden.

Je präziser und fundierter die Profilbestimmung, um so zielführender und treffender können die Folgeaktivitäten entwickelt werden. Dieses Vorgehen ist jedoch von der Unterstützung und Bereitschaft des Top-Managements abhängig, entsprechende Ressourcen in die Analysephase zu investieren.

Strukturierung und Systematisierung der Anforderungen

Ergebnis der Arbeitsanalyse ist ein Katalog der wesentlichen Anforderungen und Teilaufgaben. Hieraus sind die dafür erforderlichen Schlüsselqualifikationen, Fähigkeiten und Fertigkeiten, die von den Mitarbeitern heute und in Zukunft erwartet werden, abzuleiten und in einem Profil zu strukturieren.

Dimensionen und Kompetenzbereiche

Es gibt ein weites Spektrum der einzelnen Wissens- und Fähigkeitskomponenten – auch Dimensionen genannt. So können neben Eigenschaften auch Fähigkeiten oder Verhaltensweisen als Dimension in ein Profil miteinfließen: beispielsweise Kooperationsfähigkeit, Flexibilität, Arbeitsplanung, Belastbarkeit, Arbeitsantrieb oder ausbilderische Fähigkeiten.

Damit in der Organisation unter jeder Dimension inhaltlich das Gleiche verstanden wird, sind jeweils beschreibende und beobachtbare Merkmale zu definieren. Die Dimensionen ›Kooperationsfähigkeit‹ und ›Selbstmanagement/Arbeitsplanung‹ lassen sich z. B. anhand des folgenden Merkmalkataloges beschreiben:

Dimension	Merkmale
Kooperationsfähigkeit	– greift andere Ideen/Meinungen auf – berücksichtigt andere Interessen – setzt sich nicht auf Kosten anderer durch – teilt Erfolgserlebnisse mit anderen
Selbstmanagement/Arbeitsplanung	– hält gesetzte Zeiten ein – hält Absprachen ein – setzt sich Arbeitsziele – geht strukturiert und gegliedert vor

Die herausgearbeiteten Dimensionen sind übersichtlich und klar strukturiert in einem Profil darzustellen. Durch einen systematischen Aufbau ist das Profil zum einen leicht lesbar und schnell verständlich, zum anderen ist dadurch ein zusätzlicher Kontrolleffekt gegeben, ob auch keine entscheidenden Bereiche vergessen wurden.

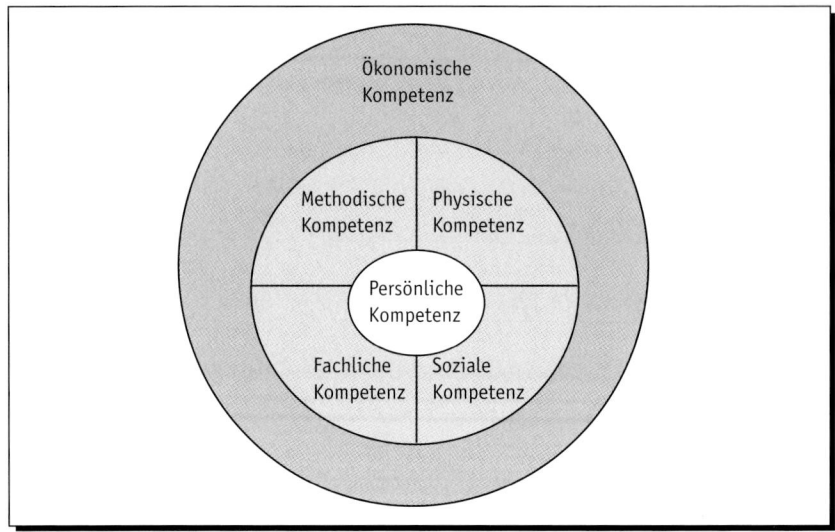

Abb. 33: Systematisierung des Qualifikationsspektrums in sechs Kompetenzbereiche

Für diese Systematisierung bietet es sich an, das gesamte Qualifikationsspektrum in inhaltlich artverwandte Qualifikationsfelder, die so genannten Kompetenzbereiche, zu gliedern.

Die in Abb. 33 gezeigte Clusterung in sechs Kompetenzbereiche, der
- physischen Kompetenz,
- methodischen Kompetenz,
- fachlichen Kompetenz,
- ökonomischen Kompetenz,
- sozialen Kompetenz und
- persönlichen Kompetenz

liefert hierfür ein übersichtliches Raster. Sämtliche Dimensionen können nun diesen Kompetenzbereichen logisch zugeordnet werden.

Der Bereich der *Sozialen Kompetenz* umfasst Fähigkeiten, die für den Umgang mit Mitarbeitern und dem Miteinander in der Organisation entscheidend sind. Hierfür stehen z. B. Dimensionen wie Kooperationsfähigkeit, Integration, Sensibilität, Durchsetzungsfähigkeit und Teamfähigkeit.

Die *Methodische Kompetenz* beinhaltet die Anforderungen, die an den Einsatz von Arbeitstechniken und -technologien gestellt werden, wie z. B. Arbeitsplanung, Projektmanagement oder ausbilderische Fähigkeiten.

Darstellung eines Profils ›Leiter Kundendienst‹

Kernkompetenzen / Dimensionen	Physische Kompetenz	Fachliche Kompetenz		Methoden Kompetenz		Ökonom. Kompetenz	Soziale Kompetenz				Persönliche Kompetenz			
	AUFT	INNO	SACH	AUSBILD	SELBST	WIRT	INTE	KOMM	DURCH	FÜH	SIT	STRESS	WILL	ENT
Teilziele	be	kö	ver	be	be	kö	kö	be	be	be	be	kö	kö	be

Legende der Dimensionen

AUFT Äußeres Auftreten

WIRT Wirtschaftliches Denken

INNO Innovationsvermögen und Kreativität
SACH Sachkenntnis
AUSBILD Ausbilderische Fähigkeit
SELBST Selbstmanagement/Arbeitsplanung

INTE Integration und Sensibilität
KOMM Kommunikationsfähigkeit
DURCH Durchsetzungsfähigkeit
FÜH Führungsantrieb

SIT Situationsangemessenes Denken und Handeln
STRESS Stressstabilität
WILL Willensstärke und Eigenmotivation
ENT Entscheidungsfähigkeit

Legende der Qualifikationsstufen

kö Der Kundendienstleiter kann diese Dimension in der Praxis anwenden und sie konsequent umsetzen.

be Der Kundendienstleiter ist in der Lage, sein Wissen in dieser Dimension an neue/veränderte Situationen in der Praxis zu adaptieren.

ver Der Kundendienstleiter kann diese Dimension vermitteln und z. B. als Coach oder Pate eingesetzt werden.

4. Curriculum-Management

Mit Blick auf den Arbeitsmarkt zeichnet sich immer stärker ab, dass selbst gut ausgebildete Mitarbeiter und Arbeitssuchende häufig nicht mehr maßgeschneidert auf den freien Arbeitsplatz bzw. die neue Position passen. Viele Tätigkeiten sind heute sehr komplex oder verlangen nach einem hohen Spezialisierungsgrad. Eine optimale Passung von Positionsanforderungen und tatsächlich vorhandenem Know-how ist bei der Mitarbeiter-Rekrutierung oder bei einem Stellenwechsel immer seltener gegeben.

Heute verfügen viele Mitarbeiter über eine sehr gute Grundausbildung. Ihnen fehlen aber die entsprechenden Qualifikationen, um den betriebsspezifischen Anforderungen gerecht werden zu können. Daher ist es wichtig, die Mitarbeiter Schritt für Schritt auf ihre neue Aufgabe vorzubereiten, bzw. sie bei der Ausübung zu unterstützen. Die Auffrischung oder das Neuerlernen bestimmter Qualifikationen stärkt auch das Selbstvertrauen des Mitarbeiters in das eigene Können. Neue Anforderungen erscheinen ihm weniger bedrohlich und er lernt diese souveräner zu bewältigen.

Aufgrund der Dynamik in den Unternehmen und der damit verbundenen permanenten Veränderung der Anforderungen ist es notwendig, für die Mitarbeiter eine ausbaufähige Qualifikationsbasis gerade auch für die Zukunft zu schaffen. Dieses ist im Rahmen einer längerfristigen Qualifikationsplanung möglich.

Häufig sieht der Unternehmensalltag jedoch anders aus. Es wird in letzter Minute reagiert oder gar erst, wenn Qualifikationsdefizite schon zu erheblichen betrieblichen Anwendungs- und Umsetzungsproblemen geführt haben. Beispiel: Das Unternehmen hat ein neues Vertriebssystem eingeführt. Durch das erweiterte neue Tätigkeitsfeld sind die Mitarbeiter fachlich und persönlich überfordert. Die Arbeitsqualität und auch die Umsätze sinken auffallend. Um dieser Entwicklung entgegenzuwirken, beschließt die Geschäftsführung eine sofortige Kurzschulungsmaßnahme – die Zeit drängt und die Zahlen sprechen für sich. Oder: Die Mitarbeiter einer Endmontagegruppe sind bei ihrer Akkordarbeit durch unregelmäßigen Arbeitsanfall infolge von Schwankungen in der Anlagen-/Materialverfügbarkeit überlastet. Diese prozessbedingten Schwankungen entstehen bereits in der Vorfertigung und werden so an die nachfolgende Endmontage weitergeleitet. Schnell soll deshalb eine Aktion zum Thema ›Verbesserung der internen Kunden-/Lieferantenbeziehung‹ aufgesetzt werden. Inwieweit diese ad hoc-Maßnahme überhaupt das eigentliche Problem berührt, bleibt dahingestellt.

Die Effektivität von Personalentwicklungsaktivitäten, die als einmalige reaktive Spontan-Veranstaltungen auf drängende Arbeitsplatzerfordernisse ablaufen, ist mehr als fraglich. Eine solche Art von Weiterbildung hat eine reine Feuerwehrfunktion mit der Wirkung, soeben wahrgenommene Lücken der Mitarbeiter-Qualifikation – wenn überhaupt – nur kurzzeitig schließen zu können.

Mittels einer längerfristigen Planung von Qualifizierungskonzepten gilt es, sich zuspitzende Problemsituationen bereits im Vorfeld abzufangen und mit Lösungen zu versehen.

Hierfür ist das Curriculum ein ideales Instrument.

4.1 Das Curriculum – eine Begriffs- und Nutzenbestimmung

Der Begriff Curriculum stammt aus dem Lateinischen und bezeichnet die Theorie des Lehr- und Lernablauf bzw. des Lehrprogramms. Übergreifend stellt ein Curriculum ein Gesamtkonzept für eine definierte Zielgruppe dar, das mehrere, aufeinander aufbauende Qualifizierungsbausteine beinhaltet.

Der Terminus Curriculum wurde von S. B. Robinson Ende der 60er Jahre wieder aufgegriffen. Er prägte ein modellhaftes Vorgehen zur Curriculumentwicklung in drei Schritten:
1. Erfassung der zukünftigen Arbeitssituation der Lernenden.
2. Ermittlung der dazu notwendigen Qualifikationen.
3. Auswahl der zur Entwicklung dieser Qualifikation geeigneten Lerninhalte.

Qualifikationsstand und Qualitätserwartung der Praxis müssen für diesen Prozess von der Personalentwicklung vorab genauestens ermittelt werden. Auf dieser Basis können mit dem Instrument Curriculum dann die von der Organisation gestellten Anforderungen professionell unterstützt und gefördert werden. Die betroffen Personengruppen und Managementebenen sollten deshalb am Entscheidungs- und Entwicklungsprozess der Curricula aktiv beteiligt sein. Dieses verstärkte Zusammenspiel der Personalentwicklung mit anderen Abteilungen und unterschiedlichen Ebenen in der Organisation ist hier besonders wichtig.

Die Linie ist dabei Informationsträger für *aktuellen* Bedarf. Zur Ermittlung *zukünftiger* Anforderungen, die aus den strategischen Unternehmensplanungen abzuleiten sind, ist Kontakt mit den in der Organisation zuständigen Personen bzw. der Unternehmensleitung aufzunehmen.

Diese direkte Rückkopplung stellt sicher, dass die einzelnen Maßnahmen direkt auf die Anforderungen abzielen, denen die Mitarbeiter in der Praxis gewachsen sein müssen. Diese Hand in Hand gehende Konzeption erwirkt gleichzeitig eine hohe Akzeptanz im Unternehmen.

Adressat eines Curriculums ist nicht eine Einzelperson, sondern eine genau spezifizierte Personengruppe. Das gemeinsame, kontinuierliche Durchlaufen der einzelnen Curricula-Bausteine in dieser Gruppe erstreckt sich häufig auf einen größeren Zeitraum – z. B. von 2 Jahren.

Während dieser Zeit entwickelt sich in der Gruppe ein gemeinsames Wissen und Können und verkörpert damit ein ›Shared Know-how‹. Auch eine gemeinsame Sprache bildet sich nach und nach heraus. In den Köpfen der Teilnehmer verfestigen sich gleichartige Denk- und Arbeitsmodelle, die eine schnellere Kommunikation und Informationsbe- und -verarbeitung ermöglichen. Denn es ist leichter, den anderen zu verstehen und damit im Unternehmensalltag schneller und konkreter agieren zu können, wenn man auf dem gleichen Hintergrund aufsetzt.

Ein erfreulicher Nebeneffekt solcher Weiterbildungsprogramme sind die von den Teilnehmern schnell untereinander geknüpften informellen, oft bereichsübergreifenden Kontakte und Netzwerke. Diese stärken die Identifikation mit dem Unternehmen und stellen einen nicht zu unterschätzenden Zusatznutzen für die betriebliche Praxis dar.

Diese Auswirkungen sind gerade unter dem Aspekt der Organisationsentwicklung hoch zu bewerten. Denn ein durchgängiges Curriculum fördert in hohem Maße die Zusammenarbeit und Kooperationsbereitschaft aber auch -fähigkeit von Organisationseinheiten und Teams.

Wenn in einem Unternehmen die für unterschiedliche Zielgruppen bestehenden Curricula in ihren einzelnen Sequenzen auf ähnlichen Modellen und Themenfeldern aufbauen, kann sich dieser eben dargestellte Effekt noch vergrößern. Denn die Auswirkungen erstrecken sich nun auf verschiedene Führungsebenen sowie Unternehmensbereiche und unterstützen damit die Zusammenarbeit und Kommunikation verschiedenartiger Personengruppen. In dieser Ausprägung und Wirkungsweise ist das Instrument Curriculum für das Unternehmen gleichzeitig kulturprägend und je nach Einsatz kulturverändernd.

Eine derartig gezielte Qualifikationsplanung gewinnt für den langfristigen Erfolg eines Unternehmens eine immer größere Bedeutung. Durch das ausgerichtete Wirken der Mitarbeiter können die jeweiligen Unternehmensstrategien effektiv umgesetzt werden. Mit dieser gezielten Entwicklung der Curricula unterstützt die PE maßgebend die strategischen Geschäftsvorgaben und leistet einen wichtigen Beitrag für die effektive und effiziente Umsetzung der Geschäftsprozesse.

4.2 Anforderungen an ein Curriculum

Grundsätzlich muss die Curriculum-Entwicklung mit ständigem Blick auf die konkrete Zielgruppe und deren spezifischen Kontext erfolgen.

Folgende Merkmale und Anforderungen lassen sich für das Instrument Curriculum bestimmen:

Lehr- und Lernzielstruktur

Die Curriculum-Entwicklung startet mit der Definition eines Zielsystems und der Bestimmung von Lehr- und Lernzielen. Das Zielsystem und die einzelnen Inhalte werden hierbei in konkrete einzelne Elemente zerlegt.

Diese Ziele dienen als Orientierungsrahmen und bilden die Grundlage für die Entwicklung der einzelnen Sequenzen des Curriculums mit den jeweiligen Inhalten. Wichtig ist, dass bei den Zielen nach Über- und Unterordnungsverhältnissen unterschieden wird (siehe Abb. 35):

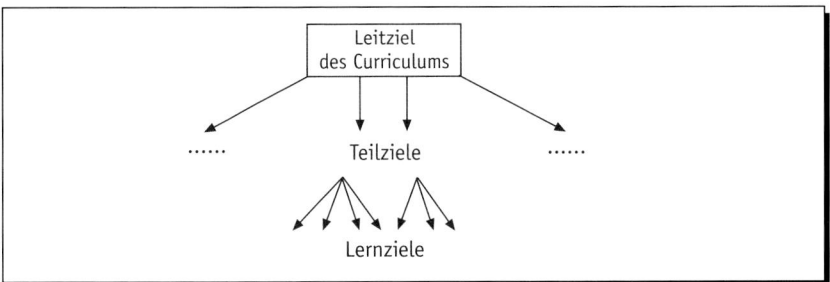

Abb. 35: Zielsystem des Curriculums

So ist als erstes ein übergeordnetes Ziel für das Curriculum selbst zu formulieren. Dieses *Leitziel* hat eine richtungsweisende Funktion für das gesamte Verfahren. (siehe Kapitel 3, Pkt. 4.3. Definition des Leitziels). Diese richtungweisende Funktion kann auch grundlegende Veränderungen für die Organisation zur Folge haben. Dies ist der Fall, wenn es z. B. heißt: »Ziel des Curriculums ist es, die Organisationsstruktur des Bereichs Einkauf ... so und so ... zu verändern«. Ein solches Leitziel hat damit die Funktion eines *Veränderungszieles* für das Unternehmen.

Zur Realisierung des Leitzieles sind auf der nächsten Zielebene entsprechende *Teilziele* abzuleiten. Diese Teilziele sind an dem angestrebten Qualifikationsstand der jeweiligen Zielgruppe auszurichten. Auf Basis des Sollprofils wird hierzu für die entsprechenden Kompetenzbereiche sowie für jede einzelne Dimension ein Teilziel bestimmt.

Nachfolgend sind für jeden Baustein des Curriculums eigenständige *Lernziele* zu definieren. An diesen Lernzielen sind die zu entwickelnden Einzelmaßnahmen auszurichten. Lehrinhalte, Methoden, lernorganisatorische Anforderungen etc. werden nun unter genauem Abgleich mit den Zielformulierungen ausgewählt und abgestimmt.

Eine ausführliche Ausarbeitung dieses Zielsystems fördert die Systematisierung der Curriculum-Entwicklung. Zudem erhalten die Trainer und Teilnehmer des Curriculums eine umfassende Transparenz des Qualifizierungsprozesses.

Lehrplanstruktur

Im Curriculum stehen alle inhaltlichen und methodischen Aspekte durch das vorher formulierte Zielsystem in einem Begründungszusammenhang. Damit weist das Curriculum eine in sich stimmige und in allen Teilen begründete Lehrplanstruktur auf.

Organisatorische Lernstruktur

Für die Festlegung des genauen Ablaufs der Qualifizierungsmaßnahmen sind vorab die Rahmenbedingungen hierfür zu definieren.

Folgende Punkte sind dabei wichtig:
- Die zeitliche Strukturierung der einzelnen Bausteine des Curriculums:
  d. h. wieviele Bausteine gibt es mit welcher Trainingslänge?
- Die Gestaltung und Abfolge der Lernsequenzen:
  d. h. in welchem Zeitraum müssen alle Sequenzen absolviert werden? Wie groß ist der Abstand zwischen den einzelnen Sequenzen? In welcher Abfolge sind die Sequenzen durchzuführen?
- Die Lernbedingungen:
  d. h. Größe des jeweiligen Teilnehmerkreises; Inhouse-Veranstaltung ja oder nein; Art der Unterrichtsform etc.

Veränderungsfähigkeit

Bestimmte, im Curriculum eingesetzte Inhalte, Modelle, Vorgehensweisen und sich darin begründende Denkstrukturen, fließen Schritt für Schritt in die Organisation ein und haben dadurch eine sehr prägende Wirkung. Einheitlich gelebte Strukturen oder Verfahrenweisen – z. B. zur Kommunikation oder Zusammenarbeit – sind sicherlich sehr positiv zu bewerten. Sie können aber auf der anderen Seite auch durch eine Reduktion des Innovationspotenzials erkauft sein. So haben in der Organisation gerade andersartige oder neue und daher noch unbekanntere Denkmodelle und Verfahrensweisen nur eine wesentlich geringere Chance, sich zu etablieren.

Curricula werden von bestimmten Menschen zu bestimmten Zeiten in einer speziellen Unternehmenssituation entwickelt. Damit unterliegen sie den jeweiligen historischen und gesellschaftlichen Rahmenbedingungen und sind personen- und kontextabhängig.

Diese Punkte sind maßgebend dafür, dass das Curriculum nicht einen Absolutheitsanspruch begründen kann und darf. Es sollte daher immer in Form eines offenen Curriculums angelegt werden, in dem die zu vermittelnden Inhalte, Theorie-/Methodenansätze und Wirkungen einer permanenten Überprüfung und Feinabstimmung unterliegen. Die aktuellen organisationsrelevanten Anforderungen, die z. B. für die Ausübung einer bestimmten Position und damit für den zukünftigen unternehmerischen Erfolg entscheidend sind, sind hierbei mit dem ursprünglichen Zielsystem abzugleichen.

Neben der Berücksichtigung dieser, dem Wandel unterliegenden Rahmenbedingungen, ist zudem eine Ergänzung des Curriculum-Systems durch so genannte freie Elemente wichtig. Diese freien Elemente können als so genanntes ›genetisches Potenzial‹ genutzt werden und damit Grundstock und Auslöser für Innovationen sein, die in das PE-System fließen. Wie kann man dieses Potenzial in der Praxis ermitteln? Pro Curriculumbaustein kann hierfür z. B. eine Parallelveranstaltung mit alternativen Elementen für eine ausgesuchte, zahlenmäßig kleine Personengruppe durchgeführt werden. Alternative Elemente können dabei veränderte Inhalte, neue Lernmodelle, anders strukturierte Zeitpläne oder Abläufe sein. Die Wirkung dieser veränderten Elemente ist genau zu beobachten und mit den bisherigen Curriculumbausteinen zu vergleichen.

Derartige Abwandlungen dienen möglicherweise als Keimzellen für kreative Veränderungen. Sie können sich spontan bilden und eine Quelle für innovative, sachdienliche Ansätze in der Organisation sein.

In dieser offenen Form ist das Instrument Curriculum kein statisches Lernkonstrukt, das über Jahre unverändert bestehen bleibt. Es kann so ein optimaler Begleiter des aktuellen Zeitgeschehens und des Veränderungsbedarfs im Unternehmen sein.

Anwendungsbezug

Eine wichtige Anforderung an das Curriculum ist die Sicherstellung der Verwendbarkeit der entwickelten Qualifikation im betrieblichen Arbeitsalltag.

Durch diesen Anwendungsbezug werden die Teilnehmer des Curriculums in die Lage versetzt, die erworbenen Fähigkeiten und Fertigkeiten
1. zeitnah in ihrem beruflichen Tätigkeitsfeld einsetzen zu können
2. bzw. diese als Vorbereitung und Begleitung auf dem Weg in eine neue Funktion oder in ein neues Tätigkeitsfeld zu erfahren.

Diese arbeitsplatzspezifische Orientierung fördert die Akzeptanz für den Einsatz und die Sinnhaftigkeit der Maßnahmen in der Organisation.

Sofern die Personalentwicklung auch das ›genetische Potenzial‹ nutzt, ist zu berücksichtigen, dass es einzelne Situationen geben kann, in denen eine zeitnahe Anwendung nicht sofort möglich ist.

4.3 Entwicklungsschritte eines Curriculums

Aus den bereits vorliegenden Inhalten der Personalentwicklungs-Strategie und des Programm-Managements sind die Anforderungen an das Curriculum zu definieren. Das Curriculum steht hierbei als Baustein – neben anderen PE-Maßnahmen – im

Umsetzungsprozess eines PE-Programms und ist damit ein wichtiger Mosaikstein zur Zielerreichung.

Ein Beispiel: Aus dem strategischen Unternehmensziel *›Steigerung der Mitarbeiterproduktivität‹* hat die Personalentwicklung für ihre Strategie u. a. das folgende Programmziel formuliert: *›Führungsqualität der ersten Führungsebene steigern‹*. Als eine Personalentwicklungs-Maßnahme auf diesem Weg ist nun ein Curriculum zu entwickeln.

Abb. 36 zeigt die einzelnen Entwicklungsschritte und deren Abfolge in diesem Prozess auf.

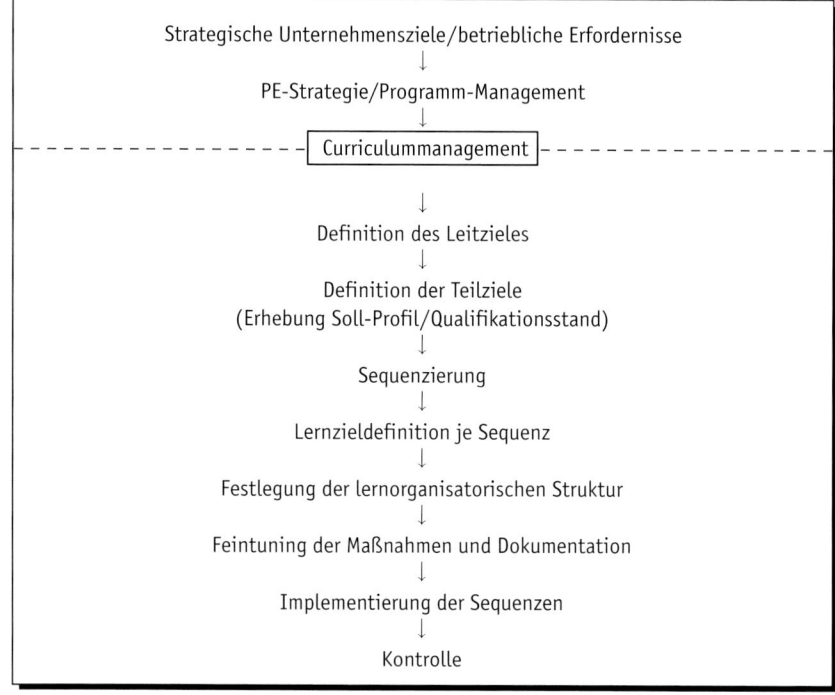

Abb. 36: Curriculum – Entwicklungsprozess

Definition des Leitzieles

Das Leitziel bestimmt als übergeordnetes Ziel die gesamte Richtung des Curriculums und dient als Orientierungsrahmen. Deshalb ist es ganz am Anfang des Entwicklungsprozesses zu definieren.

Da der Einsatz des Curriculums im Rahmen eines PE-Programms erfolgt, muss das Leitziel mit dem übergeordneten Programmziel genau abgeglichen werden.

Dieser Abgleich bedeutet für unser Beispiel, dass das zu definierende Leitziel einen entscheidenden Beitrag zur Erfüllung des PE-Programms ›Führungsqualität der ersten Führungsebene steigern‹ leisten muss. Für die Formulierung eines solchen Leitzieles ist das Anforderungsprofil der Zielgruppe eine wichtige Grundlage.

Das Leitziel eines Curriculums, welches für Mitarbeiter entwickelt wird, die im Verkauf eine Position mit Führungsverantwortung einnehmen, kann z. B. so definiert sein: Der Mitarbeiter kennt die betrieblichen und organisatorischen Anforderungen, die an seine Tätigkeit als Verkaufsdirektor in der ersten Führungsebene gestellt sind. Er kann diese Position erfolgreich ausüben und ist sich seiner Führungsrolle bewusst. Er kann seine Mitarbeiter zu aktiver Arbeit motivieren, entstehende Probleme erkennen und methodisch richtig angehen.

Definition der Teilziele

Die Teilziele zeigen auf, welchen Qualifikationsstand der Teilnehmer nach Abschluss des Curriculums in den einzelnen Dimensionen und Kompetenzbereichen haben sollte. Die einzelnen Teilziele kann der Teilnehmer also nur erreichen, wenn er alle Sequenzen des Curriculums durchlaufen hat.

Zur Definition der Teilziele ist es zunächst notwendig, das genaue Soll-Profil der Zielgruppe zu erheben. Grundlage hierfür ist die ausführliche Analyse des Arbeitsplatzprofils bzw. der spezifischen Anforderungen an die jeweilige Stelle oder Funktion in der Unternehmenshierarchie. Folgende Informationen sind hierfür wichtig:
- Welche Aufgaben enthält diese Funktion?
- Welche besonderen Herausforderungen sind im Arbeitsalltag zu meistern?
- Wie sieht die zukünftige Entwicklung dieser Funktion aus?

Aus der Analyse und Katalogisierung aller Einzelaufgaben wird nun für das Profil festgelegt, welches Fachwissen, welche Fähigkeiten und Schlüsselqualifikationen von dem Mitarbeiter heute und in Zukunft zu erbringen sind.

Diese organisationsrelevanten Anforderungen an Mitarbeiter und Führungskräfte sind Grundlage für die Ableitung der jeweils notwendigen Kompetenzbereiche mit den einzelnen Dimensionen.

Nach der Definition dieses Soll-Profils ist der Ist-Zustand der Zielgruppe zu ermitteln. Der Ist-Zustand zeigt auf, welche berufliche Ausgangssituation in der Praxis vorliegt und wie sich der Qualifikationsstand und Erfahrungshintergrund der Zielgruppe gestaltet.

Für eine direkte Gegenüberstellung von Soll und Ist, ist eine differenzierte Fähigkeitsbeurteilung unabdingbar. Erst dieser Vergleich ermöglicht die Transparenz der vorhandenen Defizite.

Auf dieser Basis sind nun die Teilziele für die Kompetenzbereiche und Dimensionen zu formulieren. Diese Teilziele zeigen den gewünschten End-Qualifikationsstand als Summe über alle Sequenzen des Curriculums hinweg.

Mittels eines Einstufungsrasters können die Teilziele spezifiziert und in ihrer Ausprägung und Intensität festgelegt werden. Dieses Raster lässt sich in die folgenden fünf Stufen unterteilen:

Stufe 1   wu: ›wissen um‹ bedeutet für den Mitarbeiter, dass er um bestimmte Fähigkeiten und Wissensgebiete weiß und damit ein grundlegendes Problembewusstsein besitzt. Auf weiterführendes Wissen und die Anwendung dessen kann hier verzichtet werden.

Stufe 2   ke: ›kennen‹ bedeutet für den Mitarbeiter, dass er in bestimmten Gebieten tiefergehende Fachkenntnisse und Fähigkeiten hat, diese aber noch nicht in voller Breite und Tiefe umsetzen kann.

Stufe 3   kö: ›können‹ bedeutet, dass der Mitarbeiter dieses Gebiet in der Praxis anwenden und konsequent umsetzen kann.

Stufe 4   be: ›beherrschen‹ bedeutet, dass der Mitarbeiter ein so hohes Expertenwissen besitzt, dass er in der Lage ist, dieses an neue bzw. veränderte Situationen oder Gebiete in der Praxis zu adaptieren.

Stufe 5   ver: ›vermitteln können‹ bedeutet, dass der Mitarbeiter ein so hohes Expertenwissen besitzt, dass er zu den fachlichen Inhalten auch die jeweiligen Herleitungen und Begründungen mitliefern kann. Er ist in der Lage, alle relevanten Fragen zu diesem Bereich zu beantworten und kann so z. B. als Coach oder Pate für andere Mitarbeiter eingesetzt werden.

Wenn die Zielgruppe des Curriculums beispielsweise auf eine höhere Funktion oder ein erweitertes Tätigkeitsfeld vorbereitet werden soll, kann durch Vertiefungen und Wissensausbau der Ist-Qualifikationsstand von der Ausgangsstufe ›wissen um‹ schrittweise zu den Stufen ›können‹ oder ›vermitteln können‹ hingeführt werden.

Diese einheitlichen Formulierungsstufen des Zielkataloges ermöglichen allen Personengruppen eine hohe Transparenz und Nachvollziehbarkeit der Qualifikationsanforderungen und der sich daraus ergebenden PE-Aktivitäten.

Auf Basis dieser Teilziele können die Lerninhalte bestimmt, sowie die Bildungsmaßnahmen vorbereitet und geplant werden.

Sequenzierung

In diesem Schritt des Entwicklungsprozesses ist zu überlegen, wieviele Sequenzen das Curriculum umfassen sollte. Diese Sequenzierung läuft Hand in Hand mit

a. der Clusterung und Gliederung der notwendigen Inhalte sowie

b. der Zuordnung dieser Inhalte zu den jeweiligen Sequenzen.

Für die sinnvolle Reihenfolge der Sequenzen sind neben inhaltlichen Gesichtspunkten auch didaktische und lernpsychologische Überlegungen zu berücksichtigen.

Das Ergebnis besteht dann, wie Abb. 37 zeigt, in einer Abfolge der Sequenzen, denen erste Grobinhalte zugeordnet sind:

1. Sequenz – Potenzial AC
2. Sequenz – Hospitation
3. Sequenz – Seminar: Die Führungskraft als Teamleiter
4. Sequenz – Seminar: Arbeitsplanung und Organisation
5. Sequenz – Seminar: Die Führungskraft als Gesprächspartner
6. Sequenz . . .

Kompetenzbereiche	Fachliche Kompetenz		Methodenkompetenz	
Dimensionen	Innovations-vermögen und Kreativität	Sachkenntnis	Ausbilderische Fähigkeiten	...
1. Sequenz: Potenzial AC				...
2. Sequenz: Hospitation				
3. Sequenz: Seminar ›Die Führungskraft als Teamleiter‹				
4. Sequenz: ...				
Teilziele	kö	ver	be	...

Abb. 37: Sequenzierung

Lernzieldefinition je Sequenz

Nach Klärung und Zuordnung der Grobinhalte je Sequenz kann nun das jeweilige Lernziel formuliert werden. Im Lernziel wird festgehalten, welches Verhalten bzw. welcher Qualifikationsstand der Lernende nach *einer* Sequenz zeigen soll. Es verschafft Klarheit und Transparenz darüber, wo das Schwergewicht der Inhalte liegt.

Hierzu sind die Teilziele der einzelnen Dimensionen auf die Sequenzen herunterzubrechen. Wie in Abb. 38 dargestellt, kann so das Lernergebnis und damit der Kenntnisstand der Teilnehmer je Dimension über die Sequenzen hinweg genau determiniert werden.

Kompetenzbereiche	Fachliche Kompetenz		Methoden Kompetenz	
Dimensionen	Innovations-vermögen und Kreativität	Sachkenntnis	Ausbilderische Fähigkeit	...
1. Sequenz	wu	ke	wu	...
2. Sequenz	ke	kö	ke	
3. Sequenz	...	-		
4. Sequenz	ke	kö		
...	...	...	...	
Teilziele	kö	ver	be	...

Abb. 38: Lernzieldefinition

Aus den beispielhaft aufgezählten Grobinhalten könnten für die Sequenz ›Die Führungskraft als Gesprächspartner‹ z. B. folgende Lernziele formuliert werden:

- Der Teilnehmer weiß um die Bedeutung der Informationsvermittlung.
- Er kennt die Arten der Informationsvermittlung und kann diese anwenden.
- Der Teilnehmer kann Einzelgespräche – individuell auf den Gesprächspartner ausgerichtet – führen.
- ...

Durch neue Inhalte, Wiederholungen oder weitergehende Vertiefungen verändert sich über die Sequenzen hinweg das jeweilige Lernergebnis in den Dimensionen. Über die möglichen Schritte ›wissen um‹, ›kennen‹ bis hin zu ›vermitteln können‹ kann sich der Teilnehmer differenziert weiterentwickeln und so den angestrebten Soll-Vorgaben annähern.

Das jeweilige Lernziel zeigt den aktuellen Stand des Teilnehmers innerhalb des Qualifizierungsprogramms zum Sollprofil auf. Nach Durchlaufen aller Sequenzen spiegeln die definierten Lernziele dann in der Summe die Teilziele wieder.

Festlegung der lernorganisatorischen Struktur
a. Wahl der Unterrichts- und Sozialform
Je nach Eignung für die vorgesehenen Qualifizierungsmaßnahmen können unterschiedliche Unterrichts- und Sozialformen sinnvoll und angemessen sein.

Grundsätzlich stellt sich die Frage, ob die Unterrichtsform einen offenen oder eher verschulten Charakter haben sollte. Hierbei ist zu untersuchen, inwieweit der angestrebte Qualifikationsstand der Teilnehmer durch die Wahl der Unterrichtsform noch unterstützt und gefördert werden kann. Haben in einem Sollprofil z. B. die Dimensionen ›Selbstständiges Arbeiten‹, ›Entscheidungsfähigkeit‹ oder ›Strukturiertes, analytisches Vorgehen‹ einen hohen Stellenwert, so bieten sich Lehrformen mit einer Anleitung zum Selbststudium und damit zum ›Selbst tun‹ eher an, als eine verschulte Form in Vorlesungscharakter.

Generell kann bei der Unterrichtsform zwischen Fernunterricht, Seminaren, Work shops, Projektarbeit, Computer-Based-Trainings oder aber einer speziellen Kombination dieser verschiedenen Arten gewählt werden.

Bei der Bestimmung der Sozialform – also der Zusammensetzung des Teilnehmerkreises – ist eine Differenzierung zwischen Einzel-/Gruppen-/Partner- oder Großgruppenunterricht möglich. Auch ein Teilnehmer-Wechsel kann in bestimmten Situationen sinnvoll sein.

b. Festlegung des Zeitprogramms
Hier ist die zeitliche Abfolge und Dauer der Lernsequenzen zu bestimmen. Die Größe des Zeitraumes, in der alle Sequenzen absolviert werden sollten, aber auch die Einzelabstände zwischen den unterschiedlichen Sequenzen sind festzuhalten.

Häufig ergeben sich hier Konflikte zwischen den einzelnen Interessengruppen, die einen Kompromiss erfordern. Auf der einen Seite muss sichergestellt sein, dass die Dauer und zeitliche Abfolge der Sequenzen die Erreichung des Leitzieles unterstützt. Auf der anderen Seite sind die organisatorischen Rahmenbedingungen zu berücksichtigen, z. B.:
- Wie passt die PE-Maßnahme in das Arbeitszeitgefüge des Mitarbeiters? Wenn der Teilnehmerkreis eines Curriculums z. B. im Schichtbetrieb arbeitet, sind die Veranstaltungszeiten mit dem Schichtplan abzustimmen. Ist der Kreis mit Angestellten aus der Hauptverwaltung zusammengesetzt, sind diese Arbeitszeiten zu berücksichtigen.
Wieviele Tage pro Jahr kann ein Mitarbeiter für PE-Maßnahmen von seinem Arbeitsplatz entbehrt werden?
- Wieviele Tage in einem Stück kann ein Mitarbeiter an Weiterbildungsmaßnahmen teilnehmen (z. B. nur 1 Tag oder 4 Tage), ohne dass der Arbeitsablauf grundlegend beeinträchtigt wird?

Diese Rahmenbedingungen können jedoch mehr oder weniger von der Unternehmensleitung außer Kraft gesetzt werden, wenn diese z. B. eine hohe Dringlichkeit der Maßnahmen fordert und dadurch der Zeithorizont des Curriculums nur einen engen Spielraum hat. Deshalb ist mit den Auftraggebern genau zu klären, wie schnell die Mitarbeiter den angestrebten Qualifikationsstand für den Einsatz im Arbeitsalltag brauchen. Ein verstärkter und komprimierter Durchlauf der Sequenzen erfordert ein klares Commitment der Unternehmensleitung gegenüber den Vorgesetzten und Teilnehmern. So können diese den Stellenwert der Maßnahmen in Bezug zum sonst üblichen Rahmen nachvollziehen.

Eine zeitliche Planung kann – an unserem Beispiel dargestellt – folgendermaßen aussehen:

- 1. Sequenz – Dauer 2 Tage
- 2. Sequenz – Dauer 4 Wochen
- 3. Sequenz – Dauer 3 Tage
- 4. Sequenz – Dauer 4 Tage
- ...
- Rahmenplanung: Innerhalb von 2 Monaten muss gewährleistet sein, dass die gesamte Zielgruppe den einzelnen Seminar-Baustein durchlaufen kann. Bei einer Zielgruppe von 50 Leuten und einer maximalen Teilnehmerzahl von 10 je Veranstaltung, muss die Sequenz in 2 Monaten also 5mal gefahren werden.

c. Wahl der Lehr- und Lernmittel

Zum einen ist jetzt die personelle Besetzung der einzelnen Sequenzen zu klären. Die Frage, wie viele Trainer pro Einheit mit welchem Erfahrungshintergrund eingesetzt werden sollen, steht im Vordergrund. Als weiterer Punkt ist zu erörtern, inwieweit Patenschaften zwischen Mitarbeitern und Führungskräften eines Unternehmens den Lernprozess noch positiv unterstützen können.

Zum anderen ist die technische Ausstattung festzulegen und die Bill of Material – kurz BoM genannt (siehe Kapitel 4, Pkt. 5) – zu erstellen. Auch über das generelle Ja oder Nein für die Ausgabe von Hand-outs und Schulungsunterlagen, deren Anzahl und Form ist zu entscheiden.

d. Festlegung des Ortes

Für die Wahl der Veranstaltungsorte spielen neben lernpsychologischen Punkten auch die betrieblichen Erfordernisse eine Rolle. Die Durchführung der Qualifizierungsmaßnahmen kann z. B. direkt am Arbeitsplatz, inhouse in anderen Räumlichkeiten oder außerhalb des Unternehmens erfolgen.

Auch in diese Entscheidungsprozesse sind wieder die betrieblichen Rahmenbedingungen miteinzubeziehen. Hierunter fallen z. B. die verfügbaren technischen Hilfsmittel, das Budget, die vorhandenen Räumlichkeiten, eine notwendige schnelle Erreichbarkeit bzw. bewusste Nichterreichbarkeit der Teilnehmer.

Feintuning der Maßnahmen und Dokumentation

Nach der Festlegung der lernorganisatorischen Grobstruktur sind in diesem Schritt die detaillierten Trainerleitfäden für den Ablauf jeder Sequenz zu erstellen. Auf Grundlage der bereits formulierten Lernziele sind hierfür die Inhalte und Übungen, die einzelnen Modelle und die darauf abgestimmte Lehrmethodik auszuwählen und genau zu beschreiben. Auch die Zeitplanung der inhaltlichen Schritte je Sequenz sollte in die Trainerleitfäden mit aufgenommen werden. Für jeden einzelnen Baustein sind die Lehrinhalte, in Abstimmung mit dem Course-Management zu dokumentieren.

Die einzelnen ausgewählten Inhalte sind in diesem Feintuningprozess auf ihre so genannte ›Anschlussfähigkeit‹ zu überprüfen. Denn die Lerninhalte sollten so strukturiert sein, dass zu Beginn jeder Sequenz an den aktuellen Wissensstand angeknüpft und darauf aufgebaut werden kann.

Würde bei der Lehrplanung beispielsweise ein zu geringes Qualifikationsniveau vorausgesetzt, langweilen sich die Teilnehmer und der effiziente Anwendungsbezug ist nicht mehr gegeben. Dagegen wären die Teilnehmer bei zu hohen Voraussetzungen überfordert und könnten nicht folgen. Erst das Andocken an das vorhandene Niveau ist für alle Beteiligten befriedigend und bringt den gewünschten Nutzen für den Arbeitsalltag.

Auch Veränderungen der inhaltlichen und methodischen Struktur, sind umgehend zu dokumentieren und in die Trainerleitfäden einzuarbeiten. Nur so ist gewährleistet, dass z. B. die Trainer von diesen Abweichungen sofort Kenntnis erhalten und Transparenz darüber besteht, welche Version des Curriculums in Zukunft umzusetzen ist.

Implementierung der Sequenzen

Abschließend ist festzulegen, wie der Implementierungsprozess des Curriculums bzw. der einzelnen Sequenzen in der Organisation ablaufen soll. Für diesen Prozess ist zu klären,

- welcher Personenkreis und welche Hierarchieebenen sinnvollerweise mit einbezogen werden müssen/sollten und
- in welchen Schritten die einzelnen Sequenzen in die Organisation einzuführen sind.

Sicherlich kann man in einem Schritt sofort in die Durchführung jeder Sequenz mit der vorgesehenen Zielgruppe gehen. In der Unternehmenspraxis stellt es sich jedoch als sinnvoll heraus, die entwickelten Sequenzen den Auftraggebern und evtl. der nachfolgenden Führungsebene z. B. im Rahmen eines Tages-Workshops vorab zu präsentieren. Hierdurch ist dieser Kreis über den aktuellen Stand informiert, kann noch mögliche Anregungen mit einfließen lassen und die Personalentwicklung erhält von offizieller Seite das o. k. für die Umsetzung.

Ein weiterer Implementierungsschritt kann z. B. ein vorgeschalteter Probelauf jeder Sequenz sein, der mit den Personalverantwortlichen/Führungskräften der eigentlichen Zielgruppe durchgeführt wird. Folgende Vorteile können sich aus diesem Vorgehen ergeben:

- Die vollständige Sequenz wird einem weiteren Praxischeck unterzogen und damit abschließend auf ihren Anwendungsbezug überprüft.
- Sinnvoller Änderungsbedarf kann aufgedeckt und angeregt werden, der für die Zukunft noch mit eingebaut werden kann. Die Einbeziehung dieser Ebene unterstreicht gleichzeitig das Gefühl, dass sie für den Entwicklungs- und Checkpro-

zess gefragt ist und dabei einen entscheidenden Part übernimmt. Diese Mitwirkung verstärkt nicht zuletzt das Commitment dieser Hierarchieebene zum Curriculum. Schließlich war sie ja selber an der Konstruktion der Sequenzen für ihre Mitarbeiter beteiligt.

– Die Vorgesetzten kennen die Inhalte der Sequenzen und können so ihre Mitarbeiter bei Fragen der Umsetzung im Arbeitsalltag besser unterstützen.

– Ein letzter – nicht zu unterschätzender – Vorteil liegt darin, dass diese Hierarchieebene über diesen Probelauf ein Seminar durchläuft, dessen Inhalte sie vielleicht genauso nötig hat, wie ihre Mitarbeiter – es in der Organisation aber nicht üblich ist, diesen Bedarf offen anzusprechen und anzugehen.

An einem Beispiel verdeutlicht, könnte der Implementierungsprozess top-down dann folgendermaßen aussehen:

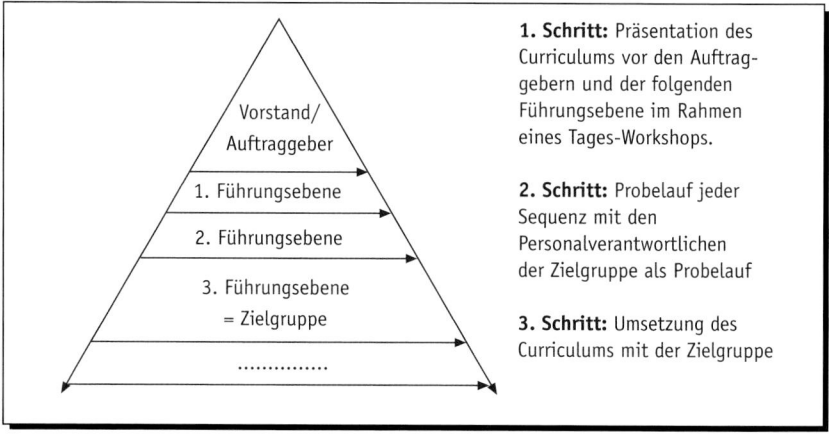

Abb. 39: Beispiel für die Implementierung eines Curriculums

Kontrolle

Ziel dieses letzten Schrittes ist es, die Auswirkungen der Qualifizierungsmaßnahmen auf die Teilnehmer zu beobachten und zu messen. Mit der Überprüfung wird deutlich, inwieweit sich die Teilnehmer im Rahmen des Curriculums zielgerecht verändert haben. Die Evaluation des Lernerfolgs kann dazu führen, dass einzelne Ziele, Erfolgskriterien und damit das Lernprogramm fortlaufend modifiziert werden müssen (Rosenstiel, 1992, S. 204).

Die Überprüfung des Lernerfolgs zeigt auf, in welcher Form und Intensität sich die Fähigkeiten der Teilnehmer durch die eingesetzten Maßnahmen verändert haben. Der sich nach dem Curriculum abzeichnende Ist-Zustand gibt Auskunft darüber, ob die Maßnahmen das angestrebte Soll-Ziel wirksam unterstützt haben und damit eine für die Organisation wirksame und effiziente Curriculumkonstruktion gegeben ist.

Die Wirksamkeit wird zudem von den aktuellen organisationsrelevanten Anforderungen beeinflusst. Ändern sich diese Anforderungen während des Durchlaufens der einzelnen Sequenzen, müssen sie erneut mit dem ursprünglichen Zielsystem abgeglichen werden. Die bestehenden Lehrinhalte, -methoden etc. sind bei Veränderungen (z. B. des Sollprofils, der Arbeitsplatzbedingungen oder anderer unternehmenspolitischer Rahmenbedingungen) umgehend an die neuen Bedingungen anzupassen. Das kann dazu führen, dass Änderungen von Curriculas oder einzelner Sequenzen erfolgen müssen, obwohl sich die Teilnehmer noch mitten im Durchlauf befinden. Hieraus kann sich die Notwendigkeit ergeben, einige Sequenzen über einen bestimmten Zeitraum parallel in verschiedenen Versionen zu fahren. Die Neueinsteiger in ein Curriculum beginnen z. B. in diesem Fall direkt mit der neuen Version, während die sich noch im Durchlauf befindlichen Teilnehmer, die ursprüngliche Version bis zum Ende besuchen.

Durch die laufende Kontrolle des Curriculums und des sich möglicherweise ergebenden Anpassungsbedarfs, können die Qualifizierungsmaßnahmen den aktuellen Erfordernissen des Unternehmens gerecht werden und sich den wandelnden Marktbedingungen anpassen.

4.4 Darstellung einer Curriculumkonstruktion

Im Folgenden ist eine Curriculumkonstruktion anhand des in Kapitel 3, Pkt. 3.5 aufgezeigten Profils ›Leiter Kundendienst‹ dargestellt. Für die einzelnen Sequenzen ist der Qualifikationsstand der Teilnehmer je Dimension genau festgelegt. Die zweite Abbildung veranschaulicht den Ablauf der Curriculums bezogen auf den Zeithorizont und die Dauer der einzelnen Maßnahmen.

Darstellung eines Curriculums anhand des Profils ›Leiter Kundendienst‹

Kernkompetenzen / Maßnahmen	Physische Kompetenz	Fachliche Kompetenz		Methoden Kompetenz		Ökonom. Kompetenz	Soziale Kompetenz				Persönliche Kompetenz			
Dimensionen	AUFT	INNO	SACH	AUSBILD	SELBST	WIRT	INTE	KOMM	DURCH	FÜH	SIT	STRESS	WILL	ENT
Potenzial – AC	wu	wu	ke	wu	wu	wu	wu	wu	wu	wu	wu	wu	wu	wu
Hospitation	ke	ke	kö	ke	ke			ke	ke	ke	ke	ke	ke	
1. Seminar							ke	ke			ke			ke
2. Seminar		ke	kö		kö	ke					kö			kö
Begleitende Projektarbeit		kö	be		kö	ke					kö			
3. Seminar	kö			kö			ke	kö	kö	kö	ke	ke	ke	kö
4. Seminar		kö					kö		kö	kö	kö	kö	kö	
Coaching-Phase	be	kö	ver	be	be	kö	kö	be	be	be	be	kö	kö	be
Teilziele	be	kö	ver	be	be	kö	kö	be	be	be	be	kö	kö	be

Legende der Dimensionen

AUFT Äußeres Auftreten
INNO Innovationsvermögen und Kreativität
SACH Sachkenntnis
AUSBILD Ausbilderische Fähigkeit
SELBST Selbstmanagement/Arbeitsplanung

WIRT Wirtschaftliches Denken
INTE Integration und Sensibilität
KOMM Kommunikationsfähigkeit
DURCH Durchsetzungsfähigkeit
FÜH Führungsantrieb

SIT Situationsangemessenes Denken und Handeln
STRESS Stressstabilität
WILL Willensstärke und Eigenmotivation
ENT Entscheidungsfähigkeit

Legende der Qualifikationsstufen

wu Der Kundendienstleiter weiß um die Bedeutung dieser Dimension und kann sie wahrnehmen.
ke Der Kundendienstleiter kennt weitergehende Fachkenntnisse/Fähigkeiten dieser Dimension, kann sie aber noch nicht in voller Breite/Tiefe umsetzen.
kö Der Kundendienstleiter ist in der Lage, dieses Wissen in der Praxis anzuwenden und umzusetzen.
be Der Kundendienstleiter ist in der Lage, dieses Wissen an neue/veränderte Situationen in der Praxis zu adaptieren.
ver Der Kundendienstleiter kann diese Dimension vermitteln und z. B. als Coach oder Pate eingesetzt werden.

Legende der Qualifikationsstufen

1. Seminar ›Der Kundendienstleiter als Teamleiter‹
2. Seminar ›Arbeitsplanung und Organisation‹
3. Seminar ›Der Kundendienstleiter als Gesprächspartner‹
4. Seminar ›Führen als Persönlichkeit‹

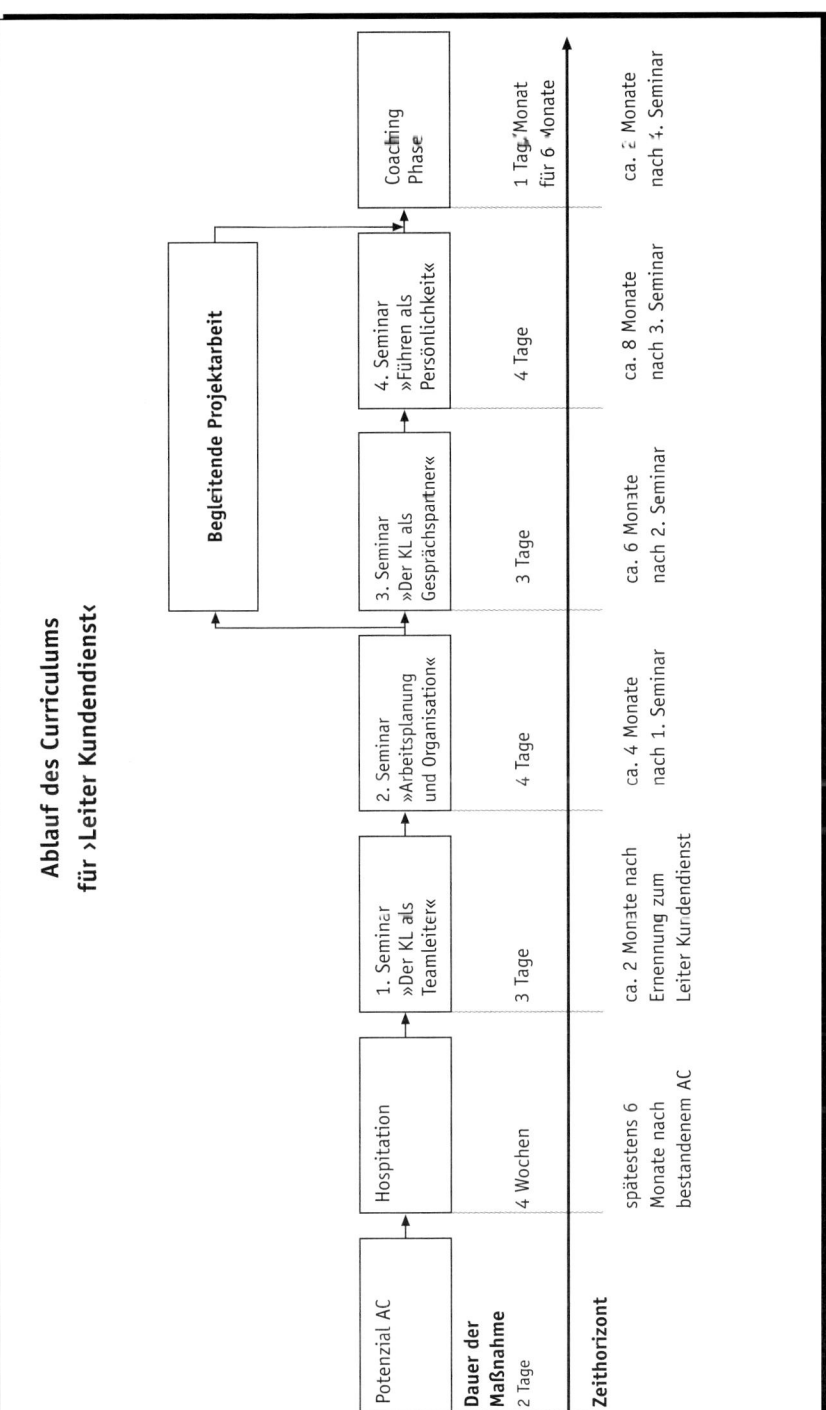

**Ablauf des Curriculums
für ›Leiter Kundendienst‹**

Potenzial AC	Hospitation	1. Seminar »Der KL als Teamleiter«	2. Seminar »Arbeitsplanung und Organisation«	3. Seminar »Der KL als Gesprächspartner«	4. Seminar »Führen als Persönlichkeit«	Coaching Phase

Begleitende Projektarbeit

Dauer der Maßnahme

2 Tage	4 Wochen	3 Tage	4 Tage	3 Tage	4 Tage	1 Tag/Monat für 6 Monate

Zeithorizont

	spätestens 6 Monate nach bestandenem AC	ca. 2 Monate nach Ernennung zum Leiter Kundendienst	ca. 4 Monate nach 1. Seminar	ca. 6 Monate nach 2. Seminar	ca. 8 Monate nach 3. Seminar	ca. 2 Monate nach 4. Seminar

4 Operative Steuerung von Personalentwicklungs- programmen

Heute saß ich mit dreien meiner Mitarbeiter zusammen, um den Rahmen für die Entwicklung der zwei Führungstrainings für den Bereich Fertigung durchzusprechen. Bei der Frage, wer denn die Trainings eigentlich durchführen sollte, entbrannte eine heiße Diskussion.

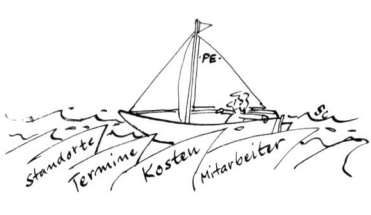

- ❏ »Das liefern wir intern. Es ist doch auch ein Thema, in dem wir absolut fit sind.«
- ❏ »Was, wir als Trainer! Nee, das halte ich für kritisch. Weißt Du noch, wie problematisch das mit dieser Zielgruppe das letzte Mal war! Der Nolte – Bereichsleiter Fertigung – und die Meister lieferten sich im Workshop ein hitziges Duell. Und die Moderation von unserer Seite wies der Nolte doch strikt zurück, mit der Begründung, wir wären doch auch befangen und nicht mehr neutral. Also das soll mal lieber ein Externer machen. Wen würdet ihr hierfür vorschlagen?«
- ❏ »Was haltet ihr denn von dem Rolf Wilke?«
- ❏ »Um Gottes Willen, erinnerst Du Dich noch an die Bewertungsbögen von seinem letzten Seminar! Der ist von den Teilnehmern überhaupt nicht akzeptiert worden.«
- ❏ »Na ja, aber das muss doch nicht immer so sein. Immerhin ist er total flexibel bei Terminänderungen und schnell verfügbar, wenn Du ihn brauchst. Außerdem legt er nicht soviel Wert auf dieses vertragliche Brimborium und man kann vieles einfach telefonisch bestätigen.«
- ❏ »Also ich schlage Frau Vallon vor. Die ist total kompetent und bringt die Trainingsinputs genauso, wie vorher mit uns abgestimmt.«
- ❏ »Weißt Du, was die für'n Tagessatz hat!«
- ❏ »Jaja – aber nur, weil Du mit ihr so viel vereinbart hast. Für die Trainings, die sie für mich liefert, gibt's 250,- € weniger pro Tag. Aber das ist ein anderes Thema.«
- ❏ »Wir können die Trainings ja im Hotel Spatz machen, dann sparen wir etwas. Die Tagungspauschale ist nicht ganz so hoch und die Tagungsbetreuung war trotzdem immer sehr serviceorientiert.«
- ❏ »Hotel Spatz – da gibt es nur einen Tagungsraum mit Tageslicht!! Alle anderen sind ohne Fenster. Das ist nicht akzeptabel.« ...

Sobald man in das operative Geschäft einsteigt, gibt es Abstimmungsbedarf über Abstimmungsbedarf. Aber so unkoordiniert und stimmungsbezogen kann das nicht weiterlaufen. Schluss! Wir entwickeln jetzt eine Handlungsgrundlage zu den wichtigsten Themen, wie: Auswahl und Zusammenarbeit mit Externen, Hotelkooperationen, Steuerung der Räume und Logistik etc. Und diese Handlungsgrundlage gilt dann für alle – ohne Ausnahme!

EMAIL SCHREIBEN

Absender:	Absender: Dr. Hannes Dilli
Empfänger:	Empfänger: Moritz Tun
Datum:	
Betreff:	Betreff: Operatives Handling

Schreiben

Lieber Moritz,

gestern nach unserem Telefonat habe ich zu Hause noch mein Arbeitszimmer auf den Kopf gestellt. Ich war mir sicher, dass ich noch Unterlagen zu dem Thema ›Operative Steuerung der Personalentwicklung‹ habe. Und ich fand sie auch! Der Artikel enthält übrigens auch Checklisten, Fragenkataloge und Mustervorlagen.

Wenn ich heute Abend heimfahre, werfe ich Dir die Unterlagen schnell in den Briefkasten. Vielleicht kannst Du daraus ja noch Input für die Handlungsgrundlagen, die ihr gerade entwickelt, gewinnen.

mfG Hannes

Sofort absenden	Später absenden		Speichern unter	Drucken...
Abbrechen				Hilfe

In den vorausgegangenen Kapiteln ist die strategische und inhaltliche Steuerung der Personalentwicklung erläutert worden. Im Folgenden soll es nun um deren operative Steuerung gehen, darum, wie die Einzelmaßnahmen eines PE-Programms tatsächlich umgesetzt werden können. Hier geht es um Fragestellungen, wie geeignete Trainer und Berater zu finden sind, wann und wo die Veranstaltung stattfinden soll, welche Hilfsmittel bereit gestellt werden müssen, wer wie rechtzeitig einzubinden ist usw. Wie wichtig gerade die operative Steuerung von PE-Programmen ist, wird daran deutlich, dass manche Veranstaltungen an so vermeintlichen Nebensächlichkeiten wie Tagungsräumen ohne Tageslicht scheitern. Nachfolgend sollen die wesentlichen operativen Aspekte dargestellt werden inklusive verschiedener Checklisten.

Grundsätzlich geht es bei der operativen Steuerung von PE-Maßnahmen um folgende Themenfelder:
- Auswahl der Trainer, Berater und Bildungsangebote.
- Steuerung der externen Trainer und Berater.
- Einbezug der sozialen Systeme, d. h. die der Teilnehmer, Auftraggeber, etc.
- Arbeitsrechtliche Aspekte.
- Steuerung der technischen Ausstattung, Räume und Logistik.

1. Auswahl der Trainer, Berater und Bildungsangebote

Für die Durchführung hauseigener Veranstaltungen oder die Teilnahme an externen Seminaren stellt sich die Frage, wie ein geeigneter Trainer, Berater oder Seminaranbieter ausgewählt werden kann. Das Angebot ist schier unüberschaubar. Daher werden nach wie vor Trainer und Seminaranbieter oft über Mundpropaganda oder Referenzen ausgesucht. Aber auch gute Referenzen garantieren noch nicht, dass der Externe der »Richtige« ist. Vielmehr sind im Vorfeld einer PE-Maßnahme eine Reihe von Punkten zu klären:
- Zu welchem Zeitpunkt sollte ein Trainer ausgewählt werden?
- Sollte ein bereits bekannter oder ein neuer Berater beauftragt werden?
- Woran kann man seriöse geeignete Trainer/Berater erkennen?
- Sollte statt eines internen Seminars ein externes Training besucht werden? Welche Kriterien gelten für die Auswahl externer Bildungsanbieter?

Auf diese Punkte soll im Folgenden näher eingegangen werden. Anschließend werden die wesentlichen Aspekte in einem Fragenkatalog (siehe Kasten auf S. 173: »Checkliste zur Auswahl externer Trainer, Berater und Bildungsanbieter«) zusammengefasst.

1.1 Zeitpunkt der Trainer- und Beraterauswahl

Bevor nach konkreten Trainern gesucht wird, stellt sich vorweg die Frage, wann der Trainer ausgewählt sein sollte, ob er beispielsweise bereits während der Seminarentwicklung oder erst bei Vorliegen des fertigen Seminarkonzepts einbezogen werden sollte. In ein bereits fertiges Seminarkonzept einzusteigen, ist für Externe deutlich schwerer, weil sie die Seminarentwicklung mühsam nachvollziehen müssen und nur noch wenig eigenen Gestaltungsspielraum haben (vgl. Schrader et. al, 1983, S. 172). Sofern möglich, sollten Externe bereits in der Konzeptionsphase eingebunden werden (siehe Abschnitt 3, S. 172). Aber gerade bei mengenmäßig sehr umfangreichen PE-Maßnahmen mit mehreren Trainern lässt sich dies in der Regel nicht realisieren. In solchen Fällen muss der Externe in das Veranstaltungsdesign eingeführt werden. Hierbei ist besonders darauf zu achten, dass der Trainer den genauen Anlass, die Hintergründe und Zielsetzung der Maßnahme versteht. Nur so kann er das daraus abgeleitete Veranstaltungsdesign nachvollziehen, akzeptieren und letztlich erfolgreich umsetzen.

1.2 Bekannte versus neue, unbekannte Trainer und Berater

Nachdem der Zeitpunkt der Auswahl eines externen Mitarbeiters geklärt ist, stellt sich die Frage, ob man bereits vertraute Externe oder neue, noch nicht bekannte Trainer bzw. Berater beauftragen sollte. Grundsätzlich lässt sich diese Frage jeweils nur im Einzelfall entscheiden.

Der Einsatz neuer Trainer und Berater bietet sich dann an, wenn besondere fachliche und methodische Kompetenzen benötigt werden, die der vorhandene Trainerstamm nicht besitzt. Der Einsatz bereits bekannter Externer empfiehlt sich gerade bei sehr sensiblen PE-Themen, bei denen viel Wissen über das Haus und eine hohe Akzeptanz im Unternehmen nötig ist. Hier sollte man aber kritisch prüfen, ob die neue Aktivität des Externen ggf. kontraproduktiv zu seinen anderen Tätigkeiten im Haus ist. So macht es beispielsweise keinen Sinn, einen als Coach eingesetzten Berater mit einem Potenzialanalyseverfahren zu betrauen. Das für die Coachingaufgabe nötige Vertrauensverhältnis kann durch die weitere Tätigkeit zerstört werden.

1.3 Interne versus externe Trainer und Berater

Prinzipiell können PE-Maßnahmen von Internen, Externen oder von beiden gemeinsam durchgeführt werden. Nur, wann sollte man eher interne, wann eher externe Trainer oder wann beide gemeinsam einsetzen? Je nach Einzelfall sollte man neben Kosten- und Kapazitätsaspekten prüfen, ob der interne und/oder externe Trainer
- die notwendige Fachkompetenz besitzt,
- das nötige pädagogisches Geschick besitzt,

– ausreichende Praxisnähe zu aktuellen Frage- und Problemstellungen herstellen kann,
– zur Zielgruppe passt,
– besonderes Gespür oder für Wissen über politisch heikle Themen hat,
– neutral beziehungsweise unbefangen auf die Teilnehmer und/oder die Frage- respektive Problemstellung (beispielsweise bei Teamentwicklungsmaßnahmen) zugehen kann,
– die Unternehmenskultur speziell berücksichtigt.

Je nachdem, wie die Einschätzung der Trainer anhand dieser Aspekte ausfällt, sollte ein Externer, Interner oder ein »gemischtes« Trainerpaar eingesetzt werden. Erwähnt sei hier, dass viele Seminardesigns ohnehin zwei Trainer vorsehen, so dass sich dann ein gemischtes Trainerteam anbietet. Auch bei Trainings mit mehr als 10–12 Teilnehmern ist ein zweiter Trainer sinnvoll.

1.4 Auswahl geeigneter seriöser Trainer

Wie lässt sich prüfen, ob ein Trainer prinzipiell für eine Maßnahme geeignet ist? Nach welchen Gesichtspunkten sollte die Eignung eines Trainers beurteilt werden? Eines der wichtigsten Kriterien zur Beurteilung externer Trainer ist deren **Berufserfahrung**.

Managementtrainer, die keine persönliche Erfahrung als Führungskraft aufweisen können, werden auf lange Sicht nicht die notwendige Akzeptanz im Unternehmen finden, es sei denn, sie vermitteln sehr spezifische Inhalte oder sie heben sich deutlich positiv von der Trainerkonkurrenz ab (vgl. Jeserich, 1996, S. 219).

Weitere wichtige Kriterien sind die **Ausbildung und Weiterbildung** des Trainers beziehungsweise Beraters. Der Trainer muss die Methoden, die er im Seminar einsetzt, sowie die Prozesse, die er anstößt, kontrollieren können. Er muss nicht nur in der Lage sein, den Seminarablauf zu steuern, sondern auch die Teilnehmer vor psychischen Schäden und Destabilisierung schützen können. Er muss insbesondere eine entsprechende Ausbildung für diejenigen klinischen Methoden besitzen, die er im Seminar anwendet (siehe auch Kasten: Einsatz klinischer Methoden im betrieblichen Umfeld). Dies gilt beispielsweise auch für den Einsatz so weit verbreiteter Methoden wie die des »Autogenen Trainings«. Diese vermeintlich unbedenkliche, weil sehr geläufige Methode kann bei Personen mit depressiver Störung deren tiefe Traurigkeit und Grübelsucht noch verstärken und sie in schwere Depressionen fallen lassen (vgl. Hoffmann, 1990, S. 157). Mit psychisch Labilen oder Kranken ist – wie im Alltag – auch im Arbeitsumfeld und damit in Seminaren zu rechnen!

Einsatz klinischer Methoden im betrieblichen Umfeld

Inwieweit sind klinische Methoden im betrieblichen Umfeld zu vertreten? Allgemein rechtfertigt sich der Einsatz klinischer Methoden durch die spätere Heilung der Betroffenen. Nur im Arbeitsumfeld geht es nicht um Heilung, sondern um die Herstellung und Aufrechterhaltung des Arbeitsvermögens von **Mitarbeitern** *(vgl. Neuberger, 1994, S. 15). Es geht im Arbeitsumfeld nicht um den ganzen Menschen, sondern um den Menschen im betrieblichen Kontext, um dessen Qualifikation, Verhaltensweise und Einstellung, mit der ein erwünschtes Ziel oder Ergebnis erreicht werden soll. Zusätzlich markiert die Fürsorgepflicht des Unternehmens eine Grenze für den Einsatz klinischer Methoden im Arbeitsumfeld. Das Unternehmen hat dafür Sorge zu tragen, dass Mitarbeiter nach der Anwendung klinischer Methoden und der möglicherweise bewirkten Destabilisierung weiterhin ihrer Tätigkeit nachgehen können. Grundsätzlich unseriös ist es auch, das Selbstkonzept von Teilnehmern ohne vorherige Diagnose, ohne das Warum und Wozu zu klären. Darüber hinaus ist fraglich, inwieweit in einem Seminar überhaupt genügend Raum dafür möglich ist, die Probleme jedes Einzelnen zu klären und zu bearbeiten.*

Schlussfolgernd ist schon der **Einsatz** *klinischer Methoden als sehr bedenklich zu betrachten. Werden diese Methoden dann auch noch ohne umfassende Ausbildung eingesetzt, ist die Schwelle zur Unseriösität gänzlich überschritten.*

Die Realität lehrt allerdings, dass diese Praxis häufig anzutreffen ist. So wenden beispielsweise Nichtpsychologen psychologische Fragebögen im Rahmen ihres Beraterauftrags an, ohne dass der Auftraggeber hiervon deutlich Kenntnis nimmt. Die **Berechtigung** *zum Einsatz der Fragebögen haben diese Berater dabei in der Regel durch Crashkurse erworben – die* **persönliche Kompetenz** *zum seriösen Einsatz kann demgegenüber nur durch jahrelange persönliche Weiterbildung im klinisch-psychologischen Bereich aufgebaut werden.*

Weitere zentrale Kriterien für die Trainer- und Beraterauswahl sind deren **Trainingsphilosophie und -methoden.** Hier geht es besonders um folgende Aspekte:

- Passt das Trainings- und Beratungsverständnis des Trainers zur geplanten Maßnahme?
- Deckt sich das Beratungs-, Trainings- und Personalentwicklungsverständnis mit dem des Trainers/Beraters?
- Handelt es sich um einen seriösen Trainingsanbieter?

Passt das Trainings- und Beratungsverständnis des Trainers zur geplanten Maßnahme? Zur Erläuterung folgendes Beispiel: Mit einem Führungs-Planspielseminar sollen angehende und neue Führungskräfte bei der Übernahme ihrer Führungsposition unterstützt werden. In diesem Führungsplanspiel sollen die Teilnehmer sich selbst als Führungskraft erleben, Selbst- und Fremdbild miteinander abgleichen, ihr eigenes Führungsverhalten reflektieren sowie Aufgaben und mögliche Fehler der Mitarbeiterführung kennenlernen.

Für dieses handlungsorientierte Training wäre zu prüfen, ob die zur Auswahl stehenden Trainer einen entsprechenden handlungsorientierten Ansatz vertreten. Ein charismatischer Trainer, der sehr plastisch und eindrucksvoll von seinen persönlichen Führungserfahrungen berichtet, wäre hier eher nicht geeignet.

Deckt sich das Beratungs-, Trainings- und Personalentwicklungsverständnis der PE mit dem des Trainers/Beraters? In diesem Zusammenhang sollte zum Beispiel besprochen werden, wie sich beide Seiten die Entwicklung und Durchführung des fraglichen Trainings vorstellen und welche theoretischen Ansätze und methodischen Vorgehensweisen sie vertreten. Weichen die Vorstellungen deutlich voneinander ab, ist eine Zusammenarbeit wenig sinnvoll.

Handelt es sich um einen seriösen Trainingsanbieter? Nicht nur die Verantwortung gegenüber dem eigenen Unternehmen, sondern auch die Fürsorgepflicht gegenüber den Mitarbeitern verlangt es, seriöse von unseriösen Trainingsanbietern unterscheiden zu können. Als Anbieter oder Auftraggeber von Seminaren steht die PE zum einen in der Verantwortung, die Integrität der Mitarbeiter zu erhalten, sie vor seelischen Schäden und Destabilisierung zu schützen. Zum anderen muss sie das eigene Unternehmen vor Unterwanderung durch Psychokulte und sektennahe Einrichtungen schützen.

Die Seriosität von Trainern und Beratern lässt sich auch und vor allem an den von ihnen angewandten **Methoden** festmachen. Denn von den eingesetzten Methoden können einerseits negative Folgen für die Psyche, das Privatleben und die Lebensgestaltung der Teilnehmer ausgehen. Andererseits spiegeln sie das Menschenbild, die Weltsicht und die Visionen eines Trainers wider.

Mitbestimmungsrecht des Betriebsrats

Zu guter letzt sei im Rahmen der Trainer- und Beraterauswahl noch darauf hingewiesen, dass nach § 98 BetrVG dem Betriebsrat ein **Mitbestimmungsrecht** bei der Auswahl von Trainern für betriebliche Bildungsmaßnahmen zukommt. Er kann einen Trainer ablehnen und seine Abberufung verlangen. Oft ist diesem Mitbestimmungsrecht bereits genüge getan, wenn ein kurzes »Kennenlernen« zwischen Trainer und Betriebsrat vor dem ersten Seminar vereinbart wird (siehe Kapitel 4, Pkt. 4, Zusammenarbeit mit dem Betriebsrat).

1.5 Doppelbesetzung von Veranstaltungen

Für hauseigene Veranstaltungen, die regelmäßig wiederholt werden, kann es sinnvoll sein, zwei oder sogar mehrere voneinander unabhängige Trainer und Berater mit dem gleichem Veranstaltungstyp zu beauftragen. Diese so genannte Doppelbesetzung mit zwei Trainern ist nicht mit den Haupt- und Co-Moderatoren zu verwechseln. Vielmehr werden hierbei die zur Verfügung stehenden Veranstaltungstermine auf die jeweiligen Externen aufgeteilt. Dieses Vorgehen bietet folgende Vorteile: Terminliche Engpässe können leichter ausgeglichen werden, weil das Zustandekommen der Veranstaltung nicht allein von den verfügbaren Terminen eines Trainers abhängt. Bei Terminengpässen eines Externen könnte die Doppel- bzw. Alternativbesetzung einspringen. Gleichzeitig kann einer »Monopolstellung« der

Trainer/Berater vorgebeugt bzw. eine gewisse Unabhängigkeit von ihnen erreicht werden. Die geplante Maßnahme kann prinzipiell immer auch von der Doppelbesetzung übernommen werden. Zusätzlich können die Kompetenzen beider Trainer/Berater in eine Maßnahme einfließen und sich sinnvoll ergänzen.

Voraussetzung für solch eine Doppelbesetzung ist allerdings, dass die Maßnahme von den verschiedenen Trainern einheitlich sowohl hinsichtlich des Inhalts wie auch des Ablaufs und der Qualität durchgeführt wird. Dazu muss die Veranstaltung sehr genau mit den verschiedenen Trainern abgestimmt sein. Damit liegt ein Nachteil der Doppelbesetzung im deutlich höheren Abstimmungsaufwand. Weiterhin besteht ein erheblicher Nachteil im deutlich höheren Konfliktpotenzial durch die »Zusammenarbeit« von zwei möglicherweise miteinander im Wettstreit liegenden externen Mitarbeitern.

1.6 Auswahl externer Bildungsangebote

Ein internes Seminar rechtfertigt sich hinsichtlich Kosten und Aufwand in der Regel dann nicht, wenn die Teilnehmerzahl sehr gering und der Bedarf sehr speziell ist. In diesem Fall bietet es sich an, alternativ ein entsprechendes Seminar bei einem externen Bildungsanbieter zu besuchen. Nur nach welchen Gesichtspunkten sollte man externe Bildungsangebote beurteilen? (Im Folgenden wird auf die Ausführungen von Jeserich, 1996, S. 319 ff. und Langmaak & Braune-Krickau, 1995, S. 29 ff. Bezug genommen).

Nutzen- und Teilnehmerorientierung

Ebenso wie es bei der Qualitätssicherung interner Seminare um die genaue Formulierung von Lernzielen, deren Umsetzung in geeignete Inhalte und Methoden sowie um die Trainerauswahl geht, sind diese Punkte auch bei der Auswahl externer Bildungsangebote zu prüfen. Zusätzlich kommt es bei externen Seminaren besonders darauf an , dass die Praxis der Teilnehmer mit in das Seminar einbezogen wird, indem z. B. die Teilnehmer ihre eigenen Problemfälle oder Erfahrungen einbringen können. Wertvolle Hinweise hierauf können insbesondere ein persönliches Gespräch mit dem Trainingsanbieter oder Dozenten und zum Teil auch Seminarbroschüren geben. Die Broschüren geben oft Auskunft darüber, ob die Dozenten im Seminarablauf und in der inhaltlichen Gestaltung auf die Interessen der Teilnehmer Rücksicht nehmen und die Teilnehmer den Lernprozess aktiv mitgestalten können.[1]

---

1 Viele Bildungsanbieter stellen sich und ihre Angebote im Internet dar. Dies bietet für den PE'ler die Möglichkeit, sich über jeweils aktuelle Seminarangebote informieren zu können ohne eigens Broschüren anfordern und ablegen zu müssen.

Zusammensetzung der Teilnehmer bzw. definierte Zielgruppe

Wichtig für die Beurteilung externer Bildungsangebote ist die Zusammensetzung der Teilnehmer bzw. die definierte Zielgruppe. Hierbei spielen vor allem der berufliche Hintergrund bzw. die Erfahrung der Teilnehmer – neben Alter und Geschlecht – eine entscheidende Rolle. Unterscheiden sich die Teilnehmer deutlich in ihren Vorerfahrungen, so wird sich der Trainer in der Regel am Wissensstand der Mehrzahl orientieren. Dies bedeutet für Teilnehmer mit geringerem Wissensstand, dass sie fortlaufend überfordert werden, weil sie dem Seminarinhalt nur mühsam folgen können. Teilnehmer mit größerem Wissensstand werden dagegen fortlaufend unterfordert, weil für sie bereits bekannte Inhalte behandelt werden.

Möglichkeit zum Erfahrungsaustausch

Teilnehmer verbinden mit dem Seminarbesuch den legitimen Wunsch, auch Kontakt zu anderen Teilnehmern mit ähnlichen oder gleichrangigen Frage- und Problemstellungen zu knüpfen und ihre Erfahrungen auszutauschen. Die Bedeutung dieses Aspektes ist nicht zu unterschätzen. Neben dem Seminar können persönliche Fragestellungen diskutiert werden. Zusätzlich können die Sichtweisen und das Vorgehen anderer Teilnehmer kennengelernt werden, so dass die Teilnehmer mit einer Reihe zusätzlicher Ideen und Anregungen nach Hause zurückkehren.

Größe der Teilnehmergruppe

Weiterhin sollte die Größe der Teilnehmergruppe berücksichtigt werden. In besonders verhaltensbezogenen Seminaren, in denen eigene Verhaltensweisen und Einstellungen reflektiert sowie neue Verhaltensweisen eingeübt werden, sollte ausreichend Gelegenheit zum Üben vorhanden sein. Ein wesentlicher Nachteil größerer Gruppen besteht darin, dass sich in ihnen weniger schnell ein Klima des Vertrauens bildet. Eine gewisse Vertrautheit ist aber Voraussetzung dafür, dass man sich auch auf persönlicher Ebene mit den Inhalten auseinandersetzt und die Inhalte nicht nur an der Oberfläche bleiben. Kleinere Teilnehmergruppen bringen dagegen oft weniger Meinungsvielfalt in das Seminar ein. Auch kann die Gruppendynamik für einige Themen nicht ausreichen (vgl. Langmaak u. Baune-Krickau, 1995, S. 36).

Als Faustregel sollte die Teilnehmerzahl bei einem Trainer nicht mehr als 10–12 betragen. Bei zwei Trainern kann die Teilnehmerzahl auf bis zu 16 ausgedehnt werden. Bei dieser Gruppengröße lassen sich Halbgruppen mit acht und Kleingruppen mit vier Teilnehmern bilden. Steht statt des persönlichen Verhaltens die reine Wissensvermittlung im Vordergrund des Seminars, so spielt die Anzahl der Teilnehmer eine eher unbedeutende Rolle.

Seminardauer

Die Seminardauer ist ein ständig an Bedeutung zunehmendes Thema. Für Veranstaltungen, die über eine Woche hinaus stattfinden, sind Vorgesetzte und Mitarbeiter in Anbetracht ihrer Arbeitsbelastung kaum zu gewinnen. Trainingsanbieter tendieren daher zu drei- bis viertägigen Seminaren oder bieten das Seminar in mehreren Blöcken an. Kürzere Trainings sind jedoch oft weniger effizient als zum Beispiel fünftägige Seminare. Die Begründung liegt darin, dass sich die Teilnehmer am ersten und letzten Seminartag weniger auf die Seminarinhalte einlassen können; sie sind noch oder schon wieder mit der An- bzw. Abreise und der Arbeit beschäftigt.

Bei Follow-up-Veranstaltungen verhindern häufig – auch kurzfristig auftretende – Terminprobleme, die Teilnahme an Folgeveranstaltungen. Eingeleitete Lernschritte können somit nicht kontinuierlich und konsequent weiter- und zu Ende verfolgt werden. Zudem bilden die verbleibenden Gruppenteilnehmer eine neue Gruppe mit eigener Struktur und Dynamik. Besonders dann, wenn eine Person mit einer wichtigen Rolle nicht mehr teilnimmt, kann sich die Gruppendynamik völlig ändern und den Erfolg des Follow-up in Frage stellen.

Vor- und Nachbereitung der Maßnahme

Als weiterer Punkt ist die Vor- und Nachbereitung der Maßnahme durch den Trainingsanbieter zu prüfen. Von der Vor- und Nachbereitung des Seminars hängt ab, inwieweit das erworbene Wissen am Arbeitsplatz aktiv angewendet wird. Was an dieser Stelle versäumt wird, kann an späterer Stelle kaum mehr nachgeholt werden. So wird beispielsweise ein noch so gutes Verhandlungstraining kaum den intendierten Nutzen bringen, wenn der Seminarteilnehmer nach dem Training nicht kontinuierlich übt bzw. üben kann oder darf. Entsprechende Möglichkeiten, den Lerntransfer eines Seminars schon frühzeitig vor- und nachzubereiten sind beispielsweise:

– sich vor dem Seminar über die Bedürfnisse und Erwartungen der Teilnehmer, Vorgesetzen und der PE zu informieren;
– im Seminar Befürchtungen und Erwartungen der Teilnehmer abzufragen und abzuhaken;
– durch so genannte »Reminder« und auch Nachbetreuung der Teilnehmer und Vorgesetzen nach dem Seminar Denkanstöße und Hilfestellung bei der Umsetzung zu geben.

Checkliste zur Auswahl externer Trainer, Berater und Bildungsanbieter

(vgl. Mentzel, 1992, S. 215 ff, Jeserich, 1996, S. 323 ff.)

Welche Referenzen und Erfahrungen hat der Trainer, das Bildungsinstitut, der Berater?

- Wer ist der Anbieter?
- Liegen bereits Erfahrungen mit diesem Anbieter vor?
- Welche Trainer/Berater werden tätig sein, wie viele?
- Liegen Referenzen vor (z. B. durch frühere Seminarteilnehmer)?
- Welchen Ausbildungs- und Erfahrungsstand bzw. welche Berufserfahrung besitzt der Trainer/Berater?
- Wie ist der einschlägige Lebenslauf des Trainers/Beraters?
- Verfügt er über ausreichende Erfahrung im Management einer vergleichbaren Organisation (belegt durch den Lebenslauf)?
- Wird die Ausbildung bzw. die Trainings-, Seminar und Beratungserfahrung dargelegt?
- Kann der Trainer/Berater eine Lizenz für eine einschlägige gruppentherapeutische Disziplin vorweisen, beispielsweise systemische Familientherapie, Psychodrama, Themenzentrierte Interaktion etc.?
- Welche Seminare und Beratungen hat er bereits durchgeführt?
- Gibt es evtl. Veröffentlichungen des Trainers/Beraters?
- Sind ausreichend Branchenkenntnisse vorhanden?
- Kann erwartet werden, dass die Referenten/Berater genügend Einfühlungsvermögen in die betriebsspezifischen Probleme haben?

Beratungsverständnis/Trainingsverständnis

- *Stellt sich der Trainer/Berater einer Vorprüfung und weist dabei seine Fähigkeit nach, ein einfach vernetztes Problem zu lösen?*
- *Welche Trainingsschulen/-theorien werden vertreten und im Training angewandt?*
- *Welches Menschenbild wird vertreten?*

Didaktik und Aufbau der Maßnahme (Seminare, Workshops o. ä.)

- *Gibt es einen Katalog an Lernzielen, mit dem sich nach der Veranstaltung überprüfen lässt, ob die Lernziele auch erreicht wurden?*
- *Enthält das Seminarprogramm bzw. gibt der Trainer Informationen über die zur Anwendung gelangenden Lernmethoden?*
- *Ist die Didaktik, der Veranstaltungsaufbau und -ablauf bezüglich der angestrebten Ziele offengelegt und sinnvoll?*
- *Lernen die Teilnehmer nur durch Frontalunterricht, durch Vorlesungen?*
- *Handelt es sich um aktivierende und motivierende Methoden?*
- *Werden Erfahrungen und Praxisbeispiele der Teilnehmer in die Veranstaltung einbezogen?*
- *Inwieweit kann der Teilnehmer die Maßnahme mitgestalten?*
- *Besteht während oder am Rande der Veranstaltung die Möglichkeit zum Erfahrungsaustausch?*
- *Werden den Teilnehmern schriftliche Unterlagen zur Verfügung gestellt?*

Wie lang wird die Veranstaltung schon angeboten bzw. wie oft wurde sie bereits durchgeführt?

- *Ist die Veranstaltung schon mehrmals durchführt worden oder ist es das erste Mal?*
- *Sind im Laufe der ersten Male Veränderungen bzw. Verbesserungen am Konzept vorgenommen worden?*
- *Sind die Trainer konstant?*

– Gibt es ein übergreifendes Konzept bzw. ein Curriculum, das am Erfahrungsstand der Teilnehmer ausgerichtet ist?

Welche Zielgruppen werden angesprochen?
– Eignen sich die angebotenen Maßnahmen für den vorgesehenen Mitarbeiterkreis?
– Werden Angaben über vorausgesetzte Vorbildung und Berufserfahrung gemacht?
– Wie homogen ist die Zielgruppe (Beruf, Alter, Qualifikation, Branche)?

Wie groß ist die Teilnehmerzahl?
– Ist der Teilnehmerkreis zahlenmäßig begrenzt?
– Ist die Teilnehmerzahl sinnvoll?
– Wird bei Veranstaltungen zu Führungs-, Verhaltens- und Motivationsthemen sowie zu Einstellungsveränderungen eine Teilnehmerzahl von 10–12 überschritten?

Veranstaltungsdauer
– Können die avisierten Termine wahrgenommen werden?
– Reicht die vorgesehene Zeit aus, um die angestrebten Lernziele zu erreichen?

Vorbereitung
– Gibt es ein Aufnahme- oder Vorbereitungsgespräch?
– Gibt es im Voraus Unterlagen oder vorbereitende Literatur für die Teilnehmer?
– Wird jeder unabhängig vom Profil als Teilnehmer in die Maßnahme aufgenommen?
– Betreut und berät der Trainer/Berater auch nach Ablauf der Veranstaltung?
– Gibt es ein Aufbauseminar?
– Gibt es ein Follow-up, bei dem das Gelernte ergänzt und überprüft wird, ein konkretes Transferprogramm für die Nachher-Situation oder andere Maßnahmen zur Transfersicherung und -kontrolle?
– Gibt es Fragebogen- oder sonstige Nachfassaktionen?
– Gibt es zusammenfassende Protokolle oder Simultanprotokolle?
– Gibt es »Reminder«-Unterlagen, die dem Teilnehmer Denkanstöße und Hilfestellung bei der Umsetzung bieten?

Veranstaltungskosten und Nebenkosten
– Gibt es Rücktrittsrechte bzw. Stornierungsmöglichkeiten?
– Kann das Geld bei Mängeln zurückgefordert werden?
– Wie hoch sind die Honorarvorstellungen für:
  – den Tagessatz pro Trainer?
  – die Analysephase?
  – die Materialien?
  – die Konzepterstellung?
– Entsprechen die Kosten dem voraussichtlichen Nutzen?
– Erscheinen die Kosten im Vergleich mit den anderen Alternativen vertretbar?
– Sind in den Gebühren auch Mahlzeiten und Unterbringung enthalten?
– Gibt es Nachlass bei mehreren Teilnehmern?

Sonstiges
– Können Sie sich die Zusammenarbeit mit dem externen Trainer bzw. Berater vorstellen (Bauchgefühl)?
– Haben die Teilnehmer und PE-Mitarbeiter ein weitgehend übereinstimmendes Bild über den Trainer/Berater/Anbieter?
– Gibt es Hinweise auf Verbindungen zu sektennahen oder sektenähnlichen Einrichtungen?
– Wird eine Sekten-Distanzierungserklärung unterzeichnet?

2. Zusammenarbeit mit Trainern und Beratern

Gerade im Rahmen der Personalentwicklung wird viel mit externen Mitarbeitern gearbeitet. Durch ihren Einsatz kann die verfügbare Personalkapazität an PE-Mitarbeitern kurzfristig und flexibel erweitert bzw. reduziert und nötiges Know-how eingekauft werden. Die Zusammenarbeit mit externen Mitarbeitern wirft allerdings eine Reihe an Fragen auf:

– Wie müssen vertragliche Regelungen der Beschäftigung freier Mitarbeiter aussehen?
– Welche rechtlichen Gesichtspunkte sind zu beachten?
– Welche Spielregeln der Zusammenarbeit sollte es geben?

Diese Fragen sollen im Folgenden beantwortet werden.

2.1 Vertragliche Regelungen für die Zusammenarbeit mit Externen

Vereinbarungen mit externen Mitarbeitern werden im Bereich der Personalentwicklung – im Gegensatz zu beispielsweise dem IT-Bereich – oft nur mündlich getroffen. Vielfach muss möglichst schnell ein externer Mitarbeiter für eine kurzfristige Moderation gefunden werden. Für die schriftliche Bestätigung des Moderationstermins und -honorars bleibt kaum mehr Zeit; sie können manchmal bestenfalls nur nachdokumentiert werden. Daneben ist es im Bereich der Personalentwicklung geradezu Usus, Vereinbarungen per Handschlag, statt mit detaillierten schriftlichen Verträgen zu treffen.

Mündliche versus schriftliche Vereinbarungen

Mündliche Vereinbarungen bieten den Nachteil, dass sie schnell zu Missverständnissen und auch Missbrauch führen können. Sehr schnell können beispielsweise Termine vertauscht werden, wenn sie nicht schriftlich bestätigt werden. Oder es werden vom Externen Vorbereitungsaufwände veranschlagt, die man eigentlich als im Honorar abgegolten gesehen hat. Schriftliche Vereinbarungen bieten somit die Möglichkeit, sich vor solch unliebsamen Überraschungen zu schützen, indem die wichtigsten Aspekte der Zusammenarbeit (Termine, Art und Umfang des Auftrags, Honorar etc.) schriftlich fixiert sind.

Des Weiteren machen rechtliche und steuerliche Gründe die schriftliche Fixierung der Zusammenarbeit notwendig. Denn nach den geltenden rechtlichen Bestimmungen trifft ein externer Trainer seine vertraglichen Vereinbarungen in der Regel als Freiberufler, eine Personalentwicklung dagegen als Vollkaufmann. In der Regel sind Personalentwicklungsabteilungen ein Organisationsbestandteil einer Personen- oder Kapitalgesellschaft. Damit gelten für die PE dieselben rechtlichen Grundsätze wie für die Gesellschaft selbst. Dies bedeutet zum einen, dass für die Personalentwicklung als Vollkaufmann die »Grundsätze der ordnungsgemäßen Buchführung und Bilanzierung« (GoB) gelten. Nach § 238 Abs. 1 HGB ist jeder Kaufmann verpflichtet, Bücher zu führen und in diesen seine Handelsgeschäfte und die Lage seines Vermögens nach den Grundsätzen ordnungsgemäßer Buchführung ersichtlich zu machen. Die Buchführung muss so beschaffen sein, dass sie einem sachverständigen Dritten innerhalb angemessener Zeit einen Überblick über die Geschäftsvorfälle und die Lage des Unternehmens vermitteln kann. Die Geschäftsvorfälle müssen sich in ihrer Entstehung und Abwicklung verfolgen lassen. Dies bedeutet für die PE, dass kein Betrag ohne einen Beleg, kein Honorar ohne Vertrag und Rechnung angewiesen werden darf.

Des Weiteren werden an die PE als Vollkaufmann gegenüber dem Externen als Freiberufler höhere Anforderungen gestellt, wenn es beispielsweise darum geht, strittige Terminvereinbarungen zu beweisen. Einseitige Bestätigungen gegenüber einem Vollkaufmann, so genannte »kaufmännische Bestätigungsschreiben« erlangen Rechtskraft und zwar ohne Rückbestätigung durch den »Vollkaufmann«, also das Unternehmen, wenn diesen nicht unverzüglich widersprochen wird. Nebenbei sei darauf hingewiesen, dass PE-Maßnahmen steuerlich nicht anerkannt werden können, wenn deren Inhalte, Tagesordnung, Teilnehmer und Arbeitszeit nicht dokumentiert sind.

Außerdem ist die schriftliche Fixierung der vertraglichen Regelungen auch aufgrund der gelegentlich anstehenden Revision der Personalentwicklung notwendig. Zu einer derartigen Revision gehört es, alle schriftlichen Vereinbarungen sowie den Zahlungsverkehr der PE zu prüfen. Für jede Revision ist es ein »gefundenes Fressen«, wenn Honorare an Externe ausgezahlt wurden, ohne dass es dafür einen Vertrag gab. Somit kann es für den Leiter einer PE weitreichende Konsequenzen haben, wenn sich nicht nachvollziehen lässt, welche Zahlung welche Beraterleistung honoriert und der Verdacht erhoben wird, Zahlungen ohne tatsächliche Leistung angewiesen zu haben.

Letztlich machen diese Ausführungen deutlich, wie wichtig schriftliche Vereinbarungen mit Externen sind, um Missverständnisse, Missbrauch und (steuer-)rechtliche Auseinandersetzungen verhindern und eine interne Revision, eine Steuer- oder Wirtschaftsprüfung überstehen zu können. Alle, auch kurzfristige, mündliche Vereinbarungen sind schnellstens schriftlich nachzudokumentieren!

Wie sollten nun schriftliche Vereinbarungen aussehen?

Gestaltung schriftlicher Vereinbarungen mit Externen
Freie Beschäftigung
Zunächst einmal ist bei der Vertragsgestaltung mit einem freien Mitarbeiter darauf zu achten, dass eine so genannte *freie Beschäftigung* vereinbart wird. Dies geschieht – im Unterschied zum Arbeitsvertrag bei abhängiger Beschäftigung –

durch einen Werk- oder Dienstvertrag bei selbstständiger Beschäftigung. Für selbstständige Tätigkeit spricht, dass keine Eingliederung des Externen in den Betrieb erfolgt ist. Dies zeigt sich zum Beispiel darin, dass er für seine Tätigkeit nicht auf den Apparat des ihn beschäftigenden Unternehmens angewiesen ist. Weiter ist ein deutlicher Hinweis auf Selbstständigkeit dann gegeben, wenn der externe Trainer oder Berater das Risiko, keine Aufträge und damit kein Einkommen zu erhalten, allein trägt.

Schwierigkeiten entstehen im Alltag typischerweise dadurch, dass zwar vertraglich eine freie Mitarbeiterschaft vereinbart wird, der Externe jedoch tatsächlich in den Betrieb eingegliedert ist und auch Zeit, Ort und Dauer seiner Tätigkeit nicht selbst bestimmen kann. Nach ständiger Rechtsprechung liegt dann entgegen der ursprünglichen Vereinbarung ein abhängiges Arbeitsverhältnis vor. Dieses vermeintlich freie, tatsächlich aber abhängige Mitarbeiterverhältnis bedeutet eine Reihe arbeitsrechtlicher, steuerlicher, sozialversicherungsrechtlicher und wirtschaftlicher Konsequenzen für das beschäftigende Unternehmen.

Exkurs Scheinselbstständigkeit

Was bedeutet die gesetzliche Regelung zur Scheinselbstständigkeit in Hinblick auf freie Mitarbeiter, Trainer und Berater?

Durch das Gesetz soll dem Staat die Einbeziehung scheinselbstständiger Arbeitnehmer in die Sozialversicherung leichter gemacht werden. Scheinselbstständige Arbeitnehmer sind Personen, die zwar formal Selbstständige, tatsächlich aber abhängig Beschäftigte sind.

Um scheinselbstständige Arbeitnehmer schneller und besser ermitteln zu können, hat der Gesetzgeber einen Kriterienkatalog aufgestellt; sind mindestens zwei der darin genannten Kriterien erfüllt, geht der Staat von einer abhängigen und damit sozialversicherungspflichtigen Beschäftigung aus. Diese gesetzliche Vermutung kann allerdings von Ihnen oder Ihrem Mitarbeiter – oder Ihnen beiden zusammen – widerlegt werden. Hierzu können Sie sämtliche Beweismittel heranziehen, die die tatsächliche Selbstständigkeit des Betroffenen belegen. Liegen dann sowohl Merkmale vor, die für eine abhängige Beschäftigung sprechen, wie auch solche, die auf eine Selbstständigkeit hindeuten, kommt es letztlich darauf an, welche Merkmale überwiegen.

2. Welche Kriterien deuten auf eine selbstständige Tätigkeit?
– Die bei Ihnen arbeitende Person beschäftigt im Zusammenhang mit ihrer Tätigkeit für Sie mit Ausnahme von Familienangehörigen keine versicherungspflichtigen Arbeitnehmer

In der Regel liegt beim Einzeltrainer dieses Merkmal vor. Bei Beratungsunternehmen ist der Übergang vom Einzeltrainer zum Unternehmer und zurück fließend. Manch ein Trainer beginnt alleine, hat dann Mitarbeiter oder Partner, um dann nach einiger Zeit wieder alleine zu arbeiten. Somit empfiehlt es sich, die Rechtsbeziehung vorsorglich so zu gestalten, als handele es sich um Einzeltrainer. Sichern Sie sich insbesondere vorher ab und verpflichten Sie den Mitarbeiter vertraglich, Sie umgehend zu informieren, wenn die Voraussetzungen für dieses Kriterium erfüllt sind. Koppeln Sie eine Verletzung dieser Pflicht mit einer Haftungsfreistellung und einer Vertragsstrafe.

– **Die bei Ihnen arbeitende Person ist regelmäßig und im Wesentlichen nur für einen Auftraggeber – nämlich für Sie – tätig**
Was bedeutet hier ›regelmäßig‹ und ›im Wesentlichen‹?
Dieses Kriterium gilt als erfüllt, wenn der Trainer/Berater mindestens 5/6 seiner gesamten Einkünfte allein aus einer Tätigkeit erzielt. Die Sozialversicherungsträger stellen bei der Beurteilung dieser Frage dabei in erster Linie auf das erzielte Einkommen und weniger auf die tatsächliche Arbeitszeit ab. Für Sie als Auftraggeber bedeutet dies, dass Sie sich Gewissheit über die Auftragslage und sonstige Tätigkeiten des freien Trainers und Beraters verschaffen sollten. Möglicherweise ist hier eine einfache schriftliche Erklärung ausreichend, dass der Trainer und Berater noch im wesentlichen Umfang für andere Auftraggeber tätig ist und selbstständig im Markt auftritt. Keinesfalls sollte jedoch das Auftragsvolumen für einen »Freien« über einen längeren Zeitpunkt so groß sein, dass eine weitere Tätigkeit am Markt allein aus diesem Grunde nicht mehr möglich ist. Ab ca. 70 Einsatztagen als Trainer wird es ernst, daher sollte diese Zahl keinesfalls überschritten werden.

– **Die bei Ihnen arbeitende Person erbringt für Beschäftigte typische Arbeitsleistungen, unterliegt insbesondere Ihren Weisungen und ist in Ihre Arbeitsorganisation eingegliedert**
Dieses Kriterium stellt den kritischen Punkt im Personalentwicklungsgeschäft dar. Eine Gleichbehandlung von freien und angestellten Trainern muss nach dieser gesetzlichen Regelung ausgeschlossen werden. Auch wenn es den weit verbreiteten Einstellungen im PE-Geschäft zuwider läuft: Weihnachtsfeiern mit Externen, andere gemeinsame Veranstaltungen, Unternehmensvergünstigungen für Büroräume etc. sind zu vermeiden. Solange die Vorbereitung des externen Trainers/Beraters bei ihm zu Hause abläuft, kann nicht so ohne weiteres von einer Eingliederung in die Organisation gesprochen werden.

– **Die bei Ihnen arbeitende Person tritt nicht auf Grund unternehmerischer Tätigkeit am Markt auf**
Dieses Kriterium soll nach Ansicht der Sozialversicherungsträger dann erfüllt sein, wenn der Berater / Trainer nicht über Einkaufs-/Verkaufspreise, Warenbezug, Personaleinstellungen, Kapital- und Maschineneinsatz weitgehend eigenständig entscheiden kann.
Achten Sie daher darauf, dass Ihr Externer unternehmerische Freiheit genießt und unternehmerische Chancen wahrnehmen kann. Engen Sie ihn also keinesfalls ein, wenn es um die Beschaffung von Materialien oder ähnlichen Dingen geht. Prüfen Sie auch, ob er für seine Dienstleistungen wirbt und über eigene Büroräume und firmeneigenes Briefpapier verfügt.

3. Wer prüft, ob die Kriterien erfüllt sind?
Die Entscheidung über die Versicherungspflicht im Einzelfall (einschließlich der Prüfung der oben genannten Kriterien) obliegt der zuständigen Krankenkasse. Diese erteilt im Vorfeld auch die erforderlichen Auskünfte.
In Zweifelsfällen sollten Sie sich die Entscheidung der Krankenkasse auf jeden Fall durch den jeweiligen Rentenversicherungsträger bestätigen lassen. Dieser ist nämlich – auch trotz gemeinsamen Rundschreibens mit den Krankenkassen – an die Entscheidungen der Krankenkasse nicht gebunden.

4. Welche Konsequenzen ergeben sich aus der Erfüllung einzelner Kriterien?
Gelingt es nicht, die gesetzliche Vermutung der Scheinselbstständigkeit zu widerlegen, wird Ihr Beschäftigter als Arbeitnehmer behandelt. Dies bedeutet, dass er in allen Zweigen der Sozialversicherung versicherungspflichtig ist. Sie als Auftraggeber haben dann u. a. den hälftigen Sozialversicherungsbeitrag zu zahlen (auch rückwirkend).
Beschäftigt die bei Ihnen arbeitende Person im Zusammenhang mit ihrer Tätigkeit für Sie mit

Ausnahme von Familienangehörigen keine versicherungspflichtigen Arbeitnehmer und ist die Person regelmäßig und im Wesentlichen nur für einen Auftraggeber tätig (liegen also die oben genannten Kriterien 1 und 2 vor), so bleibt sie trotz etwaiger Widerlegung als ›arbeitnehmerähnlicher Selbstständiger‹ zumindest rentenversicherungspflichtig. Die Rentenversicherung muss Ihr Mitarbeiter dann über allem tragen.

5. Wie sollen Sie sich als Arbeitgeber verhalten?
›Checken‹ Sie zunächst, welche Ihrer freien Mitarbeiter als möglicherweise Scheinselbstständige überhaupt in Frage kommen.

Haben Sie diesen Personenkreis ausgemacht, sollten Sie prüfen, in welchen Bereichen Sie die Zusammenarbeit an die genannten Kriterien anpassen können bzw. müssen. Ziel sollte dabei sein, dass maximal eines der genannten vier Kriterien erfüllt ist, um die gesetzliche Vermutung nicht widerlegen zu müssen. Um dies zu erreichen, sollten Sie den externen Mitarbeiter nach Möglichkeit veranlassen,

- *weitere Auftraggeber zu suchen und/oder zumindest eine Person selbst fest einzustellen (dabei darf es sich jedoch nicht um den Ehepartner, Verwandte oder 400-Euro-Kräfte handeln) und/oder*
- *selbst nach außen als Unternehmer aufzutreten, indem er für seine Waren/Dienstleistungen selbst um Kunden wirbt und sich firmeneigenes Briefpapier usw. zulegt, und/oder*
- *seine Arbeitszeit selbst zu bestimmen und/oder*
- *eigenes Betriebskapital bei seiner Tätigkeit einzusetzen und sich dieses nicht von Ihnen stellen zu lassen.*

Schauen Sie sich dabei auch in jedem Fall den bestehenden Vertrag an. Dieser muss gegebenenfalls dahingehend ›entschärft‹ werden, dass dieser keine Klauseln enthält, die für eine abhängige Beschäftigung sprechen (z. B. feste Arbeitszeiten, fester Arbeitsort, Wettbewerbsverbot, fehlendes Recht, eine Tätigkeit abzulehnen etc.). Reicht Ihnen das noch nicht aus, sollten Sie gegebenenfalls die Krankenkasse und den Sozialversicherungsträger um seine Einschätzung bitten.

Werk- und Dienstvertrag

Das freie Mitarbeiterverhältnis kann in Form eines Werk- oder Dienstvertrags vereinbart werden. Ein Werkvertrag verpflichtet dabei den Externen zum Eintritt eines vereinbarten Ergebnisses, z. B. der Entwicklung eines Seminars; ein Dienstvertrag bindet ihn, eine Dienstleistung, z. B. ein Training zu erbringen. Auf der CD sind beispielhaft ein Dienst- und Werkvertrag in Form eines Unterrichts- und Projektvertrags dargestellt. Für die Vereinbarung derartiger Verträge sei noch auf folgende Punkte hingewiesen:

Ein Werkvertrag muss stets vor der Leistungserbringung ausgestellt werden.
Auch telefonische Absprachen sollten sofort nachdokumentiert werden, damit allen Rechnungen und Zahlungen dementsprechende Verträge gegenüber stehen.

Grundsätzlich sollten die Verträge so allgemein gehalten werden, dass sie im Sinne eines Formulars für alle Auftragsarten (Moderationen, Trainings, Coaching etc.) verwendet werden können.

Die Vertragsformulierung sollte sowohl auf Einzeltrainer als auch für Trainingsinstitute anwendbar sein.

Empfehlenswert ist, eine Copyrightklausel mit in den Werk- und Dienstleistungsvertrag aufzunehmen. Die Copyrightklausel berechtigt das Unternehmen, die vom Externen erstellten Unterlagen, Filme etc. unbegrenzt und unwiderruflich zu nutzen, zu bearbeiten und umzugestalten. Damit können die Materialien auch nach Beendigung der Zusammenarbeit mit dem externen Mitarbeiter weiter genutzt werden.

Mögliche Inhalte eines Werk- oder Dienstvertrags sind:
- Auflistung der Leistungen des Auftragnehmers
- Termine
- Vergütung
- Bereitstellung von Informationen
- Urheber- und Nutzungsrechte
- Herabsetzung der Vergütung, Rücktritt
- Verhinderung
- Zusatzvereinbarungen

Rahmenvertrag
Neben dem Auftragsinhalt sollte das grundlegende Rechtsverhältnis zwischen Personalentwicklung und Externen geregelt werden. Dies kann in Form eines so genannten Rahmenvertrags geschehen. Der Rahmenvertrag begründet dabei für sich noch keine Leistungsverpflichtung zwischen den Parteien; hierzu muss erst ein entsprechender Werk- oder Dienstvertrag geschlossen werden. Somit regelt der Rahmenvertrag das grundlegende Rechtsverhältnis, während der Werk- und Dienstvertrag das genaue Ergebnis oder die Leistung, die zu erbringen ist, beschreibt. Dieses Vorgehen bietet den Vorteil, dass bei jedem neuen Auftrag nur der Werk- oder Dienstvertrag zu erstellen ist; der rechtliche Rahmen muss nicht wiederholt vereinbart werden. Er gilt weiter, sofern er nicht von einer der beiden Seiten gekündigt wird. Mögliche Inhalte eines Rahmenvertrags sind:

- rechtliche Stellung des Auftragnehmers
- Geheimhaltung
- Konkurrenzverbot, Treuepflicht
- Grundsätze zur Vergütung
- Grundsätze zum Aufwendungsersatz
- Zusicherungen des Auftragnehmers
- Mitteilungspflichten
- Datenschutz
- Aufbewahrung und Rückgabe von Unterlagen und Datenträgern
- Vertragsdauer

- Allgemeine Bestimmungen
- Distanzierungserklärung von Sekten oder sektenähnliche Verbindungen

2.2 Interne und externe Verantwortung für Maßnahmen und Ergebnisse

Ist erst einmal ein Vertrag mit dem Externen geschlossen, so wird häufiger von ihm der Standpunkt vertreten, dass er als »Experte« oder »Spezialist« die Verantwortung (beispielsweise für ein AC-Gutachten) zu tragen habe. Als Fachmann auf seinem Gebiet müsse er für die Güte der PE-Maßnahme einstehen und das Instrument verantworten.

So richtig dieser Standpunkt unter wissenschaftlichen Gesichtspunkten auch sein mag, so fragwürdig ist dieser Ansatz aus der Perspektive der Organisationseinheit PE. Denn nicht der Externe muss die PE-Instrumente gegenüber dem Unternehmen verantworten, sondern vielmehr die PE. Sie hat die Maßnahme intern zu vertreten, hat dafür Sorge zu tragen, dass sich Preis (gezahltes Honorar) und Leistung des Externen entsprechen und dass rechtliche Rahmenbedingungen (beispielsweise das Betriebsverfassungsgesetz) eingehalten werden. Sie ist dafür verantwortlich, dass eine neue PE-Maßnahme zu den übrigen PE-Maßnahmen passt, dass das Instrument das beabsichtigte Ziel auch tatsächlich erreicht, und dass die eingesetzten Methoden im Unternehmen Akzeptanz finden. Dies macht es in vielen Fällen nötig, von wissenschaftlichen Ansprüchen oder vom prinzipiell Möglichen abzuweichen. Daneben sind Spezifika des Unternehmens und die »politische Großwetterlage« zu berücksichtigen, die selten ein Externer genau kennt.

Zusammengefasst liegt damit die Steuerung und Verantwortung für eine PE-Maßnahme in den Händen der PE selbst. Kann der Externe die Führung bzw. Lenkung von Seiten der PE nur schwer akzeptieren, so ist von einer Zusammenarbeit dringend abzuraten. Im Auftragsverlauf würden sich andernfalls eine Reihe von Auseinandersetzungen und Machtkämpfen ergeben.

2.3 Spielregeln für die Zusammenarbeit von PE und Trainern/Beratern

Neben formal rechtlichen Vereinbarungen sollte für die künftige Zusammenarbeit mit dem Trainer deutlich besprochen werden, welche Erwartungen man an ihn stellt, welche Kompetenzen er hat, wie man die PE-Rolle und seine Rolle als Experte sieht, über was man informiert werden möchte etc. Hierbei empfiehlt es sich, diese Spielregeln möglichst zu Beginn der Zusammenarbeit mit einem Trainer abzustimmen. Wird dies versäumt, so kommt es nicht selten im Verlauf der gemeinsamen Arbeit zu Auseinandersetzungen und Machtkämpfen zwischen PE und Externen.

Veranstaltungsinhalte sind verpflichtend

Aus dem vorherigen Punkt folgt, dass alle Veranstaltungsinhalte, Absprachen und Vorgaben für den Trainer verpflichtend sind. So darf er ohne Rücksprache oder triftigen Grund keine Trainingsbausteine ändern, auch dann nicht, wenn damit dieselben Seminarziele erreicht werden können! Denn der Trainer kennt im Zweifel die unternehmensspezifischen Besonderheiten und Zusammenhänge nicht. So kann er beispielsweise nicht wissen, dass die abgeänderten Trainingsinhalte zwingende Grundlage für ein Folgeseminar sind. Der Trainer sollte daher nur in begründeten Ausnahmefällen vom einmal abgestimmten Design abweichen. Sollten doch einmal im Laufe einer Veranstaltung Änderungen nötig sein, sollte er nach Möglichkeit den PE-Verantwortlichen über die Situation und die Änderung möglichst frühzeitig, spätestens jedoch nach Ende der Veranstaltung, informieren. Als Statusbericht über den Verlauf einer Veranstaltung hat sich übrigens der so genannte **Veranstaltungsbericht** bewährt (siehe Abb. 40). Diesen Bericht faxt der Trainer nach Ende der Veranstaltung an den PE-Verantwortlichen und informiert ihn so über den Verlauf der Maßnahme. Der PE-Verantwortliche hat damit die Möglichkeit, gegebenenfalls notwendige Maßnahmen zu ergreifen. Der Veranstaltungsbericht ist als Statusbericht aber auch dann wichtig, wenn ein Training wie geplant gelaufen ist. Er bedeutet nämlich, dass das nächste Training in gleicher Form erneut ablaufen kann.

Nebenbei sei angemerkt, dass der Veranstaltungsbericht ein persönliches Gespräch über den Verlauf der Veranstaltung mit dem Trainer nicht ersetzen kann. Er stellt vielmehr sicher, dass die PE über alle aktuellen Entwicklungen frühzeitig informiert ist und entsprechend frühzeitig reagieren kann.

Information der PE bei Fragen, Störungen und Problemen

Von selbst versteht sich eigentlich auch, dass der Trainer die Personalentwicklung über Störungen (Teilnehmer blockieren den Seminarablauf etc.) im Veranstaltungsablauf unverzüglich und telefonisch unterrichtet, so dass sie in der Lage ist, gegebenenfalls frühzeitig eingreifen zu können. Dasselbe gilt für alle Situationen, in denen der Trainer oder Berater Unterstützung oder eine Entscheidung benötigt. Ebenfalls ist in allen Situationen, die disziplinarische Fragen aufwerfen, der Veranstaltungsverantwortliche in seiner Funktion als Arbeitgeber zu informieren. Von dort wird dem Trainer weitergeholfen und gegebenenfalls das anzusprechende Management eingeschaltet.

Veranstaltungsbericht

Bitte unmittelbar nach Seminarende an Fax: 01234/456–789 senden

für die Veranstaltung: ....

vom: .... bis: .... in ....

Trainer/Berater: ....

Anzahl der Teilnehmer: ....

Anzahl der Teilnehmer, die nicht erschienen sind: ....

Namen der Teilnehmer, die verspätet erschienen sind: ....

Namen: ....

Anzahl der Teilnehmer, die nur zeitweilig anwesend waren:

Namen: ....   Grund: ....

     ....

Tatsächliches Zeitraster:

	1. Tag	2. Tag	3. Tag	4. Tag	5. Tag
Beginn:	:	:	:	:	:
Mittagspause von:	:	:	:	:	:
bis:	:	:	:	:	:
Ende des Tages:	:	:	:	:	:

Besondere Vorkommnisse:

Abweichungen vom inhaltlichen Seminarplan (Tag/Grund):

Sonstiges:

Erstellte Protokolle, die an die Teilnehmer versandt werden sollen:

Anzahl: Titel:

Protokolle werden grundsätzlich über die Personalentwicklung versandt. Bitte Kopiervorlage an die PE senden

Ort, Datum   Unterschrift des Trainer/Beraters:

Abb. 40: Veranstaltungsbericht

Information und Einführung des Trainers in das Unternehmen

In den vorausgegangenen Kapiteln wurde wiederholt darauf hingewiesen, dass der Trainer möglichst umfassend über das Unternehmen informiert und in dieses eingeführt werden sollte. In diesem Zusammenhang sollten nicht nur der Beratungsauftrag, sondern auch mögliche Stolpersteine, Macht- und Kommunikationsstrukturen im Unternehmen, Förderer, Behinderer etc. erläutert werden. Denn nur wer die sozialen Strukturen mit den Zielen und Absichten der Beteiligten kennt, kann auf diese entsprechend reagieren.

Zur Information und Einführung des Trainers hat sich ein **Kurzpraktikum** bewährt. So sollte beispielsweise ein Telefontrainer einige Stunden in der Telefonzentrale verbringen, ein Vertriebstrainer einen Außendienstmitarbeiter begleiten etc. In diesem Kurzpraktikum kann der Trainer selbst einen Eindruck vom Unternehmen, von den Strukturen und der Frage- und Problemstellung der Mitarbeiter/des Unternehmens gewinnen. Darüber hinaus kann der Trainer oder Berater bereits frühzeitig Kontakt zu späteren Seminarteilnehmern oder Ansprechpartnern herstellen.

Eröffnung einer Veranstaltung: Einführung des Trainers

Der Auftraggeber sollte den Trainer zu Beginn der Veranstaltung vorstellen, den Auftrag des Trainers und den Grund seiner Anwesenheit bzw. den Grund der Veranstaltung erläutern. Damit wird der Trainer/Berater sozusagen »autorisiert«. Er erhält von Seiten des Auftraggebers die Kompetenz, diese Maßnahme durchzuführen. Außerdem wird deutlich gemacht, wie Trainer, Management und PE zueinander stehen. Darüber hinaus sollten möglicherweise vorhandene Missverständnisse, Ängste sowie Befürchtungen von Seiten des Auftraggebers angesprochen und ausgeräumt werden. Auf jeden Fall sollten folgende Punkte bei Veranstaltungseröffnung angesprochen werden:

– Warum wurden die Mitarbeiter zu diesem Seminar eingeladen? (Sollen die Mitarbeiter Nachhilfeunterricht erhalten, für neue Anforderungen fit gemacht werden oder ein Dankeschön bekommen?)
– Was verspricht man sich vom Seminar? (Sollen die Mitarbeiter motiviert werden, will man ihnen ihre Schwächen aufzeigen, ihnen neue Techniken vermitteln?)
– Was ist der Auftrag des Trainers? (Hat der Trainer die Funktion eines Spezialisten, eines Nachhilfelehrers, eines Kontrolleurs?)
– Welche Absprachen bestehen zwischen Trainer, Management und PE? (Welche Informationen gibt der Trainer weiter?)

Weitergabe von Informationen über die Veranstaltung hinaus

Fast von selbst versteht sich, dass Informationen über Mitarbeiter nicht über den Trainer an deren Vorgesetzte und die Personalentwicklung weitergegeben werden. So verbietet es sich, dem Vorgesetzten Auskunft darüber zu geben, »wie denn der Mitarbeiter Müller im Training war«.

Wünschen aber gerade die Seminarteilnehmer, dass das Management über bestimmte Veranstaltungsergebnisse informiert wird, so sollte auch hier vorher die PE informiert werden. Sie kann die Weitergabe der Informationen prüfen bzw. sich frühzeitig »Rückendeckung« holen, bevor die entsprechenden Informationen weitergegeben werden und für »politischen« Aufruhr sorgen.

Information des Trainers über eine Trainermappe

Zur Information des Trainers über wichtige Ansprechpartner, Hotelvereinbarungen etc. hat sich eine so genannte »Trainermappe« bewährt. Diese enthält alle relevanten Informationen inklusive Telefonnummern und Hotelvereinbarungen. Die Trainermappe wird jeweils rechtzeitig vor Seminarbeginn an die Seminaradresse des Trainers gesandt. Sie liegt bereits beim Einchecken des Trainers im Tagungshotel vor und weist den Trainer noch vor Beginn des Trainings auf wichtige Dinge hin. Außerdem hat die Trainermappe den Effekt, dass sie den Trainer an unternehmensspezifische Abläufe und Vereinbarungen beispielsweise zur Kostenregelung erinnert. Weiterer Inhalt der Trainermappe ist der oben erläuterte »Veranstaltungsbericht«. Der untenstehende Kasten enthält einen Auszug eines Informationsschreibens der Trainermappe.

Information des Trainers und Beraters

An Herrn/Frau . . . .

Trainer(in)/Moderator(in) der Veranstaltung . . . .

vom: . . . . bis: . . . . in: . . . .

Herzlichen Dank, dass Sie die oben angegebene Veranstaltung für uns durchführen:
Für alle organisatorischen Fragen betreut Sie in dieser Veranstaltung
Herr/Frau . . . . Telefon: . . . .

Für alle inhaltlichen Fragen betreut Sie
Herr/Frau . . . . Telefon: . . . .

Bitte nehmen Sie mit den genannten Ansprechpartnern in allen Fragen, die das Unternehmen »X« als Veranstalter betreffen, und bei denen Sie Unterstützung benötigen, wichtige Informationen für das Unternehmen weiterzugeben sind oder Sie eine Entscheidung benötigen, jeweils Kontakt per Telefon oder Fax auf. Sollte wider Erwarten in der Veranstaltung eine Situation eintreten »die disziplinarische Fragen« aufwirft, ist ebenfalls der/die als inhaltliche(r) Ansprechpartner(in) genannte Ihr Ansprechpartner innerhalb des Unternehmens »X«. Von dort wird Ihnen weitergeholfen und gegebenenfalls das anzusprechende Management eingeschaltet.

Sollte ein Teilnehmer zu Veranstaltungsbeginn nicht erscheinen, oder ein Teilnehmer wünscht, die Veranstaltung abzubrechen: Bitte nehmen Sie in jedem Falle Kontakt mit uns auf. Wir veranlassen von hier aus alles Nötige.

*   01234/456–789*

Wir wünschen unserer gemeinsamen Veranstaltung einen guten Verlauf.
Ihre Personalentwicklung

---

3. Einbeziehung des sozialen Umfeldes

Auch die sinnvollste und bestens konzipierte PE-Maßnahme bringt wenig Nutzen, wenn sie im Haus nicht auf die nötige Akzeptanz stößt. So ist ein Assessment-Center wenig sinnvoll, wenn Führungspositionen weiterhin unabhängig von dessen Ergebnissen besetzt werden. Auch ein Seminar wird wenig Nutzen bringen, wenn die Seminarteilnehmer am Arbeitsplatz nicht von ihrem Vorgesetztem dabei unterstützt werden, das Gelernte anzuwenden. Das heißt, für den Erfolg von PE-Maßnahmen sind die Menschen von entscheidender Bedeutung, die mittelbar und unmittelbar in die PE-Maßnahmen eingebunden sind, seien dies der Auftraggeber, andere Bereichsleiter oder die Teilnehmer der Maßnahme. Je sorgfältiger man das nähere und weitere Umfeld einer PE-Maßnahme – ob Teilnehmer, Vorgesetzte oder Führungskräfte – bereits bei deren Entwicklung berücksichtigt und miteinbezieht, um so mehr lassen sich Störungen und Spannungen bei der späteren Durchführung vermeiden. Wer aktiv an der Entwicklung einer Maßnahme selbst beteiligt ist, engagiert sich nachher auch für deren Umsetzung.

Die intensivste Form der Einbeziehung der Betroffenen ist deren frühzeitige Mitwirkung bereits an der Entwicklung der Maßnahme. Die schwächste Form besteht in der Programmankündigung einer PE-Maßnahme. Neben den Teilnehmern und Vorgesetzten einer PE-Maßnahme sollte möglichst auch das weitere Management, insbesondere so genannte Machtpromotoren oder »Opinion Leaders«, einbezogen werden. Nicht zu vergessen sind auch Betriebsrat und Sprecherausschuss! Doppler (1996, S. 164) weist darauf hin, folgende Fragen zu stellen:
– Wo sind die wichtigsten potenziellen Verbündeten, mit denen man gemeinsame Sache machen kann?
– Wo sind die »Opionion Leaders«, die für die Idee gewonnen werden müssen, wenn die Mehrheit mitziehen soll?
– Wer hat die Kompetenz, den Veränderungsprozess oder wichtige Arbeitsschritte zu leiten?

Abschließend sei noch darauf hingewiesen, dass alle Beteiligten regelmäßig über den laufenden Stand der Entwicklung und Durchführung der PE-Maßnahme zu informieren sind. Hierzu gehören regelmäßige »Statusmeldungen« an den Auftraggeber sowie die regelmäßige Information der Mitarbeiter.

Methoden der Einbeziehung des sozialen Umfeldes

- *Programmankündigung mit Veranstaltungsbeschreibung (siehe CD-Rom).*
- *Informationsveranstaltung vor Beginn der PE-Maßnahme (Bsp.: Teilnehmer eines AC's werden eine Woche vor dem AC in einer einstündigen Veranstaltung über Ziele und Ablauf des AC's informiert).*
- *Vorher-Nachher-Coachinggespräch zwischen Mitarbeiter und Vorgesetztem (Coaching-Leitfaden, siehe Anhang).*
- *Einbindung in die Bedarfsanalyse und Courseentwicklung mit dem Ziel, Betroffene zu Beteiligten zu machen und diese zu motivieren.*
- *Erfahrungsaustausch nach dem Seminar.*
- *Teilnehmerauswahl (homogene Gruppenbesetzung, horizontale und vertikale Gruppenbesetzung).*
- *Teilnehmer dazu bringen, sich auf das Seminar vorzubereiten.*
- *Teilnehmer vor Eingriffen schützen, die die Teilnahme am Seminar gefährden können (vgl. auch Bronner/Schröder, 1983, S. 127 ff.).*

---

4. Arbeitsrechtliche Aspekte der Personalentwicklung

Die Personalentwicklung ist wie jeder andere betriebliche Bereich an rechtliche Vorgaben gebunden (Grundgesetz, Bundes- und Ländergesetze, Tarifverträge und Betriebsvereinbarungen, einzelvertragliche Absprachen). Wichtigste Rechtsgrundlage für die Personalentwicklung ist das *Betriebsverfassungsgesetz* (BetrVG). Danach stehen dem Betriebsrat zahlreiche *Mitbestimmungs- und Mitwirkungsrechte* zu.

Gerade die Kenntnis der Einflussmöglichkeiten des Betriebsrates ist für den PE'ler besonders wichtig. Denn das Wissen um die Spielregeln schafft zum einen die nötige Sicherheit im Umgang mit dem Betriebsrat auch für kritische und emotionsgeladene Situationen, zum anderen hilft sie, vermeidbare Fehler wirklich zu vermeiden. Trotzdem gestaltet sich die Zusammenarbeit mit dem Betriebsrat sicherlich einfacher, wenn keine Paragraphen und Gerichte bemüht werden müssen. Vor allem sollte aber die Kooperation mit dem Betriebsrat in allen Personalfragen nach dem Grundsatz der »Vertrauensvollen Zusammenarbeit« erfolgen, der so im BetrVG postuliert ist. Das BetrVG ist hierbei nicht als Organisationsrichtlinie zu verstehen, sondern als Regelwerk im Konfliktfall. Der Geist der »Vertrauensvollen Zusammenarbeit« ist weitaus wichtiger, als das starre Einhalten von Regeln. Im Konfliktfall kommt diesen gesetzlichen Regeln aber Bedeutung zu. Werden die Rechte des Betriebsrates nicht ausreichend beachtet, kann dies zu unerwünschten Verzögerungen und hohen finanziellen Belastungen führen. Der Personalentwickler tut damit gut darin, diese Regeln zu kennen und auf aktuelle PE-Instrumente anzuwenden.

Anschließend soll nun auf folgende Punkte eingegangen werden:

1) Betriebsrat und Sprecherausschuss – Beteiligungsrechte und Einigungsmöglichkeiten:
   - Beteiligungsrechte des Betriebsrates und Sprecherausschusses
   - Durchsetzungsmöglichkeiten der Rechte des Betriebsrates
   - Einigung von Betriebsrat und Arbeitgeber durch Betriebsvereinbarung und Regelungsabrede
2) Anwendung rechtlicher Aspekte auf aktuelle PE-Instrumente

4.1 Betriebsrat und Sprecherausschuss – Beteiligungsrechte und Einigungsmöglichkeiten

Der Betriebsrat ist neben dem Arbeitgeber das wichtigste betriebsverfassungsrechtliche Organ. Seine wesentliche Aufgabe liegt in der *Mitwirkung und Mitbestimmung* bei betrieblichen Entscheidungen. Seine Beteiligungsrechte erstrecken sich im Wesentlichen auf soziale, personelle und wirtschaftliche Angelegenheiten (zu weitergehenden Informationen siehe auch Fitting, 1998). Im Folgenden sollen zunächst die grundsätzlichen Mitwirkungs- und Mitbestimmungsmöglichkeiten dargestellt werden, bevor anschließend auf die Einflussmöglichkeiten des Betriebsrates auf Maßnahmen der Personalentwicklung eingegangen wird.

Beteiligungsrechte des Betriebsrates

Die Beteiligungsrechte des Betriebsrates lassen sich nach ihrer Intensität unterteilen. Sie reichen von *Unterrichtungs-, Beratungs-, Widerspruchs-, Vetorechten* sowie *Zustimmungserfordernissen* (Mitwirkungsrechte) bis hin zu *Mitbestimmungs- und Initiativrechten* (echte Mitbestimmungsrechte). Letztere enthalten in jedem Fall ein Recht auf Mitentscheidung, so dass bei Nichteinigung von Betriebsrat und Arbeitgeber entweder die *Einigungsstelle* oder das *Arbeitsgericht* verbindlich entscheidet (vgl. Richardi, 1998).

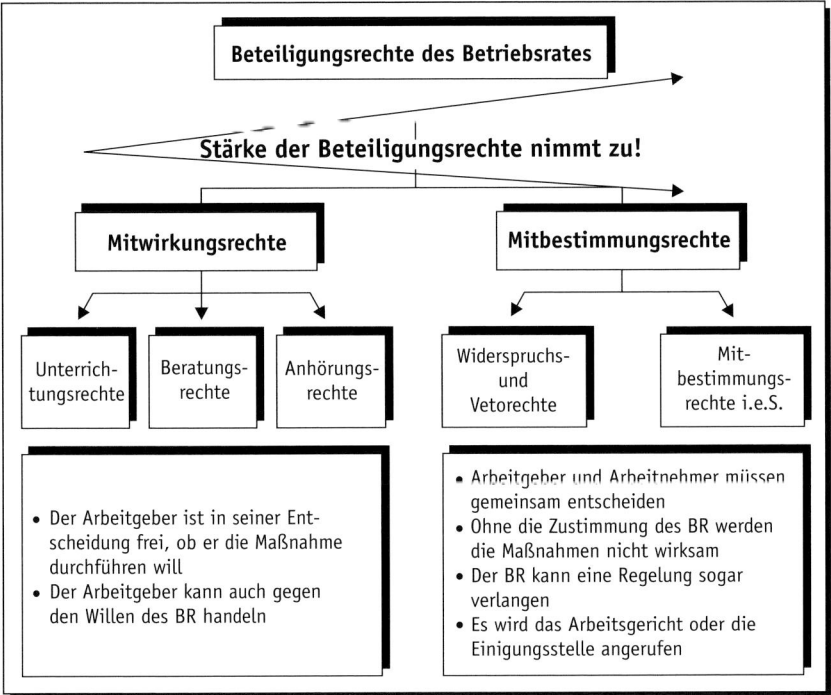

Abb. 41: Beteiligungsrechte des Betriebsrates

Exkurs: Unterrichtungs- und Beratungsrechte

Im Rahmen der Unterrichtungs- und Beratungsrechte muss der Arbeitgeber den Betriebsrat rechtzeitig und unter Vorlage von Unterlagen über den Verhandlungsgegenstand informieren, dessen Meinung anhören und den Sachverhalt mit ihm gemeinsam erörtern. Mit diesen Rechten soll sichergestellt werden, dass der Betriebsrat vor der Schaffung vollendeter Tatsachen in die Beratung einbezogen wird. Unabhängig davon bleibt das Entscheidungsrecht beim Arbeitgeber. Das heißt, der Arbeitgeber bestimmt, ob er die Anregungen des Betriebsrates aufnimmt oder sich darüber hinwegsetzt. Der Betriebsrat kann aber mit einer einstweiligen Verfügung eine Unternehmensentscheidung solange blockieren, bis die ausstehende Information oder Beratung nachgeholt ist (und Zeit ist ja bekanntlich auch Geld).
Hingewiesen sei darauf, dass gerade die Nichtbeachtung der Unterrichtungs- und Beratungsrechte häufig beim Betriebsrat deutliche Empörung auslöst. Bei diesen Rechten kann der Betriebsrat im Vergleich zu den echten Mitbestimmungsrechten die Unternehmensentscheidung nur durch überzeugende Argumente im Vorfeld beeinflussen (vgl. Comelli, 1995).
(Beispiele: Nach § 90 BetrVG muss der Arbeitgeber den Betriebsrat über die Planung von Neu- und Umbauten von Fabrikations- oder Verwaltungsgebäuden unterrichten.
Nach § 92 Abs. 1 Satz 2 BetrVG hat der Arbeitgeber mit dem Betriebsrat Art und Umfang der Personalplanung sowie die Vermeidung von Härten zu beraten.)

Widerspruchs- oder Vetorechte

Auch bei den Widerspruchs- oder Vetorechten entscheidet der Arbeitgeber allein. Das Widerspruchsrecht des Betriebsrates laut § 102 Abs. 3 BetrVG hebt die Wirksamkeit einer ausgesprochenen Kündigung nicht auf, begründet jedoch bei Widerspruch eine Weiterbeschäftigungspflicht, sofern der betreffende Arbeitnehmer einen entsprechenden Antrag stellt. Grundsätzlich ist der Betriebsrat vor jeder Kündigung zu hören. Der Arbeitgeber hat ihm die Gründe für die Kündigung mitzuteilen. Eine ohne Anhörung ausgesprochene Kündigung ist unwirksam.

Zustimmungserfordernisse

Bei den Zustimmungserfordernissen kann sich der Betriebsrat mit einer erhöhten Wirksamkeit einschalten. Hier hat der Betriebsrat z. B. bei Einstellung und Versetzung nach § 99 BetrVG die Möglichkeit, die beabsichtigte Maßnahme zu verhindern, sofern konkrete im § 99 BetrVG genannte Widerspruchsgründe vorliegen. Auch hat der Betriebsrat bei allen personellen Einzelmaßnahmen nach § 99 BetrVG weitreichende Informationsrechte.

Der Betriebsrat kann die Zustimmung zu Einstellungen und Versetzungen ohne irgendwelche Förmlichkeiten, sogar durch Schweigen während einer Woche nach Information erteilen. Die Verweigerung der Zustimmung muss dagegen innerhalb einer Woche, schriftlich und unter Abgabe von Gründen, erfolgen. Der Betriebsrat darf allerdings seine Zustimmung nur allein aus den im Gesetz abschließend aufgeführten sechs Weigerungsgründen versagen. Die fehlende Zustimmung des Betriebsrates kann der Arbeitgeber durch einen Beschluss des Arbeitsgerichts ersetzen lassen, das prüft, ob die gesetzlichen Voraussetzungen für die Verweigerung der Zustimmung vorliegen (§ 99 Abs. 2 BetrVG).

Mitbestimmungsrechte

Während die bislang vorgestellten Rechte unter dem Oberbegriff »Mitwirkungsrechte« zusammenzufassen sind, stellt das Mitbestimmungsrecht einen deutlichen qualitativen Sprung in den Einflussmöglichkeiten des Betriebsrates dar. Unter dem Motto »ohne uns läuft nichts«, ist hier der Betriebsrat gleichberechtigt zum Arbeitgeber. So unterliegen bspw. Fragebögen zur Mitarbeiterbeurteilung der echten Mitbestimmung. Der Arbeitgeber kann Maßnahmen nur einvernehmlich mit dem Betriebsrat entscheiden. Kommt eine Einigung in diesem gleichberechtigten Mitbestimmungsbereich nicht zustande, so kann der Arbeitgeber diese Maßnahme entweder unterlassen, den Fragebogen zur Mitarbeiterbeurteilung also nicht anwenden oder er kann die Einigungsstelle anrufen, die dann die Einigung zwischen Arbeitgeber und Betriebsrat ersetzt.

Initiativrechte

Der Betriebsrat kann bei den Initiativrechten – in Form echter gleichberechtigter Mitbestimmung – von sich aus eine Entscheidung fordern, sofern sich das Initiativrecht auf Gegenstände der echten Mitbestimmung bezieht. Verweigert der Arbeitgeber die Entscheidung, so kann der Betriebsrat die Einigungsstelle anrufen. Der Arbeitgeber kann aber am Status quo ohne Beteiligung des Betriebsrates festhalten. Er kann bspw. Personalfragebogen unterlassen. Denn das Unterlassen einer Maßnahme ist nicht mitbestimmungspflichtig.

Durchsetzungsmöglichkeiten der Rechte des Betriebsrates

Wie kann nun der Betriebsrat seine Beteiligungs- und Mitwirkungsrechte durchsetzen?

Wir hatten bereits oben erläutert, dass der Betriebsrat seine Beteiligungs- und Mitbestimmungsrechte lediglich über die *Einigungsstelle* (in Regelungsfragen) oder unmittelbar über das *Arbeitsgericht* (in Rechtsfragen) durchsetzen kann. Er besitzt keine Exekutivrechte. Er kann damit nicht selbst Maßnahmen anstelle des Arbeitgebers ergreifen. Die Durchführung von Personalentwicklung obliegt damit allein dem Arbeitgeber. Der Betriebsrat kann den Arbeitgeber nicht zwingen, PE-Maßnahmen auszuführen. Die Grenzen des Betriebsrates sind somit dann erreicht, wenn der Arbeitgeber seine Personalentwicklung einstellt.

Handelt der Arbeitgeber im Bereich der gleichberechtigten Mitbestimmung ohne die Zustimmung des Betriebsrates, so ist die entsprechende Maßnahme rechtswidrig und unwirksam. Im Konfliktfall entscheidet die Einigungsstelle, sofern im Gesetz vorgesehen (§ 76 Abs. 5 BetrVG). Der Spruch der Einigungsstelle ersetzt dann die Einigung zwischen Arbeitgeber und Betriebsrat. Sofern dem Arbeitgeber die Anberufung der Einigungsstelle vorbehalten ist, besitzt der Betriebsrat kein Initiativrecht!

Unterlässt der Arbeitgeber seine Informationspflicht gegenüber dem Betriebsrat, so kann der Betriebsrat ein gerichtliches Beschlussverfahren einleiten, das den Arbeitgeber anweist, eine Handlung entweder zu dulden oder zu unterlassen (§ 23 Abs. 3 BetrVG).

Einigung von Betriebsrat und Arbeitgeber durch Betriebsvereinbarung und Regelungsabrede

Kann eine Einigung zwischen Arbeitgeber und Betriebsrat nach dem Prinzip der vertrauensvollen Zusammenarbeit ohne Entscheid über die Einigungsstelle erreicht werden, so stellt sich die Frage, in welcher Form das Ergebnis festgehalten wird und welche Konsequenzen die Einigung für das Einzelarbeitsverhältnis hat. Absprachen zwischen Betriebsrat und Arbeitgeber können grundsätzlich als *Betriebsvereinbarung* oder als *formlose Einigung* (Regelungsabrede) getroffen werden. Der wichtigste Unterschied zwischen beiden besteht darin, dass die Betriebsvereinbarung im Gegensatz zur Regelungsabrede unmittelbar und zwingend auf die Einzelarbeitsverhältnisse wirkt. Das bedeutet, dass die Betriebsvereinbarung für jedes Einzelarbeitsverhältnis im Geltungsbereich automatisch gilt; die Geltung kann nicht für einzelne Arbeitsverhältnisse ausgeschlossen werden.

Betriebsvereinbarungen sind von Arbeitgeber und Betriebsrat gemeinsam zu beschließen und schriftlich niederzulegen. Nur mündlich geschlossene Betriebsvereinbarungen sind unwirksam. Der Arbeitgeber ist darüber hinaus verpflichtet, sie im

Betrieb an geeigneter Stelle auszulegen – die Missachtung dieser Verpflichtung berührt aber die Wirksamkeit der Betriebsvereinbarung nicht.

Soweit nicht anders in einer Betriebsvereinbarung festgelegt, können diese nach § 77 Abs. 5 BetrVG mit einer Frist von drei Monaten gekündigt werden. Danach gelten die Regelungen in Angelegenheiten, in denen der Spruch der Einigungsstelle die Einigung ersetzen kann, weiter, bis sie durch eine andere Abmachung ergänzt werden.

Absprachen zwischen Arbeitgeber und Betriebsrat können auch formlos (Regelungsabrede), sogar mündlich z. B. telefonisch getroffen werden. Diese Regelungsabrede wirkt nicht unmittelbar auf die Einzelverträge. Im Sinne eines »Agreements« legitimiert sie die getroffenen Absprachen so lange, wie Arbeitgeber und Betriebsrat sich daran halten (vgl. auch Rosenstiel et. al., 1993, S. 625).

Betriebsvereinbarungen bieten sich bei Verhandlungsgegenständen an, bei denen Berechenbarkeit und Sicherheit wesentlich sind. Allerdings kann eine mittlerweile überholte oder bereits vor einiger Zeit gekündigte Betriebsvereinbarung auch dann immer noch gelten, weil eine neue Regelung gezielt verzögert wird oder einfach nicht zustande kommt. Regelungsabreden sind demgegenüber flexibler. Sie bieten jedoch den Nachteil unliebsamer Überraschungen. Der Arbeitgeber kann sie binnen einer Frist von drei Monaten kündigen.

Sprecherausschuss und Mitwirkungsrechte

Das Betriebsverfassungsgesetz gilt grundsätzlich nicht für leitende Angestellte (§ 5 Abs. 3 BetrVG). Die Begründung ist darin zu sehen, dass leitende Angestellte entsprechend ihrer Funktion eher der Arbeitgeberseite denn der Arbeitnehmerseite nahestehen. So erscheint es nicht sinnvoll, wenn beispielsweise ein Betriebsleiter einerseits in seiner Funktion Gegenspieler des Betriebsrates ist, andererseits als Arbeitnehmer durch den Betriebsrat vertreten wird.

Die Mitwirkungsbefugnisse der leitenden Angestellten sind mit dem Sprecherausschussgesetz von 1988 geregelt worden. Organisatorisch ähneln Sprecherausschüsse den Betriebsräten. Demgegenüber besitzt er aber kein einziges echtes Mitbestimmungsrecht, sondern lediglich eine Reihe von Informations- und Beratungsrechten. Seine Mitglieder haben keinen besonderen Kündigungsschutz (für nähere Information siehe Fitting et al., 1998).

4.2 Anwendung rechtlicher Aspekte auf aktuelle PE-Instrumente

Moderne Instrumente der Personalentwicklung wie etwa 360°-Feedback oder Assessment-Center können nicht ohne Mitwirkung des Betriebsrates durchgeführt werden. Werden die Rechte des Betriebsrates nicht ausreichend beachtet, kann es zu unerwünschten Verzögerungen kommen. Die rechtlichen Aspekte folgender PE-Instrumente sollen nachstehend dargestellt werden:

– Interviews, empirische Untersuchungen und Mitarbeiterbefragungen
– Seminarfeedbackbogen
– Personalfragebogen, Beurteilungsgrundsätze, Vorgesetztenfeedback und 360°-Feedback
– Personalauswahl und Auswahlrichtlinien
– Eignungsdiagnostische Untersuchungen wie Assessment-Center
– Personalplanung
– personelle Einzelmaßnahmen
– Planung der Berufsbildung
– Betriebliche Fortbildung/Umschulung
– Trainer-/Beraterauswahl

Interviews, empirische Untersuchungen und Mitarbeiterbefragungen

Laut § 75 BetrVG haben Arbeitgeber und Betriebsrat ganz allgemein die Verpflichtung, die freie Entfaltung der Persönlichkeit eines Arbeitnehmers zu schützen. Dies bedeutet für *Interviews* wie auch *empirische Untersuchungen* (z. B. im Rahmen der Personalauswahl), dass diese dem Betriebsrat vorgelegt werden müssen (Fragen, zum Beispiel zur Abstammung und Herkunft eines Mitarbeiters, sind damit unzulässig). Das Beteiligungsrecht des Betriebsrates gilt dabei nicht nur für Mitarbeiter, sondern auch für Bewerber des Unternehmens. In Bezug auf empirische Studien bedeutet das Mitbestimmungsrecht, dass z. B. sowohl die Zielsetzung der Untersuchung, der Untersuchungsplan sowie die konkrete Durchführung bis hin zu den einzelnen Fragestellungen der Genehmigung bedürfen. Als Konsequenz sind selbst einzelne Fragestellungen vom Mitbestimmungsrecht betroffen, die evtl. modifiziert oder herausgenommen werden müssen. Letztlich kann durch die Einflussmöglichkeiten des Betriebsrates der Nutzen einer Studie gänzlich in Frage gestellt werden, wenn man von der Anrufung der Einigungsstelle absehen möchte.

Nebenbei sei erwähnt, dass auch das Strafgesetzbuch bezüglich der Verletzung von Privatgeheimnissen (siehe § 203 EG StGB) und das Bundesdatenschutzgesetz bei empirischen Untersuchungen zu beachten ist.

Bei *Mitarbeiterbefragungen* hängt das Mitbestimmungsrecht des Betriebsrates davon ab, inwieweit die Ergebnisse einen Rückschluss auf den einzelnen Mitarbeiter zulassen. Darüber hinaus gelten die Datenschutzbestimmungen. Bork (1995, S. 42) weist darauf hin, dass gegen den Betriebsrat eine effektive Mitarbeiterbefragung kaum durchzusetzen ist. Die legalen Voraussetzungen reichen hierfür nicht aus.

Personalfragebogen, Beurteilungsgrundsätze, Vorgesetztenfeedback, 360°-Feedback und Mitarbeiterbefragungen

Ein wichtiges Instrument der Personalentwicklung stellen Personalfragebogen dar. Sie können grundlegende Informationen über den Werdegang von Mitarbeitern enthalten und Grundlage für Überlegungen zur Beförderung, Versetzung und weiterer Entwicklungs- und Weiterbildungsplanung sein. Laut § 94 Abs. 1 BetrVG sind Personalfragebogen in ihrem vollen Inhalt zustimmungspflichtig. Damit soll sichergestellt werden, dass sich die Fragen des Arbeitgebers nur auf solche Sachverhalte beziehen, für die der Arbeitgeber ein berechtigtes Interesse hat und die die Persönlichkeitssphäre nicht verletzen. Dies gilt sowohl für Personalfragebogen im Einsatz für Mitarbeiter wie auch bei Bewerbern.

Im Rahmen der Mitarbeiterbeurteilung sind allgemeine Beurteilungsgrundsätze nach § 94 Abs. 2 BetrVG zustimmungspflichtig. Das Zustimmungsrecht des Betriebsrates besteht darin, die vom Arbeitergeber vorgeschlagenen allgemeinen Beurteilungsgrundsätze zu akzeptieren oder unter Angabe sachgerechter Gründe zu verweigern. Ihm steht es nicht im Sinne eines Initiativrechts zu, eine systematische Mitarbeiterbeurteilung zu erzwingen. Kommt eine Einigung über die Beurteilungsgrundsätze zwischen Arbeitgeber und Betriebsrat nicht zustande, so entscheidet die Einigungsstelle.

Somit sind nach § 94 Abs. 2 BetrVG auch das Vorgesetztenfeedback und das 360°-Feedback zustimmungspflichtig, allerdings nur für Mitarbeiter, die in den Vertretungsbereich des Betriebsrates fallen. Seminarfeedbackbögen zur Beurteilung interner Trainer – nicht aber externer Trainer (das Beteiligungsrecht des Betriebsrates gilt nur für Mitarbeiter) – sind ebenfalls mitbestimmungspflichtig. Vereinbarungen zur Beurteilung von Führungskräften sind gegebenenfalls mit dem Sprecherausschuss zu treffen (vgl. Schuler, 1995, S. 687). § 87 Abs. 1 Nr. 6 BetrVG sieht die Mitbestimmung des Betriebsrates bei der Einführung und Anwendung von *technischen Einrichtungen* zur Überwachung von Verhalten oder der Leistung von Arbeitnehmern vor. Für die Mitbestimmungspflicht genügt es, dass mit dieser Einrichtung eine Überwachung von Leistung und Verhalten von Mitarbeitern möglich ist.

Personalauswahl und Auswahlrichtlinien

Richtlinien über die personelle Auswahl bei Einstellungen, Versetzungen, Umgruppierungen und Kündigungen unterliegen nach § 95 Abs. 1 BetrVG der Zustimmung des Betriebsrates. Diese Richtlinien können für die Personalentwicklung dann bedeutsam werden, wenn die Ergebnisse eignungsdiagnostischer Untersuchungen wie Assessment-Center als verbindlicher Maßstab für Einstellungs- und Beförderungsentscheidungen herangezogen werden. Mitbestimmungspflichtig sind dann die für die Auswahl maßgeblichen Anforderungsprofile. Ebenso mitbestimmungspflichtig sind die Auswahlrichtlinien für Versetzungen oder Umgruppierungen, die auf individuellen Entwicklungs- oder Nachfolgeplanungen basieren.

Eignungsdiagnostische Untersuchungen

(Eine Zusammenfassung der wichtigsten Rechte und Pflichten im Rahmen eignungsdiagnostischer Untersuchungen geben Comelli, 1995, und Dingerkus, 1991). Bei eignungsdiagnostischen Untersuchungen wie Assessment-Centern lässt sich aus § 94 BetrVG Abs. 2 (Aufstellung allgemeiner Beurteilungsgrundsätze sowohl für die Beurteilung interner wie externer Kandidaten eines Auswahlverfahrens) ein Mitbestimmungsrecht des Betriebsrates ableiten. Gleiches gilt für standardisierte Testverfahren und Interviews mit halbstandardisierten Fragebögen. Nach § 95 BetrVG unterliegen *Richtlinien über die personelle Auswahl* der Zustimmung des Betriebsrates. Herrschende Meinung ist, dass dadurch dem Betriebsrat lediglich erlaubt ist, die Zustimmung zu allgemeinen Auswahlrichtlinien zu verweigern, die psychologische Testverfahren vorsehen. Er kann auch eine Information über die Ergebnisse des Auswahlverfahrens verlangen. Ihm steht jedoch kein Auswahlrecht zu. Er kann lediglich die Zustimmung zur Auswahlentscheidung des Arbeitgebers verweigern.

Missachtet der Arbeitgeber das Mitbestimmungsrecht des Betriebsrates oder verletzt er getroffene Vereinbarungen (zum Beispiel über Voraussetzungen und Inhalt von Eignungsuntersuchungen), so kann der Betriebsrat beim Arbeitsgericht beantragen, die Handlung zu unterlassen bzw. die Vornahme einer Handlung zu dulden oder eine Handlung vorzunehmen. Handelt der Arbeitgeber einer ihm durch rechtskräftige juristische Entscheidung auferlegten Verpflichtung zuwider, so kann er nach § 23 BetrVG zu Ordnungs- oder Zwangsgeld verurteilt werden.

Mit dem § 80 Abs. 1 Nr. 1 BetrVG kommen dem Betriebsrat auch Ordnungsfunktionen zu, in denen er darüber zu wachen hat, ob die geltenden rechtlichen Vorschriften vom Arbeitgeber eingehalten werden. Im Zusammenhang mit eignungsdiagnostischen Untersuchungen hat der Betriebsrat darüber zu wachen, dass
– die Würde des Menschen unangetastet bleibt,
– das Bundesdatenschutzgesetz eingehalten wird,
– eine Einwilligung des Teilnehmers über die Durchführung der Untersuchung eingeholt wird,
– das angewandte Verfahren dem Grundsatz von Verhältnismäßigkeit und Zweckmäßigkeit nach § 75 BetrVG genügt (zum Beispiel dürfen keine Intelligenztests zur reinen Bestimmung des Intelligenzquotienten oder Persönlichkeitstest zur Bestimmung der Gesamtpersönlichkeit angewandt werden).

Damit kann der Betriebsrat ein Auswahlverfahren grundsätzlich einsehen und kontrollieren. Dies gilt allerdings nicht für die konkrete Anwendung im Einzelfall (vgl. Dingerkus, 1991). Darüber hinaus sind bei Auswahlverfahren weitere rechtliche wie auch ethische Grundsätze zu beachten (ausdrückliche Einwilligung der betroffenen

Beispielsweise sind die Fortbildungspläne von Bildungsmaßnahmen in Verantwortung oder Trägerschaft des Unternehmens zustimmungspflichtig. Auch kann der Betriebsrat nach § 98 Abs. 4 BetrVG Vorschläge für die Teilnahme von Mitarbeitern an Bildungsmaßnahmen machen. Konflikte werden über die Einigungsstelle gelöst.

Trainer-/Dozentenauswahl
Laut § 98 Abs. 2 BetrVG kann der Betriebsrat einen Trainer oder Dozenten für berufliche Bildungsmaßnahmen ablehnen oder seine Abberufung verlangen, wenn er die persönliche oder fachliche Eignung nicht besitzt oder seine Aufgaben vernachlässigt. Kommt zwischen Arbeitgeber und Betriebsrat keine Einigung zustande, so kann der Betriebsrat beim Arbeitsgericht beantragen, den Arbeitgeber zu veranlassen, den Trainer respektive Dozenten abzuberufen bzw. seine Bestellung zu unterlassen. Kommt er dieser rechtskräftigen gerichtlichen Entscheidung nicht nach, so kann ein Ordnungs- oder auch Zwangsgeld verhängt werden.

Zusammenarbeit mit dem Betriebsrat: ein Fazit
Dem Betriebsrat stehen somit bei der Anwendung von PE-Instrumenten eine Vielzahl an Beteiligungsrechten zu. Nach dem Grundsatz der »Vertrauensvollen Zusammenarbeit« empfiehlt es sich, ihn möglichst früh einzubinden und nicht erst, wenn eine PE-Maßnahme oder ein Instrument bereits fertig gestellt ist. Werden die Rechte des Betriebsrates nicht genügend beachtet, kann sich dieser beispielsweise mit unliebsamen Verzögerungen revanchieren.

5. Steuerung der technischen Ausstattung, Räume und Logistik

Nachdem nun betriebsverfassungs- und sonstige rechtliche Aspekte berücksichtigt sind, der Betriebsrat inklusive des Umfeldes in die PE-Maßnahme einbezogen ist, Trainer und Berater ausgewählt sind und die Zusammenarbeit geklärt ist, muss die Seminarlogistik abgestimmt werden. Fehlende oder nicht ausreichende Ausstattung können unnötige Stolpersteine für Veranstaltungen bedeuten oder diese gar zum Scheitern bringen. So kann ein nicht gebuchter Gruppenraum das gesamte organisatorische Konzept von organisatorisch aufwendigen ACs hinfällig machen. Ebenso können fehlende Teilnehmerunterlagen oder unzureichende Materialien einen ruhigen Seminarablauf verhindern.

Wie lassen sich somit die technische Ausstattung, Räume und die Logistik einer Veranstaltung sicherstellen?

Standardisierung des operativen Prozesses
Üblicherweise haben Funktionseinheiten der PE parallel viele Veranstaltungen zu betreuen. Gleichzeitig finden oft mehrere Seminare neben Workshops, Moderatio-

nen etc. statt. All diese Veranstaltungen wollen nicht nur inhaltlich, sondern auch operativ vorbereitet sein: Teilnehmerunterlagen sind zu erstellen, Räume zu buchen, Medien zu organisieren, Teilnehmer einzuladen etc. Um eine Vielzahl an parallel laufenden Maßnahmen zuverlässig und qualitativ vorbereiten zu können, sollten dementsprechende Abläufe weitgehend inhaltlich wie zeitlich standardisiert werden. Hierzu gehören der einheitlich ablaufende Materialtransport, Routinen der Teilnehmereinladung sowie formalisierte Anforderungsbeschreibungen hinsichtlich Hotelvorgaben, benötigter Materialien etc. Jede Unterbrechung dieser Routine birgt die Gefahr, dass Aktivitäten nicht in der erforderlichen Art und Weise ablaufen. Hierzu folgendes Beispiel: Wird entgegen der Regelverfahrensweise der Veranstaltungsbeginn von 10 Uhr auf 8 Uhr vorverlegt, so könnten einige der Teilnehmer tatsächlich erst um 10 Uhr kommen, weil dies ja sonst so üblich ist. Die anderen Teilnehmer könnten um 8 Uhr vor verschlossenen Türen stehen, da die Seminarräume immer erst eine halbe Stunde später aufgeschlossen werden.

Die Standardisierung der Veranstaltungsbetreuung sollte allerdings nicht bedeuten, dass man sich sklavisch an vereinbarte Routinen zu halten hat. Vielmehr gilt es, Abweichungen der Routinen im PE-Team abzuwägen und in der Teambesprechung abzustimmen, so dass Hintergründe, Zusammenhänge und Konsequenzen organisatorischer Vorgaben aufgezeigt, dadurch ausgeräumt und Mehraufwände verhindert werden können.

Checklisten und Pläne zur Veranstaltungsorganisation

Besonders nützlich sind Checklisten und Pläne zur Veranstaltungsorganisation. Sie sichern dabei nicht nur die richtige Vorbereitung einer Veranstaltung. Sie sind auch Voraussetzung dafür, dass eine Reihe von Veranstaltungen parallel organisiert werden können. Weiterhin lässt sich durch Checklisten der Vorbereitungsaufwand bei wiederholter Durchführung einer Veranstaltung reduzieren.

Basis für die Organisation einer Veranstaltung sind die Angaben zu:
– Titel der Veranstaltung,
– Termin,
– Dauer,
– Anzahl und Namen der Moderatoren und Teilnehmer,
– Ort, Hotel und Räumlichkeiten, in denen die Veranstaltung stattfindet.

Es hat sich hierbei bewährt, diese Punkte in einer **Veranstaltungsbeschreibung** niederzuschreiben. Hiermit lässt sich verhindern, dass Seminare miteinander vertauscht und dementsprechend falsch vorbereitet werden. Die genaue Bezeichnung einer Maßnahme ist auch gerade dann besonders wichtig, wenn mehrere Veranstaltungen gleichzeitig laufen und mehrere Personen an der Vorbereitung von Veranstaltungen beteiligt sind (siehe Checklisten und Pläne zur Vorbereitung einer Veranstaltung).

Um zu verhindern, dass Aktivitäten einfach vergessen werden, empfiehlt es sich, die einzelnen Aufgabenpakete aufzulisten und nach Erledigung abzuhaken. Je nach Veranstaltung können folgende Aufgabenpakte zu erledigen sein:
- Hotelbuchung
- Raumbuchung
- Materialbestellung
- Einladung der Teilnehmer
- Einladung der Moderatoren
- Zusammenstellen und Versenden des Materials
- Die benötigten Räumlichkeiten sowie Materialien können in der so genannten »Bill of material« festgehalten werden:
  - Räume
  - Verpflegung
  - Getränke
  - Medien und Zubehör
  - Informationen und Unterlagen für die Einladung der Teilnehmer
  - Informationen und Unterlagen für die Einladung der Moderatoren
  - Teilnehmerunterlagen
  - Bestückung des Moderatorenkoffers
  - Nachbereitung der Veranstaltung

Nicht vergessen werden sollte, für die einzelnen Aufgabenpakete feste, für alle verbindliche Termine zu vereinbaren (siehe hierzu auch Kapitel 5, Operative Steuerung der Funktionseinheit Personalentwicklung). Die wichtigsten Punkte zur Veranstaltungsvorbereitung sollten, wie schon in Kapitel 4, Pkt. 2 erläutert, in der Trainermappe enthalten sein. Sie informiert über Hotelvereinbarungen, bestellte Ausstattung etc. Sie kann gerade bei Schwierigkeiten am Seminarort – wenn beispielsweise ein weiterer Seminarraum angeblich nicht gebucht wurde – hilfreich sein und zur Klärung beitragen.

Materialtransport
Wesentlich ist im Rahmen der Vorbereitung einer Veranstaltung ein zuverlässiger Materialtransport. Was nützt eine einwandfreie Zusammenstellung der benötigten Materialien, wenn die Unterlagen zu spät oder unvollständig angeliefert werden. Hier hat es sich bewährt, Paketdienste zu beauftragen und die Materialien in speziellen, genormten, mit Plomben verschließbaren Transportkisten zu verschicken und wieder abholen zu lassen. Seminarteilnehmer darum zu bitten, Materialien zum Seminarhotel mitzunehmen, ist weniger ratsam. Hier besteht die Gefahr, dass sie vergessen werden. Auch stehen sie oft erst unmittelbar vor Seminarbeginn, d. h. nicht rechtzeitig für die Seminarvorbereitung des Trainers, zur Verfügung. Ebenso

ist es nicht ratsam, sich auf die technische Ausstattung des Hotels zu verlassen. Häufiger erweist sich der hoteleigene Moderatorenkoffer als nicht gut bestückt oder gar ausgeplündert. Hinzu kommen die horrenden Gebühren für hoteleigene Materialien, die oft ein Mehrfaches der Kosten ausmachen, die der Transport eigener Materialien durch einen Paketdienst betragen würde.

Operative Steuerung

der Funktionseinheit Personalentwicklung

Wer sagt **was wem** und das noch **rechtzeitig**.

Nachdem wir die ersten Handlungsgrundlagen zum Thema Trainerauswahl, Hotelkooperationen etc. entwickelt haben, müssen wir unbedingt an die Steuerung unserer eigenen internen Kommunikations- und Ablaufprozesse rangehen. Denn ich glaube, dass wir nur so in unserem Team die mehr oder weniger emotionalen Auseinandersetzungen im Vorhinein vermeiden können. Was da so vorfällt? Na dann mal 'ne kleine Kostprobe:

Das Hotel Bebida rief im Vorfeld einer Seminarorganisation an und teilte Frau Jeckel – unserer Seminaradministratorin – mit, dass einer der benötigten Gruppenräume in der 5. Etage liege. Alle anderen und der Tagungsraum selber wären im Erdgeschoss. Ja – und irgendwie klappte die Kommunikation zwischen Seminaradministration und Course-Manager nicht. Denn der rief eben vom Seminar an und war stinksauer. »So etwas hätte mir sofort mitgeteilt werden müssen. Das ist für ein Training doch nicht akzeptabel . . . . . !« Und so weiter. In einem anderen Fall beschwerte sich wiederum Frau Jeckel, dass sie nicht darüber informiert worden sei, dass zwei Trainer eine Anreiseübernachtung gebraucht hätten. Diese hätten sich eben über die fehlende Buchung bei ihr beschwert – wobei sie doch gar nichts dafür könne.

Irgendwie hat hier jeder plausible Erklärungen, warum er gerade keine Schuld hat, die anderen dafür aber um so mehr. Also, wer weiß denn nun was und leitet es auch rechtzeitig an den, der es wissen müsste, weiter?!

Das Thema unserer nächsten Teamsitzung ist für mich damit klar. Wir werden schriftlich die wichtigsten Abläufe und Prozesse festhalten und regeln. Und das im Rahmen eines verbindlichen Papiers – wie wir das dann nennen, können wir ja noch sehen. Und damit es keine Endlosdiskussionen gibt, werde ich mir hierzu schon mal vorab eine Grobstruktur überlegen, die wir dann gemeinsam mit Leben füllen.

eMAIL SCHREIBEN

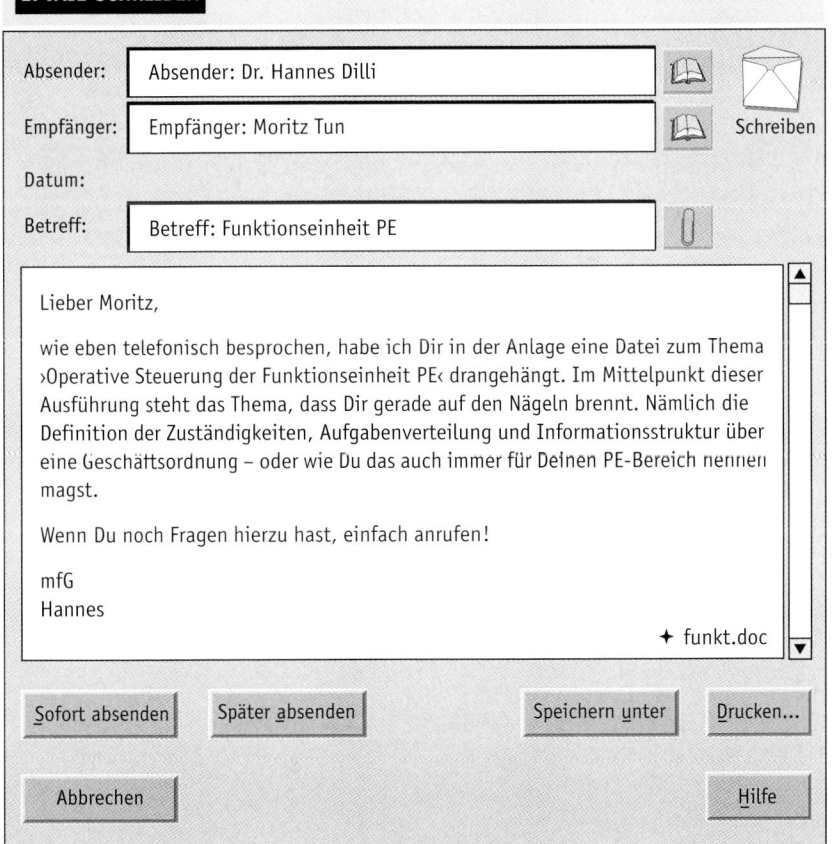

Absender: Absender: Dr. Hannes Dilli

Empfänger: Empfänger: Moritz Tun

                                                       Schreiben

Datum:

Betreff: Betreff: Funktionseinheit PE

Lieber Moritz,

wie eben telefonisch besprochen, habe ich Dir in der Anlage eine Datei zum Thema ›Operative Steuerung der Funktionseinheit PE‹ drangehängt. Im Mittelpunkt dieser Ausführung steht das Thema, dass Dir gerade auf den Nägeln brennt. Nämlich die Definition der Zuständigkeiten, Aufgabenverteilung und Informationsstruktur über eine Geschäftsordnung – oder wie Du das auch immer für Deinen PE-Bereich nennen magst.

Wenn Du noch Fragen hierzu hast, einfach anrufen!

mfG
Hannes

✦ funkt.doc

Sofort absenden   Später absenden   Speichern unter   Drucken...

Abbrechen   Hilfe

Während in den vorausgegangenen Kapiteln das *Was* der Personalentwicklung erläutert wurde, soll im Folgenden dargestellt werden, *wie* die Funktionseinheit Personalentwicklung zu organisieren ist. Hierbei geht es darum, wie die einzelnen Aufgaben und Funktionen innerhalb einer Personalentwicklung miteinander koordiniert werden können. Letztlich geht es um die Verzahnung und um die Abstimmung der einzelnen Parts der Leistungserstellung miteinander.

1. Einflussgrößen auf die operative Gestaltung der Funktionseinheit PE

Die operative Gestaltung und Verzahnung der Funktionseinheit Personalentwicklung wird durch einige Einflussgrößen mitbestimmt:

PE-Arbeit ist Teamarbeit

Hier ist als erstes zu nennen, dass alle Funktionen nur in Teamarbeit zu erledigen sind. Von der Konzeption bis zur Durchführung einer Maßnahme sind immer viele Personen beteiligt, die unterschiedliche Aufgaben wahrnehmen. Ein Mitarbeiter aus dem Fachbereich liefert inhaltliche Beiträge für ein Seminar, der Trainer sorgt für die didaktische Konzeption, die logistische Vorbereitung übernimmt eine technische Sachbearbeiterin. Diese Teamarbeit verlangt neben einer klaren und offenen Kommunikation, dass allen die Aufgaben, Verantwortlichkeiten sowie Schnittstellen zwischen den Beteiligten bekannt sind. Dadurch wird sichergestellt, dass notwendige Aktivitäten rechtzeitig und qualitativ hochwertig erledigt werden können. So kann beispielsweise verhindert werden, dass bereits Workshoptermine mit Auftraggeber und Externen vertraglich vereinbart werden, wenn noch keine notwendigen Räumlichkeiten vorhanden sind.

PE-Arbeit erfordert Flexibilität

Ein weiterer wichtiger Gesichtspunkt für die Gestaltung der Funktionseinheit PE ist, dass diese höchst flexibel auf neue Anforderungen oder Aufgaben reagieren muss. Auch bei kurzfristiger Nachfrage nach beispielsweise Coaching für neu eingestellte Führungskräfte muss die Funktionseinheit PE auf diesen Bedarf zügig inhaltlich wie quantitativ reagieren können. Diese Flexibilität ist nur dadurch zu gewährleisten, dass in einem hohen Maße auch auf externe Mitarbeiter zurückgegriffen wird – obgleich die internen Mitarbeiter die externen Kräfte bei grundlegenden Aufgaben ersetzen können müssen. Die Flexibilität, verschiedenste Aufgaben schnell und qualitativ hochwertig durchführen zu können, setzt für die Gestaltung der Funktionseinheit PE ein kleines Team voraus. Die kleine Teamgröße verlangt wiederum, dass die inhaltliche Aufgabenverteilung unbürokratisch festgelegt wird und jeder auch in Tätigkeiten mitwirkt, die nicht zu seinem eigentlichen Aufgabenbereich gehören.

2. Aufgabenbereiche innerhalb der Funktionseinheit PE

Übersicht: Aufgabenbereiche innerhalb der Funktionseinheit Personalentwicklung

Strategische und operative Steuerung der Funktionseinheit PE	⇨	*Leitung PE*
Strategische Steuerung der PE-Maßnahmen	⇨	*Programm-/Curriculummanagement*
Operative Steuerung der PE-Maßnahmen	⇨	*Coursemanagement*
Operative Unterstützung der PE-Maßnahmen	⇨	*Koordination*
Leistungserbringung	⇨	*interner/externer Trainer/Berater*
Verwaltung und Information	⇨	*Sekretariatsfunktion*

---

a) **Strategische und operative Steuerung der Funktionseinheit PE: Leitung der Funktionseinheit**

Die strategische und operative Steuerung wird vom Leiter der Funktionseinheit PE wahrgenommen. Zu seinen Aufgaben gehört es, den Vorstand bei der Strategiefindung für die »Human-Resources« zu unterstützen. Abgeleitet aus der geltenden oder neuen Unternehmensstrategie wird festgelegt, wie diese von Seiten der PE unterstützt werden kann. Das heißt, hier werden, ausgehend von der Unternehmensstrategie, Globalziele für PE-Programme, Curricula oder Maßnahmenbündel formuliert.

Im Rahmen der operativen Steuerung der Funktionseinheit legt die Leitung PE fest, welche Zuständigkeiten innerhalb der Funktionseinheit bestehen, wie die Kommunikations- und Abstimmungsprozesse zu gestalten sind und welche Ressourcen (Budget, Mitarbeiter) für einzelne Aktivitäten zur Verfügung stehen.

b) **Strategische Steuerung der PE-Maßnahmen: Programm- und Curriculummanagement**

Aufgabe des Programmmanagements ist es, abgeleitet aus den PE-Globalzielen ein Programm mit aufeinander abgestimmten Maßnahmen (unter Einhaltung von Zeit-, Kosten- und Qualitätsvorgaben) zu entwickeln. Es definiert Zweck, Ziele und Inhalte der einzelnen Maßnahmen des PE-Programms, schlägt die einzelnen Maßnahmen vor (Seminare, Mitarbeiterbefragungen etc.) und stimmt diese aufeinander ab. Es kann dabei Teile der Programmmanagementaufgaben delegieren (z. B. an Externe) und definiert in diesem Zusammenhang die Zuständigkeiten.

Das Curriculummanagement umfasst als ein Bestandteil des Programmmanagements die Konzeption, Einführung und Kontrolle von aufeinander aufbauenden Qualifizierungsbausteinen.

c) **Operative Steuerung der PE- Maßnahmen: Coursemanagement**

Das Coursemanagement übernimmt die Umsetzung der PE-Maßnahmen. Hierzu gehört die inhaltliche wie methodisch-didaktische Konzeption von Maßnahmen als auch die logistische Planung (Hotelvorgaben, Terminvorschläge, BoM). Ebenso gehört hierzu die fachliche Steuerung der externen Trainer und Berater.

d) **Operative Unterstützung der PE-Aktivitäten: Koordinationsfunktion**

Die logistische Durchführung einer Maßnahme inklusive Hotelvereinbarungen und Teilnehmeranmeldungen ist Aufgabe der PE-Koordination. Zusätzlich soll in ihren Händen die Rechnungsprüfung liegen.

e) **Leistungserbringung: interner/externer Trainer/Berater**

Die eigentliche Leistungserstellung (Workshop, Seminardurchführung etc.) kann durch interne oder externe Mitarbeiter je nach Bedarf und Qualifikation erbracht werden.

f) Verwaltung und Information: Sekretariatsfunktion

Zu den Sekretariatsfunktionen gehört die Verwaltung der Funktionseinheit (laufender Schriftverkehr, Ablage etc.) aber auch das Berichtswesen und die Erstellung von Verträgen.

Wie lässt sich nun eine zuverlässige Verzahnung bzw. Abstimmung der einzelnen Funktionen innerhalb der Funktionseinheit PE herstellen?

3. Abstimmung der Zuständigkeiten, Aufgabenverteilung und Informationsstruktur

a. Geschäftsordnung

Um die einzelnen Aktivitäten innerhalb einer Personalentwicklung aufeinander abzustimmen, sollten die einzelnen Beteiligten wissen, welche Aufgaben in wessen Zuständigkeitsbereich fallen und welche Schnittstellen zwischen den einzelnen bestehen. Der Zuständigkeitsbereich eines jeden beschreibt damit dessen Handlungsspielraum sowie dessen Grenzen. Müssen oder sollen diese Grenzen überschritten werden, so werden damit in der Regel standardmäßig ablaufende Prozesse bzw. Routinen unterbrochen. Trotzdem wird es immer wieder Situationen geben, in denen der eigene Verantwortungsbereich überschritten werden muss.

Die einzelnen Zuständigkeiten können in einer **Geschäftsordnung** zusammengefasst werden. Diese Geschäftsordnung wird vom gesamten PE-Team entwickelt, beraten und abschließend verabschiedet. Änderungen werden jeweils nach gemeinsamer Diskussion vorgenommen und gelten nach Entscheidung in der geänderten Form.

b. Teambesprechung zur verbindlichen Verabschiedung von PE-Maßnahmen

Die Planung von PE-Maßnahmen geht irgendwann von der konzeptionellen Phase in eine operative Phase über. Die Frage, die sich hierbei stellt, ist, ab wann die Planungen als verbindlich gelten, nicht mehr geändert werden und realisiert werden können und sollen. Mit anderen Worten muss zu einem bestimmten Zeitpunkt der Start für die operative Durchführung einer Maßnahme gegeben werden. Ab diesem Start gilt die Planung als verbindlich, so dass tatsächlich »Nägel mit Köpfen« gemacht werden können.

Die Teambesprechung bildet sozusagen den Startschuss für die operative Phase einer PE-Maßnahme. Sie dient dazu, die Verbindlichkeit von Terminen, Rahmenbedingungen und Verantwortlichkeiten etc. (Veranstaltungstyp, Trainer, Coursemanager, Veranstaltungskoordination usw.) klarzustellen und das »go« für die operative Durchführung einer Maßnahme zu geben. Erst durch die Verabschiedung in der Teambesprechung wird die operative Veranstaltungsvorbereitung ausgelöst, so dass ein Trainervertrag erstellt wird, entsprechende Hotelräume gebucht und Teilnehmer eingeladen werden etc. Erst mit der Verabschiedung einer Maßnahme geht die Funktionseinheit PE Verbindlichkeiten nach außen gegenüber Trainern und Hotels ein. Macht die Dringlichkeit der Lage eine Terminänderung, -aufnahme oder -stornierung außerhalb der Teambesprechung erforderlich, so sollte eine **außerordentliche** Teambesprechung einberufen werden. Damit wird sichergestellt, dass alle betroffenen Mitarbeiter über derartige Änderungen informiert sind und entsprechend reagieren. Muss beispielsweise ein Seminar mangels ausreichender Teilnehmerzahl kurzfristig abgesagt werden, so sollte rechtzeitig vor den Stornofristen eine außerordentliche Teambesprechung einberufen werden, damit anschließend Hotel- und Trainerverträge rechtzeitig storniert und unnötige Kosten vermieden werden können. Durch ein Protokoll der Teambesprechung werden Mitarbeiter, die nicht an der Teambesprechung teilnehmen können, möglichst innerhalb von 24 Stunden informiert.

c. Trainertag

Externe Trainer können über die Zuständigkeiten und Abläufe innerhalb der PE auf einem jährlich stattfindendem Trainertag informiert werden. Dadurch bietet sich die Möglichkeit, alle externen Mitarbeiter über die strategische Ausrichtung des Unternehmens und der PE zu informieren, ihnen die verschiedenen Maßnahmen und deren Vernetzungen vorzustellen. Nicht zuletzt kann es auch ein Zeichen der Wertschätzung für externe Trainer und Berater sein, einmal im Jahr vom Unternehmen eingeladen zu werden.

Seminarentwicklung

Gestern gab es wirklich ein kurioses Zusammentreffen. Ich hatte drei Termine: Mit dem Bereichsleiter Fertigung, mit dem Vertriebschef und der Personalleiterin. Und bei allen stand ein Thema im Vordergrund – Führungskultur.

Herr Schuler erzählte die wildesten Stories aus dem Vertrieb. Entweder herrscht dort eine Riesenkumpanei zwischen Vorgesetzten und Mitarbeitern oder ›Zuckerbrot mit Peitsche‹ ist angesagt. Es gibt dort sogar Führungskräfte, die eine Mitarbeiterfluktuation von sage und schreibe 80 Prozent haben. Einige Vorgesetzte weigern sich sogar, mit bestimmten Mitarbeitern aus ihrer Mannschaft zu reden. Da glaubt man doch manchmal, man ist ins Mittelalter verschlagen! Herr Nolte – Bereichsleiter Fertigung – berichtete, dass einige seiner Führungskräfte bestimmte Unternehmensentscheidungen so an ihre Mitarbeiter weitergeben, dass jeder merkt, dass sie selber nicht dahinterstehen. Sie sehen sich selbst als Opfer dieser Entscheidungen und stellen das auch so vor ihren Leuten dar. Außerdem ärgert es ihn, dass viele der Führungskräfte Entscheidungen von ihren jeweiligen Vorgesetzten erwarten, die sie aufgrund ihrer Funktion eigentlich selber treffen müssten. »Die stehen ja für nichts ein und scheinen sich ihrer Funktion als Führungskraft gar nicht bewusst zu sein!«, donnerte Nolte aufgebracht. Frau Lauch – Leiterin Personal – ist dieses Thema schon seit längerem ein Dorn im Auge. Ihrer Meinung nach muss für alle Führungskräfte dringend ein Seminar zum Thema Führung oder Führungskultur entwickelt werden.

Dieses brandheiße Thema werde ich gleich morgen in unser PE-Meeting einbringen. Dann können wir gleich gemeinsam das Vorgehen für eine solche Seminarentwicklung abstimmen und die entsprechenden Verantwortlichkeiten in unserem Team festlegen. Falls ich Hannes nachher noch telefonisch erwische, kann ich ihn gleich mal fragen, ob er zum Thema Seminarentwicklung eine Checkliste hat. Nicht, dass wir morgen einen Punkt vergessen.

EMAIL SCHREIBEN

Absender:	Dr. Hannes Dilli
Empfänger:	Moritz Tun
Datum:	
Betreff:	Seminarentwicklung

Schreiben

Lieber Moritz!

es war schön, wieder von Dir zu hören. Das Thema Führungskultur birgt immer spannendes Potenzial, und der Bedarf für ein solches Konzept scheint ja aus vielen Richtungen da zu sein. Erinnerst Du Dich noch, als wir vor einiger Zeit über das Thema »Planung und Gestaltung der Personalentwicklungsprozesse« gesprochen hatten? Dazu hatte ich Dir damals einen Aufsatz zur ›Bedarfsermittlung und Auftragsgestaltung‹ gefaxt. Und genau diese Punkte wie Bedarfserfassung, Auftragsklärung, Rollenklärung, Kontraktierung etc. bilden für die Seminarentwicklung die Grundlage! Wenn das geklärt ist, dann geht's in die Vollen. Also, bevor Du hier tiefer einsteigst, schau Dir einfach noch mal den Artikel von damals an.

Speziell zum Thema Seminarentwicklung kann ich Dir heute abend noch einige Unterlagen mitbringen. Wir sehen uns ja um 21 Uhr zum Tennis.

Bis dahin

Hannes

Sofort absenden	Später absenden		Speichern unter	Drucken...

| Abbrechen | | | | Hilfe |

Die Seminarentwicklung beginnt bereits lange vor der Formulierung möglicher Lernziele. Sie beginnt bereits mit den ersten Überlegungen, überhaupt ein Seminar zu entwickeln. Gerade diese Überlegungen im Vorfeld prägen die Gestaltung des späteren Seminars entscheidend. Sie bilden die Basis dafür, dass das Seminar tatsächlich entwickelt werden kann und darf, die nötige Akzeptanz im Haus findet etc. Seminarentwicklung lässt sich somit nicht auf die Formulierung von Lernzielen und die Ableitung von Seminarinhalten und -methoden begrenzen.

Im Folgenden sollen die einzelnen Schritte der Seminarentwicklung dargestellt, sowie Hilfen und Anregungen für die Praxis gegeben werden. Ein Fragenkatalog soll als Orientierungshilfe durch den Prozess der Seminarentwicklung dienen.

Abb. 42 gibt eine Übersicht über die einzelnen Schritte der Seminarkonzeption. Der dargestellte Ablauf ist dabei nicht als festumrissener Fahrplan zu verstehen, bei dem die einzelnen Schritte nacheinander abgeschlossen werden. Vielmehr müssen manche Schritte wiederholt durchlaufen werden (iteratives Vorgehen). Hierbei werden verschiedene Aspekte wiederholt thematisiert, evtl. korrigiert, verfeinert und konkretisiert (vgl. Langmaack & Braune-Krickau, 1995).

1. Initiative zur Seminarentwicklung

Wie kommt es nun zur Seminarentwicklung? Was ist der Anlass? Externe Seminare sowie Trainer mit fertigen und erprobten Seminaren zu allen nur denkbaren Themen gibt es doch zuhauf! Wieso bzw. wann sollte man daher ein eigenes unternehmensspezifisches Training konzipieren? Steht die Mühe für eine eigene Seminarkonzeption überhaupt in angemessenem Verhältnis zum Nutzen?

Die Initiative zur Entwicklung eines unternehmensspezifischen Seminars kann grundsätzlich – je nach Unternehmenskultur und Selbstverständnis – sowohl von einzelnen Mitarbeitern, einem Fachbereich oder direkt von der Funktionseinheit PE ausgehen. Ausgelöst wird diese Initiative durch deren Feststellung, dass die derzeitigen Kompetenzen der Mitarbeiter nicht für die Bewältigung momentaner oder zukünftiger Anforderungen ausreichen. Mitarbeiter haben entweder

– Defizite bei der Bewältigung ihrer Aufgaben,

oder

– sollen auf sich in der Zukunft abzeichnende Anforderungen vorbereitet werden.

Weiter kann die Initiative zur Seminarentwicklung **ad hoc** durch eine aktuelle Situation entstanden sein. (Beispiel: Ein völlig neues Projekt muss bearbeitet werden, für das die Mitarbeiter bisher nicht das nötige Know-how haben und nun »fit« gemacht werden müssen). Als Feuerwehrfunktion soll das Seminar kurzfristigen Qualifikationsbedarf schnellstmöglich decken.

Zum anderen kann die Initiative zur Seminarkonzeption auf **langfristige Planungen** zurückgehen. Vorausschauend sollen beispielsweise potenzielle Führungskräfte mit einem Curriculum für neue Führungskräfte auf die Übernahme von Führungsaufgaben vorbereitet werden.

Bei Standardseminaren wie einem Präsentationstraining lohnt sich eine unternehmensspezifische Seminarentwicklung eher nicht. Standardtrainings werden sich hinsichtlich Inhalt und Ablauf kaum unterscheiden, unabhängig davon, ob sie für ein Unternehmen X oder eine Firma Y durchgeführt werden. Die wesentlichen

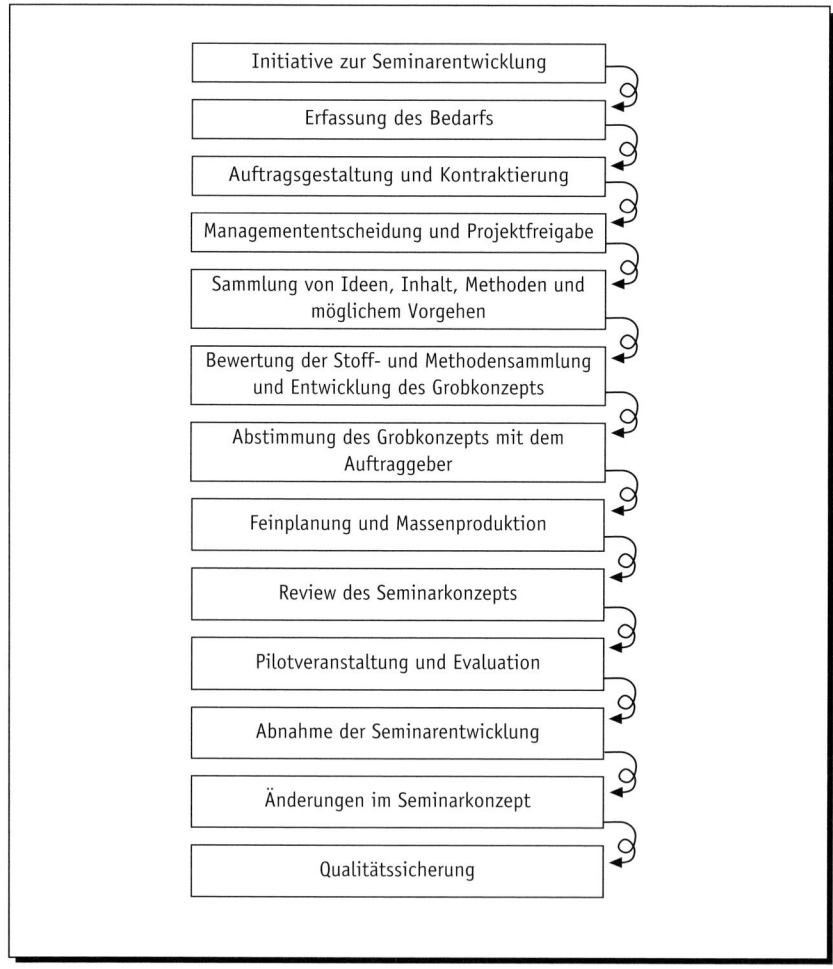

Abb. 42: Ablauf der Seminarentwicklung

Präsentationsprinzipien – und damit Seminarinhalte – bleiben die gleichen. Lediglich ein paar firmenspezifische Ergänzungen werden in das, sonst weitgehend gleich ablaufende, Seminar integriert (bspw. unternehmenseigene Präsentationsmaterialien).

Anders schaut es aus, wenn unternehmensspezifische Inhalte (bspw. zum hauseigenen Mitarbeitergespräch) vermittelt werden sollen. Hier kann ein freier Trainer kein fertiges und erprobtes Seminarkonzept »in der Tasche haben«, da er die unternehmensspezifischen Inhalte nicht kennen kann. Vielmehr muss dieses Seminar entsprechend den Bedürfnissen des Unternehmens entwickelt werden. Allerdings rechtfertigt sich dieser Aufwand in der Regel nur dann, wenn das Seminar wiederholt für eine größere Teilnehmerzahl durchgeführt werden soll. Bei geringerer Nachfrage wird eher individuelles Coaching, »Training on the job« oder der Besuch externer Seminare ein besseres Kosten-Nutzen-Verhältnis erzielen.

2. Erfassung des (Bildungs-)Bedarfs

Die Entwicklung eines eigenen Trainings oder Seminars, ob nun aus aktuellem Anlass oder auch im Rahmen langfristiger Planung, macht nicht immer Sinn, da das zu bearbeitende Problem vielschichtig und mit einem einzelnen Training nicht zu lösen sein kann. Daher sollte grundsätzlich vor jeder PE-Maßnahme der Personalentwicklungsbedarf detailliert geklärt und erfasst werden (siehe hierzu Kapitel 3, Pkt. 1.2). Nur so ist es möglich, anschließend mit dem geringsten Aufwand einen passgenauen Handlungsansatz (ob Seminar, Coaching, Workshops etc.) zu entwickeln.

Wesentlich für die Bedarfsklärung sind möglichst konkrete Informationen. Statt eher allgemeiner Schlagwörter wie »Arbeitsmethodik« sollte eine Bedarfsanalyse genaue Informationen darüber liefern, mit welchen Situationen bzw. Schwierigkeiten die angedachte Zielgruppe konfrontiert ist.

Eine Bedarfsanalyse sollte beispielsweise ergeben:
- Die angedachte Zielgruppe setzt sich aus jungen, hochqualifizierten Mitarbeitern zusammen.
- Zwischenmenschliche Probleme gibt es in der Gruppe nicht.
- Über die bisherige Arbeit hinaus hat die Gruppe neue Themen übernommen.
- Es soll eine Lösung gefunden werden, die die Produktivität der Gruppe steigert.
- Weitere Mitarbeiter können derzeit nicht eingestellt werden.

Werden die Hintergründe einer Bedarfssituation nicht vollständig erfasst, so kann die PE-Maßnahme nicht gezielt auf die Zielgruppe eingehen. Es werden nicht die dringlichsten Probleme oder Situationen thematisiert.

Wesentlich für die Klärung des PE-Bedarfs ist weiterhin, dass sich die Analyse nicht nur auf die Qualifikation der betroffenen Mitarbeitergruppe konzentriert. Gleichzeitig sollten auch gegenwärtige und zukünftige Aufgaben, spezielle Branchenerfordernisse und das gesamte System in die Ermittlung des PE-Bedarfs einbezogen werden (siehe auch untenstehenden Kasten: Leitfragen zur Erhebung des Bildungsbedarfs). Dabei sollen die Sichtweisen und Interpretationen des Auftraggebers, der Mitarbeiter selbst, anderer Bereiche sowie der Kunden berücksichtigt werden. Für eine umfassende Einführung in die Schritte der systemischen Bildungsbedarfsanalyse sei auf König und Volmer (1997, S. 115 ff.) verwiesen.

Leitfragen zur Erhebung des Bildungsbedarfs

– Was sind gegenwärtige und zukünftige Aufgaben der betreffenden Mitarbeiter?

– Welche Qualifikationen benötigen die Mitarbeiter zur Erfüllung dieser Aufgaben? Welche Kenntnisse, Fähigkeiten, Einstellungen sollten die Mitarbeiter vertiefen, erweitern oder neu erwerben?

– Mit welchen Bildungsinhalten und Bildungsformen können diese Qualifikationen vermittelt werden?

(siehe König und Volmer, 1997, S. 115 ff.)

Eine PE-Bedarfsanalyse stellt also fest, welcher Bildungsbedarf besteht. Damit ist aber noch nicht geklärt, ob die verantwortlichen Personen diesen Bedarf auch decken wollen oder können (vgl. Neuberger, S. 171). So kann beispielsweise registriert werden, dass die Mitarbeiter Defizite im kundenorientierten Verhalten haben; die zeitlichen Ressourcen der Mitarbeiter sind aber aufgrund momentan sehr wichtiger Projekte so begrenzt, dass ein Training auf unbestimmte Zeit verschoben wird. Jetzt schon mit der Seminarentwicklung zu beginnen wäre also verfrüht. Es fehlt die Auftragsklärung und Kontraktierung.

3. Auftragsklärung und Kontraktierung

Der nächste Schritt besteht in einer Vereinbarung darüber, <u>welcher</u> Bildungsbedarf <u>wie</u> gedeckt werden soll. Findet die Seminarentwicklung im größeren Zusammenhang, beispielsweise der Entwicklung eines PE-Programms oder Curriculums statt, so ist in der Regel bereits dort der Auftrag und Kontrakt geklärt worden. Findet die Seminarentwicklung dagegen mehr oder weniger losgelöst von bestehenden Programmen oder Seminaren statt, so muss der Auftrag genau geklärt, Rahmenbedingungen abgesteckt, das Seminar von anderen Maßnahmen abgegrenzt werden etc. Der Kasten auf Seite 284 enthält eine Checkliste zu den grundlegenden Aspekten der Auftragsklärung und Kontraktierung. Je nach Seminar und Problemstellung sind weitere Punkte zu ergänzen und einzelne Fragen zu vertiefen.

Grundsätzlich geht es bei der Auftragsgestaltung und Kontraktierung einer Seminarentwicklung um folgende Aspekte:
- Worin liegen die Schwierigkeiten und Probleme der Zielgruppe?
- Was soll erreicht werden?
- Wie ist das konkrete Vorgehen?
- Wer soll die Zielgruppe des Trainings sein? Welchen Erlebnis- und Erfahrungshintergrund haben die potenziellen Teilnehmer?
- In welchem Gesamtzusammenhang findet die Seminarentwicklung statt? Welche Vernetzungen bestehen zu anderen Maßnahmen, Neuerungen etc.?
- In welchem sozialen und politischen Umfeld findet die Seminarentwicklung statt?
  Welche Rahmenbedingungen existieren für die Seminarentwicklung?
- Wer soll welche Aufgaben bei der Seminarentwicklung und -durchführung übernehmen?
- Woran lässt sich der Erfolg des Seminars erkennen?

3.1 Problem – und Ausgangssituation (Auftragsklärung)

Ziel der Auftragsklärung ist es, möglichst konkrete Informationen darüber zu erhalten, *worin* die Schwierigkeiten und Probleme der angedachten Zielgruppe liegen. Erst die genaue Diagnose und Analyse wird die endgültige Zielsetzung und Gestaltung des Seminars ergeben. Hier sollte geklärt werden:
- welche Aufgaben die Mitarbeiter derzeit oder zukünftig ausüben,
- welche Qualifikationen sie jetzt bzw. in Zukunft benötigen,
- in welchen Situationen das Problem (nicht) auftritt,
- was der Anlass ist, das Problem jetzt anzugehen,
- welche Lösungsansätze es bereits gab,
- worin die einzelnen Gesprächspartner das Problem sehen,
- wie man das Problem verschlimmern könnte etc.

Die Problem- und Ausgangssituation sollte dabei gemeinsam mit dem Auftraggeber und innerhalb des Seminarentwicklungsteams analysiert werden. So lässt sich ein weitgehend homogenes Verständnis für die vorliegende Situation entwickeln. Dieses einheitliche Verständnis bildet die Basis für die weitere Seminarentwicklung. Für das genannte Beispiel (siehe S. 203) könnte die Problem- und Ausgangssituation ergeben, dass
- die Arbeitsmenge der Gruppe erst seit kurzem durch die Übernahme weiterer zusätzlicher Aufgaben nicht mehr bewältigt werden kann;
- die Qualifikation der Mitarbeiter den Anforderungen der Aufgabe nicht entspricht;
- die Mitarbeiter an den Grenzen ihrer Belastbarkeit angelangt sind;

- die Mitarbeiter nicht mehr wissen, welches Thema sie zuerst bearbeiten sollen und
- die Personalkapazität erst in ein paar Monaten erweitert werden kann.

3.2 Zielsetzung und Inhalte des Seminars

Zu wissen, wo die Probleme der Zielgruppe liegen, ist noch nicht mit einer Vereinbarung über die Ziele der Maßnahme gleichzusetzen. Vielmehr muss mit dem Auftraggeber geklärt werden, was erreicht werden soll. Dies bedeutet auch, abzustimmen, welche Probleme nicht angegangen werden sollen. Lernziele beschreiben damit die grobe Funktion der Maßnahme. Sie beschreiben, welchen Qualifikationsstand die Teilnehmer *nach* Abschluss des Seminars haben sollten, bzw. welches aktuelle Problem beseitigt oder welcher intendierte Zustand erreicht werden sollte (vgl. Bronner u. Schröder, S. 130, 1983). Sie formulieren, *was in welcher Tiefe* erreicht werden soll, stellen die Grundlage und Richtschnur für die inhaltliche wie auch methodisch-didaktische Entwicklung des Trainings dar. Für die Seminarentwicklung sind diese Grobziele in der Regel noch zu allgemein gehalten und zu wenig instrumentell. Sie müssen daher sukzessive in Unterziele zerlegt, präzisiert sowie konkretisiert werden, so dass ihre Erreichung im Einzelfall kontrolliert werden kann.

Ein Grobziel eines Seminars zur Arbeitsmethodik könnte beispielsweise lauten: *»Die Teilnehmer erhalten einen Überblick über Techniken, mit deren Hilfe sie ihre Arbeitsmethodik und die verfügbare Zeit effektiver planen, vorbereiten und kontrollieren können. Die Teilnehmer können diese Techniken für ihren Bedarf anwenden.«* Aus diesem Grobziel abgeleitete Lernziele können lauten: *»Die Teilnehmer analysieren und reflektieren ihren eigenen Arbeitsrhythmus. Die Teilnehmer kennen die Techniken des Brainstormings und Mindmappings. Die Teilnehmer wissen um ihre individuelle Leistungskurve. Die Teilnehmer beherrschen die ABC-Analyse . . .«* etc.

Die vereinbarten Lernziele formulieren auf einer konkreteren Ebene, was erreicht werden soll und was sich im Einzelfall auch beobachten oder nachprüfen lässt.

Lernziele sollten darüber hinaus widerspiegeln, wo der inhaltliche und methodisch-didaktische Schwerpunkt des Trainings liegen sollte. Mit abgestuften Formulierungen von »wissen um«, »kennen« über »können«, »beherrschen« bis zu »vermitteln können«, sollten verschiedene Lerntiefen abgegrenzt und Schwerpunkte des späteren Trainings vereinbart werden.

3.3 Geplante Schritte

Nachdem die Lernziele formuliert sind, sollten die einzelnen Schritte der Seminarentwicklung geplant im Rahmen eines Projektplans festgehalten werden. Der Projektplan ist kein fest umrissener Fahrplan, sondern eine Grobplanung, die aufgrund von Zwischenergebnissen oder neuen Erkenntnissen auch wieder verändert werden kann. Die Seminarentwicklung vollzieht sich damit innerhalb eines dynamischen, iterativen Prozesses. Mit anderen Worten wird hier mit dem Auftraggeber vereinbart, welche einzelnen Schritte zur Seminarentwicklung durchlaufen werden.

Ein Projektplan könnte folgende Schritte enthalten:
- Zuordnung der Inhalte zu den Lernzielen,
- Methodenauswahl,
- Festlegung der organisatorischen Anforderungen,
- Aufbereitung der Trainingsunterlagen,
- Auswahl der Trainer,
- Information der Beteiligten (Teilnehmer, Auftraggeber, Entscheidungsgremium),
- Pilotseminar,
- Evaluation.

3.4 Angedachte Zielgruppe

Nicht vergessen werden sollte, mit dem Auftraggeber die Zielgruppe erstens genau zu definieren und zweitens detailliert zu bedenken. Stellt man am Ende der Seminarentwicklung fest, dass der Teilnehmerkreis erweitert werden muss, kann die bisherige Seminarentwicklung zu großen Teilen hinfällig werden. Das Seminar ist nicht auf Erlebnis- und Erfahrungswelt des erweiterten Teilnehmerkreises ausgerichtet.

Informationen über die potenzielle Zielgruppe wie beispielsweise ihre (Vor-)Erfahrungen, ihre Kenntnisse, Ängste und Befürchtungen, gute oder verwirrende Erlebnisse mit anderen Seminaren etc. geben Hinweise auf die Auswahl der Inhalte und Übungen. Sie informieren darüber, was bei den Teilnehmern als Kenntnis- oder Erfahrungsschatz vorausgesetzt werden kann und worin sich die Teilnehmer vermutlich schwer tun.

Wesentlich ist es, sich ein detailliertes Bild über sie zu machen, ihre Arbeit und ihr Arbeitsumfeld am besten zu erleben, um diese verstehen und ein moglichst praxisnahes Seminar entwickeln zu können (vgl. Langmaak et. al., 1995, S. 21). Den tiefsten Einblick bietet ein »Kurzpraktikum«. Indem der Mitarbeiter der PE oder der externe Trainer/Berater für kurze Zeit selbst die Tätigkeit der betroffenen Mitarbeiter übernimmt – beispielsweise einen Tag im Außendienst oder am Fließband tätig ist – lässt sich ein tieferes Verständnis in die Problematik herstellen. Zusätzlich können erste Kontakte zu späteren Teilnehmern geknüpft werden.

3.5 Gesamtzusammenhang und Vernetzungen

Ebenso wie die Zielgruppe genau definiert werden muss, sollte mit dem Auftraggeber der Gesamtzusammenhang der Maßnahme beleuchtet werden: Finden beispielsweise, gerade andere PE-Maßnahmen statt? Welche? Gibt es gerade besonders aktuelle Projekte, Neuerungen, Entwicklungen, etc.? Denn werden in einer Maßnahme, inhaltliche wie didaktische Ansätze und Botschaften vermittelt, die zu anderen im Widerspruch stehen, so können sich diese kontraproduktiv auswirken oder ohne Effekt bleiben. Verwirrend auf die Teilnehmer können sich beispielsweise von Seminar zu Seminar wechselnde Feedback-Regeln auswirken.

Sollen Seminare oder andere PE-Maßnahmen grundsätzlich ineinandergreifen, so müssen die inhaltlichen Schnittstellen, aber auch die Didaktik genau abgestimmt werden, damit keine ungewollten Redundanzen entstehen und die Inhalte und Botschaften tatsächlich in der gewünschten Weise transportiert werden. Dies heißt insbesondere, neben Zielen und Grobkonzept selbst auch die einzelnen Übungen und verwendeten Materialien (Filme, Hand-outs etc.) der verschiedenen Maßnahmen zu kennen, um so spätere Wiederholungen oder Widersprüche zu vermeiden. Die Kenntnis der detaillierten Inhalte und Methoden ist deshalb notwendig, weil diese in unterschiedlichen Kontexten und damit Maßnahmen anwendbar sind. So könnte das Kommunikationsmodell von Schulz von Thun (1981) sowohl in einem Kommunikationsseminar, einem Aufbautraining zur Gesprächsführung als auch einem Führungstraining unbeabsichtigt zum wiederholten Male behandelt werden.

3.6 Klärung der Beziehungen, des sozialen und politischen Umfeldes

Bereits bei der Auftragsklärung und Kontraktierung sollte überlegt werden, in welchem sozialen und politischen Umfeld die Seminarentwicklung stattfindet. Dieser Punkt ist insofern wichtig, als dass jeder, ob nun Auftraggeber, Entscheider, Teilnehmer oder Projektgruppe – mit unterschiedlichen Erwartungen, Befürchtungen, Zielen und Ängsten an die Seminarentwicklung bzw. -durchführung herangeht. Auch das weitere Umfeld knüpft bestimmte Vorstellungen an das Seminar, hofft, dass das Training (nicht) durchgeführt wird oder ein Erfolg bzw. Misserfolg wird etc. Es ist sinnvoll, diese Aspekte zu kennen und zu analysieren, um die Seminarentwicklung darauf ausrichten zu können. Je mehr man auf diese Aspekte eingeht bzw. diese berücksichtigt, um so reibungsloser und effizienter wird sich die spätere Seminarentwicklung gestalten.

In Bezug auf den *Auftraggeber* sollte geklärt werden, wie er das Problem sieht und inwieweit er bereit ist, das Seminar mitzubegleiten (sei dies als Teilnehmer am Seminar oder durch flankierende Maßnahmen). Ebenso wichtig ist es, mit dem Auftraggeber zu bestimmen, wie er sich die Zusammenarbeit vorstellt und was im Seminar nicht passieren sollte. Hiermit lässt sich evtl. verhindern, dass das Seminar andere als vom Auftraggeber beabsichtigte Themen behandelt.

In Bezug auf das weitere *soziale und politische Umfeld* sollten mögliche hindernde und fördernde Einflüsse, Verbündete und Widersacher identifiziert werden, um die

Seminarentwicklung danach auszurichten. So könnte hier schon überlegt werden, dass ein »Wiedersacher« einen Part im Training übernehmen sollte, um ihm im Vorhinein den »Wind aus dem Segel zu nehmen«. (vgl. Kapitel 4, Pkt. 3, Einbezug des sozialen Systems).

3.7 Rahmenbedingungen

Ein wichtiges Thema im Rahmen der Auftragsklärung sind ebenfalls die Rahmenbedingungen (finanzielle, Budgetrestriktionen, zeitliche Vorstellungen, Ort etc.), die ein Seminarziel unterstützen oder diesem entgegen wirken. Kontraproduktiv wirkt bspw. die interne Seminardurchführung bei persönlichkeitsorientierten Seminaren (Konflikttraining etc.). Die Nähe zum Arbeitsplatz, ständige Störungen sowie das tägliche Heimfahren nach dem Seminar verhindern, dass die Seminarteilnehmer sich intensiv mit dem Thema auseinandersetzen.

Nicht zu vergessen sind auch zeitliche und finanzielle Vorgaben und die Genehmigung der notwendigen »Manpower«.

3.8 Rollenverteilung, Beteiligung und Verantwortlichkeiten

Als weiterer Bestandteil der Auftragsklärung und Kontraktierung wird festgelegt, wer was im Rahmen der Seminarkonzeption und Durchführung leistet.

Die Rollenaufteilungen und Verantwortlichkeiten können folgendermaßen aussehen:

Ist das zu entwickelnde Seminar Bestandteil eines Curriculums, so definiert das *Curriculummanagement* die groben Lernziele des Seminars sowie inhaltliche und didaktische Vorgaben, Übergänge, Überschneidungen und Grenzen zwischen den verschiedenen PE-Maßnahmen (vgl. Kapitel 3, Pkt. 4: Curriculummanagement). Es gibt weiterhin die im Rahmen des Curriculums vorhandenen Mittel frei. Dazu können budgetierte Gelder aber auch Seminarbausteine und -übungen gehören, die in zwei aufeinanderfolgenden Seminaren durchgeführt werden sollen etc. Darüber hinaus gehört es zu den Aufgaben des Curriculummanagers, den Coursemanager und das Entwicklungsteam über den Gesamtzusammenhang (Historie, Anlass, Beteiligte etc.) der Seminarkonzeption zu unterrichten.

Die Seminarentwicklung wird vom *Coursemanager* geleitet. Er steuert das *was* und *wie* der Seminarkonzeption. In der Rolle eines Projektleiters verantwortet er die Einhaltung der Termin- und Budgetvorgaben sowie die inhaltliche wie didaktische Konzeption, das Design und somit die Qualität des Seminars. Dazu zählen im Einzelnen:
- Die inhaltliche Gestaltung.
- Die didaktische Gestaltung.

- Die visuelle und graphische Aufbereitung aller Seminarmaterialien (angefangen von Informationsschreiben über Teilnehmerunterlagen, Arbeitsmaterialien bis hin zu Trainerunterlagen).
- Die Dokumentation der Seminarentwicklung. Hierzu gehört insbesondere, dass die Grundlagen der Seminarentwicklung entsprechend der definierten Standards festgehalten wird. Hierzu zählen Literatur und Studien, die in die Seminarentwicklung einfließen sowie Untersuchungen zur Transfersicherung oder Validität von PE-Maßnahmen. Durch die Dokumentation kann die Seminarentwicklung auch im Nachhinein noch nachvollzogen werden, so dass Änderungen oder Ergänzungen sowie weitere Seminare gezielt darauf aufgebaut werden können.
- Die logistische Planung und Abstimmung.

In Bezug auf das Wie der Seminarentwicklung ist der Coursemanager verantwortliche für:
- Die Steuerung des Seminarentwicklungsteams.
- Abstimmungen mit dem Auftraggeber und laufende Information des Auftraggebers. Hierzu gehören insbesondere die Auftragsklärung und Kontraktierung sowie die Verabschiedung des Grob- und Feinkonzepts des Seminars.
- Laufende Maßnahmen zur Sicherung der Unterstützung und Akzeptanz der Seminarkonzeption und Durchführung bei Auftraggeber und allen relevanten Einflussgrößen (Betriebsrat, Teilnehmer, Mitglieder der Managementebene, Entscheiderkreis etc.).

Zusammenstellen des Seminarentwicklungsteams
In der Regel empfiehlt es sich, bereits im Rahmen der Auftragsklärung und Kontraktierung ein *Projektkernteam* festzulegen und möglichst schon in die Kontraktierung einzubinden. Würde dieses Kernteam erst danach zusammengestellt, müsste es die gesamten vorher gelaufenen Aktivitäten nachvollziehen. Weiter wäre bereits der Rahmen der Seminarkonzeption festgezurrt, sodass ihre Anregungen nur noch in eingeschränktem Maße in die Entwicklung einfließen können, was nicht zuletzt einen entscheidenden Einfluss auf die Motivation des Teams hat.

Darüber hinaus kann die Problemanalyse oft nicht allein durch den PE'ler bewältigt werden, da ihm bei speziellen Problemstellungen das nötige Fach-, Hintergrund- und Methodenwissen fehlt. Mitglieder des Entwicklungskernteams sollten auch Fach- sowie Methodenspezialisten sein, die die Problemstellung unter Einbezug von fachlichen, unternehmens-/bereichspolitischen Kenntnissen analysieren können. Dies bedeutet weiterhin, dass zum Teil bereits zu diesem Zeitpunkt externe Berater oder Trainer ausgewählt sein sollten (die Gesichtspunkte zur Auswahl der Trainer und Berater werden in Kapitel 4, Pkt. 1 genauer erläutert).

Wird ein Seminar mehrfach durchgeführt, so bietet es sich an, in das Seminarentwicklungsteam zusätzlich Spezialisten aufzunehmen, die die visuelle und graphische Aufbereitung (Grafiker, Designer, DTP-Spezialisten), die sprachliche Gestaltung der Materialien (Redakteur, Korrektor) und gegebenenfalls die technischen Aspekte des Seminars (EDV, Video oder sonstige Medien) übernehmen.

Letztlich sollte bei der Kontraktierung festgelegt werden, worin für Auftraggeber und Personalentwicklung der Erfolg der Maßnahme ersichtlich wird.

3.9 Erfolgskriterien

So ließe sich der Erfolg eines Seminars zur »persönlichen Arbeitsmethodik« an der Reduzierung der Arbeitsstunden messen.

Werden keine Erfolgskriterien bestimmt, so lässt sich damit auch nicht nachvollziehen, ob das Seminar den gewünschten Effekt erreicht hat. Wünschenswert sind Erfolgskriterien, »die sich letztendlich auf beobachtbares Verhalten, auf konkrete Fähigkeiten oder auf realistische Ergebnisse beziehen können« (Langmaak et. al., S. 24, 1995).

4. Managemententscheidung und Projektfreigabe

Der nächste Schritt des Seminarentwicklungsprozesses besteht in der offiziellen Projektfreigabe. Erst ab diesem Zeitpunkt kann die eigentliche Realisierung des Seminars beginnen.

Gerade bei kleineren PE-Maßnahmen werden solche Freigaben oft »by the way« erteilt. Bei offiziellen Freigaben committet der Auftraggeber vor einem Entscheidungsgremium (wie dem Vorstand) zur Durchführung der PE-Maßnahme. Ein Zurücktreten ist danach nur noch schwer möglich. Projektfreigaben, die »nebenbei« erteilt werden, können dagegen genauso still und heimlich wieder zurückgezogen werden. Benötigt man also für eine Maßnahme die Unterstützung weiterer Teile des Managements, so sollte die Projektfreigabe einen entsprechend offiziellen Charakter haben. Nicht vergessen werden darf auch der Betriebsrat und Sprecherausschuss!

5. Sammlung von Ideen zu Inhalt, Methoden und möglichem Vorgehen

Der folgende Schritt im Rahmen der Seminarkonzeption hat zum Ziel, verschiedene alternative Seminarinhalte, didaktische Methoden und Vorgehensweisen zu sammeln, zu formulieren und den einzelnen Lernzielen zuzuordnen. Das heißt, hier werden Seminarinhalte, Vorschläge zur Seminarmethodik und Literatur (Theorien, Studien etc.) und ähnliche Seminarrealisierungen zusammengetragen.

Wichtig ist, dass die generierten Ideen wie auch die gesamte Seminarentwicklung dokumentiert werden. Dadurch lässt sich zu einem späteren Zeitpunkt die gesamte Seminarentwicklung nachvollziehen. Eine eventuelle Überarbeitung des Seminars zum Beispiel nach der ersten Pilotveranstaltung wird erleichtert. Auch kann diese Dokumentation in andere Seminarentwicklungen einfließen.

Ebenfalls sollte hier geprüft werden, ob die zu vermittelnden Inhalte auch tatsächlich zu den gewünschten Ergebnissen führen. Empirische Untersuchungen über die Wirksamkeit bestimmten Verhaltens können als Basis für Verhaltenstraining dienen. Sollte das Seminar wirken, und das trainierte Verhalten im Arbeitsalltag von den Teilnehmern übernommen werden und das Verhalten eben nicht zum gewünschten Ergebnis führen, entsteht kein Nutzen für das Unternehmen (und die Mitarbeiter), sondern ein Schaden.

6. Bewertung der Stoff- und Methodensammlung und Entwicklung des Grobkonzepts

Die gesammelten Vorschläge gilt es, im nächsten Schritt zu bewerten und anschließend zu einem Grobkonzept zusammenzufassen. Die Sammlung möglicher Seminarinhalte und -methoden einerseits sowie deren Bewertung andererseits geschieht bewusst in zwei voneinander getrennten Schritten. Falls Seminarinput und -methoden in einem vorgeschlagen und verabschiedet werden, können viele und vor allem originelle Vorschläge übersehen werden. Statt weitere, auch ausgefallene Vorschläge zu entwickeln, hält man an den ersten Ideen fest. Die Chance, ein optimales Seminarkonzept zu entwickeln, ist möglicherweise vertan (vgl. Doppler, 1996, S. 107).

Nach welchen Kriterien sollte die Auswahl der Seminarinhalte und Methoden erfolgen?

Die Auswahl und Abfolge der Lerninhalte und Methoden sollte nach der grundsätzlichen Frage erfolgen, inwieweit sie geeignet sind, die vorgegebenen Lernziele zu erreichen.

Je nachdem, ob ein Seminar zum Erwerb von Wissen, Können oder zur Einstellungsänderung dient, sind die Seminarinhalte mehr oder weniger wichtig und um so größer wird die Bedeutung des eigenen Erprobens und Erlebens. Um so mehr sollte auf die genaue Auswahl der Seminarinhalte Wert gelegt werden. Bronner und Schröder (1983, S. 167) weisen darauf hin, dass in vielen Trainings der Fehler gemacht wird, Teilnehmer mit Stoff zu überfüttern. Statt ein weiteres Thema in das Seminar mit aufzunehmen, sollte eher Zeit dafür geschaffen werden, sich das theoretische Wissen durch eigenes Handeln aneignen zu können. Auch bedeuten zeitlich vollständig ausgeschöpfte Seminarprogramme oft eher weniger als mehr Lernerfolg.

Denn auch die Aufnahmekapazität des ausdauerndsten Teilnehmers lässt irgendwann nach. Daneben bieten Pausen die Zeit zum Nachdenken und Erholen sowie zum Austausch der Teilnehmer am Rande des Seminars. Zum Abschluss der Grobkonzeption sollte prinzipiell nochmals kritisch geprüft werden, mit welchem Zeitaufwand für die einzelnen Seminarbausteine, Übungen und Inhalte zu rechen ist, auf welche gegebenenfalls verzichtet werden kann oder welche alternativ eingesetzt werden können.

Weiter sind vor allem lerntheoretische Gesichtspunkte zu berücksichtigen. Dabei geht es darum, den Ablauf in einem vertrauensvollen Rahmen anregend, interessant und abwechslungsreich zu gestalten. Der nachfolgende Kasten beschreibt Kriterien und gibt Hinweise für die didaktische Gestaltung von Veranstaltungen.

Kriterien für die didaktische Gestaltung

(Auswahl und Abfolge der Seminarbausteine)
(nach Günther u. Sperber, 1995, S. 226 ff., Bronner u. Schröder, 1983, S. 142, Schrader et. al. S. 167, 1983)

1) *Die Seminardidaktik sollte dem Prinzip der Qualität vor Quantität folgen. Lerninhalte sind um so sorgfältiger auszuwählen, je geringer ihr Anteil am Lernprozess ist. Lernen geschieht über Handeln.*
2) *Auf eine kognitiv orientierte, informationsorientierte Sequenz sollte eine aktionsorientierte Phase folgen.*
3) *Abwechselnd sollte »vom Besonderen zum Allgemeinen« und vom »Allgemeinen zum Besonderen« vorgegangen werden. Bei Ersterem werden beispielsweise konkrete Probleme der Teilnehmer aufgegriffen, die im Anschluss theoretisch untermauert werden. Im zweiten Schritt folgt auf eine allgemeine Erläuterung eine Übung mit einem konkreten Praxisbeispiel.*
4) *Die Sozialformen sollten wechseln (auf Einzelarbeit folgt Kleingruppenarbeit usw.).*
5) *Phasen der Interaktion sollten mit Phasen des Nachdenkens und der Distanzierung wechseln.*
6) *Stark stresserzeugende Übungen sollten sich mit weniger oder nicht stresserzeugenden Übungen abwechseln.*
7) *Durch die Verwendung unterschiedlicher Medien (Overhead, Pinnwand) kann ein Methodenwechsel erreicht werden.*
8) *Inhalte und Übungen sollten im Verlauf zunehmend komplexer werden.*
9) *Die Veranstaltung sollte sich aus sowohl personennahen wie auch personenfernen Inhalten und Übungen zusammensetzen. Als personennah sind Übungen bzw. Inhalte zu bezeichnen, die eine starke Betroffenheit und Individualisierung der Teilnehmer bewirken. Personenferne Themen und Aufgaben richten die Aufmerksamkeit dagegen von der eigenen Person weg und stellen abstrakte Beschreibungen dar.*
10) *Die Auswahl, Reihenfolge und Länge der einzelnen Seminarbausteine muss auch äußere Einflüsse wie Mittagsmüdigkeit der Teilnehmer mit einbeziehen.*

Wichtig ist weiterhin, dass der Seminarinhalt oder das Lernziel nicht vor der eingesetzten Methode zurücktritt. Das didaktische Vorgehen ist immer nur Mittel, um einen Inhalt zu transportieren und ein Seminarziel zu erreichen – nicht umgekehrt.

Grobkonzept eines Seminars »Persönliche Arbeitsmethodik«

1. Tag

Ziel: Die Teilnehmer können die wichtigsten Arbeitstechniken zur Effizienzsteigerung anwenden

Zeit	Phase	Lernziele/Bemerkungen	Inhalt/Thema	Methode	Material
10:00	Einstieg	Begrüßung Hintergrundinformationen für die TN	– Anlass des Seminars – Was haben Sie bisher von Ihren Kollegen über das Seminar gehört? – Vorstellung des Curriculums	Eröffnungsrede und Gespräch	Flip: Herzlich willkommen
		Ziele kennen Ablauf kennen	– Information über die Ziele – Information über Inhalte und Ablauf	Präsentation	Flip: Agenda
		Kennenlernen der TN-Erwartungen	– Mein Name / meine Tätigkeit – Meine Hobbys – Was möchte ich nicht – Meine Erwartungen – In welcher Atmosphäre fühle ich mich wohl?	Beiträge der TN auf Karten sammeln Kurzvorstellung der TN/Moderatoren	Pinnwand
		Spielregeln klären	– Zeiten / Organisatorisches – Spielregeln – Wer hat Verantwortung für den Erfolg des Seminars?	Kurzvortrag Präsentation	Flip: Organisatorisches Spielregeln
11.00	Pause				
11:15	Einführung	Die Teilnehmer analysieren, wie viel Zeit sie wofür mit wem verwenden (Ist-Analyse)	– Tätigkeitsanalyse erstellen und auswerten	Einzelarbeit Plenum	Übungsblätter
12:00		TN kennen die Bedeutung und Techniken der Priorisierung	Priorisierung – ABC-Analyse – Pareto-Prinzip – Eisenhower Prinzip	Lehrgespräch Zuruffragen	Flips Übungsblätter
13:00	Mittagspause				

7. Abstimmung des Grobkonzepts mit dem Auftraggeber

Das entwickelte Grobkonzept dient dem Auftraggeber zur Überwachung und Steuerung der Seminarkonzeption. Es dient dazu, mögliche Abweichungen zwischen Realisierungskonzept und Vorstellungen des Auftraggebers zu analysieren und gegebenenfalls Korrekturen einzuleiten.

Wird das Grobkonzept verabschiedet, so ist der Rahmen der Seminarentwicklung endgültig festgelegt. Die inhaltliche wie auch methodisch-didaktische Konzeption des Seminars steht somit fest und wird im Folgenden ausgearbeitet. Ebenso werden damit die Rahmenbedingungen und Ressourcen der Seminarkonzeption (zeitlicher Ablauf des Seminars, Kosten der Seminarentwicklung, Kosten der laufenden Seminardurchführung) endgültig festgelegt.

Spätestens mit der Verabschiedung des Grobkonzepts sollte der Betriebsrat über die Seminarkonzeption unterrichtet werden. Denn laut § 97 BetrVG hat der Arbeitgeber u. a. über die Einführung betrieblicher Bildungsmaßnahmen mit dem Betriebsrat zu beraten. Somit sind Seminar- wie auch Programm- und Curriculumkonzepte mit dem Betriebsrat zu erörtern (vgl. Kapitel 4, Pkt. 4: Zusammenarbeit mit dem Betriebsrat sowie rechtliche Aspekte der Personalentwicklung). Weiterhin kann die Verabschiedung des Grobkonzepts Anlass und Mittel sein, die Managementebene, und damit wichtige Meinungsführer oder Machtpromotoren, zu informieren sowie für das Vorhaben einzunehmen.

8. Feinplanung und Masterproduktion

Bei der Feinplanung wird das Grobkonzept weiter ausdifferenziert und eine »Masterproduktion« erstellt. Hierzu zählen im Einzelnen:
– Ausarbeitung der Übungen
– Überprüfung der Zeiteinschätzung
– Auswahl der Medien
– Erstellen des Trainerleitfadens, der Trainings- und Teilnehmermaterialien
– Auswahl der Trainer (sofern noch nicht geschehen)
– Festlegen des Seminartermins
– Logistische Planung des Seminars
– Endgültige Veranstaltungsbeschreibung (Angabe der Höchstteilnehmerzahl, Erstellen der Seminarbeschreibung etc.)

Ausarbeitung der Übungen
Nachdem im Grobkonzept die Übungen charakterisiert wurden, werden sie im Feinkonzept endgültig ausgearbeitet. Als Beispiel sei eine Übung des oben dargestellten Grobkonzepts des Seminars »Persönliche Arbeitsmethodik« genannt. Das Grobkon-

zept könnte vorsehen, dass die Teilnehmer in diesem Seminarbaustein einen beispielhaften Arbeitstag analysieren und planen. In der Feinplanung würde nun modellhaft ein typischer Arbeitstag entwickelt, der im Seminar als Arbeitsgrundlage dient.

Um zu gewährleisten, dass unterschiedliche Trainer das Seminar in vergleichbarer Weise durchführen, sollten die einzelnen Seminarbausteine dokumentiert und ausführlich beschrieben werden. Die Summe der einzelnen Bausteine mitsamt der Trainer- und Teilnehmermaterialien ergibt dann das Feinkonzept des Seminars.

Die Darstellung des Feinkonzepts in Form von Seminarbausteinen bietet den Vorteil, dass einzelne Bausteine ausgetauscht werden können. Beim späteren Review des Trainings können weniger gelungene Seminareinheiten einfach durch die überarbeitete Version ersetzt werden. Ebenso ist es möglich, einzelne Seminarbausteine zwischen entsprechend unterschiedlichen Zielgruppen auszutauschen. Die Abb. 44 stellt einen Seminarbaustein dar, weitere Beispiele finden sich bei Bronner & Schröder (1983).

Überprüfung der Zeiteinschätzung

Zum Abschluss der Seminarkonzeption sollte nochmals kritisch geprüft werden, ob die vorgesehene Zeit auch tatsächlich ausreicht. Im Zweifelsfall muss nach dem Motto »weniger ist mehr« nochmals geprüft werden, ob und gegebenenfalls welche Übungen, Inhalte etc. aus dem Seminar genommen oder ersetzt werden sollen. Weniger ratsam ist es umgekehrt, den Seminartag weiter auszudehnen. Die Aufnahmekapazität der Teilnehmer setzt der Aufnahme neuer Lerninhalte Grenzen und kann sich negativ auf den Lernerfolg auswirken.

Auswahl der Medien

Als Medien werden grundsätzlich alle Mittel verstanden, die den Lehrstoff anschaulicher gestalten und die Teilnehmer aktivieren und motivieren können. Neben Pinnwänden, Flips und Overhead sind auch Filme, oder CBT's zu nennen. Nach dem didaktischen Gesichtspunkt, dass jeder Seminarinhalt sich von den vorherigen methodisch unterscheiden sollte, können Medien den Trainingsablauf abwechslungsreicher gestalten, die Anschaulichkeit der Inhalte erhöhen, zu erhöhter Aufmerksamkeit der Teilnehmer führen und damit einen positiven Einfluss auf den Lerneffekt haben (vgl. Mentzel, 1992, S. 209).

Für die Auswahl der Medien wie Methoden gilt, dass sie immer die Anschaulichkeit des Inhalts, die Aktivierung sowie Motivierung der Teilnehmer erhöhen sollen. Allerdings steigt durch die Auswahl der Medien nicht zwangsläufig die Qualität des Seminars! Entscheidend ist, dass das gewählte Medium den Lernprozess unterstützt. Nicht alle Medien bzw. Methoden sind für jedes Lernziel geeignet. So wie eine Kartenabfrage eher zum Sammeln und weniger zum Verarbeiten von Informa-

Trainerleitfaden:
Seminar: Persönliche Arbeitsmethodik

Tag: 1   03/2003

Ziel:
– Die Teilnehmer kennen die Bedeutung und Techniken der Priorisierung
– Die Teilnehmer können ihre täglich anfallenden Aufgaben priorisieren

Baustein: Priorisierung	Methode	Arbeitsmaterialien
Das Pareto-Prinzip – Inhalt Lehrgespräch: Verhältnis von aufgewandter Zeit zu Arbeitsergebnis: 20% der Tätigkeiten bringen 80% Erfolg	Präsentation und Lehrgespräch:	Flip: Anlage 13 TNU: Anlage 14 Auszüge aus: Beyer: Zeitmanagement,1992, S. 48–64
Die ABC-Analyse – A-Aufgaben: 15% aller Aufgaben, hierfür 65% der Arbeitszeit verwenden B-Aufgaben: 20% aller Aufgaben, hierfür 20% der Arbeitszeit verwenden, ganz/teilweise delegieren C-Aufgaben: 65% aller Aufgaben, hierfür 15% der Arbeitszeit verwenden, auf jeden Fall delegieren, rationalisieren	Lehrgespräch	Flip: Anlage 15 TNU: Anlage 16
Das Eisenhower Prinzip – Jede Tätigkeit ist immer von einer Dringlichkeits- und Wichtigkeitspriorität bestimmt. Schlussfolgerung: Im Sinne der Verhältnismäßigkeit arbeiten und nicht mehr Zeit und Mühe aufwenden, als es eine Tätigkeit überhaupt fordert. – Frage für die Einzelarbeit: Welche Ihrer aufgelisteten Tätigkeiten haben welche Priorität? Welche Ihrer Tätigkeiten haben prinzipiell Priorität A? Welche Ihrer Tätigkeiten haben Priorität D?	Präsentation und Lehrgespräch Einzelarbeit	Flip: Anlage 17 Übungsblatt: Anlage 18
Notizen		

Abb. 44: Beispiel eines Seminarbausteins

tionen dient, können Medien ein Lernziel nur mehr oder weniger unterstützen. So können beispielsweise CBT's eher Grundlagenwissen vermitteln, als zur Lösung komplexer aktueller Fragestellungen oder Probleme dienen. Der Medieneinsatz sollte also jeweils in Abhängigkeit von den Lernzielen erfolgen und das Lernziel unterstützen. Auch die Bekanntheit der Medien sollte berücksichtigt werden. Gerade bei sehr neuen, den Teilnehmern noch nicht bekannten Medien läuft man Gefahr, dass das Medium, und nicht die zu vermittelnden Lerninhalte die Aufmerksamkeit der Teilnehmer auf sich ziehen.

Erstellen des Trainerleitfadens, der Trainings- und Teilnehmermaterialien
Die nächsten Schritte in der Seminarkonzeption bestehen in der Erstellung des Trainerleitfadens, der Trainings- und Teilnehmermaterialien.

Der Trainerleitfaden sollte, neben einer Zeit- und Ablaufübersicht die einzeln dokumentierten Seminarbausteine enthalten. Darüber hinaus sollten alle Visualisierungen (Flipcharts, Pinnwandbilder oder Overheadfolien etc.) dokumentiert sein, ebenso alle Arbeits- und Informationsmaterialien. Um für alle Eventualitäten ausgerüstet zu sein – beispielsweise, dass die Arbeitsblätter in nicht genügender Anzahl vorhanden sind – sollte immer eine kleine eiserne Reserve an Teilnehmerunterlagen etc. vorhanden sein.

Die letzten Schritte der Seminarkonzeption bestehen in der Festlegung des Seminartermins, der endgültigen Veranstaltungsbeschreibung (Angabe der Höchstteilnehmerzahl, Erstellen der Seminarbeschreibung etc.) und der logistischen Planung des Seminars. Da diese Punkte in Kapitel 4, Pkt. 1 ausführlich erläutert wurden, sollen diese hier nicht weiter ausgeführt werden.

9. Review des Seminarkonzepts

Das fertiggestellte Feinkonzept und die Masterproduktion (Trainerleitfaden, Trainingsmaterialien etc.) sollten vor ihrem tatsächlichem Einsatz vom Auftraggeber und der Fachabteilung geprüft werden. Im Sinne einer Endkontrolle wird zum letzten Mal vor der Durchführung getestet, ob das Seminarkonzept stimmig ist, ob die Sachverhalte (wie Unternehmenszahlen) richtig dargestellt sind etc. Wird das fertiggestellte Seminarkonzept im Review verabschiedet, so kann die Durchführung des Seminars beginnen.

Wichtig kann es auch sein, die Managementebene in die Verabschiedung des Seminarkonzepts einzubinden, um die Durchführung der Maßnahme zu bekräftigen. Der erhebliche Zeitaufwand, den eine PE-Maßnahme erfordert, kann bedeuten, dass kurzfristige Problemlösungen dem Auftraggeber oder der Managementebene momentan wichtiger erscheinen und das Seminar verschoben oder storniert wird. PE-

Veranstaltungen mit ihrem häufig erst langfristig wirksamen Erfolg, konkurrieren damit gegen kurzfristig auftretende Aufgaben, Probleme und Schwierigkeiten, die auch gelöst bzw. bewältigt werden müssen.

10. Pilotveranstaltung und Evaluation

Die Bewährung des Seminarkonzepts wird durch ein Pilotseminar geprüft. Hier wird verifiziert, ob das Trainingskonzept stimmig ist, der geplante Zeitablauf tatsächlich einzuhalten ist, wie zufrieden die Zielgruppe ist, ob das erwartete Ziel tatsächlich erreicht wurde etc. Um ein möglichst differenziertes Bild über die Einschätzung der Pilotveranstaltung zu erhalten, kann es sinnvoll sein, dass zusätzlich einzelne Mitglieder des Seminarentwicklungsteams als Beobachter oder (Co-)Trainer an der Pilotveranstaltung teilnehmen. Nach diesem Praxistest werden evtl. notwendige Korrekturen vorgenommen und ggf. erneut einem Review unterzogen. Erst im Anschluss daran wird die Konzeption endgültig verabschiedet.

11. Abnahme der Seminarentwicklung

Der letzte Schritt der eigentlichen Seminarentwicklung besteht in der Abnahme des Seminarkonzepts. Hier wird abschießend mit Auftraggeber und/oder Coursemanager festgestellt und bewertet, inwieweit die Zielvorgaben, Ressourcen, Termine und Kosten eingehalten wurden, welche Maßnahmen als Nächstes erforderlich sind und wer die weitere Betreuung des Seminars übernimmt.

12. Aktualisierungen und Änderungen im Seminarkonzept

Werden Seminare wiederholt über einen längeren Zeitraum durchgeführt, kann es immer wieder erforderlich sein, Änderungen im Seminarkonzept vorzunehmen. Anlass könnte sein, dass das Zahlenmaterial und Begrifflichkeiten eines Trainings aktualisiert werden müssen oder einzelne Übungen mittlerweile hausweit bekannt sind. Auch kann sich die Problematik bzw. Zielsetzung einzelner Übungen oder Inhalte leicht verschoben haben. Beispielsweise kann sich in einem Training zu den Grundlagen der Führung das Selbstverständnis der jungen Führungskräfte geändert haben. Während sie sich in der Vergangenheit als den »Untergebenen« vorgesetzt sahen, betrachten sie sich in letzter Zeit eher als »primus inter pares«.

Änderungen im Seminarkonzept bedeuten, dass je nach Änderungsumfang einzelne Phasen der Seminarentwicklung wiederholt zu durchlaufen sind. Bei geringfügigen Änderungen kann auf ein weiteres Pilotseminar verzichtet werden; umfangreiche

Änderungen sollten dagegen nur unter Einbezug des Auftraggebers und des Seminarentwicklungsteams vorgenommen werden. Wichtig ist zudem, dass Änderungen am Seminarkonzept nicht losgelöst, sondern immer in Abstimmung zum Curriculum oder PE-Programm geschehen. Hiermit wird sichergestellt, dass das überarbeitete Seminar weiterhin die intendierte Zielsetzung verfolgt, Maßnahmen logisch aufeinander aufbauen, sich nicht überschneiden etc.

13. Qualitätssicherung

Werden bestimmte Qualitätswerte von Veranstaltungen unterschritten, wie Teilnehmerbeurteilungen, Kundenfeedback oder das Eintreten des intendierten Ergebnisses, so sind wiederum Seminarentwicklungsprozesse zur Qualitätsverbesserung auszulösen. Verantwortlich für die fortlaufende Qualitätssicherung ist der zuständige Coursemanager.

Gewarnt sei davor, Seminarbeurteilungen ein zu hohes Gewicht beizumessen. Diese guten Beurteilungen sind oft auf spielerische Aufgaben, die den Teilnehmern und Trainern sehr viel Spaß machen, zurückzuführen. So sehr der Spaß der Teilnehmer und Trainer im Seminar auch seinen Platz haben sollte, darf nicht vergessen werden, dass das Training mit konkreten Zielvorstellungen – nicht nur von der Unternehmensseite – und beträchtlichen finanziellen und personellen Aufwendungen verbunden ist, denen Rechnung zu tragen ist.

Umgekehrt deuten mittelmäßige Seminarrückmeldungen nicht unbedingt auf ein mittelmäßiges Training hin. Sollen im Training bewusst kritische Dinge thematisiert und unliebsame Botschaften vermittelt werden, so kann sich dies negativ in den Seminarfeedbackbögen auswirken. Beispiele für Seminarfeedbackbögen finden Sie auf der beiliegenden CD-Rom.

7 Bildungscontrolling

Oh je, die Stimmung ist auf abso-
lutem Tiefststand oder besser gesagt am Kochen. Wieso ? Ich sage
nur eins: Budgetierung. Mit meinem laut geäußerten Erstaunen
über die hier seit Jahren prakti-
zierten Budgetierungsabsprachen
scheine ich eine richtige Kriegs-
erklärung ausgelöst zu

haben. Klar, dann heißt es gleich wieder: »Typisch der Neue. Der soll hier erst
mal ein paar Jahre arbeiten und sich seine Sporen verdienen, ehe er Altbe-
währtes kritisiert!«. Anscheinend habe ich so richtig ins Schwarze getroffen.
Der Stein des Anstoßes ist die Frage, wer denn nun in Zukunft den Personal-
entwicklungsaufwand für die Mitarbeiter einstellt? Die Abteilungsleiter wollen
natürlich, dass alles zentral in unser PE-Budget rein muss. Aber das sehe ich gar
nicht ein. Warum soll das nicht entsprechend auch auf deren Kostenstellen
gehen?! Die Frage ist jetzt nur, wie wir dieses Thema klären. Deshalb habe ich
kurzfristig für morgen ein Meeting mit meinem Chef und dem Leiter Finan-
zen/Controlling eingefordert. Ich hoffe, wir finden dann eine einheitliche, von
jetzt an gültige Regelung.
Als ich eben den Termin für morgen mit Herrn Dr. Fritz abstimmte, schaffte er
doch glatt wieder einen seiner so galanten Übergänge: »Ach, wenn wir schon
mal grob beim Thema PE-Controlling sind . . . können Sie mir morgen noch eine
Übersicht über die Evaluationsebenen mit den von Ihnen angewendeten Eva-
luationsinstrumenten mitbringen. Eine kurze Übersicht reicht vollkommen.«
Ich muss schon sagen, macht er diese Übergänge nicht geschickt?! So unbe-
merkt und sanft – aber mit großen Nachwirkungen. Das könnte ich mir doch
vielleicht auch mal angewöhnen.
Na ja – aber zurück zu seinem angesprochenen Thema. Das habe ich ehrlich
gesagt aus dem Stehgreif gar nicht so parat. Da hilft nur eins: Unverzügliche
Kontaktaufnahme mit Hannes! Wie war noch einmal seine Durchwahl . . .

eMAIL SCHREIBEN

Absender:	Dr. Hannes Dilli
Empfänger:	Moritz Tun
Datum:	
Betreff:	Bildungs-Controlling

Schreiben

Lieber Moritz!

Das ist wirklich ein guter Vorschlag von Deiner Seite, endlich eine einheitliche Regelung für die zukünftige Budgetierung der PE-Mittel zu finden. Und das Du mit diesem Thema Staub aufwirbelst, kann ich mir denken. Ich bin mal gespannt, wie morgen die Entscheidung in Eurem Meeting ausfällt. Als Hintergrund faxe ich Dir gleich noch einige Unterlagen zu. Ich hoffe, Sie geben Dir auch Informationen zum Thema Evaluationsebenen und -instrumente. Dir einen schönen Abend.

Viele Grüße

Hannes

Sofort absenden	Später absenden	Speichern unter	Drucken...
Abbrechen			Hilfe

1. Nutzen und Grenzen des Personalentwicklungscontrollings

In den vergangenen Jahren stiegen die Ausgaben für Personalentwicklungsmaßnahmen bei deutschen Privatunternehmen sowohl absolut, als auch relativ an. Dabei geht es nicht gerade um geringe Summen: So schätzt etwa das Institut der deutschen Wirtschaft in Köln, dass Unternehmen der gewerblichen Wirtschaft in 2001 fast 17 Mrd. Euro für die Weiterbildung ihrer Mitarbeiter ausgaben. Diesen – nicht unbedeutenden – Investitionen stehen jedoch zum Teil erschreckend unsystematische Personalentwicklungsaktivitäten von zweifelhaftem Erfolg gegenüber. Das Vertrauen, welches manche Verantwortliche bezüglich der Wirksamkeit ihrer Bildungsmaßnamen an den Tag legen, scheint in vielen Fällen unbegründet oder doch zumindest stark übertrieben, wie das folgende Szenario deutlich machen soll:

»Da die Personalabteilung vor dem Seminar keinen Einfluss auf die Teilnehmerauswahl ausgeübt hat, war es der einen oder anderen Führungskraft möglich, die Maßnahme als Belohnungsreise an einen Mitarbeiter weiterzugeben. Andere Führungskräfte selektierten aufgrund von persönlichen Einschätzungen, andere gar nicht, da sie der Ansicht waren, dass man sich auf wesentlichere Dinge als Weiterbildung konzentrieren sollte. In der Realität treffen so Seminarteilnehmer mit unterschiedlichsten Erwartungen und Befürchtungen auf einen Trainer, der versucht, sein vorbereitetes Programm durchzuziehen. Obwohl es ihm kaum möglich ist, auf die jeweiligen Teilnehmerwünsche einzugehen, fällt die abschließende Seminarbeurteilung halbwegs positiv aus, da die Gruppe in einem netten Ambiente einige abwechslungsreiche Tage erlebt hat. Versuchen nun einige der Teilnehmer das Gelernte in ihren Arbeitsalltag hinüberzuretten, stellen sie schnell fest, dass die unveränderten Rahmenbedingungen einen Transfer – zumindest kurzfristig – unmöglich machen oder doch sehr erschweren.«

Diese, zugegeben etwas pointierte, Beschreibung soll nicht dazu dienen, Personalentwicklungsabteilungen an den Pranger zu stellen. Sie soll vielmehr, neben der Notwendigkeit der eigentlichen Durchführung von Personalentwicklungsaktivitäten, die Notwendigkeit für eine verstärkte Planung, Steuerung und Kontrolle dieser Maßnahmen deutlich machen (vgl. Abb. 45). Die drei Elemente (Planung, Steuerung und Kontrolle) kennzeichnen den Tätigkeitsbereich eines Controllers. Die Bezeichnung »Controlling« ist dabei nicht zu verwechseln mit dem Begriff »Kontrolle«! Während das Ziel einer Kontrolle eher das Feststellen von Fehlern und das Suchen von Verantwortlichen ist, hat das Controlling (also die Planung, Steuerung und Kontrolle) eher die Funktion einer »Leitplanke«. Controlling ist stärker auf die Zukunft, Kontrolle stärker auf die Vergangenheit ausgerichtet. Neben der Einrichtung von Feedbackschleifen (Wo stehen wir gegenwärtig?) geht es insbesondere darum, zukünftige Fehlentscheidungen zu vermeiden, um so langfristig »auf der Straße zu bleiben« (Feedforward).

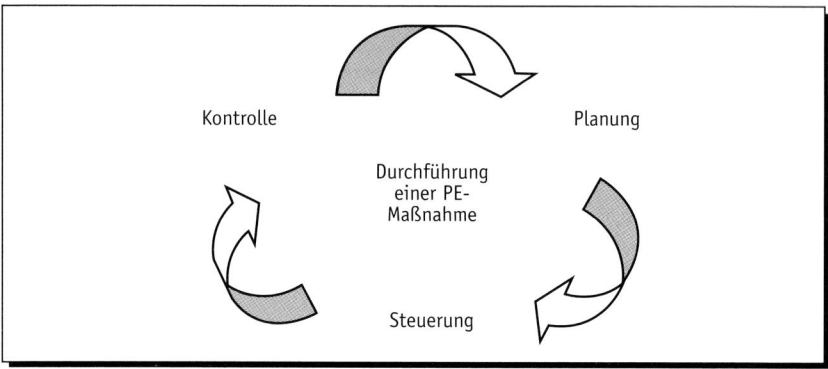

Abb. 45: PE-Controlling-Kreislauf

Aktivitäten im Bereich des Personalentwicklungscontrollings können auf ganz unterschiedliche Weise Nutzen stiften. Deutlich wird dies insbesondere, wenn man potenzielle Interessengruppen bzw. Nutzer von Bildungscontrolling-Informationen betrachtet:

– Das Top-Management kann durch Controlling im Personalentwicklungsbereich Hinweise erhalten, ob die gewählten Aktivitäten eine gute Investition in ihre Human-Ressourcen darstellen. Letztlich sind Maßnahmen nur dann sinnvoll, wenn »unter dem Strich« eine entsprechende Rendite für das Unternehmen abfällt.

– Führungskräfte können Antworten auf die Fragen bekommen: »Welche Maßnahmen/Aktivitäten sind zu ergreifen? Was kann ich tun, damit noch mehr Inhalte in die Praxis umgesetzt werden?« Zudem können durch die PE-Maßnahmen ausgelöste Veränderungen in den Bereichen Fähigkeiten, Fertigkeiten und Motivationen der Mitarbeiter erlebbar gemacht werden. Somit sind Antworten auf die Frage: »Waren die Maßnahmen geeignet, identifizierte Probleme zu lösen?« möglich.

– Für Trainer und Personalentwickler stellt ein PE-Controlling eine Möglichkeit dar, Feedback bezüglich der initiierten Aktivitäten zu erhalten. Dies beinhaltet beispielsweise Hinweise darauf, wie ein Training besser gestaltet werden kann.

– Mitarbeiter erhalten eine Rückmeldung, wo sie derzeit stehen bzw. was sie durch die Maßnahme letztlich gelernt haben.

Um noch einmal zusammenzufassen: Die Controlling-Aktivitäten im Personalentwicklungsbereich dienen der Planung, Steuerung und Kontrolle aller Maßnahmen, die die Anforderungen eines Unternehmens und die Fähigkeiten, Fertigkeiten und Motivationen von Mitarbeitern, Mitarbeitergruppen und Organisationen mittel- und langfristig in Übereinstimmung bringen. Ziel ist es, sicherzustellen, dass die richtigen Dinge (bezogen auf die Aktivitäten der Personalentwicklung) richtig und preiswert getan werden.

Was ist nun der Grund dafür, dass PE-Controlling nicht zum Standardgeschäft einer jeden PE-Abteilung gehört? Kritiker von Controlling-Ansätzen würden wahrscheinlich darauf verweisen, dass diesen Bemühungen Grenzen gesetzt sind. Erfolg in einem Unternehmen lasse sich schließlich nicht isoliert auf die Aktivitäten nur einer Abteilung reduzieren (»Der Erfolg hat viele Väter!«). Es sei zudem schwer, gute Erfolgsmaßstäbe zu konstruieren, etwa mitarbeiter- oder gruppenbezogene Produktivitätskennwerte. Die Mitarbeitermotivation werde oft von anderen Faktoren – etwa der Auftragslage, der Ankündigung eines Verkaufs, etc. – noch wesentlich stärker beeinflusst als von PE-Programmen. Hinzu käme, dass die Rahmenbedingungen für eine Umsetzung des Programms entscheidend seien. Diese könne jedoch der Mitarbeiter selbst oft nicht unmittelbar beeinflussen. Letztlich wäre noch die Tatsache zu beachten, dass sich die Wirkung von PE-Maßnahmen oft über einen längeren Zeitraum erstreckt. Dies sei jedoch schwieriger zu messen, da sich auch viele andere Faktoren im Zeitablauf ändern.

Es stellt sich unmittelbar die Frage, ob vor dem Hintergrund dieser Einwände nicht jeder Versuch von Controlling-Aktivitäten im Personalentwicklungsbereich unterlassen werden müsste. Wir meinen allerdings, dass Controllingbemühungen einen festen Platz innerhalb einer PE-Abteilung haben sollten. Gerade das Transparentmachen von Wirkungszusammenhängen im Unternehmen, das Aufzeigen der Bedeutung von Rahmenbedingungen und Maßnahmen für die Effektivität und Effizienz der Arbeit sowie die Betonung des Investitionscharakters von PE-Maßnahmen können durch die Einführung eines systematischen PE-Controllings im Unternehmen deutlich gemacht werden. PE-Controlling kann zudem eine Legitimationsfunktion für PE-Maßnahmen erfüllen. Allerdings sollte es nicht hierauf reduziert werden.

Die beschriebenen Probleme machen eine wohl überlegte Vorgehensweise notwendig: Man sollte im Vorfeld sehr genau analysieren, welche Ziele man mit einem PE-Controlling verfolgt bzw. welche Aussagen man ableiten möchte. PE-Controlling darf nicht zu einem »Datenfriedhof« verkommen und stellt auf gar keinen Fall einen Selbstzweck dar.

Ein PE-Controlling-System muss zudem sehr stark organisationsspezifisch angepasst werden. Unterschiedliche Arbeitsschwerpunkte und Verfahrensweisen würde man durch ein »Einheitssystem« nicht sinnvoll abbilden können. Daher werden im Folgenden mögliche Elemente eines solchen Systems vorgestellt. Diese sind dann im Einzelfall organisationsspezifisch anzupassen.

2. Modell eines PE-Controlling-Systems

Bereits anhand der Begriffsbestimmung im letzten Abschnitt wird deutlich, dass im Rahmen eines PE-Controllings verschiedene Aspekte bzw. Ebenen betrachtet werden müssen. Um die gedankliche Einordnung zu vereinfachen, wird hier zwischen einem strategischen und einem operativen Bildungscontrolling unterschieden. Das operative Bildungscontrolling wird weiter in die Ebenen Effektivitätscontrolling, Prozesscontrolling und das Kostencontrolling differenziert (vgl. Abb. 46). Alle Ebenen werden im Folgenden kurz beschrieben und später deren Anwendungsmöglichkeiten für die PE-Arbeit aufgezeigt.

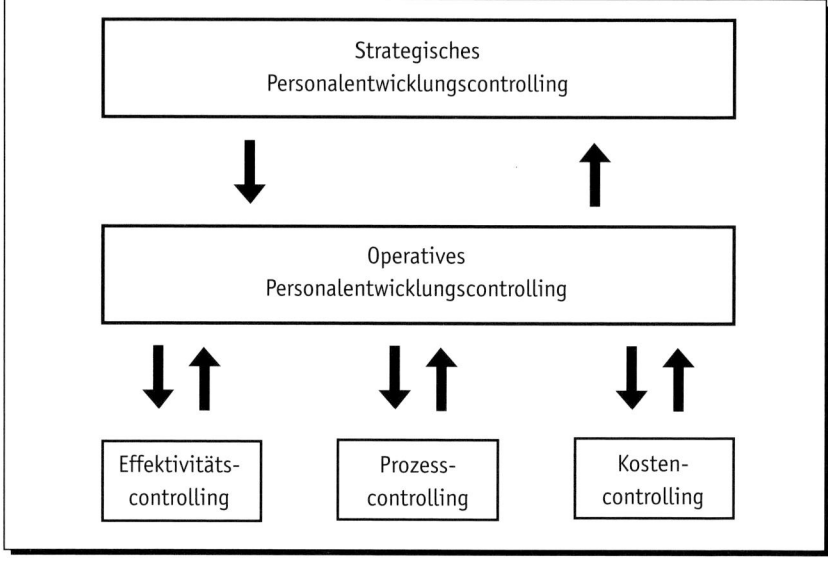

Abb. 46: Modell eines PE-Controlling-Systems

Im Bereich des strategischen PE-Controllings werden die, aus den strategischen Unternehmenszielen abgeleiteten, strategischen PE-Ziele einer ständigen Überprüfung unterzogen. Dies ist von elementarer Bedeutung, da letztlich die hier formulierten strategischen Ziele die Basis für die Planung, Steuerung und Kontrolle aller PE-Maßnahmen darstellen. Ohne diese Zielvorgabe würde eine Evaluation von PE-Maßnahmen von vornherein keine befriedigenden Ergebnisse liefern können.

Das operative PE-Controlling zeichnet hingegen für die Zielerreichung bezüglich der operativen PE-Ziele verantwortlich. Dabei können prinzipiell drei Ebenen unterschieden werden:

a) Im Rahmen eines Effektivitätscontrollings soll überprüft werden, inwieweit die Maßnahmen einer PE-Abteilung grundsätzlich geeignet sind, die ihr gesteckten

Ziele zu erreichen. Es geht also darum, ob man die richtigen Dinge tut bzw. Maßnahmen verfolgt.

b) Gegenstand eines Controllings auf der Prozessebene ist demgegenüber die Effizienz solcher Maßnahmen. Das Verhältnis zwischen Input- (z. B. der Anzahl an Trainingseinheiten) und Outputgrößen (etwa das Erreichen von Trainingszielen) sollte möglichst optimal sein. Die entscheidende Frage in diesem Bereich ist somit, ob man die Dinge bzw. Maßnahmen richtig tut. Hierunter fällt bspw. auch die Entscheidung, welche Maßnahme – unter mehreren geeigneten – die beste Alternative darstellt.

c) Die dritte – und zugleich letzte – Ebene des operativen PE-Controllings, das Kostencontrolling, umfasst die Planung, Steuerung und Kontrolle von Kosten und Leistungen von Personalentwicklungsmaßnahmen. Hier können bspw. Kostenstrukturen über Kennzahlen analysiert und kontrolliert werden.

Insqesamt ist es Aufgabe des operativen PE-Controllings, dafür zu sorgen, dass die richtigen Dinge (Effektivitätscontrolling) kostenbewusst (Kostencontrolling) und richtig (Prozesscontrolling) getan werden. Der Schwerpunkt der Controlling-Maßnahmen muss dementsprechend darauf liegen, tatsächlich die richtigen Dinge zu tun, da selbst eine perfekt und kostenoptimal durchgeführte Maßnahme dann sinnlos ist, wenn sie die gewünschte Wirkung nicht entfaltet, also ineffektiv ist.

Verantwortlich für eine solche Ineffektivität kann – neben einer falschen, schlecht geplanten oder suboptimal durchgeführten Maßnahme – auch ein mangelhaftes Zielsystem (z. B. durch vernachlässigte Auftragsklärung) sein. Auch wenn eine Maßnahme professionell durchgeführt wird: Verfolgt sie falsche Ziele, so ist die Durchführung der Maßnahme im Extremfall auch falsch. Die Entwicklung eines geeigneten Zielsystems ist Aufgabe des strategischen PE-Controllings.

3. Strategisches Personalentwicklungscontrolling

Strategisches PE-Controlling beinhaltet die – die Human-Ressourcen-Potenziale des gesamten Unternehmens berührende – Planung, Steuerung und Kontrolle aller PE-Aktivitäten einer Unternehmung. Die Basis stellt hierbei eine systematische Ausrichtung der PE-Aktivitäten auf die Unternehmensziele dar (vgl. Thom/Blunck, 1995, S. 37).

Unabdingbare Voraussetzung einer strategischen Ausrichtung der Personalentwicklung ist die explizite Formulierung der Unternehmensstrategie. Dies ist unerlässlich, da die Ziele einer Personalentwicklung aus den strategischen Unternehmenszielen abgeleitet werden müssen. Die Fragestellungen hierzu lauten:

- Welche strategischen Unternehmensziele haben wir?
- Wie müssen demnach meine Human-Ressourcen aussehen?

– Welche strategischen PE-Ziele muss ich zur Stabilisierung, Pflege, Anpassung oder Entwicklung meiner Human-Ressourcen formulieren?

Eine »stand alone«-Personalentwicklungsstrategie (also ohne Bezug zur Unternehmensstrategie) ist in den meisten Fällen zum Scheitern verurteilt, weil sie nicht zum sonstigen Unternehmensgeschehen passt. Dies wird schon bei der Betrachtung von »Seminarklassikern« deutlich: Ein Unternehmen, welches Kostenführerschaft anstrebt, wird ein Seminar »Verhandlungstraining für Einkäufer« völlig anders gestalten müssen, als ein Unternehmen, welches die Qualitätsflagge hochhält (vgl. Riekhof, 1989, S. 57). Neben diesem themenbezogenen Aspekt, müssen in Abhängigkeit von der Unternehmensstrategie z. T. völlig andere Schwerpunkte gesetzt werden. So spielt etwa die Personalauswahl bei einem schnell expandierenden Unternehmen eine entscheidende Rolle. Das Thema Personalauswahl ist für ein Unternehmen, welches sich aus einem Markt zurückzieht, naturgemäß von geringerer Bedeutung.

Geringer Strategiebezug kann zudem zu einer Überbetonung kurzfristiger Ziele führen. Da langfristige Erfolge ohne ein geeignetes Zielsystem nicht nachzuweisen sind, fühlt sich das Management unter Umständen gezwungen, seine Kompetenz durch kurzfristige Erfolge zu belegen. Ein zu starkes »sich durchwursteln« kann die Folge sein. Ein anderes Problemfeld kann entstehen, weil vermehrt auftretende Systembrüche die Abläufe im Unternehmen behindern. Aufgrund der fehlenden strategischen Ausrichtung, findet eine bereichsübergreifende Abstimmung von PE-Aktivitäten nicht statt. Dies kann letztlich zu operativen bzw. kulturellen Inseln im Unternehmen führen, welche ein Zusammenspiel der einzelnen Unternehmensbereiche erschweren.

Umgekehrt sollte der Personalentwicklungsbereich aber auch bei der Formulierung der Unternehmensstrategie Einfluss nehmen können. Dies ist notwendig, da Human-Ressourcen bei nicht ausreichender Beachtung leicht zu Engpassfaktoren in der Strategieumsetzung werden können. Dies könnte beispielsweise dann der Fall sein, wenn Techniker im Rahmen einer Umstrukturierung plötzlich Kundenschulungen durchführen müssen, ohne die entsprechende Qualifikation zu besitzen. Zudem muss sich die Strategiebildung auch an den Fähigkeitspotenzialen bzw. Kernkompetenzen der Mitarbeiter ausrichten (vgl. Riekhof, 1989, S. 51). Strategische Ziele müssen mit den gegebenen (be-)schaffbaren Human-Ressourcen erreichbar sein. Sie müssen also von real existierenden Mitarbeitern umgesetzt werden können. Nur wenn dies gewährleistet ist, kann eine Unternehmensstrategie aufgehen (vgl. Abb. 47).

In der Praxis scheint die strategische Ausrichtung von Personalentwicklungsaktivitäten vielfach noch in den Kinderschuhen zu stecken. Schon Prümpin (1986, S. 202) warnt vor den Folgen: »Mitarbeiterentwicklung erfolgt im luftleeren Raum, konzipiert nach den Vorstellungen von Fachspezialisten. Sie projizieren ihr Wissen,

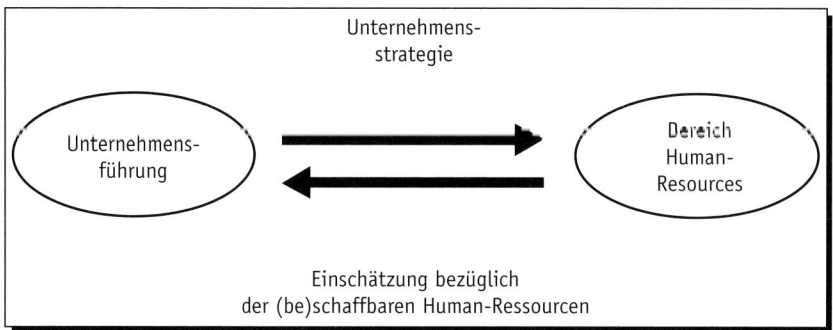

Abb. 47: Bedeutung der Unternehmensstrategie für die PE-Strategie

ihre Vorstellungen darüber, wie die Welt sein sollte, ihre Wünsche und Vorstellungen in die Ausbildungsprogramme.« Eine mögliche Ursache für die mangelnde strategische Ausrichtung von PE-Aktivitäten könnte das Fehlen einer Unternehmensstrategie sein. Doch selbst wenn gar keine Strategie existiert, bleiben der Personalentwicklung Handlungsoptionen offen: beispielsweise Strategien zu entwickeln, dem Management strategisches Denken nahe bringen.

Doch wie kann die strategische Ausrichtung der Personalentwicklung gelingen? Und wie können PE-Strategien bzw. Visionen in konkrete Ziele und Aktivitäten »übersetzt« werden? Ein Instrument, das in diesem Zusammenhang wertvolle Dienste leisten kann, ist die Balanced Scorecard (BSC, vgl. Kaplan/Norton, 1997). Sie wird heute »als ein Managementsystem zur Strategieumsetzung im Unternehmen definiert, das die Lücke zwischen der Strategiefindung und der Strategieimplementierung schließen soll« (Bischof/Speckbacher, 2001, S. 3). Im Kern der »ausgeglichenen Punktetafel« steht die Betrachtung des Unternehmens aus vier unterschiedlichen Perspektiven: der Perspektive der Finanzwirtschaft, der Kunden, der Geschäftsprozesse und einer Lern- bzw. Entwicklungsperspektive (vgl. Abb. 48). Dabei werden die aus der Strategie abgeleiteten finanziellen Steuerungsgrößen mittels Ursache-Wirkungs-Ketten mit den übrigen Perspektiven vernetzt, um zu einer operativen Konkretisierung und Quantifizierung von Strategien zu gelangen.

Das Konzept der Balanced Scorecard punktet derzeit immer stärker im Personalbereich. Dabei spielt insbesondere die Tatsache eine Rolle, dass es mit Hilfe der BSC gelingt, Zahlen und harte Fakten mit – gerade im Personalbereich häufig anzutreffenden – qualitativen Zielen bzw. Ergebnissen zu verbinden. Dabei ist eine Übertragung der BSC auf den Personalbereich in zweifacher Hinsicht möglich (vgl. Wickel-Kirsch, 1999, S. 70): In Form einer Balanced Scorecard für den Personal- bzw. PE-Bereich selbst und als von der Personalabteilung bzw. PE eingesetztes Instrument – etwa im Bereich der Zielvereinbarung. Hieraus ergeben sich mögliche Ziel-

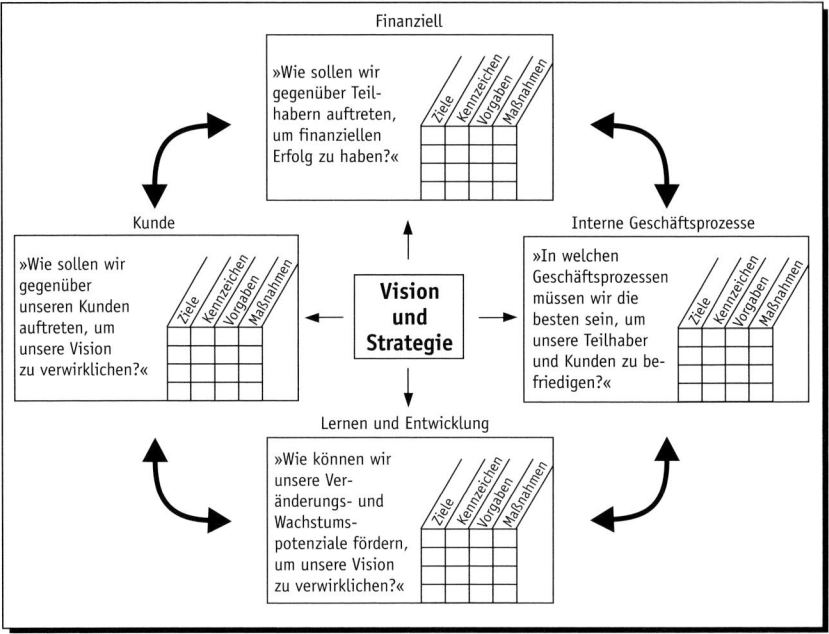

Abb. 48: Grundmodell des Balanced Scorecard Ansatzes nach Kaplan/Norton (1997, S. 9)

setzungen einer BSC im Personalentwicklungsbereich (in Anlehnung an Bischof/Speckbacher, 2001):

- Klärung und Konkretisierung der PE-Strategie,
- systematische Ausrichtung der operativen PE-Planung an der Unternehmens-bzw. PE-Strategie,
- Kommunikation der PE-Strategie im Unternehmen,
- Berücksichtigung sowohl nicht-finanzieller als auch finanzieller Größen bei der Erfolgsmessung von PE-Aktivitäten,
- permanente Überprüfung und Anpassung der PE-Strategie.

Um zu einer Balanced Scorecard im PE-Bereich zu gelangen, können bspw. die folgenden Prozessschritte (in Anlehnung an Kunz, 2001, S. 16) abgearbeitet werden:

1. Präzisieren der unternehmerischen Vision und Mission
   (Wie ist das Unternehmen im Markt bzw. gegenüber dem Wettbewerb positioniert? Wie soll das Unternehmen in Zukunft aussehen? Welche Werte kennzeichnet das Unternehmen? Wo liegt das Alleinstellungsmerkmal des Unternehmens?)
2. Klären und Operationalisieren der Kernfelder der künftigen PE-Strategie
   (Welche strategischen PE-Handlungsfelder sind im Management konsensfähig? Wie können diese priorisiert bzw. gewichtet werden? Welche Ergebnisse bringt

eine Analyse der Personalentwicklung aus finanzwirtschaftlicher, markt- und kundenbezogener, prozess- und innovationsbezogener Perspektive?)

3. Vernetzen und Kommunizieren der einzelnen PE-Strategiebereiche
(Wie hängen die einzelnen PE-Strategiekomponenten miteinander zusammen? Welche organisationsinternen und –externen Einflussfaktoren haben Einfluss auf den Erfolg von PE-Maßnahmen?)

4. Konkretisierung von PE-Aktivitäten
(Wie können operationale Ziele bzw. Vorgaben und Messgrößen für den PE-Bereich spezifiziert werden? Welche Aktionsprogramme/Meilensteine können definiert werden? Welche Ressourcen, Verantwortlichkeiten und Termine können abgesteckt werden? Wie können Zielkategorien mit Leistungskennzahlen und Anreizen für die Personalentwicklung verknüpft werden?)

5. Fortlaufende Implementierung und Prüfung der Umsetzungserfolge in der PE
(Welche Erkenntnisse können aus strategischem Feedback (Kundenbefragungen, Reviews) gewonnen werden? Welche Feinjustierungen sind an der PE-BSC notwendig?)

Letztlich kann eine Balanced Scorecard im PE-Bereich einen breiten Nutzen stiften. Die Implementierung einer Balanced Scorecard führt dazu, dass Strukturen, Prozesse und Kosten besser durchleuchtet werden können. Und in der Regel führt bereits die bloße Einführung der BSC dazu, dass die Transparenz erhöht und Schwachstellen identifiziert und beseitigt werden können. Mehr noch: Sowohl die Präzisierung der strategischen Unternehmensziele in Bezug auf die PE-Strategie als auch das Herausarbeiten von Abhängigkeiten und Vernetzungen einzelner Aktionsfelder helfen, den Wertschöpfungsbeitrag der Personalentwicklung darzustellen. Dies kann sicher dazu beitragen, die Akzeptanz in den einzelnen Unternehmensbereichen zu steigern und das Image eines passiv agierenden »Reparaturbetriebs« (Defizitbeseitiger) abzulegen. Zudem kann die Vernetzung mit einer gesamtunternehmensbezogenen BSC dazu führen, dass die Ziele in der Unternehmensstrategie in Bezug auf die Human-Ressourcen präziser gefasst werden und – durch das Berücksichtigen von weichen Zielen – eine rein finanzwirtschaftliche Perspektive durchbrochen werden kann.

4. Operatives Personalentwicklungscontrolling

4.1 Effektivitätscontrolling

Um feststellen zu können, ob man die richtigen Dinge im PE-Bereich tut, ist eine Evaluation der Ergebnisse von PE-Maßnahmen notwendig. Es muss überprüft werden, welchen Beitrag PE-Maßnahmen bezüglich der Ziele, die mit ihnen verfolgt werden sollen, leisten. Prinzipiell wäre eine positive, negative oder neutrale Wirkung denkbar.

Die Qualität einer Effektivitätsmessung hängt dabei zunächst sehr stark von der Qualität des zuvor definierten Zielsystems ab. Zudem müssen die durchgeführten Maßnahmen sinnvoll abgegrenzt werden. Dabei ist es generell möglich, auf Programmebene (vgl. Kapitel 3, Pkt. 2.) oder auf der Ebene von Einzelmaßnahmen (z. B. Seminaren) evaluieren zu wollen. Allerdings erscheint der Versuch, einzelne PE-Maßnahmen isoliert auf ihre Effektivität hin bewerten zu wollen, kaum sinnvoll. Verfolgt man die Diskussion über Bildungs- bzw. PE-Controlling, so drängt sich einem der Gedanke auf, dass möglicherweise an der falschen Stelle angesetzt wird.

Ein rational handelnder Entscheidungsverantwortlicher erwartet vom PE-Bereich in der Regel die strategiekonforme Qualifizierung von Mitarbeitern und Mitarbeitergruppen zur Verbesserung der Leistung, Produktivität und Zusammenarbeit. Keiner dieser Entscheider wird sich der Illusion hingeben, dass dieses Ziel einzig und allein mit Einzelseminaren erreichbar ist. In der Regel wird ein Bündel von Bemühungen und Maßnahmen erforderlich, die ein solches Ziel unterstützen. Eine isolierte Evaluation von Seminaraktivitäten im Rahmen eines PE-Controllings kann daher nicht nur zum Scheitern führen, weil das Problem der Quantifizierung von Nutzengrößen nicht gelöst ist. Vielmehr kann ein einzeln zurechenbarer Nutzen für isolierte Bildungsmaßnahmen schlichtweg nicht vorliegen, etwa weil Synergien zwischen einzelnen Maßnahmen notwendig sind um positive Ergebnisse zu erhalten. Mögliche Interdependenzen zwischen einzelnen Maßnahmen würden nur unzureichend abgebildet werden.

Erschwerend kommt hinzu, dass PE-Aktivitäten ihre Effektivität nicht nur kurz-, sondern auch langfristig entfalten. Ein sinnvolles Effektivitätscontrolling muss diesem Umstand Rechnung tragen. Prinzipiell können PE-Aktivitäten dazu dienen

- kurzfristig Defizite zu beseitigen. Hierbei geht es vor allen Dingen darum, Soll-Ist-Abweichungen im Bereich Human-Ressourcen zu minimieren. Im Vordergrund steht also das »Hier und Jetzt«. So könnte man beispielsweise über Befragungen erfolgskritische Verhaltensweisen in spezifischen Situationen identifizieren. Entsprechende PE-Aktivitäten hätten dann das Ziel, die Mitarbeiter bzw. Führungskräfte in die Lage zu versetzen, eine solche Verhaltensweise auch zeigen zu können.
- Zukunftssicherung zu betreiben. Unternehmensstrategien implizieren i. d. R. Veränderungen im Bereich der Human-Ressourcen. PE-Aktivitäten, welche diese Veränderung der Human-Ressourcen vorantreiben, dienen in diesem Fall dem Umsetzen der Unternehmensstrategie (Strategieumsetzende PE). Man könnte bspw. die strategieentwickelnden Stellen in einer Unternehmung befragen, welche Human-Ressourcen aus ihrer Sicht zukünftig benötigt werden bzw. das Soll aus der Unternehmensstrategie selbst ableiten. Dies kann beispielsweise über einen PE-Strategieworkshop geschehen.
- Potenziale zu erschließen bzw. »genetische Optionen« zu schaffen. Die zukünftig nötigen Human-Ressourcen lassen sich nicht exakt bestimmen. Daher kann

es sinnvoll sein, einige PE-Aktivitäten durchzuführen, deren Effektivität erst in weiter Zukunft eintreten könnte. Es geht darum, auch Visionen bzw. Visionären einen Raum zu geben (ein Beispiel wäre etwa die Einrichtung einer Projektgruppe »Kundenkontakte 2020«).

Zweifelsohne sollte die strategieumsetzende Personalentwicklung den Schwerpunkt aller PE-Aktivitäten darstellen. In der Realität wird jedoch die kurzfristige Defizitbeseitigung immer wieder zum Tagesgeschäft gehören. Über all dem sollte allerdings auch immer Raum für »visionäre« Elemente sein.

Das Ziel einer Evaluation von PE-Aktivitäten könnte in etwa so beschrieben werden: Ineffektive Maßnahmen vermeiden bzw. entscheidend verbessern und effektive Maßnahmen noch wirkungsvoller machen. Doch wie kann nun die Evaluation von PE-Aktivitäten aussehen? Wo sollte man anfangen?

Hilfreich ist es an dieser Stelle gedanklich zwischen fünf Ebenen der Evaluation von PE-Aktivitäten zu unterscheiden (vgl. Kirckpatrick, 1967, S. 88, der vier Ebenen beschreibt). Die Vorteile einer solchen Vorgehensweise liegen z. B. in einer besseren Handhabbarkeit des Evaluationssystems. Hinzu kommen die Verminderung von Komplexität und die Möglichkeit, differenziertere Aussagen bezüglich möglicher Ursachen für mangelnde Effektivität machen zu können (vgl. Thom/Blunck, 1995, S. 43).

Die fünf Ebenen lauten:

1. **Reaktionsebene**
   Wie zufrieden sind die Teilnehmer mit der Maßnahme, deren Durchführung und deren Rahmenbedingungen?

2. **Lernebene**
   Welche Methode, Verhaltensweisen oder welches Fachwissen haben die Teilnehmer gelernt?

3. **Transferebene**
   Welche Methode bzw. welches Fachwissen wird in der Praxis angewandt? Welche veränderten Verhaltensweisen sind zu beobachten?

4. **Performance-Ebene**
   Welche Auswirkungen haben die veränderten Verhaltensweisen? Wie reagiert der Kunde/der Markt auf die veränderten Verhaltensweisen?

5. **Ergebnisebene**
   Wie wirkt sich das veränderte Verhalten bzw. die Nutzung von Fachwissen/Methoden auf das wirtschaftliche Ergebnis des Unternehmens aus? Inwiefern bewirkt ein verändertes Verhalten tatsächlich eine Ergebnisverbesserung?

Zwei Beispiele zu den fünf Ebenen der Evaluation

a) *Beispiel aus dem Dienstleistungsbereich*
Eine Bank wollte die Effektivität Ihrer Mitarbeiter erhöhen. Dies sollte über eine Steigerung der Cross-Selling-Aktivitäten erreicht werden. Hierzu wurde ein Verkaufstraining aufgesetzt. Ziel war eine Ergebnisverbesserung durch eine Steigerung der tatsächlichen Cross-Selling-Quote. Das Training brachte den gewünschten Erfolg: Die Mitarbeiter waren zufrieden mit der Maßnahme (Reaktionsebene) und wussten nun, wie mittels Cross-Selling zusätzliche Produkte beim Kunden platziert werden konnten (Lernebene). Tatsächlich wurden die erlernten Cross-Selling-Techniken auch in der Praxis eingesetzt (Transferebene). Die Cross-Selling-Quote stieg, immer mehr Kunden waren bereit, eine entsprechende Unterschrift zu leisten (Performance-Ebene). Auch das wirtschaftliche Ergebnis der Bank konnte durch die gestiegene Cross-Selling-Quote verbessert werden (Ergebnisebene).

b) *Beispiel aus dem Produktionsbereich*
In einer Firma, welche ein Hochregallager betreibt, fand ein Gabelstaplerlehrgang statt. In der Vergangenheit gab es eine Reihe von Unfällen und ein erster Test ergab, dass sich viele Mitarbeiter der Gefahren der täglichen Arbeit nicht bewusst waren. Nach dem Gabelstapler- lehrgang wurde – mittels einer schriftlichen Befragung – die Teilnehmerzufriedenheit ermit- telt (Reaktionsebene). Da ein weiterer Test zum Ende des Lehrgangs durchgeführt wurde, konnte der Wissenszuwachs bei den Teilnehmern gut gemessen werden (Lernebene). Eine wenige Wochen später durchgeführte Vorgesetztenbefragung ergab, dass die Mitarbeiter zu diesem Zeitpunkt bspw. nicht mehr leichtfertig schwere Lasten nur mit 2/3 der Staplerfläche aufnahmen (Transferebene). Dies schlug sich in stark sinkenden Unfallzahlen und einer sin- kenden Fehlzeitenrate im Bereich des Hochregallagers nieder (Performance-Ebene). Eine Studie am Jahresende konnte belegen, dass die Unfallkosten um 40% gesunken sind, was auch eine entsprechende Absenkung der Sozialgehälter zur Folge hatte (Ergebnisebene).

Im Folgenden werden die fünf Stufen der Evaluation näher beschrieben und einige Hinweise auf mögliche Evaluationsinstrumente gegeben. Einen ersten Überblick verschafft Ihnen die folgende Tabelle.

Evaluationsstufe	Erkenntnisgewinn	Instrumente (Beispiele)
Reaktionsebene	Teilnehmerzufrieden- heit	Seminarbeurteilungsbögen, strukturierte Interviews, Feedback im Training
Lernebene	Wissenszuwachs	Tests, (teil-)strukturierte Interviews, Fallstudien, Trainingsleistung
Transferebene	Umsetzung	Verhaltensbeobachtungen, Vorgesetzten- beurteilungen, Assessment-Center
Performanzebene	Erfolgsrate	operative Kennzahlen, Marktforschungs- ergebnisse, 360°-Feedback, Kundenbefra- gungen
Ergebnisebene	Wirtschaftliches Ergeb- nis	Kennzahlen, Szenarien, Opportunitäts- kosten, GuV

Abb. 49: Evaluationsstufen und -instrumente

Reaktionsebene

Ein erster Hinweis auf die Effektivität einer Maßnahme kann der Grad der Zufriedenheit der Teilnehmer einer PE-Maßnahme sein. Zwei Gründe sprechen besonders dafür, auf die Zufriedenheit zu achten: Zum einen beeinflusst der Grad an Zufriedenheit positiv den Lern- bzw. Transfererfolg (und damit auch die Ergebniswirksamkeit), zum anderen erhält man ein Stimmungsbild des gesamten Teilnehmerkreises und ist nicht gezwungen, sich auf einzelne (unter Umständen extreme) Aussagen verlassen zu müssen.

Bereits während einer PE-Maßnahme ist es für den Trainer/Moderator möglich, die Teilnehmerzufriedenheit einzuschätzen. Hierbei kann etwa der Einsatz der Metaplan-Technik hilfreich sein. Allerdings werden die hier gewonnenen Erkenntnisse eher für die kurzfristige Maßnahmensteuerung verwendet. Eine systematische Erfassung oder Aufbereitung dürfte eher die Ausnahme sein.

Interessant für die Wirkung einer Maßnahme ist jedoch insbesondere die Zufriedenheit nach dem Ende der jeweiligen Intervention. Üblicherweise eingesetzte Instrumente zur Evaluierung der Teilnehmerzufriedenheit sind etwa der klassische Beurteilungsbogen oder ein nach der Maßnahme durchgeführtes strukturiertes Interview. Allerdings ist es gefährlich, die Mitarbeiterzufriedenheit isoliert zu interpretieren. Allzu leicht verrennt man sich in einer Art »Zufriedenheitsfalle«.

Verdeutlichen wir dies an einem Beispiel: In einem Unternehmensbereich wird bekannt, dass die Kunden mit der angebotenen Leistung nicht zufrieden sind. Die Mitarbeiterzufriedenheit liegt demgegenüber auf einem hohen Niveau. Um die Abläufe aus Kundensicht zu optimieren, wird eine Reorganisation dieses Bereichs angestoßen. In der Regel entsteht zunächst – auch bei sehr guten Veränderungsstrategien – eine Unzufriedenheit bei den Mitarbeitern. Alte Abläufe und Routinen

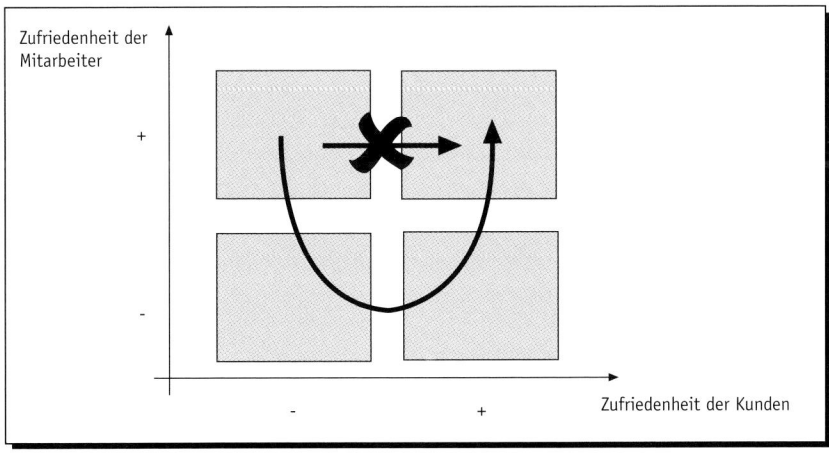

Abb. 50: Die Zufriedenheitsfalle

funktionieren nicht mehr, Liebgewonnenes steht im Konflikt zur Kundenzufriedenheit und muss fallen gelassen werden, Ansprechpartner und Teammitglieder können wechseln, usw. Erst langsam arrangiert man sich mit den neuen Prozessen. Die Kundenzufriedenheit steigt. Mit der Zeit spielen sich die neuen Prozesse und Routinen ein und der Erfolg wird sichtbar. Auch die Mitarbeiterzufriedenheit steigt wieder.

Fazit: Wäre die Mitarbeiterzufriedenheit isoliert als Maßstab verwendet worden, ob man eine PE-Maßnahme durchführt oder nicht, so wäre die Reorganisation nicht vorgenommen worden. Allgemeiner formuliert kann man sagen, dass sich tendenziell das Erkennen einer Veränderungsnotwendigkeit negativ auf die Mitarbeiterzufriedenheit hinsichtlich einer PE-Maßnahme auswirken kann. Insofern kann eine temporäre Mitarbeiterunzufriedenheit durchaus normal für einen Veränderungsprozess sein und stellt dann keinen Grund für eine sofortige Intervention dar.

Noch einige Anmerkungen zur Aussagekraft (Validität) von Zufriedenheitsmessungen: Eine unveröffentlichte Untersuchung eines Großunternehmens der DV-Branche von einigen tausend Seminarbeurteilungsbögen hat ergeben, dass die Qualität des Essens bzw. der Unterbringung den größten Einfluss auf die Gesamtzufriedenheit der Teilnehmer einer Maßnahme hatte. Man schätzte, dass man etwa 50% der Ergebnisvarianz durch den Tagungsort (Ort, Hotel, Bewirtung, . . .) erklären konnte, wenn man eine Zufriedenheitsabfrage direkt im Anschluss an eine Maßnahme durchführte. Sicher kann man solche Ergebnisse nicht ohne weiteres verallgemeinern. Sie sind jedoch ein Hinweis darauf, dass man die Ergebnisse von Zufriedenheitsbefragungen nach einer Maßnahme kritisch hinterfragen sollte. Allzu leicht können sonst Fragebögen zu »Happiness Sheets« werden.

Ein negativer Nebeneffekt einer Zufriedenheitsmessung kann auch in einer Fehlsteuerung von Maßnahmen liegen. So kann es beispielsweise für einen Trainer möglich sein, gruppendynamische Erlebnisse zu »produzieren«, um so eine positive Bewertung der Maßnahme oder seiner persönlichen Leistung zu erreichen. Dies geht allerdings nicht unbedingt mit der Steigerung der Effektivität einer Maßnahme einher. Trainings, welche die eigene Meinung bzw. das eigene Verhalten bestärken, werden in der Regel besser bewertet als Trainings, die persönliche Auffassungen bzw. das eigene Handeln in Frage stellen. Eine hohe Zufriedenheit kann also in einem solchen Fall ebenfalls nicht als isolierter Bewertungsmaßstab dienen. Bei der Steuerung sollte entsprechend nicht die maximale Teilnehmerzufriedenheit, sondern der maximale Nutzen für die zuvor definierten Maßnahmenziele stehen.

Ein weiterer Nachteil von Zufriedenheitsmessungen zum Abschluss einer Maßnahme liegt daher auch in der möglicherweise falschen Ausrichtung der Teilnehmer. Weder eine möglichst gelungene Showeinlage oder ein Seminarleiter mit Entertainer-Qualitäten sind letztlich alleinentscheidend für die Effektivität einer Maßnahme. Es kommt primär auf die Reflexion und Umsetzung des Gelernten in der Praxis an. Daher sollte auch der Teilnehmer und nicht der Trainer im Mittelpunkt stehen, wenn eine Maßnahme zu Ende geht. Den Teilnehmer in eine passive, bewertende Rolle zu drängen ist so möglicherweise der falsche Ansatz.

Eine mangelnde Aussagekraft von Zufriedenheitsmessungen kann allerdings auch »handwerkliche« Gründe haben. So kann die mangelnde Verständlichkeit von Fragen oder eine ungeeignete Skalierung eine Ursache von mangelhaften Befragungsergebnissen sein (Beispiel: Skalen mit Mittelwerten vermeiden, um nicht von vornherein eine Tendenz zur Mitte zu provozieren).

Wie kann man nun die Aussagekraft solcher Zufriedenheitsbefragungen steigern? Zum einen ist es möglich, etwa 2–3 Wochen mit der Befragung zu warten. Ein Teilnehmer hat so die Möglichkeit, differenzierter eine Maßnahme hinsichtlich der Praxisrelevanz zu prüfen. Zum anderen kann die Aussagekraft durch den Einsatz von strukturierten Telefoninterviews oder Coachinggesprächen (vor und nach einer Maßnahme) verbessert werden. Diese Methoden sind allerdings in der Regel aufwändiger als eine Ad-hoc-Befragung (der Organisationsaufwand steigt, ein Nachfassen wird evtl. nötig). Zudem muss die fehlende oder doch zumindest eingeschränkte Anonymität der Rückmeldung mit einkalkuliert bzw. transparent gemacht werden.

Sowohl Telefoninterviews als auch Coachinggespräche bieten Vor- und Nachteile. Während bei Telefoninterviews eher die Rolle der Mitarbeiter der PE-Abteilung profiliert werden kann, bieten Coachinggespräche die Möglichkeit, die Verantwortung des Vorgesetzten für die PE seiner Mitarbeiter zu betonen. Ein Vorgesetzter hat so die Chance, die Wirkung von PE-Maßnahmen positiv zu beeinflussen, und kann so einen entscheidenden Beitrag für deren Erfolg leisten. Für eine Befragung durch die PE-Abteilung spricht im Allgemeinen die größere Erfahrung mit Themen wie Gesprächsführung oder Evaluation.

Eine Zufriedenheitsmessung ist jedoch nicht nur auf der Ebene einer einzelnen PE-Maßnahme denkbar. Auch die Zufriedenheit mit der Arbeit der Personalentwicklung insgesamt sollte in regelmäßigen Abständen erhoben werden. Zielgruppe einer solchen Befragung sind insbesondere die Führungskräfte, da ihnen im PE-Prozess eine besondere Rolle – nämlich die des Kunden – zukommt.

Lernebene

Ein nächster Hinweis darauf, wie effektiv eine Maßnahme war, kann durch die Beantwortung der Frage »Was hat der Teilnehmer gelernt?« gewonnen werden. Die Betrachtung eines gewissen Lernzuwachses ist schon deshalb wichtig, weil durch PE-Maßnahmen in der Regel auch kognitive Prozesse angestoßen werden sollen.

Analog zur Teilnehmerzufriedenheit können bereits während einer Maßnahme Indizien für die Höhe des Lernerfolgs sichtbar gemacht werden. So ist es beispielsweise denkbar, während einer PE-Maßnahme über einen kleinen gruppeninternen Wettbewerb den Lernerfolg zu kontrollieren. Allerdings wird die von einem Trainer ermittelte Trainingsleistung der Teilnehmer in den seltensten Fällen systematisch aufbereitet bzw. dokumentiert. Die Gründe hierfür liegen sicher auch darin, dass das Vertrauensverhältnis zu den Teilnehmern nicht unnötig aufs Spiel gesetzt werden soll.

Um die Lernebene abbilden zu können, ist prinzipiell auch der Einsatz von Tests denkbar. Dies kann unter anderem die Verbindlichkeit von Maßnahmen erhöhen. Allerdings sollte bedacht werden, dass Tests je nach unternehmenskulturellem Hintergrund problematisch sein könnten. Das Messen von Leistung sollte z. B. kein generelles Tabu in der Organisation sein. Solche Probleme können allerdings von vornherein entschärft werden, wenn die Teilnehmer von PE-Maßnahmen frühzeitig miteinbezogen werden. Transparenz bezüglich der Vorgehensweise kann so Misstrauen vorbeugen. Eventuell können Tests auch in anonymer Form durchgeführt oder von den Teilnehmern selbst ausgewertet werden. Auf diese Weise können Daten über die Gruppenleistung gewonnen werden, ohne zu sehr auf den individuellen Lernerfolg abstellen zu müssen.

Eine andere Möglichkeit stellt der Einsatz von Fallstudien dar. Im Anschluss an eine Maßnahme kann (etwa während eines Follow-up) eine Gruppe erneut zusammenkommen, um praxisnahe Probleme zu lösen. Während des Lösungsprozesses kann der Lernerfolg ermittelt werden. Neben Fallstudien ist auch der Einsatz von (teil-)strukturierten Interviews denkbar. Eine solche Befragung nach einer PE-Maßnahme setzt jedoch ein hohes Maß an Vertrauen in die PE-Abteilung bzw. deren Mitarbeiter voraus. Ist dies nicht der Fall, so kann es zur Ablehnung eines solchen Instruments kommen.

Neben dem Lernerfolg kann auch ein »Entlernen« das Ziel einer Maßnahme sein. So reicht es etwa im Bereich des Kundenservice oftmals nicht aus, ein neues Verhalten zu zeigen. Auch bestehende Verhaltensweisen, die einen negativen Effekt auf die Kundenzufriedenheit haben, sind zu vermeiden. Ein Lernziel kann somit auch »Der Mitarbeiter zeigt das Verhalten xy nicht mehr« sein. Entlernen ist i. d. R. wesentlich schwieriger als Lernen, so dass diesem Aspekt unter Umständen sogar eine höhere Bedeutung beigemessen werden muss als dem Neulernen selbst. Eine isolierte Betrachtung des Lernerfolgs würde in vergleichbaren Situationen zu kurz greifen.

Transferebene
In der Praxis wird die Effektivität einer Maßnahme insbesondere mit dem Begriff »Transfer« verbunden. Die im Rahmen einer PE-Maßnahme erzielten Fortschritte sollen möglichst ohne Verluste im Alltag umgesetzt werden. Die hohe Bedeutung des Transfers wird insbesondere durch die vielfältigen Aktivitäten im Bereich der Transfersicherung belegt. Allerdings ist kritisch anzumerken, dass es sich hierbei oftmals um ein müßiges Unterfangen handelt. Überlegungen, wie man eine Umsetzung in die Praxis möglichst optimal gestaltet, sollten bereits im Vorfeld einer Maß-

nahme erörtert werden. Ist ein hohes Maß an Transfersicherungsmaßnahmen nötig, so ist es in der Regel sinnvoll zu prüfen, ob die Maßnahme selbst nicht zielgerichtet gewesen ist.

Wie kann nun die Effektivität von PE-Maßnahmen auf der Transferebene beurteilt werden? Werden beispielsweise die Elemente eines Trainings umgesetzt? Einen ersten Hinweis darauf kann man durch die oben beschriebene zeitversetzte Zufriedenheitsbefragung erhalten. Items wie »Werden Sie die Maßnahme weiterempfehlen?« stellen einen möglichen Hinweis für den stattgefundenen Transfer dar. In diesem Bereich ist aber auch der Einsatz anderer Instrumente denkbar. Exemplarisch sollen hier der Einsatz von Verhaltensbeobachtungen und Assessment-Centern betrachtet werden.

Ein erstes Indiz für die Effektivität von PE-Maßnahmen auf der Transferebene kann ein verändertes Verhalten von Mitarbeitern sein. Ein Beispiel: Im Rahmen einer Trainingsmaßnahme wurde der Einsatz von Gesprächsführungstechniken am Telefon vermittelt. Durch eine Gesprächs-Supervision kann nun ermittelt werden, inwieweit die gelernten Gesprächstechniken auch angewandt werden. Eine ähnliche Vorgehensweise ist auch bei PE-Maßnahmen für Führungskräfte denkbar. So sollten etwa Maßnahmen zum Konfliktmanagement zu einem beobachtbar geänderten Verhalten von Vorgesetzten führen.

Die hohe prognostische Qualität von Assessment-Centern kann nicht nur im Bereich Personalauswahl genutzt werden. Auch wenn es um das Controlling von PE-Programmen geht, kann der Einsatz von AC's sinnvoll sein. So könnte beispielsweise das Profil einer Führungskraft vor und nach einem PE-Programm mittels eines AC's gemessen werden. Die Differenz zwischen den Messpunkten kann dann den jeweils durchlaufenen Aktivitäten zugerechnet werden. Allerdings ist einschränkend anzumerken, dass es sich um ein sehr aufwändiges Verfahren handelt. Der Aufwand kann jedoch durch die Auswahl einer geeigneten Stichprobe reduziert werden.

Performance-Ebene

Im Gegensatz zur Transferebene geht es bei der Performance-Ebene nicht darum, ob PE-Aktivitäten prinzipiell wirken. Vielmehr wird im Rahmen dieser Ebene die Frage diskutiert, ob die PE-Aktivitäten in der gewünschten Art und Weise Wirkung zeigen. Gemessen werden also die konkreten Auswirkungen von veränderten Verhaltensweisen bzw. Fähigkeiten als Folge mehrerer systematisch aufeinander aufbauender PE-Aktivitäten. Wie bereits eingangs erwähnt, ist die isolierte Messung einer einzelnen PE-Maßnahme nur selten sinnvoll. In der Regel kann erst ein Maßnahmenkomplex, welcher an verschiedenen Stellen ansetzt, die gewünschte Wirkung entfalten.

Im Idealfall kann die Effektivität von PE-Maßnahmen mittels operativer Kennzahlen ermittelt werden:

- Die Effektivität eines mehrstufigen PC-Trainings in einem Unternehmensbereich kann etwa durch einen signifikanten Rückgang der Hotline-Anrufe verfolgt werden.
- Eine deutlich gestiegene Anzahl von Abschlüssen im Telefonverkauf im Anschluss an ein kombiniertes Telefon-/Verhandlungstraining gibt Hinweise auf den Erfolg einer solchen Maßnahme.
- Die geglückte Reorganisation eines Call-Centers kann sich in einem verbesserten Service-Level ausdrücken.
- Systematische Trainingsmaßnahmen bei der Montage von Autos können zu verringerten Fehlerquoten führen.
- Die Implementierung eines Beschwerdemanagement-Systems, die Optimierung der internen Abläufe und Schulungen zum Thema »Servicequalität« können zu einer steigenden Kundenzufriedenheit und einer steigenden Anzahl von Weiterempfehlungen führen.

Die entsprechenden Kennzahlen sollten allerdings sehr bedacht ausgewählt werden. Insbesondere können neben den PE-Maßnahmen auch andere Dinge die Kennzahlen beeinflussen. Wurde z. B. eine neue Telefonanlage installiert, so kann eine Verbesserung des Service-Levels ebenso gut auch hierauf zurückzuführen sein. Eine Veränderung der Produktinhalte kann ebenso Ursache für steigende Verkaufszahlen sein wie ein Verkaufstraining. Aber auch Variablen, die nicht beeinflusst werden können (z. B. die Konjunktur), haben Auswirkungen auf Kennzahlen. Im Extremfall heben sich kennzahlensteigernde und kennzahlensenkende Variablen gegenseitig auf. Dies könnte auch als Wirkungslosigkeit der durchgeführten Maßnahmen fehlinterpretiert werden.

Besonders interessant wird es, wenn interne bzw. externe Kunden mit veränderten Verhaltensweisen bzw. Abläufen konfrontiert werden. Hier können Ergebnisse der Marktforschung einen Eindruck bezüglich der Wirksamkeit von Maßnahmen vermitteln. Zu den möglichen Methoden zählen unter anderem Transaktionsumfragen (Befragung eines Kunden direkt nach einem Kontakt), verdeckte Einkäufe oder Gesamtmarktumfragen.

Bei der Betrachtung der Performance-Ebene ist besonders auf die Zeitdifferenz zwischen einer PE-Maßnahme (Ursache) und der Veränderung von Kennzahlen (vermutete Wirkung) zu achten. Im Vorfeld gebildete Hypothesen über den Wirkungsverlauf müssen allerdings nicht unbedingt mit dem tatsächlichen Verlauf übereinstimmen. Auch hier müssen kurz- und langfristige Effekte ins Kalkül einbezogen werden. Zudem werden PE-Maßnahmen, deren Effektivität im Aufbau eines Zukunftspotenzials gesehen wird, kaum über Kennzahlen messbar sein.

Neben der zeitlichen Komponente spielt bei der Betrachtung der Performance-Ebene auch die Anzahl der betrachteten Mitarbeiter eine Rolle. Hier muss im Vorfeld genau geprüft werden, inwiefern eine Betrachtung auf Gruppen- oder Einzelpersonen-Ebene sinnvoll ist.

Ergebnisebene

Das Senken der Fluktuationsquote, die Verbesserung der Servicequalität oder die Implementierung eines Systems zur Förderung des Führungskräftenachwuchses ist kein Selbstzweck. Letztlich stellt Personalentwicklung eine Investition im Unternehmen dar. Selbstverständlich sollte diesem Aufwand auch ein – idealerweise höherer – Ertrag gegenüberstehen. Daher ist die Betrachtung der Ergebnisebene von großer Bedeutung. Es stellt sich die Frage: Inwiefern tragen die Maßnahmen der PE tatsächlich zur Ergebnisverbesserung im Unternehmen bei?

Eine Möglichkeit, um Erkenntnisse auf der Ergebnisebene zu erhalten, sind Opportunitätskostenrechnungen. Dabei geht es darum, die Kosten, welche ohne eine definierte PE-Maßnahme entstanden wären, zu berechnen und den Kosten für die Maßnahme selbst gegenüberzustellen. Man vergleicht also zwei Szenarien: Was kostet es, wenn man die Maßnahme durchführt bzw. was kostet es, wenn man es bleiben lässt. Entsprechende Untersuchungen können dann für alternative Maßnahmen durchgeführt werden.

Ein praktisches Beispiel kann dies verdeutlichen: Um effektiv Personal auszuwählen und die Fluktuationsrate im Führungskräftebereich zu senken, hat ein Unternehmen ein Assessment-Center zur Personalrekrutierung eingesetzt. Potenzielle Führungskräfte können die Maßnahme mit den Notenstufen A (voll geeignet), B (mit Einschränkungen geeignet) und C (ungeeignet) abschließen. Die Notenstufen sind bei den potenziellen Führungskräften etwa gleichverteilt (also je ein Drittel A-Kandidaten, B-Kandidaten und C-Kandidaten). Die A- und B-Kandidaten werden eingestellt. Nach anderthalb Jahren sind noch 90% der A-Kandidaten und 40% der B-Kandidaten in der Organisation verblieben. Man kann nun vereinfachend davon ausgehen, dass von den C-Kandidaten keiner mehr in der Organisation verblieben wäre. Wären zuvor alle Kandidaten eingestellt worden, so hätten durch den Einsatz des Assessment-Centers ein Großteil der Fehleinstellungen vermieden werden können. Die Einsparungen durch die vermiedenen Fehleinstellungen können nun den Kosten für die Maßnahme gegenübergestellt werden.

In vielen Fällen wird der direkte zahlenmäßige Nachweis von Nutzen jedoch misslingen. Allerdings gibt es eine Reihe von Fällen, die deutlich machen, was in Veränderungs- bzw. Qualifizierungsprozessen passiert, wenn auf den Einsatz von PE-Maßnahmen verzichtet wird. Der entstehende Schaden ist offensichtlich und meistens auch in etwa abschätzbar.

Betrachtet man nun alle fünf Evaluationsebenen im Zusammenhang, so wird deutlich, dass die Bedeutung der einzelnen Ebenen für das Unternehmen zunimmt. Die Ergebnisebene sollte letztlich den Ausschlag dafür geben, ob eine PE-Maßnahme durchgeführt oder verworfen wird. Die Messbarkeit nimmt allerdings von Ebene zu Ebene ab. Kann man die Angaben auf der Reaktionsebene noch präzise einer Maßnahme bzw. deren Rahmenbedingungen zuordnen, so nimmt diese Monokausalität von Ebene zu Ebene immer mehr ab. Trotzdem sollten alle Ebenen im Rahmen eines Effektivitätscontrollings betrachtet werden. Erst das Zusammenspiel aller Evaluationsebenen bringt Transparenz darüber, wie effektiv eine Maßnahme ist. Daher ist es schon im Vorfeld sinnvoll, für jede Maßnahme bzw. jedes Maßnahmenbündel die entsprechenden Controllinginstrumente zu definieren. Dass bei einem Reorganisationsprozess andere Controllinginstrumente zum Einsatz kommen müssen als bei einem Serviceprojekt, liegt auf der Hand.

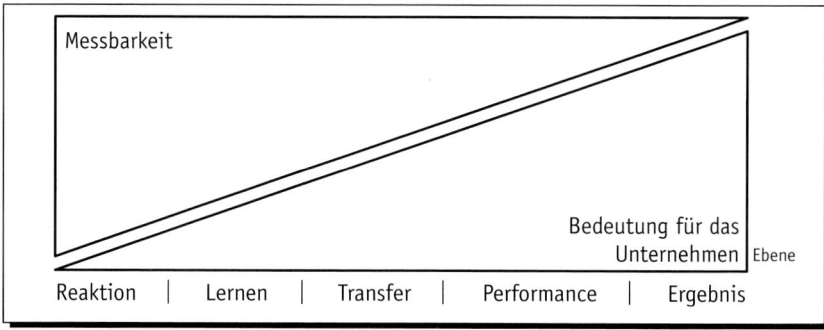

Abb. 51: Messbarkeit und Bedeutung der Evaluationsebenen

4.2 Prozesscontrolling

Im Rahmen eines Ergebniscontrollings kann man feststellen, ob eine PE-Maßnahme überhaupt geeignet ist, die angestrebten Ziele zu erreichen (Effektivität). Allerdings muss man einschränkend bemerken, dass kaum eindeutige Aussagen hinsichtlich der Effizienz (also dem Grad der Wirksamkeit) solcher Maßnahmen getroffen werden können. Dieser Fragestellung soll nun im Rahmen des Prozesscontrollings nachgegangen werden.

Aussagen über die Effizienz einer Maßnahme geben Hinweise darauf, dass ich »Dinge richtig tue«. Dabei geht es generell um eine Gegenüberstellung von Input- und Outputgrößen. Eine Maßnahme gilt dann als effizient, wenn ich mit gegebenem Input einen maximalen Output oder mit minimalem Input einen definierten Output erzielen kann. Nun scheint die Effizienzoptimierung in einem komplexen System wie einer Organisation nicht gerade einfach. Es existieren viele, sich auch ohne das

Zutun einer PE-Abteilung ändernde, Parameter. Zudem sind die entscheidenden Parameter nicht immer für die PE-Mitarbeiter transparent.

Wie kommt man doch zu Aussagen bezüglich der Effizienz von Maßnahmen? Wir wollen an dieser Stelle eine pragmatische Vorgehensweise vorschlagen: Fasst man Personalentwicklung als Prozess auf, so sind verschiedene Ansätze für Effizienzsteigerungen denkbar. Statt also nach einem (wie auch immer gearteten) Effizienzoptimum zu forschen, kann man sich auch auf Effizienzverbesserungen konzentrieren. Wir wollen an dieser Stelle drei Ansatzpunkte für Effizienzsteigerungen im Rahmen von PE-Prozessen betrachten:

a) Die Auswahl der richtigen Prozesselemente
b) Die richtige Reihenfolge der (ausgewählten) Prozesselemente
c) Die richtige Schwerpunktsetzung bezüglich der (ausgewählten und in eine konsistente Reihenfolge gebrachten) Prozesselemente

Eine solch strukturierte Prozessanalyse kann helfen, eventuell vorhandene Effizienzschwächen erfolgreich zu erkennen und anzugehen. Auf diese Weise ist es möglich, Qualität von vornherein zu produzieren und nicht später hineinzukontrollieren.

a) Auswahl der richtigen Prozesselemente

Ein erster Ansatzpunkt für die Effizienzsteigerung von PE-Maßnahmen stellt die Auswahl der richtigen Prozesselemente dar. Dabei können Elemente in der Vorbereitungs-, Nachbereitungs- oder Durchführungsphase einer Maßnahme gemeint sein.

Ein Beispiel aus dem Trainingsbereich: Rieckhof schlägt hier 12 Strategien zur Sicherung des Lerntransfers im Anschluss an ein Training vor (zitiert nach Rieckhof, 1989, S. 371 ff.). Die Strategien lauten:

1. Orientierung an den Teilnehmerproblemen. (Inhalte eines Trainings lassen sich dann besonders leicht in die Praxis übertragen, wenn sie eine konkrete Lösung für ein aktuell anstehendes Problem bieten.)
2. Ausrichtung an den bisherigen Erfahrungen der Teilnehmer. (Die neuen Inhalte eines Trainings sollten auf bereits erworbenem Wissen bzw. erworbenen Verhaltensweisen ansetzen.)
3. Ausrichtung an den Erwartungen der Teilnehmer. (Die Teilnehmererwartungen sollten während eines Trainings transparent gemacht und berücksichtigt werden.)
4. Mitsteuerung durch die Trainingsteilnehmer. (Während des Trainings können sich für die Teilnehmer völlig neue Erkenntnisse ergeben. Daher kann die Möglichkeit der Mitsteuerung im Training sinnvoll sein.)
5. Lernmotivation des Trainingsteilnehmers steigern. (Es ist wichtig, einem Teilnehmer deutlich zu machen, welche Ziele man mit bestimmten Trainings-

sequenzen verfolgt. Dadurch kann deutlich werden, welcher Nutzen hieraus für den Teilnehmer resultiert und so seine Lernmotivation gesteigert wird).

6. Generalisierbarkeit der Lerninhalte. (Es ist sinnvoll, auf eine Generalisierbarkeit der Lerninhalte zu achten. Durch die wahrgenommene allgemeine Gültigkeit von Lerninhalten wächst die Bereitschaft diese auch anzuwenden).

7. Ähnlichkeit zwischen Lern- und Funktionsfeld. (Die Übertragung des Gelernten in die Praxis ist umso einfacher, je ähnlicher die Lernsituation mit der Praxis ist.)

8. Analyse persönlicher Möglichkeiten. (Die Sensibilisierung der Teilnehmer für persönliche Stärken und Schwächen kann bei der Umsetzung des Gelernten hilfreich sein.)

9. Planung der Transferinhalte. (Nach dem Training sollten möglichst konkrete Aktionspläne verfasst werden.)

10. Realisierungstaktik. (Durch den bewussten Abbau von Umsetzungsbarrieren und den Einsatz von Transfertechniken kann der Erfolg einer Maßnahme zusätzlich gesteigert werden.)

11. Unterstützung durch Transferpartner. (Der Transferpartner kann Rückmeldung über Stärken und Schwächen bei der Umsetzung des Gelernten geben und so die Umsetzung selbst erleichtern.)

12. Erfahrungsaustausch. (Auch nach einem Training sollte die Möglichkeit zum Erfahrungsaustausch bestehen.)

Dies ist ein Beispiel, wie durch den bewussten Einsatz bzw. die Verbesserung von Prozesselementen die Effizienz einer PE-Maßnahme (hier ein Training) gesteigert werden kann. Allerdings ist der Einsatz solcher Verbesserungsvorschläge nie allgemein gültig, sondern für jede Maßnahme neu zu definieren. Wird etwa im Rahmen eines Curriculums ein Seminar durchgeführt, so ist es kaum sinnvoll, die Mitsteuerung durch die Teilnehmer in den Vordergrund zu stellen. Da es sich bei einem Curriculum in der Regel um mehrere aufeinander aufbauende Maßnahmen handelt, müssen normalerweise bestimmte Inhalte im Seminar angesprochen werden, da diese in einem späteren Curriculumbaustein wieder aufgegriffen werden sollen. In diesem Fall muss zwischen der Curriculumidee und der Individualisierung von Trainingsmaßnahmen abgewogen werden. Um die Teilnehmer stärker zu integrieren, können allerdings schon bei der Curriculumentwicklung die Erwartungen der Mitarbeiter systematisch berücksichtigt werden.

b) Zieloptimale Anordnung der Prozesselemente

Nicht nur die Auswahl der richtigen Prozesselemente ist ausschlaggebend für den Erfolg einer PE-Maßnahme. Auch durch die zieloptimale Anordnung der Prozesselemente kann man die Effizienz einer Maßnahme beeinflussen.

Ein Beispiel soll dies verdeutlichen: Bei vielen PE-Maßnahmen ist gesetzlich ein Mitspracherecht des Betriebsrats geregelt. Die Frage, zu welchem Zeitpunkt genau der Betriebsrat miteinbezogen werden muss, führt dagegen oft zu Unsicherheiten. Es liegt auf der Hand, dass eine zu spät gegebene Information an den Betriebsrat die Akzeptanz für eine Maßnahme schmälern kann. Die Wahl des Zeitpunkts, zu dem ein Prozesselement eingesetzt wird, kann somit mitentscheidend für die Effizienz einer Maßnahme sein. Eine andere Möglichkeit, die Effizienz einer Maßnahme zu erhöhen, kann das parallelisieren von Prozessen sein.

c) Optimale Ressourcenverteilung auf die einzelnen Prozesselemente

Eine weitere Möglichkeit der Effizienzsteigerung stellt die optimale Verteilung der zur Verfügung stehenden Ressourcen auf die einzelnen Prozesselemente im PE-Bereich dar. Die gezielte Ausrichtung des PE-Instrumentariums ist dabei einer nachträglichen Kanalisierung von Bemühungen vorzuziehen. Dies ist insbesondere sinnvoll, da der notwendige Aufwand für die einzelnen Prozessstufen auch vom Aufwand abhängt, der auf den vorhergehenden Stufen betrieben worden ist. So können sich beispielsweise Defizite bei der strategischen Ausrichtung von PE-Maßnahmen in aufwändigen (weil unscharfen) Trainingsmaßnahmen und massiven Transfersicherungsversuchen auswirken. Schon geringe Nachlässigkeiten zu Beginn eines PE-Prozesses ziehen einen steigenden Aufwand bei den nachfolgenden Prozesselementen nach sich.

Aus Unternehmenssicht vorteilhafter ist es dagegen, den Schwerpunkt auf den Prozessbeginn zu legen. So kann etwa ein hoher Transfersicherungsaufwand ein Indikator für eine mangelnde strategische Ausrichtung von PE-Maßnahmen sein. Die präzisere Ausrichtung von PE-Maßnahmen im Vorfeld lässt demgegenüber Kontrollaspekte und Transfersicherungsaktivitäten in den Hintergrund treten. Dies verspricht neben einer verbesserten Effektivität auch effizientere Resultate der Personalentwicklungsarbeit. Es ermöglicht zudem eine gezieltere Steuerung bzw. Variation der PE-Aktivitäten. Einen Schwerpunkt nimmt dabei die zielgerichtete Beeinflussung der Rahmenbedingungen ein.

Exkurs: Investor in People

Auch im Bereich der Weiterbildung steht das Thema Qualität nach wie vor hoch im Kurs. Einen interessanten Ansatz wählt ein Gütesiegel, welches in Großbritannien entwickelt wurde. Ausgangspunkt dieses Instruments war eine Benchmarking-Studie der britischen Regierung. Die Fragestellung lautete: Wie gehen erfolgreiche britische Unternehmen mit der Ressource Mensch um? Aus dieser »Best practice«-Studie kristallisierten sich vier Grundsätze heraus (vgl. Betz/Franken, 1998, S. 58 ff.):
1. Grundsatz: Commitment (Ein Investor in People verpflichtet sich, alle Mitarbeiter zu fördern und weiterzuentwickeln, um die Unternehmensziele zu erreichen.)

2. Grundsatz: Planung (Ein Investor in People führt regelmäßig Bildungsbedarfs-ermittlungen für alle Mitarbeiter durch und plant dementsprechend die notwendigen Lern- und Entwicklungsmaßnahmen.)

3. Grundsatz: Maßnahmen (Ein Investor in People führt nach der Einstellung und während des gesamten Beschäftigungsverhältnisses eines Mitarbeiters regelmäßig Lern- und Entwicklungsmaßnahmen durch.)

4. Grundsatz: Evaluation (Ein Investor in People evaluiert sein Investment in Training und Entwicklung, um den Nutzen/Ergebnisbeitrag einzuschätzen, und die künftige Effektivität zu verbessern.)

Im Gegensatz etwa zu den ISO-Normen stehen bei dem Gütesiegel »Investor in People« nicht die zugrundeliegenden Prozesse, sondern die Ergebnisse der Prozesse im Mittelpunkt der Betrachtungen. Um die relativ abstrakten Grundsätze zu operationalisieren, wurden 23 Indikatoren entwickelt. Auf diese Weise kann die Einhaltung der Grundsätze überprüft werden. Dabei wird dieses Verfahren, im Gegensatz etwa zu den ISO-Normen, sehr unbürokratisch angewandt.

Nähere Informationen können Sie der Internet-Seite von Investors-in-People (UK) entnehmen (www.iipuk.co.uk). Dort stehen auch die entsprechenden Indikatoren zum Download bereit.

4.3 Kostencontrolling

Beim Kostencontrolling geht es um die projekt- bzw. maßnahmengerechte Erfassung und Analyse aller relevanten Kosten. Ziel ist die Steuerung der Wirtschaftlichkeit im Personalentwicklungsbereich. Dabei hat das Kostencontrolling (neben einer Dokumentationsaufgabe) Aufgaben in den Bereichen Planung und Kontrolle zu bewältigen. Im Folgenden werden zunächst Planungsaspekte, insbesondere das Thema Budgetierung, aufgegriffen und diskutiert. Im Anschluss daran stehen Kontrollaspekte, wie etwa ein geeignetes Kennzahlensystem oder Benchmarking-Aktivitäten, im Vordergrund.

Kostenplanung

Die Frage, inwiefern ein dezentrales oder ein zentrales PE-Budget vorteilhafter ist, wird in der Praxis nach wie vor kontrovers diskutiert. Hinzu kommt die Fragestellung, welche Kosten eigentlich als Weiterbildungskosten anzusetzen sind. Auch wenn diese Fragen nicht abschließend beantwortet werden können, lohnt es sich, mögliche Alternativen näher unter die Lupe zu nehmen.

Eine Übersicht hierzu bietet Becker (1999, S. 392 ff.). Er weist zunächst darauf hin, dass bei der Beurteilung der Budgetierungsalternativen die Zielsetzungen der Weiterbildungskostenplanung nicht aus den Augen verloren werden dürfen. Hierzu zählt er unter anderem eine verlässliche Kostenerfassung, eine verursachungsgerechte Zuordnung auf Kostenträger/-stellen, das Ermöglichen eines laufenden Soll-Ist-Vergleichs und einer Kostenkontrolle sowie das Bereitstellen einer Grundlage für Abteilungs- bzw. Betriebsvergleiche. Zusätzlich weist er auf Verfahrensziele der Budgetierung hin: So sollte ein entsprechendes Rechenwerk zum einen praktikabel, zum anderen nachvollziehbar sein. Zudem ist auf eine Kompatibilität zu anderen Bereichen des betrieblichen Rechnungswesens zu achten. Auch die Stetigkeit der Verfahren ist wichtig, bspw. um eine Vergleichbarkeit zu gewährleisten. Und nicht zuletzt sollte der Verfahrensaufwand angemessen sein.

Prinzipiell können im Rahmen der Planung von PE-Aktivitäten zwei Ebenen unterschieden werden. Die Ebene der konkreten Aktivitäten (z. B. ein Training) und die monetäre Ebene (Kostenplanung). Die monetäre Ebene wird i. d. R. über ein Budget abgebildet. Beim Thema »Budgetierung für den PE-Bereich« muss zunächst geklärt werden, wo die entsprechenden Mittel budgetiert werden. Bei der Einordnung eines Budgetierungs-Verfahrens sind allerdings mögliche Umbuchungsregelungen zu berücksichtigen. Entscheidend ist, wer nach Abschluss aller Umbuchungen die Kosten trägt. In diesem Zusammenhang können vier grundlegende Alternativen mit spezifischen Vor- und Nachteilen unterschieden werden:

1. **Budgetierung durch die Fachbereiche**

   Aus Sicht des Rechnungswesens sicher einer der pragmatischsten Wege: Alle Bildungsausgaben können durch Zusammenfassung der PE-Abteilungsbudgets schnell ermittelt werden. Das Maß, in dem Weiterbildung in einer Abteilung stattfindet, hängt bei einer solchen Vorgehensweise jedoch stark von der Bereitschaft der jeweiligen Budgetverantwortlichen ab. So kann eine aus Sicht der Unternehmensziele notwendige PE-Maßnahme unterbleiben, wenn ein einzelner Vorgesetzter von deren Sinnhaftigkeit nicht überzeugt ist. Zudem fehlt eine bereichsübergreifende Koordination von PE-Maßnahmen, die zum einen Kostennachteile (fehlende Bündelung von Aufträgen), zum anderen ein Auseinanderdriften der Organisation (z. B. durch punktuelle kulturelle Veränderungen) zur Folge haben kann.

   Für eine dezentrale Budgetierung spricht allerdings das steigende Kostenbewusstsein der Führungskräfte, die das PE-Budget zu verantworten haben. Ein solches Kostenbewusstsein kann jedoch auch falsch verstanden werden: Auch der völlige Verzicht auf PE-Maßnahmen in einzelnen Fachbereichen kann so begründet werden. Gegen ein dezentrales PE-Budget spricht auch, dass es kaum eine einheitliche Vorgehensweise bei der Über- bzw. Unterschreitung des Budgets geben wird.

2. **Budgetierung durch die PE**

   Zentraler Vorteil dieser Alternative ist, dass bei dieser Form eine engpassorientierte PE leichter möglich ist, als dies bei dezentraler Budgetierung in den Fachbereichen der Fall wäre. Von einer engpassorientierten PE spricht man dann, wenn PE-Maßnahmen dort im Unternehmen ansetzen, wo sie den größten Nutzen stiften. Es ist offensichtlich, dass dies bei einer Gleichverteilung der Mittel in den einzelnen Fachbereichen kaum der Fall sein wird. Die zentrale Budgetierung sorgt zudem dafür, dass die PE immer in die Planung von Maßnahmen involviert ist und dementsprechend einen unternehmensweiten Überblick hat. Auf diese Weise kann die PE eine entsprechende Koordinierungsfunktion wahrnehmen.

Auf der anderen Seite besteht die Gefahr, dass diejenigen, die aktiv Unterstützung suchen, stärker mit Mitteln aus dem Budget bedacht werden als Andere, die weniger Initiative zeigen. Zudem kann es dazu kommen, dass Vorgesetzte keine Verantwortung für die PE-Maßnahmen in ihren Bereichen mehr übernehmen (dürfen). Die starke Angebotsorientierung einer zentral budgetierten PE führt zudem möglicherweise zu einem »Bauchladen« an PE-Maßnahmen, bei dem die Engpassorientierung nur noch eine untergeordnete Rolle spielt.

3. **Budgetierung der Kosten der PE-Abteilung durch die PE/Budgetierung der Maßnahmenkosten durch den Fachbereich**

   Diese Alternative stellt einen Kompromiss zwischen einer rein zentralen bzw. dezentralen Budgetierung dar. Vorteilhaft ist hier insbesondere, dass die Fachbereiche die Beratung durch die PE nicht budgetieren müssen und dennoch weiterhin die Verantwortung für die Weiterbildung der Mitarbeiter bei den jeweiligen Vorgesetzten verbleibt.

   Die PE muss ihre Existenz nicht von einem bestimmten Weiterbildungsvolumen abhängig machen und muss so nicht in Aktivismus verfallen, um jedes Jahr erneut die eigene Notwendigkeit zu dokumentieren.

4. **Budgetierung der Kosten der PE-Abteilung und Kosten für abteilungsübergreifende Weiterbildung durch die PE/Budgetierung abteilungsspezifischer Kosten durch den Fachbereich**

   Diese letzte Alternative ermöglicht es, der PE stärker zwischen fachbereichsübergreifenden und fachbereichsspezifischen Maßnahmen zu differenzieren. So können die Kostenvorteile (etwa durch zentrale Planung und Auftragsvergabe an Externe) eines Zentralbudgets genutzt werden, ohne die speziellen Aufgaben in einzelnen Fachbereichen vernachlässigen zu müssen. Insbesondere große OE-Maßnahmen können zudem so zentral von der PE geplant und durchgeführt werden.

Ein generelles Budgetierungsproblem betrifft die zeitliche Ausrichtung von Budgets, die in der Regel jahresbezogen sind. Dies führt bei der Planung von PE-Aktivitäten üblicherweise dann zu Problemen, wenn PE-Programme längerfristig angelegt sind. Da dies insbesondere bei einer strategischen PE die Regel ist, sollte hierauf bei der Budgetierung geachtet werden.

Noch ein paar Bemerkungen zum »Einsparen von budgetierten Mitteln«: Wenn man davon ausgeht, dass PE-Maßnahmen sinnvolle Investitionen in die Human-Ressourcen einer Unternehmung darstellen, lassen sich Budgetmittel in der Regel nicht »einsparen«. Eine Investition wird sinnvollerweise nur dort getätigt, wo der Output (z. B. ein besseres Ergebnis der unternehmerischen Tätigkeit) größer ist als der Input (die Investition in ein Bündel von PE-Maßnahmen). »Spart« man nun Mittel ein, so stellt dies unter dem Strich keine wirkliche Ersparnis dar. Die Unternehmung hätte ja mehr zurückbekommen, als sie letztlich investiert hat. Das Argument, dass ein solches Maßnahmenbündel prinzipiell auch unwirksam sein könnte, zieht in diesem Zusammenhang auch nicht: Unwirksame PE-Maßnahmen hätten erst gar nicht budgetiert werden dürfen. Einzig durch eine Änderung der Ausgangsbedingungen kann demzufolge ein Nichtdurchführen von bereits budgetierten Maßnahmen begründet werden.

Kostenkontrolle

Neben der Planung bzw. Budgetierung von PE-Maßnahmen spielt insbesondere die Kostenkontrolle auf dieser Ebene des PE-Controllings eine wichtige Rolle. Um die Kosten von PE-Aktivitäten präzise analysieren zu können, müssen die relevanten Kosten zunächst in geeigneter Weise erfasst werden.

Klassischerweise unterscheidet man in der Kostenrechnung die Kostenarten-, Kostenstellen- und Kostenträgerrechnung. Dieses Verfahren ist für viele innerbetriebliche Gegebenheiten geeignet. Es scheint jedoch für den PE-Bereich nicht auszureichen: Die Effektivität von PE-Maßnahmen wird kaum in Relation zu Hotelkosten, Workshopkosten oder Aufwendungen für Trainer gesetzt werden. Vielmehr interessiert in diesem Zusammenhang, welche Kosten die verschiedenen Programme bzw. Projekte der PE verursacht haben. Mit anderen Worten: Die Ebene, auf der das Effektivitätscontrolling stattfindet, sollte auch im Kostencontrolling relevant sein.

Zur projekt- bzw. maßnahmengerechten Planung bzw. Erfassung aller relevanten Kosten ist eine Projektkostenrechnung der herkömmlichen Kostenrechnung vorzuziehen. Die einzelnen Kostenblöcke werden in diesem Fall direkt einzelnen Maßnahmen zugeschlagen. Dadurch ist es möglich, Kostenstrukturen auf verschiedenen Ebenen zu erfassen und zu analysieren. Zudem wird eine Planung, Steuerung und Kontrolle von Kosten über das Fiskaljahr hinweg möglich.

Durch die systematische Erfassung von Kostenbestandteilen können verschiedene Analysen ohne großen Aufwand erstellt werden. So ist es möglich, Kostenstrukturen auf Programm-, Projekt- und Maßnahmenebene zu analysieren. Dabei hat sich bei der konkreten Umsetzung die Vergabe von Projektnummern bewährt. Auf diese Weise wird jede Aktivität der PE bzw. jede resultierende Einzelrechnung mit einem eindeutigen Nummerncode belegt. Ein Beispiel soll dies verdeutlichen:

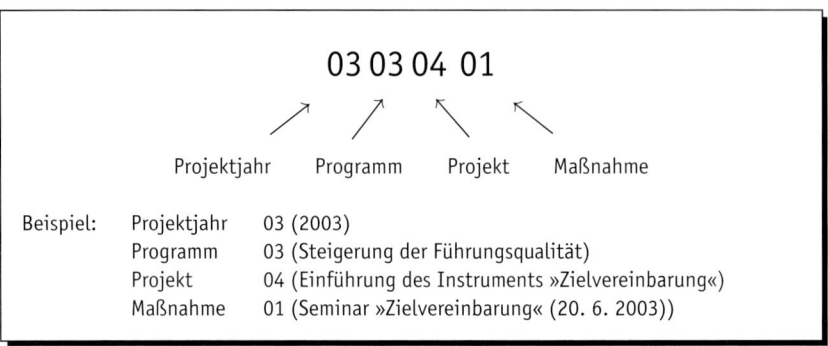

Abb. 52: Beispiel für eine Projektnummer (vgl. auch Abb. 27, S. 104)

Die präzise Analyse der PE-Kosten kann insbesondere Entscheidungskriterien für die Frage »make or buy« liefern. Dabei sollten die Aktivitäten der PE generell mit denen externer Anbieter konkurrieren. Hier geht es allerdings nicht darum, welche Maßnahmen ergriffen werden sollten. Die Bedarfsermittlung und Steuerung der PE-Maßnahmen sollte weiterhin in den Händen der PE selbst verbleiben. Dem Fachbereich kann allerdings freigestellt werden, den ermittelten Bedarf zu einem günstigeren Preis am freien Markt zu decken.

Man muss jedoch aufpassen, dass man hier nicht »Äpfel mit Birnen« vergleicht. Die Deckung eines PE-Bedarfs über Externe geht beispielsweise mit einem wesentlich höheren Steuerungsaufwand einher. Zudem müssen die Gemeinkosten der PE-Abteilung anteilig verrechnet werden. Berücksichtigt man diese Kostenblöcke, so stellt sich manch vermeintlich günstiger Preis als »Mondpreis« heraus. Zudem werden die Fachbereiche nicht immer im Rahmen eines Umlageverfahrens mit den tatsächlich angefallenen Kosten belastet. Ein Beispiel hierfür wäre ein Durchschnittskostenverfahren. Die PE belastet in diesem Fall einem Fachbereich, unabhängig von der Art der Maßnahme, einen Pauschalkostensatz. In einem solchen Fall verbietet sich der Kostenvergleich mit externen Anbietern ganz. Zuletzt muss auch die Qualität der Leistungserbringung beim Kostenvergleich berücksichtigt werden. Nur wenn diese bei einer internen und externen Bedarfsdeckung vergleichbar ist, kann ein echter Vergleich angestellt werden.

Kennzahlensysteme

Der Einsatz von Kennzahlen im PE-Controlling ist noch nicht allzu verbreitet. Die Hauptursache hierfür ist darin zu suchen, dass in der PE der Controlling-Schwerpunkt oftmals auf qualitativer Ebene gesehen wird. Dennoch kann der Einsatz von Kennzahlensystemen nützlich sein. Man kann über Kennzahlen große, sehr unübersichtliche Datenmengen zu wenigen überschaubaren Größen zusammenfassen. Allerdings geht die Nutzung von Kennzahlen mit einigen Gefahren einher. So werden oftmals zu viele Kennzahlen mit nur geringem Aussagewert erhoben. Der Begriff »Zahlenfriedhof« gibt Aufschluss darüber, was mit den ermittelten Größen dann geschieht – nämlich nichts. Zudem können Kennzahlen dazu verführen, quantitative Aspekte überzuberwerten. Um die Vergleichbarkeit von Kennzahlen auch über einen längeren Zeitraum hinweg zu gewährleisten, ist einiges an Standardisierungsarbeit zu leisten.

Kennzahlensysteme sollten immer mit konkreten Fragestellungen verknüpft werden. Daher ist es nicht sinnvoll, ein allgemein gültiges Kennzahlensystem für den PE-Bereich aufstellen zu wollen. Vielmehr sollte versucht werden, die Aktivitäten der Personalentwicklung sinnvoll mit konkreten Fragestellungen zu verknüpfen und diese mit entsprechenden Kennzahlen abzubilden.

Gängige Kennzahlen im PE-Bereich sind:
- Kosten/Teilnehmertag
- Kosten/Trainingstag
- Durchschnittliche Dauer von Veranstaltungen
- Stornoquote
- Durchschnittliche Teilnehmerzahl
- Auslastungsgrad
- Anzahl der (kurzfristigen) Absagen durch Teilnehmer
- Teilnehmertage/Mitarbeiter
- PE-Kosten/Gehaltssumme
- PE-Kosten/Mitarbeitergruppe

Benchmarking in der Personalentwicklung

Eine andere Möglichkeit zur Überprüfung von Kostenstrukturen im PE-Bereich stellt das Benchmarking dar. Dabei werden die Kostenstrukturen des eigenen Bereichs mit denen des Besten einer Branche verglichen. Über den Vergleich und die daraus resultierenden Benchmarks versucht man, Ansätze zur Verbesserung der eigenen Kostenstruktur zu erkennen.

Allerdings sind dem Benchmarking im Kostencontrolling Grenzen gesetzt. In der Regel sind die Prozesse zweier PE-Bereiche nicht vergleichbar und werden daher auch rein kostenrechnerisch völlig unterschiedlich abgebildet. So ist es etwa möglich, dass in Unternehmen A in den einzelnen Fachbereichen PE-Koordinatoren angesiedelt sind, welche die Schnittstelle zwischen PE und Fachbereich bilden. Im Unternehmen B übernehmen PE-Referenten die Schnittstellenfunktion. Wenn man nun etwa die Personalkostenquote des PE-Bereichs in Unternehmen A mit der von Unternehmen B vergleicht, so wird Unternehmen A wahrscheinlich besser abschneiden. Dies liegt allerdings nicht an der mangelnden Effektivität der PE-Mitarbeiter, sondern an der Auslagerung von PE-Funktionen in die Fachbereiche. Da die Übergänge fließend sein können, ist eine präzise Kostenabgrenzung kaum möglich.

Ein anderes Problem des Benchmarking stellt die Orientierung am Bestehenden dar. Die Kostenstruktur des Branchenbesten kann unter Umständen meilenweit von einem möglichen Optimum entfernt sein. Möglicherweise wird so durch Benchmarking die Sicht auf weitaus größere Kostenreduktionspotenziale versperrt. Daher unser Vorschlag: Benchmarking eher auf der Prozessebene anwenden. Die geringe Vergleichbarkeit zweier PE-Abteilungen fällt hier weitaus weniger ins Gewicht als dies im Kostenbereich der Fall wäre.

5. Implementierung eines PE-Controlling-Systems

In der Praxis steckt die systematische Planung, Durchführung, Steuerung und Kontrolle von PE-Maßnahmen vielfach noch in den Kinderschuhen. Nun ist es in der Regel nicht möglich, in einer »Nacht- und Nebelaktion« ein solches System einzuführen. Widerstände und mangelnde Akzeptanz wären die Folge. Daher werden im Folgenden einige Hinweise zur Implementierung eines solchen Systems gegeben.

Um ein PE-Controlling sinnvoll einführen zu können, müssen zunächst einige Rahmenbedingungen gegeben sein. Die wichtigste Rahmenbedingung stellt dabei die Unternehmenskultur, also die Grundannahmen, Werte und darauf aufbauende Verhaltensmuster eines Unternehmens, dar. Die Unternehmenskultur bestimmt sowohl die Erfolgsaussichten einer Einführung, als auch die Dauer und die Strategie der Implementierung. Ein Beispiel soll dies verdeutlichen: Die Einführung eines PE-Controllings ist umso einfacher, je positiver Begriffe wie Feedback und Transparenz im Unternehmen besetzt sind. Demgegenüber wird eine Implementierung stark erschwert, wenn Leistungsmessungen im Unternehmen ein Tabu darstellen.

Eine weitere Rahmenbedingung stellt die Passung eines PE-Controllings zu der Gesamtheit der aktuell durchgeführten PE-Maßnahmen bzw. der Ausgestaltung der PE-Abteilung dar. So scheint es kaum sinnvoll, eine kleine interne Trainingsabteilung mit einem PE-Controlling zu »überrollen«. Das Thema PE sollte im Unternehmen bereits einen hohen Stellenwert aufweisen. Klarer Strategiebezug und der Wille der Beteiligten, PE-Maßnahmen zielgerichtet zu planen, zu steuern und zu kontrollieren, stellen eine weitere unabdingbare Voraussetzung für die Implementierung dar. Nicht zuletzt ist ein PE-Controlling nicht umsonst zu haben. Die Evaluation von PE-Maßnahmen bedingt einen – wenn auch im Verhältnis zum Ertrag geringen – Ressourcenverzehr. Dies ist ein Grund mehr, warum PE-Controlling nie zum Selbstzweck verkommen sollte.

Auch das Vorhandensein eines (strategischen) Zielsystems ist eine wichtige Rahmenbedingung. Ein PE-Controlling kann nur dann funktionieren, wenn klar ist, was man mit PE-Aktivitäten eigentlich erreichen möchte. Je unpräziser das Zielsystem ist, desto unschärfer werden auch die Aussagen eines solchen Controlling-Systems sein.

Welche Barrieren gilt es nun bei der Einführung eines PE-Controllings zu überwinden? Hier ist zunächst auf die Ängste, Gewohnheiten und Besitzstände möglicher Anspruchsgruppen – etwa Führungskräfte, Mitarbeiter, Betriebsrat und Gewerkschaften – zu verweisen.

– **Führungskräfte:** Die Führungskräfte könnten durch die Einführung eines PE-Controlling-Systems ihre Einflussmöglichkeiten auf ihre Mitarbeiter schwinden sehen. Sind etwa in der Vergangenheit PE-Maßnahmen als Incentives genutzt worden, so wird dies durch ein effektives PE-Controlling sichtbar. Ein lockeres Seminar in einem landschaftlich schön gelegenen Tagungshotel oder ein jährlich stattfindender Workshop in historischer Umgebung können unter Umständen einem Controlling nicht standhalten. Zudem wird bei jeder Führungskraft transparent, wie stark sie an der systematischen Personalentwicklung ihrer Mitarbeiter arbeitet. Aber auch die eigenen Qualifikationsschwächen können sichtbar werden, da die Führungskraft ja selbst Teil des Systems ist.

– **Mitarbeiter:** Auf Mitarbeiterebene konnen Ängste entstehen, da die Umsetzung von PE-Maßnahmen nicht mehr dem Zufall überlassen bleibt. Die Kontrolle von Lernerfolg und Transfer kann als Schritt hin zum »gläsernen Menschen« erlebt werden. Leistungsprofile von Mitarbeitern werden transparent. Eventuell werden Controllingbemühungen in Verbindung mit möglichen Rationalisierungsprojekten gebracht. Möglicherweise fühlt mancher Mitarbeiter das »Damoklesschwert« der Arbeitslosigkeit über sich schweben.

– **Betriebsrat:** Es ist zweifelsohne eine der Hauptaufgaben des Betriebsrats, sich kritisch mit personalrelevanten Veränderungen im Unternehmen auseinander zu setzen. Hierzu zählt sicher auch die Einführung eines PE-Controllings. Oftmals bietet sich in der Mitsprache auch eine Profilierungsmöglichkeit gegenüber den Mitarbeitern.

– **Gewerkschaften:** Die Gewerkschaften befinden sich derzeit in einer schwierigen Situation. Ein starker Rückgang der Mitgliederzahlen geht hier nicht spurlos vorüber. Den Gewerkschaften geht es in der Regel um eine grundsätzliche Betrachtung von Veränderungen in Unternehmen.

Der Wunsch, all diese Gruppen in einem Unternehmen für die Einführung eines PE-Controllings zu gewinnen, ist sicher zu begrüßen. Dennoch wird es kaum möglich sein, alle Beteiligten von der Notwendigkeit eines PE-Controllings zu überzeugen. Insbesondere die möglichen Verlierer einer Einführung werden kaum als Befürworter auftreten. Zudem können bspw. persönliche Animositäten oder unterschiedliche Zielsysteme eine Einführung nicht notwendig erscheinen lassen. Auf der anderen Seite ist es sicher nicht sinnvoll, gegen massiven Widerstand ein solches System zu implementieren. Daher ist es wichtig, sich die Frage zu stellen, wer bei einer Einführung unbedingt »ins Boot geholt« werden muss. Diese Frage ist im Einzelfall zu klären, um anschließend die identifizierten Personen zu überzeugen.

Eine weitere Barriere stellt das Beharrungsvermögen etablierter Strukturen bzw. Normen in einem Unternehmen dar. Die Einführung eines PE-Controllings findet kaum »auf der grünen Wiese« statt. Man muss bestehende Organisationsstrukturen, Prozesse und Verhaltensmuster bei der Einführung beachten. All dies dient ja gerade der Stabilisierung einer Organisation. Es wird kaum möglich sein, all diese Elemente einer Organisation zeitgleich anzupassen.

Eine letzte Barriere kann die Einführung selbst sein. Hier spielt sowohl die Besetzung des entsprechenden Projektteams als auch der Einführungsprozess eine entscheidende Rolle. Insbesondere eine gute Informations- und Kommunikationspolitik in der Einführungsphase kann helfen, die Widerstände gering zu halten.

Neben den angeführten Barrieren der Implementierung gibt es allerdings auch eine Reihe von Faktoren, die die Einführung eines PE-Controllings begünstigen. Hierzu zählt sicher ein ausgeprägtes Problembewusstsein und ein daraus resultierender großer Handlungs- und Leidensdruck. Eine Ursache hierfür kann etwa die wachsende Dynamik von Märkten sein. Dies ist gleich bedeutend mit neuen Herausforderungen bezüglich der Wandlungsfähigkeit und Wandlungsgeschwindigkeit von Unternehmen. Hier kann eine effektive PE-Arbeit helfen, entsprechend unterstützende Prozesse im Unternehmen zu etablieren und zu steuern. Gerade weil die absolut und relativ steigenden Kosten für PE-Maßnahmen in den letzten Jahren zu einem bedeutenden Posten angewachsen sind, werden solche Maßnahmen mehr und mehr als Investitionen angesehen. Diese Investitionen sollen folgerichtig auch einen messbaren Ertrag generieren. Auf der anderen Seite steht dem eine oftmals unsystematische Steuerung von Aktivitäten der PE gegenüber. Auch hier kann für die jeweiligen PE-Verantwortlichen ein Leidens- bzw. Handlungsdruck resultieren.

Ein weiterer Faktor, der die Einführung eines solchen Systems unterstützt, ist das Commitment der obersten Führungsebene. Dies ist besonders deshalb hilfreich, da die Einführung eines PE-Controllings in der Regel auch die kulturelle Ebene eines Unternehmens berührt. Gelingt es zudem, frühzeitig die Mitarbeiter aller Unternehmensebenen von der Notwendigkeit zu überzeugen, so dürfte dies die Einführung zusätzlich begünstigen.

Wo sollte nun ein PE-Controlling in einem Unternehmen organisatorisch angebunden sein? Wir sind der Auffassung, dass ein PE-Controlling in der Personalentwicklung selbst angebunden werden sollte. Hierfür spricht vor allem, dass weiche Faktoren bei der Analyse von PE-Maßnahmen eine hohe Bedeutung haben. Zweifelsfrei ist in der PE mehr Know-how vorhanden, diese weichen Faktoren zu berücksichtigen. Die Gefahr einer Überbetonung harter Faktoren kann so minimiert werden.

Im Endeffekt sollte PE-Controlling mit Augenmaß betrieben werden. Denn letztlich gilt das Albert Einstein zugeordnete Zitat: »Nicht alles, was zählt, kann gezählt werden, und nicht alles, was gezählt werden kann, zählt«!

EDV-Unterstützung in der Personalentwicklung

Als ich heute Vormittag mit Frau Becker und Herrn Altstadt – zwei meiner fittesten PE-Mitarbeiter – zusammensaß, sprach ich das Thema EDV-Unterstützung der Personalentwicklung an. Wieso ich gerade auf dieses Thema kam? Gestern hatte mich Hannes in einem Telefonat – eigentlich ganz beiläufig –

gefragt, wie denn der bisherige Stand der EDV-Unterstützung in der PE wäre. Ja, und dazu gab es nicht viel zu berichten. Ehrlich gesagt ein wohl eher vernachlässigtes Thema und das will ich jetzt ändern.

Also, heute Vormittag entwickelte sich schnell eine spannende Diskussion und es kristallisierten sich verschiedene Ansatzpunkte für unsere PE-Arbeit heraus. Moment, wir hatten sie doch als Info für alle PE-Mitarbeiter in einem Kurzprotokoll vermerkt. Ah – da ist es:

Kurzprotokoll

EDV-Unterstützung der PE

Teilnehmer: Herr Altstadt, Frau Becker, Herr Tun

Zu klärende Ansatzpunkte:
1. Inwieweit kann die EDV unterstützend für unsere operative Arbeit und damit gerade für wiederkehrende organisatorische Prozesse eingesetzt werden?

2. Inwieweit kann EDV in den Umsetzungsprozess von PE-Maßnahmen sinnvoll eingebunden werden? Wie sieht das Angebot in der computergestützten Lernlandschaft aus?

3. . . .

Frau Becker und Herr Altstadt präsentieren dazu in unserer nächsten Teambesprechung den aktuellen Stand ihrer Untersuchungen. Hannes kündigte übrigens gestern noch an, dass er mir Unterlagen zu diesem Thema per E-Mail schickt. Mal schauen, vielleicht sind sie ja schon da.

| Absender: | Dr. Hannes Dilli | | |
| Empfänger: | Moritz Tun | | Schreiben |

Datum:

Betreff: EDV-Unterstützung

Lieber Moritz!

Wie gestern versprochen, hier die Informationen zum Thema EDV-Unterstützung der Personalentwicklung. Ich habe sie wieder in der Anlage als Datei mitgeschickt. Schau einfach mal durch, welche Ansatzpunkte sich daraus für Euch als sinnvoll erweisen könnten.
Ich bin schon auf Deinen nächsten Bericht gespannt.

mfG

Hannes

dvpe.doc

| Sofort absenden | Später absenden | | Speichern unter | Drucken... |

| Abbrechen | | | | Hilfe |

Das Thema »EDV-Unterstützung in der Personalentwicklung« wird in der gängigen Literatur, welche sich mit dem Gebiet der Personalentwicklung auseinander setzt, recht stiefmütterlich behandelt. Die Planung, Steuerung und Kontrolle operativer PE-Maßnahmen kann jedoch durch den zielgerichteten Einsatz von EDV deutlich optimiert werden. Das Studieren hunderter Prospekte, die aufreibende Suche nach Honorarvereinbarungen in der Post der letzten zwei Monate oder die Pflege von Wartelisten auf Post-It-Zetteln können so entfallen. Ziel dieses Kapitels ist es daher, eine kleine Auswahl an Einsatzmöglichkeiten der EDV in der Personalentwicklung zu skizzieren.

Im Folgenden wird zwischen interner und externer EDV-Unterstützung unterschieden. Während erstere auf die internen Arbeitsabläufe innerhalb einer PE-Abteilung abzielen, geht es bei der externen EDV-Unterstützung um Schnittstellen zu anderen Bereichen des Unternehmens bzw. zu Personen, die keine Mitglieder des Unternehmens sind. Einen Schwerpunkt bei der Betrachtung der internen EDV-Unterstützung stellt zweifelsohne die Organisation von PE-Maßnahmen (Seminare, Workshops, Assessment-Center, etc.) dar. Daher befassen wir uns zunächst damit, wie eine EDV-Unterstützung bei der Maßnahmenorganisation aussehen kann. Im Rahmen der externen EDV-Unterstützung spielt die Interaktion der PE mit Dritten (Fachbereichen, Externen, …) eine große Rolle. Da hier mehr und mehr multimediale Elemente ins Spiel kommen, sollen beispielhaft einige Möglichkeiten der PE im Bereich Intra-/Internet angerissen werden.

1. EDV-Unterstützung bei der Organisation von PE-Maßnahmen

PE-Abteilungen werden die unterschiedlichsten Lösungen bei der Bewältigung von administrativen Problemen angeboten. Vielleicht erwarten Sie daher an dieser Stelle eine Übersicht über die im Handel erhältlichen Programme (solche Übersichten finden Sie beispielsweise in Fachzeitschriften wie der »Personalwirtschaft«). Da Marktübersichten aber nur eine relativ geringe Halbwertzeit aufweisen, werden wir im Folgenden einen Überblick über mögliche Auswahlkriterien für eine solche Software bereitstellen. Erst so ist es möglich, einen auf die eigenen Bedürfnisse zugeschnittenen Anforderungskatalog zu erstellen. Auf diese Weise kann zielgerichtet eine Alternative ausgewählt werden.

Welche Gruppen von Auswahlkriterien sind nun relevant? Wir möchten in diesem Zusammenhang zunächst anbieterspezifische Kriterien, Kostenaspekte, technische Voraussetzungen sowie den Funktionsumfang einer EDV-Lösung betrachten. Zudem werden mögliche Schnittstellen und Sicherheitsaspekte beleuchtet.

Zu den anbieterspezifischen Kriterien zählt zweifelsohne die Erfahrung in der EDV-Unterstützung von PE-Abteilungen. Idealerweise hat ein Anbieter diese Erfahrungen – zumindest teilweise – in der betreffenden Branche erworben. Ein Indiz für die Erfahrung eines Anbieters ist dabei sicherlich die Anzahl der Installationen.

Ein weiteres Kriterium betrifft das Servicespektrum eines Anbieters. Insbesondere die Installation und eine spätere Betreuung vor Ort sollten abgedeckt sein. Zudem kann eine telefonische Hotline (am besten eine die nicht nur zwischen 10 und 12 Uhr erreichbar ist) erste Anlaufstelle bei Problemen sein. Ein letztes Kriterium bezieht sich auf den möglichen Standortvorteil eines Anbieters. Die räumliche Nähe zu einem Anbieter bzw. einer seiner Außenstellen kann eine hinreichende Bedingung für schnelle und unkomplizierte Problemlösungen sein. Für international agierende PE-Verantwortliche kann hingegen eine Mehrsprachigkeit (auf Programm- wie auf Anbieterseite) einen besonderen Nutzen stiften. Redundante Systeme oder aufwändige sprachliche Programmanpassungen können so entfallen. Da moderne Systeme in der Regel ein hohes Maß an Anpassbarkeit aufweisen, sollte ein Anbieter zudem über ein entsprechendes Know-how (Datenbankprogrammierung, etc.) verfügen und dieses auch – beispielsweise über Referenzprojekte – nachweisen können.

Neben diesen anbieterspezifischen Kriterien spielen insbesondere die Kosten bei der Entscheidung für ein EDV-System eine entscheidende Rolle. Üblicherweise werden an dieser Stelle die anfallenden Lizenzkosten als zentraler Kostenfaktor in den Mittelpunkt gerückt. Nicht immer zu Recht. So muss man beispielsweise noch Kosten für einen Support bzw. eine Hotline miteinkalkulieren. Zudem lassen sich einige Anbieter notwendige Dienstleistungselemente wie Beratung, Anpassung der Software oder auch Installation und erste Einweisung als zusätzliche Leistungen vergüten.

Gerade in punkto Support sollte genauer geprüft werden. Ein kompliziert zu bedienendes, anfälliges bzw. instabiles Programm treibt leicht die Kosten nach der Anschaffung in die Höhe. Ähnlich wie beim Gebäudebau, wo die späteren Nutzungskosten leicht 90% der Gesamtkosten ausmachen, sollte daher ein Hauptaugenmerk auf die laufenden Kosten einer EDV-Lösung im PE-Bereich gelegt werden. Hier wird auch der Nutzen einer Testinstallation deutlich. Für seriöse Anbieter sicher eine Selbstverständlichkeit.

Um eine EDV-Lösung implementieren zu können, sind technische Voraussetzungen zwingend zu berücksichtigen. Dabei werden üblicherweise zunächst die Hardwarevoraussetzungen genannt. Hierzu zählen beispielsweise der richtige Prozessor, eine ausreichende Menge an Arbeitsspeicher und genügend Festplattenplatz. Sollen mehrere Personen auf ein solches System zeitgleich zugreifen können, so spielt das Thema Netzwerktauglichkeit eine wichtige Rolle. An dieser Stelle sollte man insbesondere auf die im Betrieb üblicherweise auftretende Netzlast achten. Nicht jedes Netzwerk verkraftet eine zusätzliche Belastung. Insbesondere dann nicht, wenn neben der EDV-Unterstützung der PE noch Ideen wie das papierlose Büro oder die computergestützte Teamarbeit parallel aufgegriffen werden.

Die Verfügbarkeit für verschiedene Betriebssysteme könnte ein weiteres Kriterium im Rahmen der technischen Vorraussetzungen sein. Allerdings spielt dieses Kriterium eine immer weniger wichtige Rolle. Die Dominanz von Microsoft-Betriebssystemen ist – auch wenn Microsoft zum Zeitpunkt der Drucklegung das Gegenteil zu beweisen versucht – offensichtlich. Anders sieht es bei der jeweils zugrunde liegenden Datenbanktechnologie aus. Hier buhlt eine Reihe von Anbietern um die Gunst des jeweiligen Kunden. Eventuell lohnt es sich hier, einen Blick hinter die Kulissen des Programms zu werfen.

Einen wesentlichen Anteil für das Maß an Unterstützung, welche eine EDV-Lösung in einem PE-Bereich bieten kann, sind jedoch zweifelsfrei die verfügbaren Funktionen/Module einer EDV-Lösung. Da mit Hilfe solcher Funktionen in der Regel Informationsströme abgebildet werden, stellt sich zunächst die Frage, welche Informationen im PE-Bereich fließen. Einen ersten Überblick über mögliche Informationsströme gibt Ihnen Abb. 53.

Bei der Abbildung der verschiedenen Informationsströme in einem PE-System gibt es nun unterschiedliche Möglichkeiten. Der Einfachheit halber beschreiben wir im Folgenden einige Module, wie sie in einem PE-System zum Einsatz kommen könnten:

Maßnahmen/PE-Plan

Neben der Verwaltung klassischer Seminare sollte dieses Modul auch längerfristige Weiterbildungen bzw. curricular aufgebaute Maßnahmen abbilden können. Dies betrifft nicht nur interne Seminare. Auch die Planung, Steuerung und Kontrolle von extern durchgeführten Maßnahmen sollten über ein PE-System abgewickelt werden können. Ein Wartelistenmanagement kann zudem helfen, die Übersicht über signalisierten Bedarf zu behalten. Zusätzlich sollten Informationen rund um eine Maßnahme abgerufen werden können. Dies würde etwa Zugangsvoraussetzungen, die Dauer einer Maßnahme, benötigte Materialien, minimale und maximale Teilnehmerzahl, evtl. anfallende Verrechnungssätze oder auch eine Kurzbeschreibung der Maßnahme umfassen.

Referenten/Trainer

Das Modul Referenten/Trainer sollte neben den Ausbildungs- und Erfahrungsschwerpunkten auch die Einsatzmöglichkeiten der Trainer und deren Honorare abbilden. Zudem sollten Kontaktmöglichkeiten (Postadresse, Zughörigkeit zu Trainernetzwerken, Telefon, Fax oder auch E-Mail) über das Modul kurzfristig verfügbar sein. Eventuell können offene Terminblöcke definiert werden.

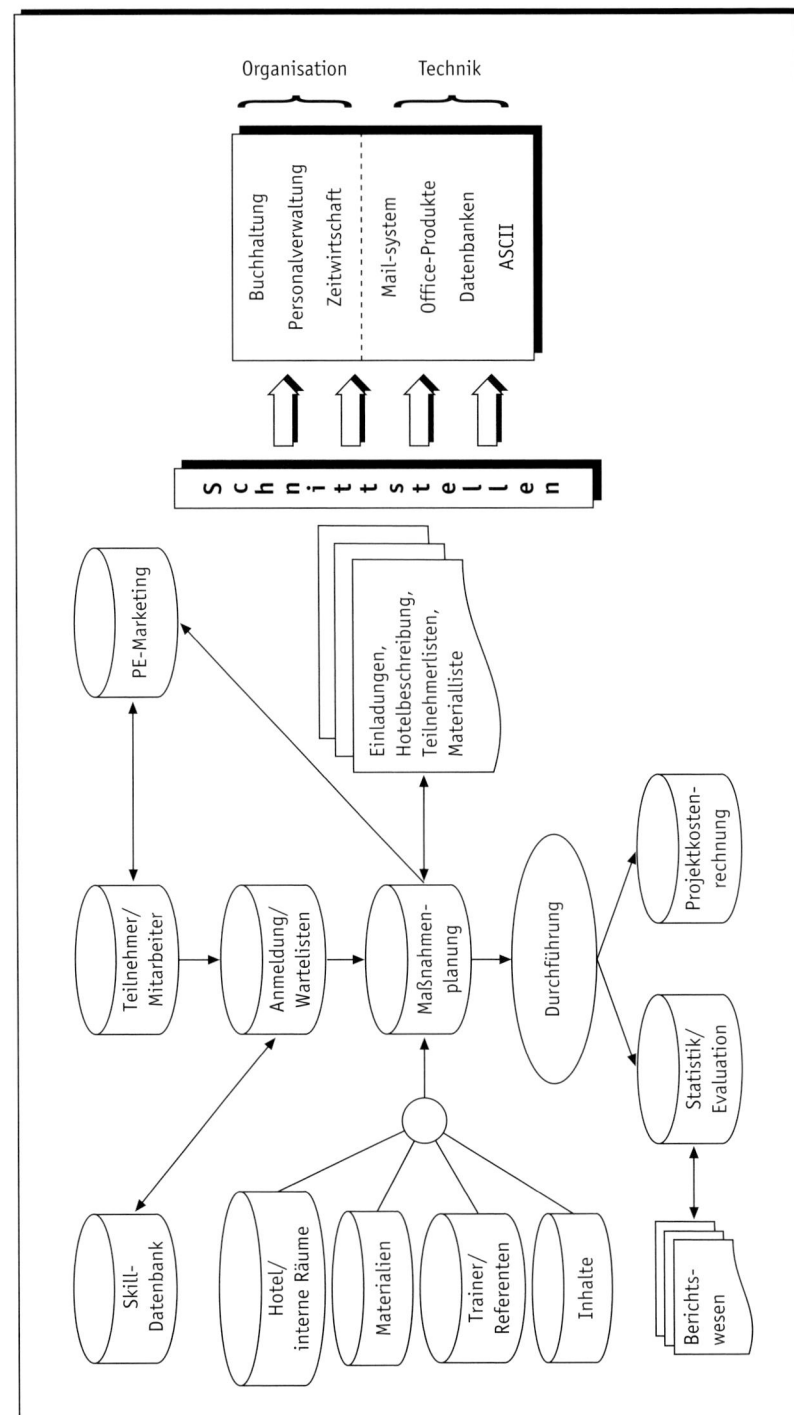

Abb. 53: Informationsströme im PE-Bereich

Raumverwaltung

Jeder Maßnahme (von Outdoor-Aktivitäten einmal abgesehen) wird normalerweise eine Räumlichkeit zugewiesen. Im Modul Raumverwaltung sollten sowohl die zeitliche Verfügbarkeit von Raumkapazitäten als auch die Übereinstimmung der Raumanforderungen mit den tatsächlichen Gegebenheiten überprüft werden können.

Materialien/Hilfsmittel

Für jede Maßnahme wird in der Regel eine Reihe von Hilfsmitteln benötigt. Hierzu zählen etwa Beamer, Overheadprojektoren, Flipcharts und Metaplanwände. Aber auch Foliensätze, Lehrvideos oder Notebooks können zu Engpassfaktoren werden. Das Modul Materialien kann helfen, Engpässe rechtzeitig transparent zu machen, um entsprechend reagieren zu können.

Teilnehmer/Bedarfspläne/Skill-Datenbank

Neben einer PE-Historie bezogen auf jeden Teilnehmer können über ein solches Modul noch offene Entwicklungsschritte – etwa offene Curriculumbausteine – identifiziert werden. Zusätzlich könnten Entwicklungspläne und daraus resultierende Bedarfspläne hinterlegt werden. Auf diese Weise ist es zudem möglich, Skill-Datenbanken aufzubauen; beispielsweise um Vakanzen im Unternehmen rasch schließen zu können. Aber Achtung: Solche Aktivitäten fallen unter die gesetzliche Mitbestimmung.

Evaluation/Statistik

Im Modul Evaluation/Statistik sollten Auswertungen auf Mitarbeiter-, Seminar- oder Dozentenebene möglich sein. Dies sollte insbesondere alle Ebenen eines Bildungscontrollings, also etwa Zufriedenheits-, Lern- und Umsetzungserfolge, umfassen.

Projektkostenrechnung

Den einzelnen Maßnahmen können über ein Projektkostenrechnungsmodul die jeweils angefallenen Kostenblöcke zugerechnet werden. Ein entsprechendes Modul macht vor allem dann Sinn, wenn das Kostencontrolling in der PE selbst angesiedelt ist.

Berichtsgenerator

PE-Aktivitäten müssen üblicherweise gegenüber Dritten erläutert bzw. vertreten werden. Daher sollte ein (teilweise) automatisiertes Berichtswesen in einem PE-System implementiert sein. Mögliche Berichte können z. B. durchgeführte bzw. geplante Maßnahmen oder Zufriedenheitsverläufe umfassen.

Hilfsmittel

Neben den genannten Modulen können ein Wiedervorlagesystem, integrierte Plausibilitätsprüfungen oder eine To-Do-Liste wertvoll für die tägliche Arbeit sein.

Natürlich kann diese Aufzählung nur beispielhaft sein. Die jeweilige Situation ist entscheidend für die Auswahl bzw. Anpassung der beschriebenen oder die zusätzliche Implementierung weiterer Module. Daher spielt auch die mögliche Anpassbarkeit dann eine entscheidende Rolle im Auswahlprozess, wenn die Rahmenbedingungen nicht den Einsatz eines Standardtools zulassen.

Neben diesen Modulen sind noch die Schnittstellen zu anderen EDV-Systemen im Umfeld der Personalentwicklung von Bedeutung. Ein Aspekt ist hierbei die Art und Weise, wie die Zusammenarbeit des PE-Systems mit einer Textverarbeitung, Tabellenkalkulation oder einem Präsentationsprogramm gestaltet ist. Einige Anbieter bieten hier Schnittstellen zu Office-Produkten standardmäßig an. So kann beispielsweise eine Textverarbeitung wie Word für die Erstellung von im System generierten Einladungen dienen.

Auch Schnittstellen zur Personalverwaltung können von Bedeutung sein. Der Zugriff auf Daten aus Personalabrechnungssystemen (z. B. SAP, Paisy oder PeopleSoft) kann helfen, redundante Datenbestände zu vermeiden und zugleich ein hohes Maß an Aktualität zu gewährleisten. Da die Teilnahme an Maßnahmen (insbesondere wenn sie außerhalb der Firma stattfinden) in der Regel mit einer Korrekturbuchung im Zeiterfassungssystem verbunden sind, ist auch hier eine Schnittstelle sinnvoll. Da PE-Maßnahmen regelmäßig Kosten zugeordnet werden müssen, ist zu überlegen, inwiefern Daten an Buchhaltungssysteme (z. B. SAP) weitergegeben werden müssen.

Ferner sind Kommunikationsschnittstellen im PE-Bereich zu erwähnen. So sollte es möglich sein, aus dem PE-System heraus auf hauseigene Mail-Systeme, evtl. vorhandene Fax-Server oder ein Intranet zugreifen zu können. Vordefinierte Schnittstellen helfen hier, Abläufe effizienter zu gestalten und potenzielle Fehlerquellen auszuschalten. Datenbank-Schnittstellen (z. B. nach dem ODBC-Standard) sind nützlich, um externe Datenbestände zu integrieren oder Datenbestände auszulagern. Um auch »EDV-Exoten« über ein PE-System ansprechen zu können, sollten zudem offene Schnittstellen (z. B. ASCII-/XML-Schnittstellen) angeboten werden.

Ein (leider) oft etwas stiefmütterlich behandelter Kriterienbereich umfasst Aspekte der Sicherheit. Zentral ist dabei insbesondere die Zugriffssicherheit auf ein elektronisches PE-System. Dabei kann man drei Aspekte unterscheiden (vgl. Mocker/ Mocker, 1998, S. 162 ff.): Authentizität, Integrität und Vertraulichkeit.

Beim Umgang mit sensiblen Daten ist es üblich, dass nur ein begrenzter Personenkreis Zugriff auf diese Daten erhält. Ein PE-System stellt hierbei keine Ausnahme dar. Beim Zugriff auf einen solchen Datenbestand muss die Identität der auf das System zugreifenden Person überprüft werden. Dies kann etwa über individuelle Benutzerkennungen und Passwörter geschehen. Sind die entsprechenden Rechner in ein Netzwerk integriert, so ist es sinnvoll, ergänzend zu einer nutzerbezogenen eine arbeitsplatzbezogene Zugriffsberechtigung zu erteilen. Auf diese Weise kann, anders als bei einer reinen nutzerbezogenen Zugriffsberechtigung, ein unbefugter Zugriff über andere Rechner im Netz unterbunden werden. Diesem Sicherheits-Plus sind allerdings die Nachteile eines potenziellen Rechnerausfalls gegenüberzustellen.

Integrität kann man in diesem Zusammenhang mit einer fehlerfreien Übermittlung von Daten in einem Netzwerk gleichsetzen. Es muss sichergestellt werden, dass weder durch technische Probleme, noch durch unerlaubte Handlungen der Datenbestand verändert werden kann. Daher ist zu hinterfragen, inwiefern PE-Systeme diese Datenintegrität sicherstellen. Dies ist umso wichtiger, da PE-Daten, etwa Ergebnisse von Auswahlverfahren, in der Regel extrem sensibel zu handhaben sind. Zusätzlich macht es Sinn, Konzepte für evtl. auftretende Netzausfälle kritisch zu prüfen. Schließlich ist noch die Vertraulichkeit zu gewährleisten. So dürfen etwa vertrauliche Daten niemals unverschlüsselt in einem Netz bereitstehen. Da Profis für die Entschlüsselung einer mit einem Kennwort versehenen Datei oft nur einen simplen Editor benötigen, darf die Entschlüsselung bei sensiblen Personaldaten nicht so leicht möglich sein. Daher ist ein Kriterium bei der Auswahl von geeigneten PE-Systemen die implementierte Verschlüsselungstechnik.

Eine abschließende Übersicht über die verschiedenen Gruppen an Auswahlkriterien gibt Ihnen die folgende Aufstellung:

Übersicht Entscheidungskriterien für ein PE-System

Anbieter	Standort des Anbieters/Servicestützpunkte
	Erfahrung mit PE-Systemen
	Erfahrungen in der Branche
	Anzahl an Installationen
	Servicespektrum des Anbieters
	Datenbank-Know-how (Anpassung)
	Internationale Ausrichtung des Anbieters
Kosten	Beratungskosten
	Lizenzkosten
	Kosten für Anpassungen
	Installationskosten
	Kosten für Servicevertrag/Support
	Kosten für Hotline
	Kosten für Schulungen (Dauer, Honorare)
Technische Voraussetzungen	Prozessor
	Arbeitsspeicher
	Festplattenplatz
	Netzwerktauglichkeit (Netzlast)
	(Server-)Betriebssystem
	Zugrunde liegende Datenbank
	Sonstige Voraussetzungen (z. B. Lotus Notes)
Funktion/Module	Modularität des Systems
	Maßnahmen/PE-Plan
	Referenten/Trainer
	Raumverwaltung
	Materialien/Hilfsmittel
	Teilnehmer/Bedarfspläne/Skill-Daten
	Evaluation/Statistik
	Projektkostenrechnung
	Berichtsgenerator
	Hilfsmittel
Schnittstelle	Office-Produkte
	Personalabrechnungssysteme
	Zeiterfassungssysteme
	Buchhaltungssysteme
	Mail-Schnittstelle
	Fax-Server
	Intranet
	ODBC-Schnittstellen
	Offene Schnittstellen (z. B. ASCII, XML)
	Integrationsmöglichkeit in Unternehmensportale
Sicherheit	Zugriffsberechtigungen (arbeitsplatz-/nutzerbezogen)
	Konzept für Netzausfälle
	Verschlüsselungskonzepte
Sonstiges	Benutzeroberfläche
	Handbücher/Dokumentation
	Hilfefunktion

2. Die PE im Intranet/Internet

Als Ende der 60er Jahre ein rein militärisch ausgerichtetes Netzwerk (das ARPA-Net) seinen Dienst aufnahm, dachte wohl niemand daran, dass dies die Wurzeln für eine der wichtigsten Entwicklungen der letzten Jahre war: das Internet. Inzwischen sind etwa die Suche nach günstigen Bahnverbindungen oder die Bestellung von Büchern über das World Wide Web für viele Benutzer eine Selbstverständlichkeit geworden. Immer mehr Menschen kommunizieren per E-Mail oder nutzen Chaträume, um sich auszutauschen.

Diese Entwicklung hat auch Implikationen für die Personalentwicklung im Unternehmen. Dies betrifft zum einen eine inhaltliche Ebene. Bereits heute ist klar, dass Know-how rund um das Internet für viele Unternehmen lebenswichtig ist. Egal ob es um die Beschaffung von Waren und Dienstleistungen geht, die Optimierung von Geschäftsprozessen oder den Verkauf an Kunden: Das Internet hat die Art und Weise, wie Unternehmen am Markt agieren, entscheidend verändert. Das hat auch Auswirkungen auf die PE. Ein Beispiel: Zeichnet sich im Rahmen der Unternehmensstrategie ab, dass Internet-Know-how benötigt wird, so ist es sicher eine Aufgabe der Personalentwicklung, den Know-how-Zuwachs zu planen und zu steuern.

Neben einer inhaltlichen Ebene haben die Entwicklungen aber auch einen deutlichen Einfluss auf die Organisation der Personalentwicklung. Wir wollen diesen Einfluss anhand der Bereiche Personalmarketing, Personalauswahl und Mitarbeiterqualifikation deutlich machen.

PE und Personalmarketing

Keine Frage: Der Wettbewerb um die besten Mitarbeiter verschärft sich. Zwar sorgt die zum Zeitpunkt der Drucklegung zu beobachtende konjunkturelle Flaute für ein größeres Angebot an qualifizierten Bewerbern. Dies sollte jedoch nicht darüber hinwegtäuschen, dass die geburtenschwachen Jahrgänge dafür sorgen werden, dass sich insbesondere die Suche nach Nachwuchs im Bereich der Fach- und Führungskräfte zunehmend schwieriger gestaltet. Für die Unternehmen wird es daher immer entscheidender, potenzielle Mitarbeiter bereits vor einer konkreten Stellenausschreibung auf das Unternehmen aufmerksam zu machen und erste Kontakte aufzubauen. Geschieht dies erst dann, wenn tatsächlich Bewerber gesucht werden, erreicht das Unternehmen in der Regel nur einen Bruchteil der in Frage kommenden Personen.

Dabei kann das Personalmarketing auf ein großes Spektrum von Instrumenten zurückgreifen (vgl. Kleb/Schwedes, 2002, S. 7), um hier ein positives Image aufzubauen. Hierzu zählen beispielsweise Personalimage- bzw. Suchanzeigen in Printmedien, Job-Postings in Online-Jobbörsen, der HR-Bereich auf der Internet-Seite des Unternehmens, Werbung in Funk und Fernsehen, Sponsoringaktivitäten (z. B.

Sport/Kultur) oder das Anmieten eines Standplatzes auf einem Karriere-Kongress. Hinzu kommen noch Maßnahmen wie Praktikanten-/Diplomanden-/Dissertations-programme, die direkte Kooperation mit Hochschulen oder Mitarbeiterprogramme (Mitarbeiter werben Mitarbeiter).

Entscheidend für die Wirksamkeit des Personalmarketings ist es letztlich, wie stark es einem Unternehmen gelingt, sich im Vergleich zu Wettbewerbern abzugrenzen. »Ein Unternehmen ist in seinem Personalimage dann optimal positioniert, wenn es gerade in den Kriterien, die für die Zielgruppen besonders wichtig sind, herausra-gend oder zumindest überdurchschnittlich wahrgenommen wird« (Gmür/Martin/Karczinski, 2002, S. 13).

Die Personalentwicklung kann sich bereits hier auf unterschiedlichen Ebenen ef-fektiv einbringen. Etwa dann, wenn es um die Frage geht, welche Kriterien für ein positives Personalimage entscheidend sind. Auch bei der Frage, wie die Unterneh-menskultur des Unternehmens beschrieben werden kann oder bei der Bestimmung von Zielgruppen für ein Personalmarketing kann die Personalentwicklung helfen (Beispiel: Aus der Unternehmensstrategie heraus können Personengruppen identi-fiziert werden, die in Zukunft besonders erfolgsentscheidend sind). Natürlich kann sich die PE in diesem Bereich auch methodisch stark einbringen, etwa durch die Moderation von Workshops oder Change-Prozessen.

Personalauswahl/Online-Recruiting

Dass die großen Tageszeitungen um ihre Stellenanzeigen-Teile bangen, hat einen Grund: Ein immer größerer Teil des Stellenmarktes spielt sich über das Internet ab. Derzeit existieren alleine in Deutschland etwa 300 Online-Jobbörsen. Dabei bieten allein die größten 50 Internet-Jobbörsen etwa 300.000 Stellen an. Die Vorteile sind vielfältig. Als Bewerber hat man über das Internet Zugriff auf eine Vielzahl von überregionalen bzw. internationalen Stellenangeboten. Zudem besteht die Mög-lichkeit relevante Jobangebote über Suchbegriffe herauszufiltern. Mehr noch: Durch das Internet hat der Bewerber zusätzlich oftmals die Chance, wichtige Hin-tergrundinformationen zum Stellenanbieter auf dessen Web-Seiten zu recherchie-ren. Das Internet dient in diesem Fall als Informationsquelle, um Unternehmens-politik und Aktivitätsbereiche des Unternehmens ausfindig zu machen. Auch bran-chenbezogen kann der Bewerber Informationen recherchieren. Nicht umsonst zäh-len Bewerber, die per Internet auf Unternehmen zugehen, als überdurchschnittlich informiert. Die (Online-) Bewerbung selbst ist mit relativ geringem Aufwand ver-bunden, da (zunächst) weder Kopien, Umschläge oder Briefmarken notwendig sind. Daneben ist für Bewerber auch der umgekehrte Weg offen. Kein Wunder also, dass die Wirtschaftswoche kürzlich berichtete, dass über vier Millionen Menschen in Deutschland einen Arbeitsplatz per Internet suchen.

Beispiele für Internet-Jobbörsen:
www.arbeitsamt.de
www.jobpilot.de
www.jobonline.de
www.stellenanzeigen.de
www.stepstone.de
www.jobs.de
www.monster.de
www.jobscout24.de
www.jobware

Auch für Anbieter von Stellen bietet sich eine Reihe von Vorteilen. Das Bereitstellen von standardisierten Fragebögen im Netz ermöglicht es vielen Unternehmen die erste Sichtung von Bewerbungen effektiver zu gestalten. Berge von Papier als Folge einer Stellenanzeige in einer überregionalen Tageszeitung werden so erfolgreich vermieden. Zudem geben die potenziellen Mitarbeiter ihre persönlichen Daten quasi selbst in eine passende Datenbank ein.

Der Erstkontakt über das Internet kann zudem helfen, die Bearbeitungsdauer zu minimieren. Oft liegen bei einer herkömmlichen Bewerbung zwischen dem Erscheinungstermin einer Anzeige und einer tatsächlichen Einstellung Wochen. Der Wegfall von Postlaufzeiten, die leichtere Vorauswahl und die unkomplizierte Kontaktaufnahme per Internet versprechen hier eine deutliche Zeitersparnis. Einige Firmen nutzen besonders die Interaktivität des Internets. Bewerber bekommen einen persönlichen Zugangscode und können so jederzeit den Status ihrer Bewerbung verfolgen. Inzwischen sind auch die Anbieter von Unternehmenssoftware, allen voran Oracle und SAP, auf diesen Zug aufgesprungen und bieten integrierte Lösungen für das Bewerbermanagement an.

Nicht alle Zielgruppen können jedoch über das Internet gleich gut erreicht werden (vgl. Vollmer, 2002, S. 20 ff.). Während sich bspw. bei Wirtschaftswissenschaftlern, IT-Fachleuten oder Ingenieuren das Internet weitgehend durchgesetzt hat, spielt es bei Geisteswissenschaftlern oder Juristen eher noch eine untergeordnete Rolle. Auch das Alter der Zielgruppe ist von Bedeutung. Auch wenn sich das Internet inzwischen in der Bevölkerung durchgesetzt hat, suchen jüngere stärker als ältere Arbeitnehmer potenzielle Jobs in Online-Stellenbörsen. Ein ähnliches Bild, wenn man den Bildungsgrad betrachtet: Je höher der Schulabschluss, desto stärker die Nutzung. Ein Trend der sich in der späteren Ausbildung fortsetzt. Akademiker nutzen die Möglichkeiten von Stepstone & Co. stärker als etwa Facharbeiter oder Bewerber, die einen klassischen Ausbildungsberuf erlernt haben. Weniger entscheidend ist das Geschlecht der Bewerber; Männer wie Frauen nutzen das Medium Internet inzwischen gleichberechtigt zur Stellensuche.

Stark im Trend liegen internetbasierte Assessment-Center. Hier wird versucht, Informationen, die für eine Einstellung relevant sind, über das Internet zu erheben. Einer der Pioniere war Siemens, die mit ihrem Online-Spiel »Challenge Unlimited« großen Erfolg hatten (vgl. Wild/de la Fontaine/Schafsteller, 2001). In einem Zeitraum von sechs Wochen konnten sich die Teilnehmer und potenziellen Mitarbeiter der Herausforderung stellen, als »Cyber Consultants« den Planeten »Nouvopolis« zu retten. Den Teilnehmern wurde bereits im Vorfeld deutlich gemacht, dass es sich um ein Rekrutierungsinstrument von Siemens handelt. Allerdings wurden die »erspielten Kompetenzprofile – ermittelt über Fragebogen und Leistungstests – erst nach expliziter Freigabe durch die Spieler an die Siemens-Recruiter weitergegeben. Siemens gelang es durch Challenge Unlimited über 13.000 Teilnehmer zu akquirieren, von denen 10.500 ihr Kompetenzprofil freigaben. Dabei kam der überwiegende Teil aus der gewünschten Zielgruppe (insbesondere aus dem IT-Bereich). Siemens konnte eine Reihe von Vorteilen dieses Verfahrens nutzen:

- Diese erste Personalbeurteilung ist stark standardisiert, da sich alle Bewerber über das Internet den gleichen Übungen bzw. Fragen stellen müssen.
- Die elektronische Abwicklung von Tests war wesentlich effizienter als bei Paper + Pencil-Methoden.
- Reisekosten von Bewerbern und Testern entfielen (erhebliche Reduktion des Zeit- und Kostenaufwands).
- Neben den Fachkenntnissen (bspw. über den Lebenslauf) konnten in einem ersten Schritt auch außerfachliche Kompetenzen erfasst werden.
- Das Image von Siemens konnte verbessert werden (z. B. durch die innovative Idee oder das hohe Medieninteresse an Challenge Unlimited).
- Der Recruitingprozess konnte verbessert werden (insbesondere durch eine Verkürzung der Zeit zwischen Stellenausschreibung und tatsächlicher Einstellung).

Online-Recruiting hat allerdings auch mit Schwierigkeiten zu kämpfen. So kann z. B. bei Tests derzeit nicht sichergestellt werden, dass ein angemeldeter Teilnehmer die Leistungen tatsächlich selbst bzw. ohne fremde Hilfe erbringt. Zudem besteht die Möglichkeit, dass ein Teilnehmer unter verschiedenen Identitäten einen Test mehrfach durchläuft (bspw. bis aus seiner Sicht das Ergebnis ansprechend ist). Dieses Authentifizierungsproblem ist sicher der Hauptgrund dafür, warum die Ergebnisse eines Online-Assessment derzeit zwar erfolgreich für eine Vorauswahl (Negativselektion), jedoch nie für eine Endauswahl genutzt werden. Einen Ausweg könnten dezentrale Testing-Zentren sein, in denen sich ein Teilnehmer vorab authentifizieren muss (ein Konzept das Microsoft bei seinen Prüfungen für den IT-Bereich bereits umgesetzt hat).

Erfolgskritisch können zudem die steigenden Erwartungen von Teilnehmern sein: Internet-Recruiting ist zweifelsohne sehr zeitkritisch, da die Bewerber in der Regel kurze Reaktionszeiten der Firmen erwarten. Dementsprechend müssen auch die entsprechenden Kapazitäten bereitstehen. Was nützt eine Vielzahl an Bewerbungen, wenn niemand in der Personalabteilung diese bewältigen kann. In der Regel merken Bewerber relativ schnell, ob Internet-Recruiting ein modularer Baustein oder eher ein Fremdkörper in einer Organisation ist (»Schicken Sie uns die Bewerbung doch bitte noch einmal per Post«).

Mitarbeiterqualifikation

Die Organisation der Personalentwicklung verändert sich auch im Bereich der Mitarbeiterqualifikation. Dies betrifft zum einen die Interaktion zwischen den Mitarbeitern und der Personalentwicklung, zum anderen die Struktur von PE-Maßnahmen. Durch die Kommunikation über Intranet/Internet kann der Dialog zu den Mitarbeitern erleichtert werden. So können etwa Termine und Inhalte von PE-Maßnahmen einfach und kostengünstig – für jeden Mitarbeiter einsehbar – in einem IT-Unternehmensportal hinterlegt werden. Das Gleiche gilt etwa für Informationen über ein Führungskräfteentwicklungsprogramm oder curricular aufgebaute Seminare. Eine Suchmaschine kann helfen, eine geeignete Maßnahme oder weiterführende Informationen für eine spezifische Problemstellung zu finden. Die Buchung einer Maßnahme über ein Intranet kann helfen, Fehler bei der Kommunikation zwischen den Mitarbeitern und der PE zu minimieren. Schriftwechsel wie Anmeldebestätigungen, Einladungen oder Anfahrtsskizzen können elektronisch versandt werden. Zudem besteht die Möglichkeit, interaktiv Informationen wie Buchungsstände, Status der Hotelreservierung oder auch evtl. vorhandene PE-Handbücher bereitzustellen.

Auch die Strukturen der Personalentwicklungsmaßnahmen selbst verändern sich durch den Einsatz neuer Technologien. So war etwa das Durcharbeiten eines Computer-Based-Trainings (CBT) in den Anfängen an einen technisch aufwändigen Lernplatz gebunden. Kaum ein Arbeitsplatz verfügte über einen Bildplattenspieler, ein CD-ROM-Laufwerk oder eine Soundkarte. Heute erfüllen Standard-PC's die meisten Voraussetzungen für den Einsatz von CBT's bzw. deren intra-/internetgestütztes Pendant »Web Based Training« (WBT). Dies ermöglicht prinzipiell deren breiten Einsatz im Rahmen von PE-Maßnahmen. Und in der Tat: Die technische Entwicklung ist inzwischen so weit, dass man in konventionelle Trainings Web-Konferenzen, Präsentationen oder eine E-Mail-Hotline über das Internet integrieren kann. Einzige Voraussetzung hierfür ist ein Netzanschluss und ein Internet-Browser; nicht gerade das, was man heutzutage unter einer technischen Hürde verstehen würde. Im Netz hinterlegte Feedbackformulare oder eine PE-Newsgroup sorgen für Rückmeldeschleifen. Arbeitsmaterialien, Literaturhinweise oder auch Hand-outs werden in elektronischer Form bereitgestellt. Und in Zukunft sollen ganze Lerneinheiten durch elektronische »Lernhappen« ersetzt werden, die dafür sorgen, dass »Learning on Demand« Realität wird.

Schöne neue Welt dank E-Learning? Die Wirklichkeit in deutschen Unternehmen sieht oft anders aus. Zwar setzen bereits ein Drittel der deutschen Firmen im Rahmen ihrer Mitarbeiterschulung auf E-Learning, so der Deutsche Multimedia Verband (dmmv), doch die Unzufriedenheit unter den Anwendern wächst. Dabei scheinen die propagierten Vorteile von E-Learning zunächst durchaus zu überzeugen. Hier einige Beispiele:

- Die Unternehmen sparen erhebliche Reise-, Verpflegungs- und Übernachtungskosten.
- Die Buchung von Seminarhotels oder das Unterhalten von Schulungsräumlichkeiten kann stark eingeschränkt werden.
- Das Volumen an Trainertagen kann deutlich reduziert werden.
- Die Teilnehmer können das benötigte Wissen in einem Bruchteil der üblichen Zeit erwerben.
- Die Produktivität der Mitarbeiter steigt, wenn sie nicht tagelang ihrem Arbeitsplatz fernbleiben müssen.
- Während Buchwissen leicht veraltet bieten editierbare E-Learning-Lektionen die benötigte Aktualität.
- Alle Mitarbeiter lernen die gleichen Inhalte, da die Vermittlung nicht von den einzelnen Trainern oder deren Erfahrungen abhängt.

Dennoch hat sich E-Learning nicht durchsetzen können. Im Gegenteil: Nach einer anfänglichen Euphorie schrauben viele Unternehmen derzeit ihre E-Learning-Ambitionen deutlich zurück. Hierfür sind unterschiedlichste Aspekte ausschlaggebend. Fehlende Lernkonzepte und -ziele, geringe Praxisrelevanz, Isolation des Lernenden, katastrophale Software-Ergonomie und mangelhafte organisatorische Einbindung sind nur einige der Kritikpunkte.

Doch bereits der Aufbau der entsprechenden Infrastruktur gestaltete sich mitunter aufwändiger als zunächst geplant. Die benötigten Bandbreiten stellten Unternehmensnetzwerke teilweise vor Probleme. Zusätzlich galt es Insellösungen im Bereich E-Learning zu vermeiden. Um die notwendige Integration, etwa in bestehende HR-Systeme, zu bewerkstelligen, wurden aufwändig Lern-Management-Systeme implementiert.

Wenig Beachtung fand zunächst auch die Frage der Lernkultur im Unternehmen. So stellten die Nutzer von E-Learning immer wieder fest, dass das Lernen am Arbeitsplatz Vorbehalte bei Kollegen und Führungskräften auslösen kann. Aber auch der fehlende soziale Kontakt bei der Umstellung auf E-Learning-Lösungen wurde regelmäßig kritisiert. Die Möglichkeit Lern-Communities, etwa per E-Mail oder Chat, aufzubauen, konnte dieses Defizit nur teilweise kompensieren.

Probleme traten auch auf Seiten der Lerninhalte auf. Vorhandene Schulungsmaterialien wurden oft wenig zielführend für eine E-Learning-Plattform aufbereitet. Extrem textlastige und nur in geringem Umfang multimedial präsentierte Lerneinheiten waren die Folge. Da brachte auch der Rückgriff auf Inhalte »von der Stange« nur wenig. Die in der Regel nicht an den tatsächlichen Bedürfnissen des Unternehmens bzw. der Lerner ausgerichteten Produkte konnten, mit Ausnahme vielleicht von EDV-Trainings, nicht überzeugen. Die Alternative einer Eigenentwicklung scheiterte oftmals an den horrenden Kosten, die leicht im fünfstelligen Euro-Bereich pro Lernstunde liegen können. Dies ist in der Regel nur in Großunternehmen sinnvoll, in denen es wichtig ist, eine große Zahl von Mitarbeitern auf einen einheitlichen Wissensstand zu bringen.

Heute hat sich die Erkenntnis durchgesetzt, dass nicht alle Lerninhalte für E-Learning taugen bzw. dass einige besser, andere eben schlechter geeignet sind. Erschwerend kommt hinzu, dass die Zyklen in denen Lerninhalte angepasst werden müssen, immer kürzer werden. Ein Beispiel: Die Innovation von Produkten und Werkzeugen schreitet immer schneller voran und Arbeitsprozesse lassen sich immer weniger starr vorplanen und müssen oft kurzfristig angepasst werden.

Selbst lerndidaktisch wurde Kritik laut. Zwar ist es durch »Just-in-Time«-Lernen möglich, konkrete Lerndefizite im beruflichen Alltag zu beseitigen. Doch zum einen muss eine Lernsequenz, die ein konkretes Problem thematisiert, auch verfügbar sein und zum anderen stellt sich das Problem, dass fragmentiertes Lernen eher einem didaktischen Stückwerk gleichkommt. Ein systematischer Know-how-Aufbau ist so in der Regel nicht möglich. Zudem wurden die Voraussetzungen auf Seiten der Lernenden unterschätzt. Dabei spielte insbesondere die Medienkompetenz bzw. der Umgang mit Computern eine zentrale Rolle. Aber auch die Fähigkeit zum Selbstlernen war nicht selbstverständlich vorhanden und musste zum Teil erst erworben werden.

Der Versuch, mit Hilfe von E-Learning Arbeitskräfte einzusparen, misslang ebenfalls. Schnell stellte sich heraus, dass die Arbeit nicht weniger, sondern nur anders wurde. Als besonders erfolgskritisch erwies sich dabei das Vorhandensein eines konkreten Ansprechpartners für Probleme rund um das Thema E-Learning (z. B. in Form eines Tutors/Mentors), der alternativ online, telefonisch oder persönlich befragt werden konnte. Dabei geht es sowohl um das Adressieren von technischen als auch didaktischen und inhaltlichen Fragestellungen.

Statt als Ersatz wird E-Learning nun stärker als Ergänzung zu herkömmlichen Trainingsmaßnahmen gesehen bzw. mit solchen kombiniert. Konzepte wie »Blended Learning« dominieren derzeit die Diskussion. Kombinationen von Selbststudium, E-Learning und Präsenz-Workshops versprechen die Vor- und Nachteile einer reinen E-Learning-Lösung auszugleichen und bieten – sofern sie flexibel gehandhabt werden – dem Lernenden den notwendigen Freiraum für individuelle Lerngewohnheiten. Präsenzveranstaltungen werden so zwar nicht überflüssig, aber in ihrer Substanz verändert. Letztlich kommt es darauf an, handlungsrelevantes Wissen aufzubauen. Abgesehen von IT-Trainings haben hier reine E-Learning-Programme noch immer Defizite. Wenn es gelingt, diese Defizite beim Aufbau von Handlungswissen mit Hilfe von Blended Learning zu minimieren, ist sicher viel gewonnen.

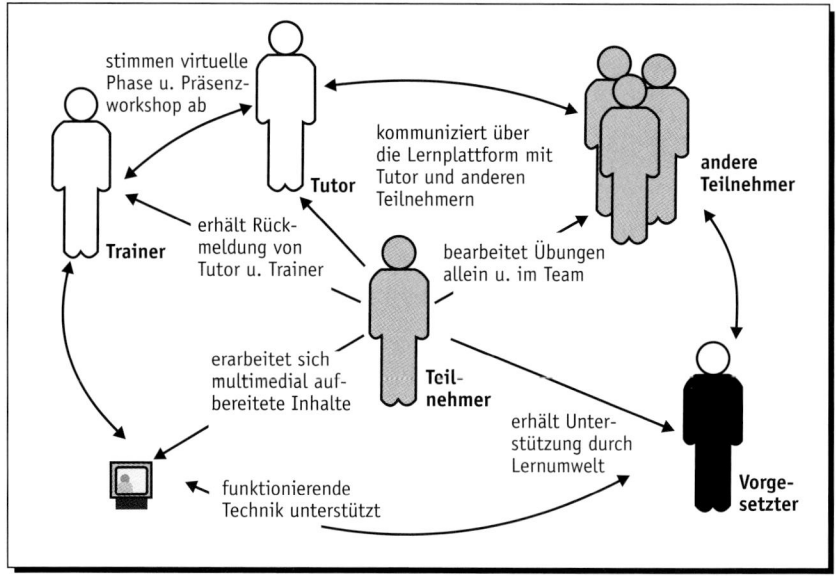

Abb. 54: Der »Faktor Mensch« beim E-Learning (Ciezki/Skalnik, 2002, S. 76)

Fazit: »E-Learning hat in der Weiterbildung eine Zukunft – aber sie ist nicht die Zukunft der Weiterbildung« (Einsiedler, 2001, S. 98).

Welche Faktoren sind es nun, die E-Learning zum Erfolg werden lassen? Eine erste Antwort auf diese Frage geben Ciezki/Skalnik (1/2002, S. 72 ff.). Aus ihrer Sicht ist der »Faktor Mensch« beim E-Learning entscheidend. Dabei, so die Autoren, komme es zunächst darauf an, die internen Lernbedingungen präzise zu analysieren. Hierzu zählen bspw. die persönliche Motivation des Lernenden (z. B. freiwillige vs. erzwungene Teilnahme), seine Erfahrungen und sein Vorwissen, das Maß an Selbstdisziplin und die Frage, welcher Lerntyp (auditiv, visuell, verbal oder haptisch) bei einem Lernenden dominiert. Zudem sind externe Lernbedingungen erfolgsentscheidend. Hierzu zählen die relevanten Inhalte bzw. deren Aufbereitung, die Formen von Feedback, der Kontakt mit anderen Lernenden und die konkrete Lernumgebung/-umwelt (Arbeitsplatz vs. E-Learning-Zentrum). Aus diesen internen und externen Lernbedingungen leiten die Autoren konkrete Anforderungen an E-Learning-Seminare ab, die für den Erfolg entscheidend sind (vgl. Abb. 54 »Der ›Faktor Mensch‹ beim E-Learning« aus Ciezki/Skalnik, 2002, S. 76). Hierzu zählen unter anderem:

- Multimediale Aufbereitung der Inhalte mit Elementen für alle Lerntypen.
- Bereitstellung eines permanenten Ansprechpartners (Tutor).
- Angebot komplexer Übungen während des Lernens durch den Tutor.
- Abstimmung von virtueller Lernphase und Präsenzworkshops.

- Kollaboratives Lernen durch Kontakt mit anderen Lernenden.
- Funktionierende Technik.
- Lernumfeld, das die Weiterbildungsaktivitäten fördert.

Insgesamt gesehen ergeben sich durch die nach voranschreitenden Entwicklungen in der Informationstechnologie eine Vielzahl neuer Handlungsmöglichkeiten und -spielräume für die PE. Dies ist gekoppelt mit neuen Herausforderungen, welche die Tätigkeit eines PE-Mitarbeiters ebenso verändern werden, wie die Organisation der PE selbst.

Anhang

Checklisten, Fragebögen und Formulare

Weitere Formulare und Checklisten finden Sie auf der beiliegenden CD-Rom.

zur Scheinselbstständigkeit

Mit dieser Checkliste können Sie eine erste Überprüfung hinsichtlich einer Scheinselbstständigkeit durchführen. Sind zwei oder mehr der Kriterien erfüllt, kann eine Scheinselbstständigkeit vorliegen.

Hinweis: Bei der Checkliste handelt es sich um eine Arbeitshilfe, um eine Scheinselbstständigkeit besser erkennen zu können. Eine endgültige sachverständige Klärung kann dadurch nicht ersetzt werden.

Beschäftigung von Arbeitnehmern
- Arbeitet der freie Mitarbeiter alleine, ohne Arbeitnehmer?
- Sind ausschließlich geringfügig Beschäftigte für den Subunternehmer tätig (Aushilfen auf 400-Euro-Basis)?
- Handelt es sich bei den Arbeitnehmern ausschließlich um Familienangehörige? Dazu zählen Großeltern, Eltern, Geschwister, Kinder, Enkel, Pflegekinder und verschwägerte Angehörige.

Bindung an einen Auftraggeber
- Ist der freie Mitarbeiter faktisch an **einen** Auftraggeber gebunden?
- Eine weitere Erwerbstätigkeit ist dem freien Mitarbeiter nicht möglich.
- Macht der freie Mitarbeiter mehr als fünf Sechstel seines Umsatzes mit nur einem Auftraggeber? Verbundene Auftraggeber zählen zusammen, beispielsweise verschiedene Unternehmen mit denselben Inhabern.

Arbeitnehmertypische Arbeitsleistung
- Ist der freie Mitarbeiter in vergleichbarer Weise in das Unternehmen eingebunden, wie die fest angestellten Personen, die dort tätig sind?
- Ist die geschuldete Leistung im Ergebnis vom freien Mitarbeiter persönlich zu erbringen?
- Ist der Arbeitsort des freien Mitarbeiters vom Auftraggeber vorgegeben?
- Ist die Arbeitszeit des freien Mitarbeiters vom Auftraggeber vorgegeben?
- Ist die Art und Weise der Auftragsabwicklung des freien Mitarbeiters vom Auftraggeber vorgegeben?
- Sind Termine des freien Mitarbeiters vom Auftraggeber vorgegeben?

Unternehmerische Tätigkeit
- Trägt der freie Mitarbeiter das volle unternehmerische Risiko, es eröffnen sich ihm aber nicht die unternehmerischen Chancen?
- Ist der freie Mitarbeiter an Preisvorgaben gebunden?
- Ist der freie Mitarbeiter an Bezugsquellen gebunden?
- Ist der freie Mitarbeiter in der Entscheidung über Einsatz von Kapital, Personal und Maschinen gebunden?

Zur Erinnerung: Wenn Sie zwei oder mehr der Kriterien mit ja beantwortet haben, kann eine Scheinselbstständigkeit vorliegen.

Zur Auftragsklärung und Kontraktierung

Problem- und Ausgangssituation:
- Welche Aufgabe haben die betreffenden Mitarbeiter derzeit/zukünftig?
- Welche Qualifikationen werden zur Bewältigung der derzeitigen/zukünftigen Aufgabe benötigt? Welche Kenntnisse, Fähigkeiten und Einstellungen sollten erworben, vertieft oder ausgebaut werden?
- In welchen Situationen tritt das Problem auf, in welchen nicht?
- Falls das Problem nicht mehr bestünde, was könnte man tun, um es wieder herzustellen? Was müsste man tun, um es zu verschlimmern?
- Worin sehen die einzelnen Gesprächspartner das Problem? Welche subjektiven Deutungen haben die Einzelnen in Bezug auf das Problem/die Situation?
- Was meinen die einzelnen Gesprächspartner, wie die anderen das Problem sehen?
- Worin sehen die einzelnen Gesprächspartner die Ursachen des Problems?
- Welche Probleme/Situationen werden zwar angedeutet, aber nicht erläutert?
- Hat es bereits Seminare mit ähnlichen Zielen oder Inhalten gegeben?

Rahmenbedingungen:
- Mit welchem quantitativen Seminarbedarf ist zu rechnen?
- Was würde passieren, wenn das Seminar nicht konzipiert und durchgeführt wird?
- Gibt es einen aktuellen Anlass, gerade jetzt das Problem anzugehen?
- Was ist hinzugekommen, was den Problemdruck verstärkt?
- Welche Lösungsversuche und -ansätze gibt es schon für das Problem/die Situation? Welche Lösungsversuche gab es bereits (und sind gescheitert)?
- Wer ist auf wen zur Entwicklung der Maßnahme zugegangen?
- Welche Vorstellungen, Standards existieren zur Vorgehensweise der Seminarentwicklung und Durchführung?
- Welche Restriktionen oder Rahmenbedingungen existieren?
- Welche Mitarbeiterressourcen werden benötigt? Welche Ressourcen werden zur Verfügung gestellt?
- Welches Budget steht zur Verfügung?
- Wie sehen die finanziellen Rahmenbedingungen aus?
- Mit welchen Kosten ist zu rechnen?

Klärung des Umfeldes und der sozialen Beziehungen
a. Auftraggeber
- Welche Kompetenzen hat der Auftraggeber (nicht)?
- Wie stellt sich der Auftraggeber die Zusammenarbeit vor?
- Wie ist die Beziehung des Auftraggebers zum Seminar?
- Welche Vorstellungen hat der Auftraggeber über Inhalt, Ziel und Bedeutung des Seminars?
- Wieviel Zeit und Mühe ist der Auftraggeber selbst bereit, in die Seminarentwicklung und -durchführung zu investieren?

b. Umfeld
- Welche Personen haben Einfluss auf die Seminarentwicklung? Welche Ziele verfolgen sie?
- Für wen ist das Seminar – wann – ein Erfolg? Welche Befürchtungen und Erwartungen werden von wem an das Seminar gestellt?

- Wer muss bei welchen Fragen eingebunden werden?
- Wer hat welchen Einfluss?
- Wer will den Erfolg des Seminars, des Projekts (nicht)?
- Welche hindernden und fördernden Einflüsse gibt es? Welche Bedeutung hat dies für die Seminarkonzeption und -durchführung?
- Wer wird vom Seminar direkt oder indirekt betroffen sein?

c. Zeitplanung

- Wie schnell soll das Seminar entwickelt und durchgeführt werden können?
- Welche zeitlichen Vorstellungen gibt es? (Terminvereinbarungen)
- Bis wann müssen Absprachen getroffen werden? (z. B. Auswahl der Referenten, Festlegung der Logistik, Bewilligung des Konzepts etc.)
- Welche Termine sind auf Seiten der Seminarteilnehmer und Beteiligten zu berücksichtigen?

d. Gesamtzusammenhang und Vernetzungen

- In welchem Kontext steht das Seminar zu anderen Projekten oder Maßnahmen?
- In welchen grundsätzlichen Rahmen bettet sich die Seminarentwicklung ein?
- Wo grenzen sich verschiedene Maßnahmen und Projekte voneinander ab?
- Zu welchen Maßnahmen sollten Beziehungen bestehen (inhaltlich, zeitlich)?
- Welche inhaltlichen Zielsetzungen werden gestellt?

e. Zielsetzung und Inhalte des Seminars

- Was ist Ziel des Seminars?
- Was ist nicht Ziel des Seminars?
- Was sollten die Teilnehmer am Ende des Seminars wissen, können, erfahren haben?
- Was sollte im Seminar nicht geschehen?
- Welche Inhalte oder »heiklen Themen« sollten nicht angesprochen werden?
- Wer hat die Ziele / Erwartungen so definiert?

f. Zielgruppe

- Wer ist die Zielgruppe? Wie ist die Zielgruppe zusammengesetzt (Alter, Geschlecht, Berufserfahrung, Ausbildung, Tätigkeit etc.)?
- Aus welchem Umfeld kommen die Teilnehmer?
- Wo stehen die Teilnehmer innerhalb der Organisation?
- Welche Zusammenarbeits- und Führungsstrukturen gibt es dort?
- Welche Stellung hat der Bereich innerhalb der Organisation? Wie hängt er mit anderen zusammen?
- Was sind derzeitige und zukünftige Aufgaben und Anforderungen der Tätigkeit der Zielgruppe?
- Wie ist die Motivation der Teilnehmer einzuschätzen?
- Welche Erwartungen und Befürchtungen haben die Teilnehmer?
- Was wissen die Teilnehmer über das Seminar und den Gesamtzusammenhang?
- Welche Vorerfahrungen haben die Teilnehmer?
- Welche Rolle hat die Zielgruppe im grundlegenden PE-Prozess?
- Wann erhalten die Teilnehmer Informationen?
- Wie werden die Teilnehmer in die Seminarentwicklung einbezogen?
- Welche inhaltlichen Wünsche hat die Zielgruppe selbst?

g. Beteiligung/Unterstützung und Verantwortlichkeiten

- Welche Rollen denkt der Auftraggeber den unterschiedlich Beteiligten an? Wollen diese die Rollen annehmen?
- Wer muss über die Ergebnisse der Grobplanung informiert werden?
- Wie ist das Vorgehen / sind die geplante Schritte?
- Wer steht als Unterstützung zur Verfügung?
- Welche Kompetenzen werden zur Seminarentwicklung benötigt? Wer könnte diese ausfüllen?
- Wer muss/sollte an der Seminarentwicklung beteiligt sein?
- Wer ist in welcher Rolle wofür zuständig?
- Wer ist für was verantwortlich?
- Wer informiert wen (Betriebsrat etc.) über was?
- Wer wird informiert? In welchen Abständen wird informiert?

h. Erfolgsmessung

- Was sind die Erfolgs- und Misserfolgskriterien des Seminars?
- Wann ist das Seminar erfolgreich? Wann nicht?
- In welcher Form kann und soll eine Erfolgsmessung vorgenommen werden?

(vgl. König und Volmer, 1997, S. 115 ff.; Witschi, 1998, S. 81)

zur Auswahl externer Trainer, Berater und Bildungsanbieter

Welche Referenzen und Erfahrungen hat der Trainer, das Bildungsinstitut, der Berater?
- Wer ist der Anbieter?
- Liegen bereits Erfahrungen mit diesem Anbieter vor?
- Welche Trainer/Berater werden tätig sein, wieviele?
- Liegen Referenzen vor (z. B. durch frühere Seminarteilnehmer?)
- Welchen Ausbildungs- und Erfahrungsstand bzw. welche Berufserfahrung besitzt der Trainer/Berater?
- Wie ist der einschlägige Lebenslauf des Trainers/Beraters?
- Verfügt er über ausreichende Erfahrung im Management einer vergleichbaren Organisation (belegt durch den Lebenslauf)?
- Wird die Ausbildung bzw. die Trainings-, Seminar und Beratungserfahrung dargelegt?
- Kann der Trainer/Berater eine Lizenz für eine einschlägige gruppentherapeutische Disziplin vorweisen, beispielsweise systemische Familientherapie, Psychodrama, themenzentrierte Interaktion, etc.?
- Welche Seminare und Beratungen hat er bereits durchgeführt?
- Gibt es evtl. Veröffentlichungen des Trainers/Beraters?
- Sind ausreichend Branchenkenntnisse vorhanden?
- Kann erwartet werden, dass die Referenten/Berater genügend Einfühlungsvermögen in die betriebsspezifischen Probleme haben?

Beratungsverständnis / Trainingsverständnis
- Stellt sich der Trainer /Berater einer Vorprüfung und weist dabei seine Fähigkeit nach, ein einfach vernetztes Problem zu lösen?
- Welche Trainingsschulen/-theorien werden vertreten und im Training angewandt?
- Welches Menschenbild wird vertreten?

Didaktik und Aufbau der Maßnahme (Seminare, Workshops o. ä.)
- Gibt es einen Katalog an Lernzielen, mit dem sich nach der Veranstaltung überprüfen lässt, ob die Lernziele auch erreicht wurden?
- Enthält das Seminarprogramm bzw. gibt der Trainer Informationen über die zur Anwendung gelangenden Lernmethoden?
- Ist die Didaktik, der Veranstaltungsaufbau und -ablauf bzgl. der angestrebten Ziele offengelegt und sinnvoll?
- Lernen die Teilnehmer nur durch Frontalunterricht, durch Vorlesungen?
- Handelt es sich um aktivierende und motivierende Methoden?
- Werden Erfahrungen und Praxisbeispiele der Teilnehmer in die Veranstaltung einbezogen?
- Inwieweit kann der Teilnehmer die Maßnahme mitgestalten?
- Besteht während oder am Rande der Veranstaltung die Möglichkeit zum Erfahrungsaustausch?
- Werden den Teilnehmern schriftliche Unterlagen zur Verfügung gestellt?

Wie lang wird die Veranstaltung schon angeboten bzw. wie oft wurde sie bereits durchgeführt?
- Ist die Veranstaltung schon mehrmals durchführt worden oder ist es das erste Mal?
- Sind im Laufe der ersten Male Veränderungen bzw. Verbesserungen am Konzept vorgenommen worden?
- Sind die Trainer konstant?
- Gibt es ein übergreifendes Konzept bzw. ein Curriculum, das am Erfahrungsstand der Teilnehmer ausgerichtet ist?

Welche Zielgruppen werden angesprochen?
- Eignen sich die angebotenen Maßnahmen für den vorgesehenen Mitarbeiterkreis?
- Werden Angaben über vorausgesetzte Vorbildung und Berufserfahrung gemacht?
- Wie homogen ist die Zielgruppe (Beruf, Alter, Qualifikation, Branche)?

Wie groß ist die Teilnehmerzahl?
- Ist der Teilnehmerkreis zahlenmäßig begrenzt?
- Ist die Teilnehmerzahl sinnvoll?
- Wird bei Veranstaltungen zu Führungs-, Verhaltens-, Motivationsthemen und zu Einstellungsveränderungen eine Teilnehmerzahl von 10–12 überschritten?

Veranstaltungsdauer
- Können die avisierten Termine wahrgenommen werden?
- Reicht die vorgesehene Zeit aus, um die angestrebten Lernziele zu erreichen?

Vorbereitung
- Gibt es ein Aufnahme- oder Vorbereitungsgespräch?
- Gibt es im Voraus Unterlagen, Bücher für die Teilnehmer oder vorbereitende Literatur?
- Wird jeder, unabhängig vom Profil, als Teilnehmer, in die Maßnahme aufgenommen?
- Betreut und berät der Trainer/Berater auch nach Ablauf der Veranstaltung?
- Gibt es ein Aufbauseminar?
- Gibt es ein Follow-up, bei dem das Gelernte ergänzt und überprüft wird, oder ein konkretes Transferprogramm für die Nachher-Situation bzw. -Maßnahmen zur Transfersicherung und -kontrolle?
- Gibt es einen Fragebogen oder sonstige Nachfassaktionen?
- Gibt es zusammenfassende Protokolle oder Simultanprotokolle?
- Gibt es »Reminder«-Unterlagen, die dem Teilnehmer Denkanstöße und Hilfestellung bei der Umsetzung bieten?

Veranstaltungskosten und Nebenkosten
- Gibt es Rücktrittsrechte bzw. Stornierungsmöglichkeiten?
- Kann das Geld bei Mängeln zurückgefordert werden?
- Wie hoch sind die Honorarvorstellungen für:
  - den Tagessatz pro Trainer?
  - die Analysephase?
  - die Materialien?
  - die Konzepterstellung?
- Entsprechen die Kosten dem voraussichtlichen Nutzen?
- Erscheinen die Kosten im Vergleich mit den anderen Alternativen vertretbar?

- Sind in den Gebühren auch Mahlzeiten und Unterbringung enthalten?
- Gibt es Nachlass bei mehreren Teilnehmern?

Sonstiges

- Gibt es Hinweise auf Verbindungen zu sektennahen oder sektenähnlichen Einrichtungen?
- Wird eine Sekten-Distanzierungserklärung unterzeichnet?
- Können wir uns die Zusammenarbeit mit dem externen Trainer bzw. Berater vorstellen? (Bauchgefühl)
- Haben die Teilnehmer und PE-Mitarbeiter ein weitgehend übereinstimmendes Bild über den Trainer/Berater/Anbieter?

für das Gespräch Mitarbeiter – Vorgesetzter vor dem Seminarbesuch

1) Welche Ziele sollen durch den Seminarbesuch erreicht werden?
Bsp.: Konstruktiver, gelassener Umgang mit Konfliktsituationen

- Um welche Probleme, Aufgaben aus Ihrem Arbeitsbereich geht es?

- Welche Defizite, welcher Entwicklungsbedarf sollen durch das Seminar abgedeckt werden?

- Wo konkret erwarten Sie Hilfestellungen, Anregungen, Informationen etc.?

- Welchen Nutzen versprechen Sie sich für Ihre Arbeit / persönlich?

2) Gehen Sie jetzt bitte die Seminarbeschreibung gemeinsam durch

- Sind alle notwendigen Voraussetzungen für den Seminarbesuch erfüllt?

- Passt die Zielsetzung und Beschreibung des Seminars zu Ihren Erwartungen?

- Wenn Sie unsicher sind, ob das Seminar Ihre Erwartungen erfüllen kann, fragen Sie bitte bei der Personalentwicklung nach.

3) Überlegen Sie, welche Erwartungen Ihnen besonders wichtig sind und wie Sie diese im Seminar einbringen bzw. einfordern können

- Erstellen Sie eine Erwartungsliste, die Sie zum Seminar mitnehmen.

- Was wollen Sie im Seminar einbringen bzw. einfordern?
  Formulieren Sie konkrete Fragen, Probleme, Beispiele etc.

für das Gespräch Mitarbeiter – Vorgesetzter nach dem Seminarbesuch

1) **Beginnen Sie das Gespräch mit einer detaillierten Beschreibung des Seminarablaufs.**

   - Was war positiv / was negativ?
   - Besondere Erlebnisse bzw. Erfahrungen?

2) **Gehen Sie gemeinsam Ihre Erwartungsliste durch.**

   - Welche Denkanstöße bzw. Hilfestellungen haben Sie erhalten?
   - Welche Ziele bzgl. konkreter Veränderungen nehmen Sie sich gemeinsam vor (Anzahl: 2–3 Ziele)
   - Was könnte hemmend wirken?
   - Wie können diese Hemmnisse bewältigt werden? Welche Unterstützungen brauchen Sie?
   - Eine mögliche Maßnahme zur Abschwächung des hemmenden Einflusses wäre?

3) **Stellen Sie einen konkreten Zeitplan für die schrittweise Umsetzung der neuen Erkenntnisse auf.**

   - Vereinbaren Sie Check- und Endtermine
   - Vereinbaren Sie ggf. Termine für notwendige Aufbau- oder Folgeseminare.

Literatur

Ansoff, H. I.: Strategic Management, New York, o. V., 1979.

Beardwell, I.; Holden, L.: Human Resource Management, London, o. V., 1997.

Bäcker, R.; Etzel, S. (Hrsg.): Einzel-Assessment. Düsseldorf, Symposion Publishing, 2002.

Baumgartner, I.; Häfele, W.; Schwarz, M.; Sohm, K.: OE-Prozesse: Die Prinzipien systemischer Organisationsentwicklung. Bern/Stuttgart/Wien, Paul Haupt Verlag, 1995.

Becker, M.: Aufgaben und Organisation der betrieblichen Weiterbildung. 2., vollständig überarbeitete Auflage, München/Wien, Hanser, 1999.

Beer, S.: The Heart Of Enterprise. Chichester, o. V., 1990.

Beer, S.: Brain of the Firm. Chichester, o. V., 1993.

Betz, G.; Franken, K.: Investor in People – Best Practice in der Personalentwicklung. In: Personalführung 6/1998, S. 58–63.

Beyer, G.: Zeitmanagement. Düsseldorf, Econ, 1992.

Bischof, J.; Speckbacher, G.: Personalmanagement und Balanced Scorecard – theoretischer Anspruch und praktische Realität: Eine empirische Untersuchung. In: Grötzinger, M.; Uepping, H. (Hrsg.): Balanced Scorecard im Human Resources Management, Neuwied/Kriftel, Luchterhand, 2001, S. 3–20.

Borg, I.: Mitarbeiterbefragungen. Göttingen, Hogrefe, 1995.

Bronner, R., Schröder, W.: Weiterbildungserfolg: Modelle und Beispiele systematischer Erfolgssteuerung. München, Hanser, 1983.

Burmann, Ch.: Wissensmanagement als Determinante des Unternehmenswertes. In: zfo, 71/2002, Heft 6, S. 334–341.

Ciezki, N.; Skalnik, N.: Der »Faktor Mensch« beim E-Learning. In: Wirtschaftspsychologie, 1/2002, S. 72 77.

Coenenberg, A. G.; Baum, H.-G.: Strategisches Controlling, Stuttgart, Schäffer-Poeschel, 1987.

Comelli, G. (1995), Juristische und ethische Aspekte der Eignungsdiagnostik im Managementbereich. In Sarges (Hrsg.): Managementdiagnostik. Göttingen, Hogrefe, 1995, S. 108–125.

Czichos, R.: Change-Management. München/Basel, Ernst Reinhardt Verlag, 1993.

Czichos, R.: Profis managen sich selbst. München/Basel, Ernst Reinhardt Verlag, 2001.

Dingerkus, R.: Die Rechte und Pflichten aller Beteiligten im Rahmen betrieblicher *Eignungsdiagnostik. In:* Schuler, H.; Funke, U. (Hrsg.): Beiträge zur Organisationspsychologie, Eignungsdiagnostik in Forschung und Praxis. Göttingen, Hogrefe, 1991, S. 324–331.

Doppler K.; Lauterburg, Ch.: Change-Management: den Unternehmenswandel gestalten. Frankfurt/Main, Campus, 1996.

Einsiedler, H. E.: Werthaltungen von Führungskräften zu Partizipativen Veränderungsstrategien. Frankfurt/Bern/New York, o. V., 1986.

Einsiedler, H. E.: Werte und Wertewandel aus der Sicht der Personalpolitik. In: Rosenstiel, v. L. u. a. (Hrsg.): Wertewandel, Herausforderung für die Unternehmenspolitik in den 90 er Jahren. Stuttgart, Schäffer-Poeschel, 1993.

Einsiedler, H. E.: Den Anschluss nicht verpassen: Die Personalentwicklung im Jahr 2005. In: Versicherungsbetriebe, 5/1995.

Einsiedler, H. E.: Strategische Planung; Lehrbrief des ersten offenen Versicherungs-fernplanspiels, 1996.

Einsiedler, H. E.: Die Führung von Führungskräften. In: Rosenstiel, v. L. (Hrsg.): Führung von Mitarbeitern. Stuttgart, Schäffer-Poeschel, 1999.

Einsiedler, H. E.: Zukunft E-Learning (Kontra). In: Personalwirtschaft, 1/2001, S. 98.

Einsiedler, H. E.; Blenke, M.; Janusch, M.: Personalentwicklungs-Controlling. In: Jahrbuch Weiterbildung. Düsseldorf, Verlagsgruppe Handelsblatt, 1996.

Einsiedler, H. E.; Streich, R. K.: Organisationsstrukturen: Wölfe und Lemminge. In: Wirtschaftswoche, 05. 10. 1984.

Fitting, K.: Betriebsverfassungsgesetz. München, Vahlen, 1998.

French, W. L.; Bell, C. H. jr.: Organisationsentwicklung. Bern/Stuttgart, UTB, 1977.

Friedag, H. R.; Schmidt, W.: Balanced Scorecard. Freiburg, Haufe, 1999.

Gälweiler, A.: Strategische Unternehmensführung. Frankfurt/New York, Campus, 1987.

Gaul, D.: Rechtsprobleme psychologischer Eignungsdiagnostik. Bonn, Deutscher Psychologen Verlag, 1990.

Gebert, D.: Organisationspsychologie. Stuttgart, Kohlhammer, 1974. Gemeinnützi-ge-Hertie-Stiftung (Hrsg.): Unternehmensziel: Familienbewusste Personalpolitik – Ergebnisse einer wissenschaftlichen Studie. Köln, 1999.

Gladwell, M.: The Tipping Point – How Little Things Can Make A Big Difference. Boston/New York, Back Bay Books, 2002.

Gmür, M.; Martin, P.; Karczinski, D.: Employer Branding – Schlüsselfunktion im strategischen Personalmarketing. In: Personal, 10/2002, S. 12–16.

Goeudevert, D.: Mit Träumen beginnt die Realität. Berlin, Rowohlt, 1999.

Haack, F. W.: Scientology – Magie des 20. Jahrhunderts. München, Claudius Verlag, 1982.

Grötzinger, M.; Uepping, H. (Hrsg.): Balanced Scorecard im Human Resources Management, Neuwied/Kriftel, Luchterhand, 2001.

Heimburg, v. Y.: Fokussieren statt Verlieren. Landsberg, Verlag Moderne Industrie, 1999.

Heinen, E. (Hrsg.): Industriebetriebslehre, Wiesbaden, Gabler, 1975.

Hemminger, H. J.: Eine Erfolgspersönlichkeit entwickeln? Stuttgart, Evangelische Zentralstelle für Weltanschauungsfragen, 132, VII, 1996.

Hendry C.; Pettigrew, A.: Human Resource Management: an agenda of the 1990 s. In: International Journal of Human Resource Management, Vol 1 / No. 1, 1990.

Hoffmann, B. H.: Handbuch des autogenen Trainings – Grundlagen, Technik, Anwendung. München, dtv, 1990.

Jahn, J. u. a.: Die Geschichte der Stadt Memmingen. Stuttgart, o. V., 1997.

Jeserich, W.: Personal-Förderkonzepte: Diagnose – und was kommt danach? München, Hanser, 1996.

Jeserich, W.: Mitarbeiter auswählen und fördern. München/Wien, Hauser Verlag, 1986.

Jetter, W.: Performance Management. Stuttgart, Schäffer-Poeschel, 2000.

Kaplan, R. S.; Norton, D. P.: Balanced Scorecard. Stuttgart, Schäffer-Poeschel, 1997.

Kauffeld, S.; Grote S.: Kompetenz – ein strategischer Wettbewerbsfaktor. In: Personal, 11/2002.

Kirkpatrick, D. L.: Evaluation of Training. In: Craig, R. L.; Bittel, L. R.: Training an Development Handbook. New York, McGraw-Hill, 1967, S. 87–112.

Kirsch, W.: Beiträge zum Management strategischer Programme. München, Verlag Barbara Kirsch, 1991.

Kirsch, W. u. a.: Reorganisation. München, Verlag Barbara Kirsch, 1978.

Kleb, T.; Schwedes, F.: Modernes Personalmarketing: Wege zum erfolgreichen Recruiting. In: Personal, 10/2002, S. 6–10.

Klebert, K.; Schrader, E.; Straub, W. G.: Moderations-Methode. Hamburg, Windmühle-Verlag, 1984.

König, E.; Volmer, G.: Praxis der systemischen Organisationsberatung. Weinheim, Deutscher Studienverlag, 1997.

Krämer, Ch. u. a.: Personalplanung und –entwicklung mit mySAP HR. Bonn, Galileo Press, 2002.

Kühl, S.: Sisyphos im Management. Die vergebliche Suche nach der optimalen Organisationsstruktur. Weinheim, Wiley-VCH, 2002.

Kuznik, R.: Das vorvertragliche Informationsbedürfnis des Arbeitgebers und die Rechtsstellung des Bewerbers bei Anwendung psychologischer Testverfahren zur Eignungsfeststellung. Frankfurt, Haag & Herchen, 1982.

Kunz, G.: Die Balanced Scorecard im Personalmanagement. Frankfurt/New York, Campus, 2001.

Langmaack, B.; Braune-Krickau, M.: Wie die Gruppe laufen lernt: Anregungen zum Planen und Leiten von Gruppen. Weinheim: Psychologie-Verlags-Union, 1995.

Lattmann, Ch.: Das Assessment-Center-Verfahren der Eignungsbeurteilung. Heidelberg, Physica-Verlag, 1989.

Lehr, U.: Der veränderte Lebenszyklus – Die biologische Uhr läuft konträr zur sozialen Uhr. In: Kayser, F.; Uepping, H. (Hrsg.): Kompetenz der Erfahrung, Neuwied/ Kriftel, Luchterhand, 1997.

Lombriser, R.; Uepping, H. (Hrsg.): Employability statt Jobsicherheit, Neuwied/ Kriftel, Luchterhand, 2001.

Lorenz, T.; Oppitz, S.: Vom Training zur Performance. Offenbach, Gabal, 2001.

Malik, F.: Strategie des Managements komplexer Systeme. Bern/Stuttgart/Wien, Paul Haupt Verlag, 1992.

Malik, F.: Systemisches Management, Evolution, Selbstorganisation. Bern/Stuttgart/Wien, Paul Haupt Verlag, 1993.

Malik, F.: Strukturmodell der lebensfähigen Unternehmung (MSV) – The Viable Systems Model. Manuskript, St. Gallen, 1993 a.

Malik, F.: Management-Perspektiven. Bern/Stuttgart/Wien, Paul Haupt Verlag, 1994.

Malik, F.: Führen Leisten Leben – Wirksames Management für eine neue Zeit. Stuttgart/München, Deutsche Verlags-Anstalt, 2000.

Matenaar, D.: Organisationskultur und organisatorische Gestaltung. Berlin, Duncker, 1983.

Mentzel, W.: Unternehmenssicherung durch Personalentwicklung; Mitarbeiter motivieren, fördern und weiterbilden. Freiburg, Haufe, 1992.

Meyers Taschen-Lexikon: Band 2. Mannheim, Bibliographisches Institut, 1985.

Minor, M.: Manager im Dialog. Landsberg, Verlag Moderne Industrie, 2002.

Mintzberg, H.; Ahlstrand, B.; Lampel J.: Strategy Safari – Eine Reise durch die Wildnis des strategischen Managements. Wien, Ueberreuter, 1999.

Mocker, H.; Mocker, U.: Intranet – Internet im betrieblichen Einsatz. 2. überarbeitete Auflage. Frechen, Datakontext, 1998.

Müller-Stewens, G.; Lechner, Ch.: Strategisches Management – Wie strategische Initiativen zum Wandel führen. Stuttgart, Schäffer-Poeschel, 2001.

Neuberger, O.: Personalentwicklung. Stuttgart, Enke Verlag, 1994.

Neuberger, O.: Mikropolitik. In: Rosenstiel, v. L. u. a. (Hrsg.): Führung von Mitarbeitern, Stuttgart, Schäffer-Poeschel, 1999.

Nordhausen F.; Billerbeck v. L.: Der Sektenkonzern. Berlin, Links Verlag, 1994.

Oettinger, v. B. (Hrsg.): Clausewitz – Strategie Denken. München/Wien, Hanser, 2001.

Olbert, H.: Trainer-Know-How wirksam schützen, Bonn, Managerseminare Verlag, 2000.

Porter, M. E.: Wettbewerbsstrategien (Competitive Strategy), Frankfurt/New York, Campus, 1990.

Potthoff, N. J.: Scientology und Wirtschaft: Der Wise Report. Krefeld, Norbert *Potthoff, 1994.*

Pümpin, C.: Management strategischer Erfolgspositionen, 3. Auflage, Bern/Stuttgart/Wien, Paul Haupt Verlag, 1986.

Quiring A.: Die rechtliche Absicherung der Unternehmensberatung: praxisorientierte Darstellung der typsicheren Risiken und der zweckmäßigen Strategien zur Risikovermeidung. Kissing, Verlag Recht und Praxis, 1994.

Richardi, R.: Einführung. In: Arbeitsgesetze, 53. Auflage, München, Beck, 1998.

Riekhof, H.-C.: Strategieorientierte Personalentwicklung. In: Riekhof, H.-C. (Hrsg.): Strategien der Personalentwicklung. 2. Auflage, Wiesbaden, Gabler, 1989, S. 49–76.

Robinson, D. G.; Robinson, J. C.: Performance Consulting. San Francisco, 1995.

Rosenstiel, v. L.: Grundlagen der Organisationspsychologie. Stuttgart, Schäffer-Poeschel, 1992.

Rosenstiel, v. L.; Djarrahzudeh, M.; Einsiedler, H. E.; Streich, R. (Hrsg.): Wertewandel, Herausforderung für die Unternehmenspolitik in den 90 er Jahren. Stuttgart, o. V., 1993.

Rosenstiel, v. L.: Entwicklung und Training von Führungskräften. In: Rosenstiel, v. L. u. a. (Hrsg.): Führung von Mitarbeitern, Stuttgart, o. V., 1999.

Rüdiger, M.; Vanini, S.: Das Tacit Knowledge-Phänomen und seine Implikationen für das Innovationsmanagement. In: DBW Die Betriebswirtschaft, 4/1998, S. 467 ff.

Simon, H. (Hrsg.): Das große Handbuch der Strategie-Konzepte. Frankfurt/New York, Campus, 2000.

Schmid, B.: Thematische Übersicht der am Institut gelehrten Konzepte. Institut für systemische Beratung, Wiesloch, 10/1996.

Schmid, B.: Wo ist der Wind, wenn er nicht weht? Professionalität & Transaktionsanalyse aus systemischer Sicht. Paderborn, Jungfermann Verlag, 1994.

Schrader E.; Gottschall, A.; Runge, Th.: Der Trainer in der Erwachsenenbildung. In: Jeserich W. (Hrsg.): Handbuch der Weiterbildung für die Praxis in Wirtschaft und Verwaltung. Bd. 5., München, Hanser, 1983.

Schreyögg, G.; Geiger, D.: Wenn alles Wissen ist, ist Wissen am Ende nichts?! In: DBW Die Betriebswirtschaft, 1/2003.

Schuler, H.: Vorgesetztenurteile. In: Sarges, W. (Hrsg.): Managementdiagnostik. Göttingen, Hogrefe, 1995, S. 677–688.

Schuler, H.; Funke, U.: Diagnose beruflicher Leistung und Eignung. In:

Schuler, H. (Hrsg.): Lehrbuch Organisationspsychologie. Bern/Göttingen, Verlag Hans Huber, 1993.

Schulz von Thun, F.: Miteinander reden: Störungen und Klärungen – Psychologie der zwischenmenschlichen Kommunikation. Reinbeck, Rowohlt, 1981.

Schwertfeger, B.: Der Griff nach der Psyche: Was umstrittene Persönlichkeitstrainer anrichten. Frankfurt/New York, Campus, 1998.

Senge, P. M.: Die fünfte Disziplin. Stuttgart, Klett-Cotta, 1996.

Senge, P. M. u. a. (Hrsg.): Das Fieldbook zur Fünften Disziplin. Stuttgart, Klett-Cotta, 1996.

Servatius, H.-G.: Vom Strategischen Management zur Evolutionären Führung. Stuttgart, Schäffer-Poeschel, 1991.

Shandler, D.: Reengineering the Training Function. CRC Press – St. Lucie Press, 1996.

Staehle, W. H.: Human-Ressource-Management und Unternehmensstrategie. In: MITT AB 3/98.

Sunter, S.: Psychokulte: Vorsicht vor Gehirnwäschern. In: Wirtschaft und Weiterbildung, 04/1996, S. 57 59.

Thom, N.; Blunck, T.: Strategisches Weiterbildungs-Controlling. In: Landsberg, *v. G.; Weiß, R.:* Bildungs-Controlling. 2. überarbeitete Auflage, Stuttgart, Schäffer-Poeschel, 1995, S. 35–46.

Trux, W. u. a.: Die Evolution eines Strategischen Managements. In: Kirsch, W.: Beiträge zum Management strategischer Programme. München, Verlag Barbara Kirsch, 1991.

Uepping, H.: Die Leistung der Erfahrung – Altersorientierte Personalentwicklung. In: Kayser, F.; Uepping, H. (Hrsg.): Kompetenz der Erfahrung. Neuwied/Kriftel, Luchterhand, 1997.

Vollmer, R.: Bevorzugte Wege bei der Stellensuche. In: Personal, 05/2002, S. 20–22.

Wagner, R. H.: Praxis der Veränderung in Organisationen. Göttingen, Hogrefe, 1995.

Wenzel K. E.: Urheberrecht für die Praxis. Stuttgart, Schäffer, 1990.

Wickel-Kirsch, S.: Harte Fakten durch Balanced Scorecard. In: Personalwirtschaft, 10/1999, S. 70–74.

Wickel-Kirsch, S.: Balanced Scorecard – Philosophie und Methodik im Lichte des HR-Managements. In: Grötzinger, M.; Uepping, H. (Hrsg.): Balanced Scorecard im Human Resources Management, Neuwied/Kriftel, Luchterhand, 2001, S. 43–49.

Wild, B.; de la Fontaine, A.; Schafsteller, Ch.: Fishing for Talents: Internet-Recruiting auf neuen Wegen. In: Personalführung, 1/2001, S. 66–70.

Wilkening, O. S.: Bildungs-Controlling – Instrumente zur Effizienzsteigerung der Personalentwicklung. In: Riekhof, H.-C. (Hrsg.): Strategien der Personalentwicklung. 2. Auflage, Wiesbaden, Gabler, 1989, S. 367–394.

Wirth, H.: Ansatzpunkte zur Optimierung der Personalentwicklung. In: Kienbaum, J. (Hrsg.): Visionäres Personalmanagement. Stuttgart, Schäffer-Poeschel, 1994.

Witschi, U.; Schlager, G.; Scheutz, U.: Projektmanagement in komplexer werdenden Situationen. Vom Nutzen des systemischen Ansatzes beim Projektmanagement. In: Organisationsentwicklung, 1/1998, S. 76–87.

Wohlgemuth, A. C.: Das Beratungskonzept der Organisationsentwicklung. Bern/Stuttgart/Wien, Paul Haupt Verlag, 1984.

Begriffslexikon

Auftragsgestaltung
Phase bei der Entwicklung von Personalentwicklungsaktivitäten mit den Bausteinen: Auftragsklärung, Rollenklärung und Kontraktierung.

Auftragsklärung
Mit dem Auftraggeber werden Informationen über die vorliegende Situation, das Problemverständnis und die individuellen Zielvorstellungen erhoben, transparent gemacht und Wirklichkeitsbilder ausgetauscht.

Basisqualifikation
Grundlegende, überdauernde Qualifikation, die einer Gruppe von Tätigkeiten zugrunde liegt und auf der Spezial-Qualifikation aufbaut.

Beratungsansatz
Ansatz der PE, in der diese als Beratungsleistung von internen und/oder externen Beratern verstanden wird, ohne deren Verantwortung für Implementierung und Eintritt des Management-Erfolgs.

Bildungswesen
Seine Maßnahmen richten sich an die Mitarbeiter, vorwiegend an Führungskräfte. Es geht von der Hypothese aus, dass Wissen und Kenntnisse, Fähigkeiten und Fertigkeiten, die einzelne Mitarbeiter besitzen, in der Organisation optimal wirken und dann zu höherer Produktivität, Qualität und Wirtschaftlichkeit führen. Es richtet sich auf das Können der Mitarbeiter.

Curriculum
Personalentwicklungskonzept für eine definierte Zielgruppe, welches mehrere aufeinander aufbauende Qualifizierungsbausteine beinhaltet. Nach Robinson:
1. Erfassung zukünftiger Lebenssituationen der Lernenden.
2. Ermittlung der dazu notwendigen Qualifikationen.
3. Auswahl der zur Ausbildung dieser Qualifikation geeigneten Lerninhalte.

Dimensionen
Definierte Qualifikations-Anforderungen innerhalb eines Profils, die sich den verschiedenen Kernkompetenzen zuordnen lassen. Dimensionen können Verhaltensweisen, Eigenschaften oder Fähigkeiten abbilden.

Diskontinuitäten (nach Kirsch)
Veränderungen in den Zusammenhängen von Variablen. Meist geht man von Kontinuitäten aus (mehr Werbung führt zu mehr Umsatz, eventuell mit Annahmen über den Grad des Zusammenhangs). Ändert sich der Grad des Zusammenhangs oder gar die Richtung, oder fällt der Zusammenhang ganz weg, so spricht man von Diskontinuitäten. Ähnlicher Begriff bei Kirsch »Bruch von Invarianzen«, wenn feste Zusammenhänge plötzlich variabel werden.

Fähigkeiten-Bilanz
Gegenüberstellung von Stärken und Schwächen einer Organisation.

FIT
Übereinstimmung mehrerer Elemente eines Systems.

Funktion
Organisatorische Einheit, in der Aufgaben, Tätigkeiten erledigt werden und die Verantwortung übernimmt.

Funktionalität
Verantwortung (Aufgabe, Tätigkeit), die für eine Organisation wichtig ist.

Kernkompetenzen
Inhaltlich artverwandte Fähigkeits-/und Fertigkeitsbereiche eines Profils, unter denen verschiedene Dimensionen zusammengefasst werden können.

Kontraktierung
Vereinbarung zwischen Auftraggeber und Personalentwicklung über das Ziel des Auftrags, die zur Erreichung dieses Zieles abgestimmten Maßnahmen sowie die Arbeitsbedingungen und Arbeitsweisen.

Organisation
Ort des Zusammenwirkens von Menschen, Material und Information zur Erreichung intendierter Ziele.

Organisationsentwicklung
Ein geplanter, häufig mehrjähriger Transformationsprozess einer Organisation von einem Zustand 1 in einen Zustand 2, wobei dieser Transformationsprozess in folgendem dreidimensionalen Raum beschreibbar ist:

Dimension 1: Der Zustand 2, also der Zielzustand, wird nicht nur in ökonomischen, sondern auch in Maßstäben der Humanisierung (Beziehung, Kultur, etc.) gemessen.

Dimension 2: Veränderung der Situation und der Person.

Dimension 3: Hohes Maß von Transparenz und Einflussnahme der Betroffenen und Beteiligten inkl. Lernprozess.

Ich würde diese Definition heute ergänzen um den Aspekt einer systemischen Betrachtung der Organisation: Veränderung der Situation, der handelnden Personen und der Art und Weise, wie diese Personen untereinander, mit technischen, ökonomischen und informationellen Rahmenbedingungen zusammenarbeiten.

Personalentwicklung
Bündel aller Maßnahmen, das – im Rahmen der Unternehmensstrategie – die Anforderungen des Unternehmens an die Mitarbeiter, Mitarbeitergruppen und Organisationseinheiten und deren Fähigkeiten, Fertigkeiten und Motivation in Übereinstimmung bringt, und zwar mittel- und langfristig. Personalentwicklung ist in dieser Definition Managementaufgabe.

Personalentwicklungs-Bedarf

Lücke zwischen den Qualifikationsanforderungen des Unternehmens und dem eingebrachten Qualifizierungspotenzial der Mitarbeiter.

Personalentwicklungs-Programm

Summe aller Elemente, die zur Erreichung eines strategischen PE-Zieles erforderlich sind. Die Projekte, die aus den Programmen dann abzuleiten sind, sind Elemente des Programms und ergeben die Schrittfolge, wie diese abgearbeitet werden. Die Projekte sind dann in einzelne Maßnahmen, wie etwa Curricula, Seminare, Workshops, Coachings etc. zu unterteilen.

Profil

Katalog der wesentlichen organisations- und aufgabenspezifischen Anforderungen an eine definierte Position oder Zielebene, die für die erfolgreiche Ausübung der Tätigkeit erforderlich sind.

Programm-Management

Formulierung, Planung, Steuerung, Pflege und Kontrolle des Personalentwicklungsprogramms, Abstimmung und Implementierung der Einzelmaßnahmen sowie Sicherstellung der Umsetzung und Durchführung in der Organisation.

Qualifikationsstufen

Stufe 1 wu: ›wissen um‹ bedeutet für den Mitarbeiter, dass er um bestimmte Fähigkeiten und Wissensgebiete weiß und damit ein grundlegendes Problembewusstsein besitzt. Auf weiterführendes Wissen und die Anwendung dessen kann hier verzichtet werden.

Stufe 2 ke: ›kennen‹ bedeutet für den Mitarbeiter, dass er in bestimmten Gebieten tiefergehende Fachkenntnisse und Fähigkeiten hat, diese aber noch nicht in voller Breite und Tiefe umsetzen kann.

Stufe 3 kö: ›können‹ bedeutet, dass der Mitarbeiter dieses Gebiet in der Praxis anwenden und konsequent umsetzen kann.

Stufe 4 be: ›beherrschen‹ bedeutet, dass der Mitarbeiter ein so hohes Expertenwissen besitzt, dass er in der Lage ist, dieses an neue bzw. veränderte Situationen oder Gebiete in der Praxis zu adaptieren.

Stufe 5 ver: ›vermitteln können‹ bedeutet, dass der Mitarbeiter ein so hohes Expertenwissen besitzt, so dass er zu den fachlichen Inhalten auch die jeweiligen Herleitungen und Begründungen mitliefern kann. Er ist in der Lage, alle relevanten Fragen zu diesem Bereich zu beantworten und kann so z. B. als Coach oder Pate für andere Mitarbeiter eingesetzt werden.

Rollenklärung

Festlegung, welche Rolle(n) der Personalentwickler innerhalb eines Auftrags wahrnimmt.

Sequenzierung

Zerlegung des Curriculums in sinnvolle Sequenzen;

• Clusterung und Gliederung der notwendigen Inhalte

• Zuordnung dieser Inhalte zu den jeweiligen Sequenzen.

Sequenzierung ist die Definition des Input- und des Output-Zustands jeder Sequenz.

Turbulenzgrad der Umwelt einer Organisation

Veränderungsgeschwindigkeit, Veränderungsausmaß und Vorhersehbarkeit der Änderungen im Umfeld einer Organisation.

Unternehmensstrategie

Gezielte und geplante Vorgehensweise eines Unternehmens, definiert durch die Unternehmensleitung, die das Entstehen und die Verwendung von Erfolgspotenzialen für die Operation des Unternehmens bestimmt. Wichtigster Teil der Unternehmensstrategie ist die Zielplanung, die durch entsprechenden Mitteleinsatz und Prozesse ergänzt wird.

Autorenverzeichnis

Dr. Herbert E. Einsiedler, geb. 1952, Dipl.-Kfm., ist Lehr-beauftragter an den Fachhochschulen Kaiserslautern und Wiesbaden und Director Human Resources and Administra-tion der deutschen Organisation eines internationalen Health Care Unternehmens. Daneben ist er beratend tätig. Zuvor war er in unterschiedlichen leitenden Positionen im Personal-, Organisations- und Rechtsbereich in deutschen und internationalen Unternehmen tätig. www.einsied-ler.org

Kathrin Breuer, geb. 1966, Diplom-Kauffrau, Manage-menttrainerin, Coach und Beraterin für strategische Perso-nalentwicklung – www.breuer-personalentwicklung.de – und Lehrbeauftragte an der Akademie für Information und Management, Heilbronn.

Sabine Hollstegge, geb. 1968, Diplom-Psychologin, Senior Human Resource Advisor in einem internationalen Finanz-unternehmen in London sowie Beraterin und Trainerin im Bereich Personalentwicklung/Managemententwicklung.

Matthias Janusch, geb. 1968, Diplom-Ökonom, Senior Consultant und Projektleiter bei einer Beratungsgesell-schaft, Lehrbeauftragter für »Personal und Organisation« an der Fachhochschule Mainz sowie Berater und Trainer im Bereich Personalentwicklung.